西藏民族大学中国史博士点建设项目资助

陈武强 著

明代边疆
治理研究

Mingdai Bianjiang
Zhili Yanjiu

人民出版社

目　　录

总　结 ···································· 307

前　言

边疆,指边远的地区或地带,它与边境、边界这类词也还有一定的区别。在中国历史上,边疆其实就是一个在形式上属于自治或半自治的特定区域,在这个区域,内地国家政权的统治力量还不能完全渗透或达到。

边疆是怎样产生的? 它的产生与国家的形成和发展有着密切关系。公元前221年,秦始皇建立了我国历史上第一个统一的中央集权的封建国家,自后的西汉、东汉、三国两晋、隋唐、宋朝、元明清中央王朝先后建立,并且不断扩大王朝统治范围,开拓疆域。所以,边疆的范围其实也是在不断变化中。另外,边疆地区受到民族因素的影响很大,在边疆的形成和发展过程中,逐步形成了这样一种格局:华夏族居中原地区,各少数民族居周边。与这种情况伴随而来的是,边疆地区的民族社会风情、绚丽多彩的文化内涵独有特色,与中原汉区完全不同,这是中国文化多元化的鲜明特征。

为了控制和管理边疆地区,中国历史上的历朝政府,都想方设法建立一些军政机构,派驻军队,防止边疆地区的百姓造反、捣乱,尤其是防止外敌入侵,这就是边疆治理。边疆治理的方法是协调边地民族关系,积极拓展政府统治力量对边远地带的渗入等,边疆管理的目的就是保证边疆安全。虽然中国古代传统的封建朝廷统治者对边疆的治理给予了多方面的关注和践行,但边疆治理理论的真正出现并不是古代中国就有的。因为,治理一词是源自西方学术领域的一个词汇。20世纪90年代,治理理论日渐兴起,并逐渐广泛运用于政治、经济和社会的各个领域,诸如此后出现的国家治理、社会治理、环境治理、信息治理、文化治理等。从性质上看,边疆治理属于地方治理的范畴,是地方治理在特殊区域的具体体现。随着中国古代治边理论和经验的日趋成熟和完善,对边疆的管理取得了一些成效。

1368 年,朱元璋建立了明朝。明朝建国后,蒙古贵族退出中原地区而北徙漠北蒙古高原。然而,蒙古汗廷仍然在北面保持着完整的一套行政机构,并且经常南下侵扰明朝北部边境地带,使北方边疆变得异常复杂:长城以南的中原腹地是明朝统治区,长城以北的蒙古高原地区是北元蒙古控制区。这种公然与明朝新政权对抗对峙的局面给明朝北部边防造成了严重威胁,明廷视蒙古残余势力为心腹之大患,多次派兵征剿,同时不断展开强大的心理攻势,拉拢一些蒙古皇室、宗亲、部将及民众归附明朝,接受明朝新政权的统治。然而,1449 年,即正统十四年,蒙古瓦剌也先汗大举进攻明朝,明英宗在宦官王振的鼓动下仓促亲征,结果明军惨败,明英宗皇帝被俘,这就是震惊朝野的“土木之变”。“土木之变”使明朝北部边疆形势发生了重大转变,而且这一事件的连锁反应远不止于此,它对明朝国家的整体边疆治理带来新的挑战和反思。在整个明朝统治的 277 年中,北方蒙古人给明朝带来的威胁一直没有根除。综观中国历史上明朝以前的汉唐宋元封建国家,在任何一个统一王朝时期都不曾出现过这样一种复杂的政治局面。

除了北部地区,在东北边疆,明朝一直采用羁縻政策进行统治,取得了预期的效果。但到了明后期时,满族兴起并统一了东北地区,明朝在东北边疆的安全受到直接威胁,后来在后金军队的进攻下,明朝的军队接连失败,明朝的东北边防崩溃了。在西南边疆,明承元制实施土司政策,土司们既拥有世袭领地和属民又拥有武装,他们或互相仇杀、互相兼并、割据称雄,或拥兵反明,尤其在四川、云南、贵州、广东、广西等省土司反明和兼并事件最为突出,以致 15世纪四五十年代西南边疆民族危机四伏。在东南边疆,明初沿海各地大商人、无业流民与海盗倭寇勾结,大规模地进行走私贸易,谋取厚利,倭寇横行。为了抗倭,明政府在东南沿海各地设立都卫军事机构,命令数十万官兵戍守巡防。但明中期世宗皇帝在位时,国家的实力已经大为衰弱,戍边官兵疏于训练,海上防御日本倭寇的船舰年久失修而形同虚设,导致倭寇剽掠无所忌惮,日益严重。后来在戚继光、俞大猷等抗倭名将的率领下彻底荡平了倭寇之患,使东南边疆获得了安宁。

由此可见,有明一代,边疆地区并不太平。但明代边疆总体仍然是稳定的,并没有强大的外敌能撼动明王朝的统治。至于明朝中后期东北女真的兴起,满洲贵族的强势入关,这些都与明朝中后期本身的腐败统治有关。

研究明代边疆治理诸问题,探究大明王朝治理边疆之动因、内容、影响,深入分析产生之根源以及边疆治理中各民族交流、交往、交融的生动历史,客观全面地反映近三百年的历史长河中明朝国家的边疆治理成效,对进一步了解和研究 14 至 17 世纪的明代边政史、民族史、对外关系史都有重大的学术和现实意义。

值得说明的是,明代边疆问题研究一直是古今学者探索的一个主要课题,尤其是进入近现代以来,传统边疆治理研究成为了中国边疆学和民族学研究的重要内容。目前明代边疆史研究备受关注,视域日益开阔,尤其是交叉学科的渗透为相关研究引入更广阔的思路和方向。但研究还有着很大空间,本书以时间思路考察作为研究的基本原则,主要以明代初期近一百年的时间线索为中心展开讨论,通过客观史实探究大明王朝治理边疆的经验得失及历史启示。

在研究的具体方法上,首先以马克思主义思想为指导,以历史唯物主义和辩证法为理论构架,运用历史学、社会学、民族学和经济学等研究方法展开了对洪武至正统时期明朝与蒙古关系的全面考察。笔者同时借用史学之外的人文科学和社会科学知识进行比较研究,严格从文献资料入手对明代边疆史做了全面深入的考察,将研究结论建立在扎实的文献资料考证之上,避免以臆立说,使其结论更加可信。其次,借助历史文献与档案的描述,力图运用考古学和人类学等学科的研究方法以及现代多媒体技术,对明代蒙汉关系遗存做一考察,主要从机构、人物、碑刻、墓葬、宗教、物品等方面,向世人展示明代边疆史之全貌,并从中探讨其对今天民族关系及其中外关系发展的现实意义和经验。再次,借助国内外的理论观点形成研究的理论机制,充分挖掘新史料、缜密考证,在尊重史实,立足实际的基础上,尽可能深入细致地探讨明代边疆治理相关问题。

第一章 守经达变：明代边疆治理思想

　　1368 年，朱元璋在南京应天府(今江苏南京)即皇帝位，国号大明，年号洪武，建立了新的封建地主政权。明朝建立后，倾全国兵力对包括北元大汗、东北纳哈出、西北扩廓帖木儿和云南梁王、北元蒙古及其残余势力进行重点清剿，同时不失时机地消灭各种地方割据势力。从洪武二年至洪武二十四年(1369—1391 年)，明军在东北、西北、西南边疆进行了大规模的招附和统一战争，统一后陆地疆域东起朝鲜，西据吐番，北距大碛，南包安南，包括西藏在内的西南及东海南海诸岛尽在版图之内，总计东西长 11750 里，南北达 10904 里。① 至明朝末年，四方宾服，受朝命而入贡者殆三十国。幅员之广，远超汉唐。

　　海疆大体继承了宋代的海域面积，明成祖设置奴儿干都司以来，北部海疆有效地管辖着库页岛附近海面。有明一代，南海诸岛一直由海南岛万州管辖，并派水师巡查南海。据此，明代海疆北起鄂霍茨克海，经东北滨海地区沿海至渤海、黄海、东海、南海，均是明政府的海洋国土，明中央政府在这些海域有效地行使主权。

　　面对如此广阔疆域，如何进行有效治理，当是摆在明朝统治上层紧迫而艰巨的任务。从理论上讲，明代治边思想仍然继承了前代"天下""夷夏"、朝廷、

---

① （清）张廷玉等撰：《明史》卷四〇《地理志一》，中华书局 1974 年版，第 882 页。

1

"国家"的传统思想,但同时又有新的发展和变化,正所谓守经达变,即坚守封建纲常礼法这个"经",维护"大一统"、加强专制统治,同时又因时而变,在具体治边实践中正确处理各种复杂关系。

第一节　传承"天下观"

明朝的天下观,源自汉族建立的中原王朝对传统天下观的认识,它是以"普天之下,莫非王土"①为核心形成的一整套关于"天下"的理念,其中最主要的是"天下""海内""国家""朝廷"及其这些被视为当然"天下"范围内的天下,它与疆域既有区别又有联系,反映着古代王朝国家时期对天下的基本认知。与此同时,"天下"与"夷狄"也有区别和联系。因为,"内诸夏而外夷狄"也是中国传统天下观的重要组成部分,这种华夷观表现在政治上就是:自天地开辟以来,"地方各有界限,人民各以类聚"②,中国居于天下之中,以"普天之下,莫非王土;率土之滨,莫非王臣"③的逻辑原则,作为"天下"之共主,"富有四海",远近外夷均咸服之。

一、"天下观"的内容

综观明朝"天下观",主要内容是:

第一,天下就是明朝。洪武元年(1368)正月,明太祖问刘基道:"曩者群雄角逐,生民涂炭,死亡既多,休养难复。今国势已定,天下次第而平,思所以生息之道何如?"刘基对曰:"生息之道,在于宽仁。"④正统五年(1440)十月,礼部奏报称:云南麓川宣慰思任发谋为边患,故请求得旨对其所遣贡使减少宴赉待遇。但明英宗却说:"朕方以至诚治天下,故不逆其诈,不拒其来,庶彼万

---

① (汉)司马迁:《史记》卷一一七《司马相如列传》,中华书局1976年版,第3051页。
② 黄彰健校勘,"中研院"历史语言研究所校印:《明宪宗宝训》卷三《驭夷狄》,中华书局2016年版,第247页。
③ (周)左丘明撰:《春秋左传注疏》卷四四,四库全书影印本,页5上。
④ 黄彰健校勘,"中研院"历史语言研究所校印:《明太祖宝训》卷四《仁政》,第310页。

一能有感化"①,敕令礼部毋减损,常例赉之。天顺元年(1457)正月,明英宗对户部和兵部大臣说:朕新复位,凡行事当遵祖宗旧制,并强调"今天下已定,边境无事,宜即将各官取回其各处边备。"②成化十九年(1483)八月,户部尚书余子俊上疏:由于各边甚至内地国仓粮库没有积储,建议朝廷实施节用之策。"上曰:祖宗时,征敛有艺,费出有经,以天下之贡赋,供国家之用度,沛然有余而无穷。今岁用之数益多,而四方水旱频仍,加以奸弊百出,所入益寡,一旦有事,诚为可虑。"③故定:务本节用,即行不改。隆庆二年(1568)九月,兵部议复大学士张居正所陈饬武备事宜。其一称:祖宗设立京营,屯兵数十万,凡遇各边有徼,辄令出征,"盖所以居重驭轻,而固天下之本也。"④所有这些敕谕或奏折内涵,其核心都宣达了"天下就是明朝"的理论思想。

第二,"天下"就是"中国"。此处"中国"非现今中国之概念,从地域上讲指中原,从王朝角度讲指明朝。显然,"天下"与国家、明朝混为一谈。洪武元年八月,大将军徐达克元都表至,群臣上表称贺。太祖曰:"元自世祖混一天下,宽恤爱人,亦可谓有仁心矣。但其子孙无承籍之德,不能以仁爱守之,故至于此。他日吾子孙能持仁厚之心,守而不替,社稷之福也。"⑤洪武六年(1373)十月,太祖对兵部大臣说:攘外者所以安内,练兵者所以卫民。"凡中国之民安于畎亩衣食而无外侮之忧者,有兵以为之卫也。"尽管边疆之地入秋至冬天气寒冷,但"朕为天下主,每闻一夫之饥,食尝为之不美,一民之寒,衣尝为之不安",⑥朱元璋所表述的仍然为天下就是中国,中国就是明朝,为了保边保境,塞上士卒仍需练兵勿缓的思想。

---

① 黄彰健校勘,"中研院"历史语言研究所校印:《明英祖宝训》卷三《怀远人》,第230页。
② 黄彰健校勘,"中研院"历史语言研究所校印:《明英宗宝训》卷一《遵旧制》,第50页。
③ 黄彰健校勘,"中研院"历史语言研究所校印:《明宪宗宝训》卷三《重边储》,第209页。
④ 黄彰健校勘,"中研院"历史语言研究所校印:《明穆宗庄宝训》卷二《修武备》,第202页。
⑤ 黄彰健校勘,"中研院"历史语言研究所校印:《明太祖宝训》卷四《仁政》,第314页。
⑥ 黄彰健校勘,"中研院"历史语言研究所校印:《明太祖宝训》卷四《仁政》,第323页。

宣德年间的"御制大崇教寺碑"碑文很值得研究,碑文中述"国家天下"之思想称:

> 朕惟如来具大觉性,大慧力,大誓愿,以觉群生,功化之绵永,福利之弘博,一切有情,戴之如慈父,而历代有国家天下之任者,皆崇奖其教,而隆其祀事,亦其有以助夫清静之化者矣。
>
> 大明宣德四年二月初九日,右春坊庶子沈粲(奉敕)书、中书舍人卜恺(奉敕)篆额。①

弘治十八年(1505),太仆寺李应祯奏西番事宜,其略曰:"臣闻凡为天下国家,有九经未有所谓佛经者也,言甚讦直。"②成化元年(1465)正月,迤北蒙古酋长上书奏欲朝廷遣使。明宪宗在简短的一封复书中三次谈到了"中国":"我中国居四方之正,必有大德圣人。然后上应天命,为中国君主,抚治人民,统御四方,子孙能守先业者多传世永远。若以力窃夺者,天命不与终,莫能久。我太祖高皇帝受天明命,承中国帝王大统,主宰天下,世世相传,人民仰戴。"③宪宗皇帝的敕书中的"中国"即是指明朝。

第三,"天下"是一统之天下。按照天下观的思想,中国自然疆域内的所有土地都是天子的领地,所有人民都是天子的臣民,并不存在一个与明王朝对等的国家实体,因此也就没有明确的边界概念,只有边疆概念的存在(所谓边疆,仅指处于中原王朝边缘的地带)。谁人打破这个地理和观念格局,则中国人均可起来讨伐,以"定天下于一",恢复"正常秩序",实现天下安然之目标。明臣孔克仁曾说:"主上神武,当定天下于一矣。"④可见,天下就是海内外,就是四方,"贞天下于一,同海内之归。"⑤则"定天下于一"就是要实现中国"大一统"。

---

① 张维纂:《陇右金石录》卷六,甘肃省文献征集委员会,1943 年,第 16193 页。
② (明)张萱:《西园闻见录》卷一○五,燕京学社 1940 年,页 28 上。
③ 黄彰健校勘,"中研院"历史语言研究所校印:《明宪宗宝训》卷三《驭夷狄》,第 247 页。
④ (清)张廷玉等撰:《明史》卷一三五《孔克仁列传》,第 3923 页。
⑤ (汉)班固:《汉书》卷二一上《律历志上》,中华书局 1962 年版,第 972 页。

"大一统"思想在中国出现很早,可溯源至先秦时期。春秋战国时期,周室衰微,诸侯林立,但华夏已逐步形成为一个稳定的民族共同体,诸子百家著书立说,纷纷倡导大一统之说,大一统思想开始出现。秦灭六国后,首次建立多民族统一国家,汉代名儒董仲舒道:"《春秋》大一统者,天地之常经,古今之通谊也。"①此后,大一统思想便成为历代王朝处理国家大政和民族问题的基本指导思想。受此影响和熏陶,汉、唐及其之后历代汉族统治者都大力宣扬"大一统"思想,甚至连以武力入主中原的北方少数民族统治者为了掌控社会、稳定统治,也不得不继承这一观念。② 明太祖及其后继者继承了儒家治国的"大一统"思想。

早在朱元璋与群雄逐鹿、消灭张士诚后就告诫诸将"江南既平,当北定中原,以一天下。"③洪武二年(1369)正月,朱元璋颁布了一项免除北平、河东、山西等地粮税的诏书:念中国,本我华夏之君所主,不料胡人入据已达百年之久,④这岂可容忍? 同年二月,朱元璋派吴用等人出使占城、爪哇、日本三国,在给爪哇国王书中又说:元朝胡人窃据我中国一百多年,这种毁坏纲常的事,朕不能置之不理,于是起兵讨伐,建立了中国,统一了天下。⑤ 为了实现明朝君臣们所倡导的"合理"的、正常的"中国正统"秩序,明廷宣扬"控驭四夷之术"需运用"以夷制夷",因为"以夷狄攻夷狄,中国利也。"⑥除此之外,还有羁縻政策、"因俗而治"以及贸易、朝贡等治理"夷狄"之策,以达到"两敌自相图,古称中国利"⑦之结果,由此建立起明代以传统封贡制度和华夷观为理论和政策支撑的国家秩序。

---

① (汉)班固:《汉书》卷五六《董仲舒传》,第 2523 页。

② 田澍、陈武强:《朱元璋的蒙古观探析》,《青海民族研究》2012 年 4 期。

③ 黄彰健校勘,"中研院"历史语言研究所校印:《明太祖实录》卷二五,吴元年九月辛丑,中华书局 2016 年版,第 374 页。

④ 张德信、毛佩琦主编:《洪武御制全书·御制文集》卷一《免北平燕南等处税粮诏》,黄山书社 1995 年版。

⑤ 《明太祖实录》卷三九,洪武二年二月辛未,第 787 页。

⑥ (宋)赵汝愚:《宋名臣奏议》卷一二九,四库全书影印本,页 27 上。

⑦ (明)李东阳:《怀麓堂集》卷二,四库全书影印本,页 9 下。

二、"天下观"的特点

明代"天下观"具有两个主要特点。首先,如上文已述,明朝统治者眼中的天下,就是明朝、就是中国。明太祖的天下观,继承了传统的"天朝大国"思维,沿用历代"君权神授"的神秘模式来维护其合法性、天道性、神圣性。这显然是其传统"夷夏观"的合理命题,同时也是对世界历史地理无知的"合理"表现。

其次,明朝的"天下观"有着一层合法的神秘外衣——"天命观"。事实上,早在明朝立国之初,为了解释政权的合法性,朱元璋极力宣扬天下观和天命观思想。朱元璋说"天生民而立之君",①元亡明兴自有"天地之定数"。在朱元璋和明朝大臣们看来,"天下有万世之永,时运在天",②因此,元朝的灭亡乃"天革元命",非人力所为。③洪武元年(1368)六月,朱元璋对大将军徐达说:元起朔方,今气运既去,其成其败俱系于天,"昔元起沙漠,其祖宗有德,天命人主中国,将及百年。今其子孙怠荒,罔恤民艰,天厌弃之。君则有罪,民复何辜?"④洪武三年(1370)六月,朱元璋发布了《平定沙漠诏》,诏书中强调元朝之亡系乎天运:"朕本农家,乐生于有元之世,庚申之君,荒淫昏弱,纪纲大败,由是豪杰并起,海内瓜分,虽元兵四出无救于乱,此天意也。然倡乱之徒,首祸天下,谋夺土疆,欲为王伯,观其所行,不合于礼,故皆灭亡,亦天意也。"⑤洪武四年(1371)六月,朱元璋派遣断事官黄俦赍书诏谕纳哈出,对纳哈出说:元君北奔而亡,"此天命,非人力也。"⑥洪武七年(1374)九月,朱元璋致书与爱猷识里达腊曰:"顺天者昌,逆天者亡,古今通论。自古国家兴废,气运之常

---

① 《明太祖实录》卷三四,洪武元年八月己卯,第613页。
② 《明太祖实录》卷二五,吴元年九月戊戌,第375页。
③ 田澍、陈武强:《朱元璋的蒙古观探析》,《青海民族研究》2012年4期。
④ 黄彰健校勘,"中研院"历史语言研究所校印:《明太祖宝训》卷四《仁政》,第313页。
⑤ 《明太祖实录》卷五三,洪武三年六月丁丑,第1044页。
⑥ (清)钱谦益撰,张德信、韩志远点校:《国初群雄事略》卷一二,中华书局1982年版,第270页。

耳,岂人力所能为哉。"①洪武二十年(1387)正月,朱元璋命宋国公冯胜为征虏大将军,率左右副将军颍国公傅友德、永昌侯蓝玉等发兵 20 万北伐纳哈出。不久,又遣使劝谕纳哈出及撒里达温、蛮子等道:"天之改物,气运变迁"为"天道之使然",②希望纳哈出等故元残将顺天知命,投诚明朝。③

同样,明朝的建立也是"受天明命",④非人事所为,朱元璋曾多次陈述了这一天命观思想。洪武元年十一月,朱元璋把明代元之改朝换代说成是"朕膺天命,君主华夷。"⑤洪武三年二月,朱元璋遣使赍书与元主说:朕之所以能够建立明朝,"此诚天命,非人力也。"⑥六月,朱元璋在给元宗室部民的诏谕中言:"自古天生圣人,主宰天下……朕时不忍荼毒,于是起兵救民,豪杰之慕义者,相率来归,剪暴除残,平定四海,乃推戴朕为皇帝,国号大明,此天佑朕躬,故成功之速若是也。"⑦九月,朱元璋在对故元降将江文清、杨思祖等将校的诏谕中又言:"历代兴废,天运之常。"⑧在对辽阳等处官民的诏谕中说道:"朕初承天统即皇帝位,其年八月,元君遁去,山之东西,河之南北以及关陕内外文武军民,不战来归,中原境土,一时皆定,此实天意,非人力也。"⑨十一月,朱元璋对诸将又说:"朕本无意天下,今日成此大业,是皆天地神明之眷佑,有非人力之所致。"⑩此后,朱元璋一再申明这一思想。又如,洪武四年(1371)六月,朱元璋遣使劝谕纳哈出,其书曰:"华夷悉定,天下大安,此天命,非人力也。"⑪洪

---

① 《明太祖实录》卷九三,洪武七年九月丁丑,第 1622 页。
② 《明太祖实录》卷一八〇,洪武二十年正月癸丑,第 2722 页。
③ 田澍、陈武强:《朱元璋的蒙古观探析》,《青海民族研究》2012 年 4 期。
④ 《明太祖实录》卷九五,洪武七年十二月壬辰,第 1642 页。
⑤ (明)顾应祥撰,四库全书存目丛书编纂委员会编:《人代纪要》卷三〇之一〇,齐鲁书社 1996 年版,史部第七册,第 250 页。
⑥ (明)严从简,余思黎点校:《殊域周咨录》卷一六《北狄》,中华书局 1993 年版,第 515 页。
⑦ 《明太祖实录》卷五三,洪武三年六月丁丑,第 1047 页。
⑧ 《明太祖实录》卷五六,洪武三年九月戊申,第 1097 页。
⑨ 《明太祖实录》卷五六,洪武三年九月甲寅,第 1099 页。
⑩ 《明太祖实录》卷五八,洪武三年十一月丙申,第 1126 页。
⑪ (清)钱谦益撰,张德信、韩志远点校:《国初群雄事略》卷一二,第 270 页。

武十三年(1380)正月,明罢中书省升六部,改大都督府为五军都督府,其诏曰:"朕膺天命,君主华夷。"①洪武二十年(1387)九月,明朝封故元降将纳哈出为海西侯,②其诰曰:"自古哲人明去就之机者,必仰观天道,俯察人事,审势定谋,知天命之不可违,事机之不可失,乃决去就焉……朕荷天命,统一华夏,于今二十年矣。"③

明成祖朱棣说:"元运既终,我皇考太祖皇帝,受天命抚有天下。"④永乐元年(1403)七月,朱棣遣指挥革来等诏谕迤北可汗鬼力赤曰:"有天下者,必得天命,非人力也。宋失天命,元世祖得之,嗣后荒纵,民散政乖,又复失之。我高皇帝削平祸乱,统驭华夷,岂人力也哉!朕承天休,入承正统,重念帝王以天下为家,遣使者报书币,可汗当知天命废兴之故,讲好修睦。乃闻窃有觊觎,古云:顺天者昌,逆天者亡,可汗宁不鉴此。再书谕意,并致仪物,可汗审之。"⑤永乐四年(1406)三月,朱棣遣指挥哈先、千户火儿忽答恍惚、儿阿忽来赍书谕鞑靼可汗鬼力赤时说:"夫天之所兴,孰能违之?天之所废,孰能举之?昔者,天命宋主天下,历十余世。天厌其德,命元世祖皇帝代之,元数世之后,天又厌之,命我太祖皇帝君主天下,此皆天命,岂人力之所能也。不然元之后世,自爱猷识里达剌北从以来,至今可汗更七主矣,土地人民曾有增益毫末者否?古称顺天者昌,逆天者亡,况尔之众,甲胄不离身,弓刀不释手,东迁西从,老者不得终,其年少者不得安其居,今数十年矣,是皆何罪也哉?"⑥永乐八年(1410)十二月,明成祖说"朕奉天命为天下君,惟欲万方之人咸得其所,凡有来者皆厚抚之。"⑦

明宣宗朱瞻基与明太祖、明成祖一样,极力宣扬天命观思想。宣德五年

---

① 《明太祖实录》卷一二九,洪武十三年正月癸卯,第2051页。
② 田澍、陈武强:《朱元璋的蒙古观探析》,《青海民族研究》2012年4期。
③ (清)钱谦益撰,张德信、韩志远点校:《国初群雄事略》卷一二,第278、279页。
④ (明)谈迁著,张宗祥校点:《国榷》卷一三,成祖永乐元年二月己未,中华书局1958年版,第895页。
⑤ (明)谈迁著,张宗祥校点:《国榷》卷一三,成祖永乐元年七月庚寅,第907页。
⑥ 《明太宗实录》卷五二,永乐四年三月辛丑,第778—779页。
⑦ 《明太宗实录》卷一一一,永乐八年十二月丁未,第1419页。

(1430)三月，朱瞻基下诏颁布宽恤之令，首先强调了天命观："朕恭应天命，嗣承祖宗洪业。"①宣德七年(1432)三月，朱瞻基说："朕以菲德躬承天命，嗣祖宗之大统"。② 正统十四年(1449)正月，迤北瓦剌使臣陛辞，明英宗致书达达可汗曰："自古国家兴衰，皆出天命，非人力之所能为。由尧舜禹汤文武以来，相传为治，皆有明效。若天命在汉在唐，则汉唐诸君主之。汉唐运去，则宋元诸君相继主之。今元运久去，天命在我大明，则凡普天率土，大小臣民，皆我大明主之，况彼女直野人地方附近辽东境皆我。"③

由此可见，"在明前期诸帝王看来，君主华夷、统治天下是"天运致然"，④这不仅使元亡明兴变得更加合理，而且颇具神秘色彩。以朱元璋为代表的汉族统治者之所以大力宣扬'天命观'思想，强调元亡明兴自有'天地之定数'的说教，其根本目的是为了配合明军对蒙古的军事征服，加强对蒙古贵族的舆论攻势，使其'识天命、审时势'，自愿归顺明朝。"⑤

不过，朱元璋在宣扬天命观的同时，还对其进行了一些革新。他认为，天下兴亡不仅仅在于天，还在于德，即天的意志也取决于人事的变化，这就是朱元璋"天子授命于天，以德配天"的思想。洪武五年(1372)十一月，朱元璋对辽东靖海侯吴祯说："自古人君之得天下，不在地之大小，而在德之修否。元之天下，地非不广，及末主荒淫，国祚随灭。由此观之，可不惧乎。"⑥洪武十八年(1385)五月，朱元璋对侍臣说："天命人心，惟德是视。纣以天下而亡，汤以七十里而兴，所系在德，岂在地之大小哉？"⑦因此，帝王需修德顺天，以德治理国家。否则必是"天命变革""以易其主"。元人子孙"无承籍之德，不能以仁

---

① （明）陈建著，钱茂伟点校：《皇明通纪后编》卷一一，中华书局2008年版，第568页。
② （明）陈建著，钱茂伟点校：《皇明通纪后编》卷一一，第581页。
③ 《明英宗实录》卷一七四，正统十四年正月己酉，第3356页。
④ 《明太祖实录》卷五三，洪武三年六月丁丑，第1045页。
⑤ 田澍、陈武强：《朱元璋的蒙古观探析》，《青海民族研究》2012年4期。
⑥ 《明太祖实录》卷七六，洪武五年十一月辛未，第1046页。
⑦ 《明太祖实录》卷一七三，洪武十八年五月戊子，第2637页。

爱守之",①其灭亡在所难免。② 朱元璋在谈到元亡的原因时,对礼部大臣说:"胡元之弊,政专中书,凡事必先关报,然后奏闻,其君又多昏蔽,是致民情不通,寻至大乱,深可为戒。"③朱元璋深深懂得"天命"必须外化为"德",只有"以德服人",才能拥有"天命",永享"天命"。④ 明成祖朱棣说:"朕惟天德好生,人君承天,爱人而已",⑤"天立君以养民,君不恤民,是不敬天;君资臣以成治,臣不辅治,是不忠君。"⑥

另外,为了阐释明朝政权的合法性,明太祖承认蒙古人建立的元朝政权也是合法的封建王朝。洪武元年正月,"诏曰:自宋运既终,天命真人于沙漠,入中国为天下主,传及子孙,百有余年,今运亦终。"⑦朱元璋说在《祭元幼主文》中又言:"君之祖宗,昔起寒微于沙漠。当是时,天下巨富而为民主者,兵强地广,又非一人而已,皆不能平。君寒微之祖,以致茸戈整戎,弯弧执矢,横行天下,八蛮九夷尽皆归之。"⑧并认为:"元虽夷狄,入主中国百年之内,生齿浩繁,家给人足,朕之祖父,亦预享其太平。"⑨除此之外,为从理论上进一步解释明朝"奉天继元"⑩的正统性,朱元璋按历代之制,于洪武二年命令中书左丞相宣国公李善长为监修,前起居注宋濂、漳州府通判王祎为总裁编修《元史》。⑪ 朱元璋认为,"元虽亡国,事当记载",而且"自古有天下国家者,行事见于当时,是非公于后世,故一代之兴衰,必有一代之史以载之"⑫,以此"纪成败,示

---

① 黄彰健校勘,"中研院"历史语言研究所校印:《明太祖宝训》卷四《仁政》,第 314 页。
② 田澍、陈武强:《朱元璋的蒙古观探析》,《青海民族研究》2012 年 4 期。
③ (明)余继登:《典故纪闻》卷三,中华书局 1981 年版,第 58 页。
④ 田澍、陈武强:《朱元璋的蒙古观探析》,《青海民族研究》2012 年 4 期。
⑤ (明)谈迁著,张宗祥校点:《国榷》卷一三,成祖永乐元年正月庚辰,第 892 页。
⑥ (明)余继登:《典故纪闻》卷六,中华书局 1981 年,第 109 页。
⑦ (明)谈迁著,张宗祥校点:《国榷》卷三,太祖洪武元年正月丙子,第 352 页。
⑧ (明)朱元璋撰、胡士尊点校:《明太祖集》卷一七《祭元幼主文》,第 408 页。
⑨ (明)余继登:《典故纪闻》卷二,第 35 页。
⑩ (明)朱元璋撰、胡士尊点校:《明太祖集》卷一四《灵谷寺记》,黄山书社 1991 年版,第 293 页。
⑪ 田澍、陈武强:《朱元璋的蒙古观探析》,《青海民族研究》2012 年 4 期。
⑫ 《明太祖实录》卷三九,洪武二年二月丙寅,第 783 页。

劝惩。"①

当然，明朝帝王的天下观、边疆观及其对蒙古人建立的元朝政权认同或认可，根本目的是为明朝代元寻找政治理论依据和支持，但它为大明皇帝的边疆观中注入较为合理的汉蒙共存、平等共处的民族意识产生了积极影响，在一定程度上促进了明朝君主的民族认同感，客观上反映了经过元末明初社会大动荡之后，汉族对边疆民族的天下、民族认同意识的提升和融合趋势，这从明臣黄训的"相忘相化"中可窥见一斑："今日论之，国初平定，凡蒙古色目人散处诸州者，多已更姓易名，杂处民间，如一二秭稗生于丘垄禾稻之中。久之，固已相忘相化，而亦不易以别识之也。惟永乐以来往往以降夷置之畿甸之间，使相群聚，而用其酋长。时有征讨，起以从行，固亦赖其用矣。"②

第二节　固守"夷夏之防"

尽管中国历代统治者宣称，"普天之下，莫非王土，率土之滨，莫非王臣"，③同时又将"海内"视为自己当然的统治疆域。然而，统治者在对待疆域方面，既有"内外之别"，也有"远近之分"。

所谓的"内外之别"，就是将华夏与周边的少数民族严格区分开来，通常以九州岛范围作为区分内外的标准。最初的内外之分，含有强烈的防范周边少数民族的意识，并逐渐形成了"内诸夏而外夷狄"的基本准则。华夏之与夷狄，内外有别，这种思想最为典型地体现在《春秋》一书中。孔子修《春秋》，其主导思想就是"内其国而外诸夏，内诸夏而外夷狄。"④这就是说，"夷""狄"与汉族不能同日而语，不仅在居地上，而且其政治地位也必须划分清楚。显然，

---

① 《明太祖实录》卷三九，洪武二年二月丙寅，第783页。

② （明）黄训：《名臣经济录》卷四一，四库全书影印本，页55上。

③ （汉）班固著：《汉书》卷九九中《王莽传》，第4142页。

④ （元）李廉撰：《春秋会通》卷一七"成公"四库全书本，第14—15页。此处，夏指夏族，或称夏、华、华夏，即大国和中土的意思。诸夏，则指鲁国和王畿以外的华夏族的诸侯国，泛指中原地区。

"内诸夏而外夷狄"体现的是华夷有别的民族不平等思想。《春秋》及其宣扬的"严夷夏之防"①的民族态度对历代民族关系政策产生了重大影响,以致后来的中国史家、思想家和中原王朝统治者中有相当多的人承继这种观念,坚持"华尊夷鄙"之民族观偏见。

所谓的"远近之分",主要区分的是从统治中心到边疆的空间距离。早在商周时期就有一种将全国王畿以外的土地进行分等的九服制度。江统《徙戎论》中说:"夫夷蛮戎狄,谓之四夷,九服之制,地在要荒。《春秋》之义,内诸夏而外夷狄。以其言语不通,贽币不同,法俗诡异,种类乖殊;或居绝域之外,山河之表,崎岖川谷阻险之地,与中国壤断土隔,不相侵涉,赋役不及,正朔不加,故曰'天子有道,守在四夷'。"②这段文本中所讲"九服之制",就是周朝针对不同地区和民族实行的不同行政体制。要:约束,荒:遥远也。换句话说,四夷要受中国制约或约束,这也是四夷与华夏的关系准则。因为,"文明"的中国不可与"野蛮"的夷狄相处。对于九服的划分,古人或认为是以远近作为收赋的依据,或认为是用于区分华夏与"夷狄"。

其后在《禹贡》中,也记载了一种"五服"制度,以王都为中心,以里的距离作为划分标准,依次为甸服、侯服、绥服、要服、荒服。这种观念对后世有深远影响。西汉征和四年(公元前89年)三月,汉武帝就明确地表达了这一观念:"夫先王度中土,立封畿,分九州岛,列五服,均土贡,制内外,修刑政,或昭文德,远近之势异也。是以春秋内诸夏而外夷狄。夷狄之人,贪而好利,被发左衽,人面兽心。其与中国,殊章服,异习俗,食饮不同,言语不通,是以圣王禽兽畜之。"③

唐代时期,中外经济交流繁荣兴旺,文化绚丽多彩,开明的民族政策与其进步的民族观有直接关系。但是,统治阶层中根深蒂固的"华尊夷鄙"的民族

---

① 陶晋生:《宋辽关系史研究》,台北市联经出版事业公司1984年初版。

② (清)严可均辑、何宛屏等审订:《全晋文》卷一〇六《徙戎论》,商务印书馆1999年版,第1122页。

③ (汉)荀悦撰:《前汉纪》卷一五《孝武皇帝纪》,吉林出版集团2007年版。

观和"用夏变夷"的民族思想仍然随处显现。我们从以下几个奏章中,明显可以得到对这一问题的基本认识。贞观五年(631),唐凉州都督李大亮上疏太宗皇帝:"臣闻欲绥远者,必先安近,中国百姓,天下本根。四夷之人,犹之枝叶。扰其根本,以厚枝叶,而永固久安,未之有也。自古明王化中国以信,取夷狄以权,故春秋云:戎狄豺狼,不可厌也。诸夏亲昵,不可弃也。"①之后,中书侍郎颜师古、给事中杜楚客给唐太宗的上疏,表达了完全相同的观点。中书侍郎颜师古上奏曰:"臣闻古先哲王,内诸夏而外夷狄。又曰:蛮夷要服,戎狄荒服,言其恍忽,来去无常也。饱则飞去,饥则附人。今遽欲改其常性,同此华风,于事为难,理必不可,当因其习俗而抚驭之……臣闻夷狄者,同夫禽兽,穷则搏噬,群则聚麀,不可以刑法绳,不可以仁义教。衣食仰给,不务耕桑,徒损有为之人,以资无知之虏,得之则无益于治,失之则无益于化。"②给事中杜楚客上议曰:"北狄狼戾,人面兽心,难以德怀,易以威服。陛下纳其降附,处之河南。夷不乱华,闻之前典,以臣愚见,必为后患,存亡继绝,列圣通规,事不师古,难以长久。"③三封奏疏,字里行间充满了对少数民族的蔑视,分明是"华尊夷鄙"民族观的重申。

两宋时期,中原汉族王朝衰弱,周边民族政权势力强大。对此不利于维护"正常"华夷秩序之局面,宋臣表达了极其严重的忧虑。嘉祐三年(1058)十二月,北宋大臣苏洵上皇帝十事书:"今以中国之大,使夷狄视之不甚畏,敢有烦言以渎乱吾听。此其心不有所窥,其安能如此之无畏也……彼夷狄观之,以为樽俎谈燕之间尚不能办,军旅之际固宜其无人也。如此将何以破其奸谋而折其骄气哉!"④绍兴三十一年(1161)正月,南宋和州进士何廷英上书宋高宗:"臣闻京师者,诸夏之根本也,天子之所居也。昔周家所以建都洛邑者,以其得天地之中华也。项羽所以失关中不能王者,以其失天下之冲要也。呜呼,中

---

① (宋)王溥:《唐会要》卷七三《安北都护府》,中华书局1955年版,第1311页。

② (宋)王溥:《唐会要》卷七三《安北都护府》,第1312页。

③ (宋)王溥:《唐会要》卷七三《安北都护府》,第1312—1313页。

④ (宋)苏洵:《嘉佑集》卷一〇《上皇帝十事书》,四库全书影印本,页14上。

华冲要之地反不为朝廷所居耶,尝闻用夏变夷者,未闻变于夷者也。夫夷狄之类,圣王所以居之化外而声教所不及者,今也欺天罔地,妄自尊大,辄陈秽质而僭以大号,敢示猥名而讳于大朝,俾中国遣送之物称之曰贡献,屈中华之民比之以臣妾,自旷古来未有受辱如朝廷也,未有忍辱如陛下也,此臣所以为陛下寒心者。"①

可见,先秦以来,"严夷夏之防"是历代汉族封建王朝推行的准则。从"非我族类,其心必异"②的华夏民族观到华夷区分与民族界限的划分,无不反映出中国古代王朝对"四夷"少数民族的排斥和防范意识,这在中国历史上产生了深远影响,成为历代处理华夷关系的基本原则、民族态度和政策。这种态度对历代民族关系产生了重大影响。

明代以降,封建统治阶级继承了"内中国而外夷狄""守在四夷"的边疆思想,并以此为准则,确立他们的天下观、民族观、治边观及其国家关系等方面的价值取向和原则。

一、"内诸夏而外夷狄"

关于"内中国而外夷狄",也称"内诸夏而外夷狄"。有明一代,明朝君臣"内诸夏而外夷狄"的民族观表现得较为强烈。朱元璋说:"帝王临御天下,中国居内以制夷狄,夷狄居外以奉中国。"③洪武九年(1376)闰九月,淮安府海州儒学正曾秉正上疏:"臣窃观近来蒙古色目之人多改为汉姓,与华人无异,有求仕入官者,有登显要者,有为富商大贾者。古人曰:非我族类,其心必异,安得无隐伏之邪,心怀腹诽之怨。"④朱元璋对此深表赞同。这反映出朱元璋对蒙古人看法的基本原则是"非我族类,其心必异"的民族偏见。

究其原因,朱元璋出身贫寒,亲身经历了元末社会的腐败和黑暗。因此,

---

① (宋)徐梦莘:《三朝北盟会编》卷二二七,四库全书影印本,页8上。

② (明)王樵:《春秋辑传》卷八,四库全书影印本,页22下。又见(明)黄训《名臣经济录》卷三:"非我族类,其心必异",四库全书影印本,页23上。

③ 《明太祖实录》卷二六,吴元年十月丙寅,第401页。

④ 《明太祖实录》卷一〇九,洪武九年闰九月丙午,第1816页。

其思想意识中充满了对蒙古贵族的仇恨,称蒙古人为"夷狄""胡元""胡虏",这是朱元璋的时代局限性,也是他难以逾越的障碍。其次,"朱元璋处在那个到处弥漫着"夷夏之防"的封建时代,使其蒙古观中'华尊夷卑'的民族主义思想仍然相当突出。"①洪武十一年二月,朱元璋诏令:将明军所俘获的故元官员及降人全部徙至内地,使之服我中国圣人之教,渐摩礼义,以革其故俗。② 显然,这些都典型体现了华夷有别的民族观。"明太祖眼中的天下是包括了'华'与'夷',而华夷之间的界限因为'天造地设'、'限山隔海'的地理限制及其衍生的'风殊俗异'而变得不可逾越。"③

明成祖也持这种民族观念,说"夷狄之为中国患,其来久矣。《书》云'夷狄猾夏',《诗》称'戎狄是膺'。历汉及唐,至于有宋,其祸甚矣。"④朱棣常常称蒙古人为夷狄。永乐二十二年(1424)三月,明成祖将要北伐蒙古,进行战前动员和宣誓,力陈鞑靼罪状:"上谕诸将曰:为君奉天爱人为本,朕临御以来,视民如子,内安诸夏外抚四夷,一视同仁,咸期生遂。逆贼阿鲁台始以穷蹙来归,抚之甚厚,豺狼野心,不知感德,积久生慢,反恩为仇,侵扰边疆,毒害黎民,违天负恩,非一而足。朕再出师,捣其巢穴,焚其积聚……"⑤

此诏中将鞑靼阿鲁台称为豺狼野心,兽心不变,等等此类,反映出朱棣对蒙古等少数民族根深蒂固的轻蔑。可见,明初洪武、永乐二帝华夷民族观的核心是传统的"华尊夷卑""非我族类,其心必异"⑥民族主义思想,对少数民族处处加以防范,所谓"戎狄之祸中国,其来久矣。历观前代,受其罡弊,遭其困辱,深有可耻。"⑦

① 田澍、陈武强:《朱元璋的蒙古观探析》,《青海民族研究》2012年第4期。
② 《明太祖实录》卷一一七,洪武十一年二月己未,第1913页;田澍、陈武强:《朱元璋的蒙古观探析》,《青海民族研究》2012年第4期。
③ 郭嘉辉:《明洪武时期"朝贡制度"之研究(1368—1398)》,香港浸会大学2015年博士学位论文,第61页。
④ 《明太宗实录》卷二六三,永乐二十一年十月己巳,第2409页。
⑤ (明)陆楫编:《古今说海》卷三《说选三·北征记》,四库全书影印本,页2上。
⑥ 《明太祖实录》卷四一,洪武二年四月丁丑,第822页。
⑦ 《明太祖实录》卷一九〇,洪武二十一年五月甲午,第2874页。

　　明宣宗的夷狄观自然也不会有所变化，他多次强调"夷狄"无知，"夷狄"相攻，常事，务需理会。宣宗曾谓侍臣曰："夷狄为患，自古有之，未有若宋之甚者。靖康之祸，论者以为不当通女真攻契丹取燕云之地，亦非根本之论。是时天祚失道，内外俱叛，取可也；女真以方强之势，乘契丹之弊，后日必与我为邻；燕云之地，太宗百战不能克，乘时取之，亦不为过。若究祸之根本，盖是自熙宁至宣和五六十年，小人用事，变易法度，民苦征徭，军无纪律，国家政事，日凌月替，遂为夷狄所侮，致有此祸。高宗南渡，中原陷于夷狄，民心思宋，政宜卧薪尝胆，委任忠良，恢复旧疆，洗雪大耻。乃复用小人，力主和议，为偷安之计，以岳飞之忠，卒死于秦桧之谗，小人之败人国家如此。"①又曰："自古无中国清明而有外夷之祸者。"②可见，明宣宗思想观念中固守的还是华尊夷鄙的民族偏见。

　　明朝大臣对蒙古人的看法，也体现出对蒙古等少数民族蔑视的民族观。洪武三年（1730）十一月，诚意伯刘基说："自古夷狄未有能制中国者，而元以胡人入主华夏几百年，腥膻之俗，天实厌之。况末主荒淫，法度隳坏，民困于贪残，恶得而不亡？陛下应天顺人，神武不杀，救民于水火，所向无敌，恶得而不兴？"③对于华夷统治中原及其间错综复杂的关系，明人顾应祥认为，虽然自刘渊始至元顺帝北去，夷狄入主中国，前后一千六十余年间都有过。但胡人只不过是窃据一方，冠履倒置。中原之地应由中国人统治，因此，明朝北逐胡元于沙漠，其功不可没。"三代以下，惟汉未尝屈于夷狄，然汉高方强盛之时，已与和亲。至若汉武之登单于台，唐太宗之称天可汗，徒夸耀于一时而不能严华夷之辨。惟我太祖、成祖相继逐沙漠之外，而惟严于内治御戎之道。"④

　　永乐二十二年（1424）六月，兵部尚书李庆等向明成祖进言："王者之师畏

---

　　① （明）余继登：《典故纪闻》卷九，第 155—156 页。
　　② （明）余继登：《典故纪闻》卷九，第 156 页。
　　③ 佚名：《北平录》，转引自《明代蒙古汉籍史料汇编》（第 1 辑），内蒙古大学出版社 2006 年版，第 13 页。
　　④ （明）顾应祥撰，四库全书存目丛书编纂委员会编：《人代纪要》卷三〇之七，齐鲁书社 1996 年版，史部第 7 册。

则舍之,今塞北万里无虏迹,虽有数辈偷生穷漠,陛下天地大德,宁当尽杀之耶?"①永乐中,镇抚陈恭认为,汉族人必须提防蒙古人,因此向明成祖建议说,"侍卫防御宜严,外夷异类之人不宜寘左右",②陈恭对蒙古人的态度,是将蒙古等少数民族视作不能信任之人,强调蒙汉有别和地位不等,严格区分民族身份,其思想观念显然是典型的"华夷之防"的民族观。

正统初,湖广布政同检校程富言:"夷狄为患,自古有之。若处之辇毂之下,宠以崇高之位,其能摅诚尽节如金日磾,万无一二,忠爱勤劳如仆固、怀恩,尚不克终,至于桀黠难驯如刘渊之俦,殆不可缕数,往事甚明,皆足为鉴。今归顺达官人等,日累月增,动以万计,固给阻向化之心,亦当防未然之患。乞敕兵部将新降附者,量赐赉装,遣往湖南卫所,既省京师之廪食,且杜华夏之厉阶。"③吏部主事李贤言:"京师达官不下万余,较畿民三之一,月俸亦较朝官三之一,而实支之数,或全或半,又倍屣。以有限资无穷,欲百姓富,仓廪实,不可得也。近者荒旱连年,五谷不登,天下米粟岁入数百万。军民涉寒暑,冒风霜,然后一夫得以数斛至京师,中途衣食不赡,至难救死,有司会莫惜……夫夷狄,人安兽心,荒忽无常,来降不绝,非诚悦服,慕中国利也。彼在胡,未有不种而食,自致而衣者。今在中国,则不劳而坐享之。是故其来不绝者,中国诱之也。诱而愈来,无益之费,尚不足惜。前世五胡之鉴,殆有甚焉! 近者边尘数警,臣私尝恐惧,不能安寝。乞敕兵部,渐次除调达官,于天下都司卫所,减杀其俸禄,实所以分彼势而销未萌也。上是之议,行不果。"④兵部尚书王骥言:"北虏阿鲁台为瓦剌所破,其部落溃散,外惧瓦剌,内畏官军,不得已内附。皇上弃其旧过,大霈仁恩,赐以官爵,给之土田及屋宇、器用、鞍马、牛羊等物,虽三代圣王绥柔远夷之道,何以加此。臣等窃观此辈狼子野心,强则侵犯边境,弱则垂首乞怜。今其降者,皆出败亡之余,困苦无依,假名归德,心实不然。若一概授

---

① (明)陆楫编:《古今说海》卷三《说选三·北征记》,四库全书影印本,页8下。
② (明)余继登:《典故纪闻》卷七,第131页。
③ (明)余继登:《典故纪闻》卷一一,第188页。
④ (明)谈迁著,张宗祥校点:《国榷》卷二三,英宗正统元年十二月庚寅,第1531页。

之以官,非惟官爵滥及,而亦供亿为艰。请自今以后,非率部属及携家来归者,俱发遣江南卫所管束,以听征调征之。"①正统十四年,降虏之编置京畿者,因虏入寇,遂编发胡服肆掠,人目为家达子。侍讲刘定之疏言时政内一款言:"往年以来,降胡皆留居京师,授以官职,给以全俸。夫非我族类,其心必异,故昨者或冲破关塞奔归故土,或乘伺机便寇掠畿甸。今宜乘大兵聚集之际,迁徙其众,远居南土,禁其种落,不许自相婚媾,变其衣服,不许仍遵胡俗。为兵者使与中国之兵部伍相杂以牵制之,为民者使与中国之民里甲相错以染化之。况又省全俸之给,减漕挽之劳,臣尝于上皇时言之,智谋浅短,不足仰动天听,然今者之祸可鉴矣。"②刘定提出了制驭蒙古降人的四项措施:一是将蒙古降人远徙南方;二是禁其自相婚娶;三是以汉军牵制达军;四是让蒙古人与汉人杂相居住,以同化之。这是一个全面的制夷方略。

到了明代中期,夷狄之论仍为明臣持续关注和辩论的话题,随摘几语以览之。成化四年(1468)九月,六科给事中魏元提出革去法王、国师等名号,③发回西藏,追回赏赐。同年,十三道监察御史康永韶也指出:"今朝廷宠遇番僧,有佛子、国师、法王名号,仪卫过于王侯,服玩拟于供御,锦衣玉食",④应当对此进行甄别查审,遣回本地。翰林院编修陈音在成化六年(1470)三月提出:"当今号佛子、法王、真人者,无片善寸长可采,名位尊隆,赏与滥谥。伏愿降其位号,杜其恩赏。"⑤这是各种反对西番册封的奏疏、奏章,鲜明反映着他们的夷狄观。

弘治三年(1490)十月,大学士刘吉等奏:"戎狄豺狼,非我族类,其心必异,何乃屈万乘之尊,为奇兽之玩,至使异类之人得以亵近哉。"⑥如果遣使内官监左监丞张蒂伴送迤西贡使满剌土儿的等人回还,则是"长夷狄之志,损中

---

① 《明英宗实录》卷二三,正统元年十月辛未,第459页。
② (明)余继登:《典故纪闻》卷一二,第214页。
③ 《明宪宗实录》卷五八,成化四年九月己巳,第1178页。
④ 《明宪宗实录》卷五八,成化四年九月己巳,第1180页。
⑤ 《明宪宗实录》卷七七,成化六年三月辛巳,第1483页。
⑥ 《明孝宗实录》卷四四,弘治三年十月庚申,第896页。

国之威,违祖宗之制贻军民之患莫此为甚。乞令礼部诏例,止差通事伴送各夷回还为当……"①礼部右侍郎焦芳还说:"臣惟自古有中国,斯有夷狄,王者恒置之。化外待以赤心,乃天地生物之心也。奈何近来迤北小王子等累年假以进贡,邀我重赏,岂期豺狼肆毒,犬豕无恩,自春徂夏,扰我边方,虏我人畜,比常滋甚,以致忧劳……"②正德朝,六科都给事中黄钟等说:"臣闻制驭夷狄,自有常道。"③嘉靖五年(1526)十二月,大学士杨一清以阴阳之道论中国与夷狄关系时说:"以天下言,则中国为阳,四夷为阴,岂兵政废弛而内治不修,夷狄侵陵而外攘无方?"以上这些明臣的夷狄观,其核心是"非我族类,其心必异"的狭隘民族观。他们动辄以"人面兽心""狼子野心"之词称比蒙古人降人,反映出这些人心目中根深蒂固的汉族中心观和华夏中心观的民族偏见。

可见,先秦以来王朝统治者的思想观念中充满对少数民族的偏见。到了明代,帝王君臣的思想观中仍然是"内中国而外夷狄"思想,这种华夷民族观是以"夷夏之防"为前提的,本质是"华尊夷卑",是狭隘民族主义。在此理论指导下,明朝历代皇帝一再强调,对待边疆各族要"恩威并施",只有这样才能实现边疆安全。洪武七年七月,有御史从广西进《平蛮六策》,阐述"立威"之论。明太祖览毕,谕之曰:"汝策甚善,但立威之说亦有偏耳。夫中国之于蛮夷,在制驭之何如。盖蛮夷非威不畏,非惠不怀。然一于威则不能感其心,一于惠不能慑其暴。惟威惠并行,此驭蛮夷之道也。古人有言:以怀德畏威为强。政以此耳。"④朱元璋明确告诉边臣,只有"威惠并行",才是制驭蛮夷之道。

洪武元年八月,湖广行省平章杨璟从广西觐见。明太祖询问广西两江、黄岑二处边务,杨璟奏称:"蛮夷之人,性习顽犷,散则为民,聚则为盗,难以文

---

① 《明孝宗实录》卷四四,弘治三年十月庚申,第 897 页。
② 《明孝宗实录》卷一六三,弘治十三年六月甲午,第 2943—2944 页。
③ 《明武宗实录》卷一五三,正德十二年九月壬寅,第 2964 页。
④ 黄彰健校勘,"中研院"历史语言研究所校印:《明太祖宝训》卷六《怀远人》,第 491—492 页。

治,当临之以兵,彼始畏服。"①明太祖却说:"蛮夷之人性习虽殊,然其好生恶死之心未尝不同,若抚之以安静,待之以诚意,谕之以道理,彼岂有不从化者哉? 此所谓以不治治之,何事于兵也!"②洪武八年,明朝设置俄力思军民元帅府,明太祖封俄力思军民元帅府元帅的诏书中说:奉天承运皇帝圣旨,"朕君天下,凡四方慕义来归者,皆待之以礼,授之以官。尔搠思公失监,久居西土,闻我声教,能委心效顺,保安境土,朕用嘉之。"③设俄力思军民元帅府,授之以官,是为恩德之治,目的是使"抚其部众",保证藏族地方稳定。洪武十八年六月,广西都司上奏,溪洞之民与瑶獠为寇,请求捕戮。朱元璋说:"大抵驭蛮夷之道,惟当安近以来远,不可因恶以累善。非实有左验,不宜捕戮。"主张不用军事镇压的方式解决民族问题,以免伤及无辜。"④永乐元年三月,明成祖朱棣对贵州镇远侯顾成说:"盖驭夷之道,当顺情以为治,可斟酌行之。"⑤正统九年正月,建州卫都督佥事李满住等奏:本卫指挥郎克苦等久逃高丽潜住,去年带领男妇大小二百二十余人返回本卫,甚为饥窘,请加以赈恤。明英宗对户部大臣说:"柔远人乃治天下之大经也,况克苦等久亡他国,今慕义回还,可不赈恤乎? 速令辽东都司量拨粮米给济。"⑥

明成化五年(1469)正月,明宪宗说:"朕承祖宗大位,主宰天下。凡四方万国,必因俗择人,以抚其众。其能忠事朝廷,众心悦服者,必命继承其爵,以光厥世,所以推仁恩而安远人也。"⑦成化十二年十二月,兵部侍郎马文升奏请朝廷,对辽东诸夷朝贡之人应该厚其宴待,以恩怀之。"上曰:宴待诸夷本柔远之道,所以尊隆国体,起其瞻仰,非但饮食之而已,必器具整齐品物丰洁始

① 黄彰健校勘,"中研院"历史语言研究所校印:《明太祖宝训》卷六《怀远人》,第489页。
② 黄彰健校勘,"中研院"历史语言研究所校印:《明太祖宝训》卷六《怀远人》,第490页。
③ 《西藏地方是中国不可分割的一部分》,西藏人民出版社1986年版,中华书局1964年版,第93页。
④ 黄彰健校勘,"中研院"历史语言研究所校印:《明太祖宝训》卷六《驭夷狄》,第488页。
⑤ 黄彰健校勘,"中研院"历史语言研究所校印:《明太宗宝训》卷五《驭夷狄》,第407页。
⑥ 黄彰健校勘,"中研院"历史语言研究所校印:《明英宗宝训》卷五《优远人》,第233页。
⑦ 熊文彬、陈楠主编:《西藏通史·明代卷》,中国藏学出版社2016年版,第71页。

称。今后筵宴并酒饭处,令光禄寺堂上官视之,仍以礼部官一员督察,敢有不遵者,并治以罪。"①万历六年(1578)二月,乌思藏阐化王男札释藏卜差番僧来西海,见其师(番)僧活佛在西海与顺义王子孙等说法,劝化众达子为善,因托顺义王俺答代贡方物,请敕封。礼部复议:"帝王之驭夷狄,每因其有求而制其操纵之术,乘其向化而施以爵赏之恩。今札释藏卜等乃以毡裘之类,知慕天朝封号之荣,化桀骜之群,俾尊中国贡市之约。顺义王俺答能使相率归化,复代贡请,以效款诚,即有苗之格,舞干、越裳之至,重译不是过矣,合无依拟授职赏赍。上谓:番僧向化抚虏,恭顺可嘉。因各授大觉禅师及都纲等职,赐僧帽、袈裟及表里、食茶、彩段有差。"②

从根源上看,明代边疆社会是否稳定,经济文化是否发展以及边疆战和关系的发生发展等与诸多因素有关,但左右了明朝统治集团边疆决策的主要因素就是明朝朝野对于边疆民族的态度和看法——"夷夏"民族观,这个占统治阶级意识形态领域的主流观念是明朝在边疆经略中一系列重要政策形成的思想理论渊源,是在推翻元朝之后建立的。但由于与其他中原王朝的建国模式完全不同。因此,明初面对的边疆问题与历史上中原汉族王朝所面临的边疆形势截然不同,这就决定了明代统治阶级的边疆民族观既有传承的一面,又有创新的一面。

二、"守在四夷"

"守在四夷"是中国历代中原王朝经略边疆的重要指导思想之一,是儒学发展的产物。③《左传》:"古者,天子守在四夷"杜(预)注:"德以远";会笺:"亦言其和柔四夷以为诸夏之卫也"。④ 其意为中原王朝处于中央,以四夷边陲为屏障拱卫中央,由此形成中原汉族与周边少数民族和谐共处的理想秩序。

---

① 黄彰健校勘,"中研院"历史语言研究所校印:《明宪宗宝训》卷三《优远人》,第245页。

② 《明神宗实录》卷七二,万历六年二月甲辰,第1558页。

③ 彭丰文《守在四夷:北魏北部边疆经略方针及其思想源泉》,《中国边疆史地研究》2018年第3期,第96页。

④ 杨伯峻编著:《春秋左传注》昭公二十三年,中华书局1981年版,第1448页。

实质上，"守在四夷"反映的是一种"四夷"与"内地"的关系，即中原内地是中心，四夷少数民族居周边，它们之间是主干与枝叶的关系。在主干与枝叶的认识论下，"一些封建政治家指出治安中国，而四夷自服的主张。"①受此思想之影响，明代封建政治家指出"谨守疆土""不辄自兴兵"的边疆治理观。洪武四年（1371），明太祖朱元璋说："海外蛮夷之国，有为患于中国者，不可不讨；不为中国患者，不可辄自兴兵。"②此为朱元璋系统表达他的治边固边观。作为一代帝王的朱元璋，将安南、暹罗、占城、真腊等国列为不征之国，既不武力扩张，又与这些国家保持友好关系，显然是继承了汉唐以来"守在四夷"的治边理念，反映了中国古代封建王朝追求"德及远人"，以达到"和平与共"边疆社会秩序的根本愿望。

为了践行此边疆治理理念，明朝贯彻"御戎狄之道，守备为本，不以攻伐为先"③的方针，对周边各族实行"安靖"治边政策。如在西南边疆地区，明太祖说：蛮夷之人，"若抚之以安静，待之以诚意，谕之以道理，彼岂有不从化哉？此所谓以不治治之，何事以兵也！"④只有当蛮夷之人的行为超越了国家利益及法律的底线，朝廷方可进兵征讨。朱元璋曾警告子孙说，"控制边境，贵于安靖"，⑤如果任开边隙，用兵边境，则战乱不休，悔之晚矣。为什么不能轻易采用战争的手段解决边疆问题？朱元璋认为，溪洞蛮狄杂处，其人不知礼义。因此，"顺之则服，逆之则变"，不可轻动。最好的措施是"惟以兵分守要害以镇服之，俾日渐教化，数年后，可为良民，何必迁也。"⑥即通过长期礼德教化、促使其内心感化，最终达到治理的目的。洪武十五年，朱元璋敕谕征南将军傅友德说，自古云南诸夷叛服不常，盖以其地险而远，其民富而狠也，故治理之道

---

① 方铁：《古代"守中治边"、"守在四夷"治边思想初探》，《中国边疆史地研究》，2006年第4期，第4页。

② 《明太祖实录》卷六八，洪武四年九月辛未，第1277页。

③ （元）刘瑾：《诗传通释》卷九，四库全书影印本，页40下。

④ （明）朱元璋：《明太祖宝训》卷五《怀远人》，台湾"中央研究院"历史语言研究所校勘影印，1962年版。

⑤ （明）余继登：《典故纪闻》卷四，第65页。

⑥ （清）张廷玉等撰：《明史》卷三一七《广西土司传》，第8205页。

在于宽严适度。明成祖朱棣也反对"穷兵黩武",主张对四夷要"怀之以恩,待之以礼。"①永乐元年十一月,四川行都司奏:"越巂卫之地,番贼不时出没,请调军剿捕。"②明成祖当即谕兵部尚书刘俊说:"鼠窃狗偷,蛮夷常性。若能严加备御,彼亦何施? 今不务此,而辄欲兴兵,殊不思官军一动,善恶均受其害,况所费亦重",③故为今之道,应严兵守备,遣人抚谕。这种不辄自兴兵的思想,在永乐皇帝之后的明朝诸帝治边实践中得以继承,并成为处理边疆问题之成法。宣德九年三月,贵州总兵官都督萧授上奏:贵州都匀卫合江洲化从等寨寨长韦翁同等人纠集蛮夷之民抢掠人马,滋事生非,已遣兵相机抚捕。就此事,明宣宗谓兵部曰:蛮之无状,非有远图,"苟畏威顺服便可,宽以抚之,不足深究。"④且强调今后对此类事件需"处置得宜,勿轻用兵"⑤,此乃继承明太祖、太宗时期治边理念的不二反映。

在西北边疆,明朝实行招附为主、军事打击为辅的政策。明朝建立时,西北河洮岷地区还处于故元残余势力控制之下。洪武二年,大将徐达率军西征,5月19日,冯宗异攻取临洮,前元大将李思齐降明。⑥ 旋即,明军攻占安定及邻近蕃人寨区,明军次第收复临洮周边州县的战略成功实现。同年五月,明太祖遣陕西行省员外郎许允德诏谕吐蕃,⑦尽管吐蕃不予理睬,但明朝一直遣使诏谕。不久,河州、洮州、岷州等地吐蕃酋首纷纷上交故元官印归附明朝。随着故元管辖之下的河州及洮州、岷州、吐蕃十八族、大石门、铁城等广大藏族地方的收复,明军基本统一了河、洮、岷藏族地方,逐渐确立了在这一地区的统治。

除此之外,明中央政府还在滇、黔、四川、乌思藏、朵甘、湖广等少数民族地

---

① 《明太宗实录》卷六八,永乐五年六月癸卯,第 962 页。

② 《明太宗实录》卷二五,永乐元年十一月己卯,第 451 页。

③ 《明太宗实录》卷二五五,永乐元年十一月己卯,第 451 页。

④ 《明宣宗实录》卷一〇九,宣德九年三月壬午,第 2442 页。

⑤ 《明宣宗实录》卷一〇九,宣德九年三月壬午,第 2442 页。

⑥ (清)夏燮撰,沈仲九标点:《明通鉴》卷二《纪二》,太祖洪武二年四月丁丑,中华书局 1959 年版,第 203 页。

⑦ (明)谈迁著,张宗祥校点:《国榷》卷三,太祖洪武二年五月甲午,第 390 页。

区推行军卫统管地方行政、军事事务制度。洪武四年（1371），明军进入四川，故元在阶州、文州、茂州、威州、松潘等的蒙藏官吏、头人纷纷归附明朝。洪武六年（1373），故元摄帝师喃加巴藏卜归顺明朝，明朝授予炽盛佛宝国师，并赐其玉印，①他还举荐100多名僧俗首领，均被授予大小官职。其后朵甘、乌思藏各地僧俗首领纷纷归顺明朝，上缴故元旧敕印，换领明朝新敕印，承认明朝的统治。对于归附明朝的藏地官员，明政府均予授职厚赏，甚加厚待。明朝在西南边疆推行的军事卫所制度是以边境军卫统管地方行政、军事事务的民族地区行政管理模式，各都卫长官均由中央政府任命。军卫制度加之土流参治制度的配合，初步建立了明朝在西番的统治管理体制，加强了明朝中央对上述地区的有效政治统治，形成了川滇藏边陲拱卫体系。

"守在四夷"还有一个重要含义，即"封建王朝以臣服或藩属的夷狄为边陲之藩篱，命其谨守其地，抵抗外侮，为封建国家的安全提供屏障。"②如明初对北元蒙古贵族，一再强调只要他们"能审识天命，衔璧来降"，明廷均"待以殊礼"、给予优待，并承诺"宗室来降者皆授以官"。③如果普通官民之亲人因战争逃亡他乡，皆可自愿来归，政府予以各方照顾和安置，"故官及军民人等，近因大军克取之际，仓皇失措，生离父母妻子，逃遁他所，果能自拨来归，并无罪责，仍令完聚。"④永乐元年（1403）五月，明成祖敕谕兀良哈："官军人等但来朝者，俱授官，仍故地互市。"⑤永乐三年（1405）七月始，明朝还制定颁行了对归附蒙古人的《爵赏条例》，具体规定各级蒙古降人优赏细则，作为永乐明朝封赏蒙古各部头目的法律依据："近辖官把都帖木儿等归附，其部属五千余人、驼马二万余匹皆留甘肃。把都帖木儿等赐之姓名，优与爵赏，令率其部属

---

① 《明太祖实录》卷七九，洪武六年二月癸酉，第1437页。
② 方铁：《古代"守中治边"、"守在四夷"治边思想初探》，《中国边疆史地研究》2006年第4期，第5页。
③ （明）顾应祥撰，四库全书存目丛书编纂委员会编：《人代纪要》卷三〇之八，齐鲁书社1996年版，史部第七册。
④ 《明太祖实录》卷三五，洪武元年十月戊寅，第633页。
⑤ （明）谈迁著，张宗祥校点：《国榷》卷一三，成祖永乐元年五月乙未，第904页。

于凉州居住,给与牛羊孳牧。今以所给牛羊之例付尔观之,自今尔处有归附者,给与如例。"①此后,明朝对归附蒙古人的爵赏便有了"例",即法律规范。宣德时期,对归附明朝的蒙古人不仅封官授爵,还分给他们口粮、田土。如宣德元年二月,"赐行在锦衣卫带管归附鞑靼都指挥阿老丁等三十二人田地、草场于顺天府。"②而且,明廷还允许来降蒙古官兵"去留任其所欲",③彰显了大明朝的宽仁及其对实现蒙汉"永笃诚好,相与往来,同为一家"和谐社会格局的努力。

明朝还专门制定有"都指挥例""百户例"的军功赏例,并规定已归附明朝的番军、头目、土官等人有功者升赏同与汉人官兵,"其还原卫及赤斤蒙古、沙州、罕东、安定四卫土官、头目、番军应赏者及都督安定王准'都指挥例',头目准'百户例'"④给赏。正统时期,明英宗秉承洪武、永乐、洪熙、宣德朝之制,对来归附的蒙古贵族官员皆待之以礼,封以官爵、赐以厚赏。正统十四年(1449)正月,迤北瓦剌使臣辞行,"上致书达达可汗曰:可汗深体朕心,竭至诚以通和好,是以家国乐清宁之福,人民享太平之治,皆一诚相与之明验也。"⑤在明廷绥怀招抚政策影响下,先后有一大批漠北蒙古部少数民族归附明朝,接受其统治。

除此之外,明朝还对南方大理政权的段明、段世也实施了积极招抚。值得称颂的是,在征战中,明廷诚谕将士:"若所经之处及城下之日,勿妄杀人,勿夺民财,勿毁民居,勿废家具,勿杀耕牛,勿掠人子女。民间或有遗弃孤儿在营,父母亲戚来求者即还之。"⑥战事结束后需优待俘虏,厚赏来降者。如果虐待俘虏,将严惩不贷。采取种种措施化干戈为玉帛,不通过武力扩张却能达到治边固边的目的,这是"守在四夷"边疆观的作用及内在含义。

---

① 《明太宗实录》卷四四,永乐三年七月己酉,第695页。
② 《明宣宗实录》卷一四,宣德元年二月戊寅,第381页。
③ 《明宣宗实录》卷一一,洪熙元年十一月癸丑,第304页。
④ 《明宣宗实录》卷七六,宣德六年二月己亥,第1760页。
⑤ 《明英宗实录》卷一七四,正统十四年正月己酉,第3354页。
⑥ 《明太祖实录》卷二六,吴元年十月甲子,第399页。

不论是四夷少数民族臣服,还是朝廷用尽各种手段的招抚,都在实现一个目标,即"四夷"一统于"中国",也就是"大一统"。前文已有述,明朝建国后蒙元残念势力仍然十分强大,并时时威胁明朝在全国的统治。为此,朱元璋和明朝统治者大力宣扬"中国正统"意识,以消弭蒙汉对抗,实现真正"大一统"。朱元璋认为,"中国实汉朝之故地",因此,"胡人不可久居"。朱元璋说"中国实汉朝之故地",因此"胡人不可久居。"①这里朱元璋所说的中国,仍然沿袭了古代传统"中国"的概念。② 洪武二年(1369 年)正月,朱元璋在颁布免北平、燕南、河东、山西等处税粮诏书中言:"重念中国,本我华夏之君所主,岂期胡人入据,已及百年。"③同年二月,朱元璋派吴用等出使占城、爪哇、日本三国,其中《给爪哇国王书》曰:"中国正统,胡人窃据百有余年,纲常既隳,冠履倒置,朕是以起兵讨之,垂二十年,海内悉定,朕奉天命,已主中国。"④

显然,朱元璋强调的是,蒙古贵族及其辖下部众都应该"知天命、审时势",归顺明朝统治,并成为明朝治下之子民。只有这样,才不会"冠履倒置",也才能实现"蒙汉一家",中国"大一统"。洪武三年(1370)五月,朱元璋颁布《设科取士诏》称:"今朕统一华夷,方与斯民共享升平之治。"⑤同年六月,朱元璋颁布《平定沙漠诏于天下》:"朕削平强暴,混一天下,大统既正,民庶皆安。"⑥洪武五年(1372)十月,朱元璋颁《蠲应天太平镇江宁国广德五府秋粮诏》亦言:"朕念不忘天下一统"。⑦ 洪武二十年(1387)九月,朱元璋说:"朕荷天命,统一华夏,于今二十年矣。海内海外,九夷八蛮,莫不革心向化。"⑧朱元

---

① 张德信、毛佩琦主编:《洪武御制全书·御制文集》卷五《与元幼主书》,黄山书社 1995年版。

② 此处"中国",指古代汉族王朝统治下的以中原内地为主的地区,见田澍、陈武强:《朱元璋的蒙古观探析》,《青海民族研究》2012 年第 4 期。

③ 张德信、毛佩琦主编:《洪武御制全书·御制文集》卷一《免北平燕南等处税粮诏》,黄山书社 1995 年版。

④ 《明太祖实录》卷三九,洪武二年二月辛未,第 786 页。

⑤ 《明太祖实录》卷五二,洪武三年五月己亥,第页。

⑥ 《明太祖实录》卷五三,洪武三年六月乙丑,第 1020 页。

⑦ 《明太祖实录》卷七六,洪武五年十月丁酉,第 1044 页。

⑧ 《明太祖实录》卷一八五,洪武二十年九月戊寅,第 1402 页。

璋还曾经十分赞赏元代实现的民族大一统局面："天生元朝，太祖皇帝起于漠北，凡达达、回回，诸方君长尽平定之。太祖之子孙以仁德著称为世祖皇帝，混一天下，九蛮八夷，海外番国归于统一，其恩德孰不思慕，号令孰不畏惧，是时四方无虞，民康物阜。"①这种"中国正统"论充分反映出大明皇帝对海内外归一、正统既定，民庶皆安的"大一统"社会格局的向往和追求。

由此可见，只有"华人治内而夷狄治外"，即中原汉族统治周边少数民族才合乎"中国正统"，才合乎"春秋之法"，才合乎伦理纲常，②也才能实现"中夏既安，四夷多附，绝无强凌弱、众暴寡……共享和平之福"③的祥和社会，也才是正常的"华夷秩序"。否则，就是纲常毁瓒，冠履倒置，会遭到上天的惩罚。洪武三年(1370)六月，明大臣刘基说："自古夷狄未有能制中国者，而元以胡人入主华夏，几百年腥膻之俗，天实厌之。"④显然，明朝统治阶级的华夷民族观是以"夷夏之防"为前提的，其核心是传统的"华尊夷卑"、蒙汉有别的民族主义思想，⑤是"严夷夏之防"的民族偏见。所以，明朝历代皇帝一再强调，蒙古贵族及其辖下部众都应该"知天命、审时势"，归顺明朝统治，并成为明朝治下之子民，只有这样，才能实现"蒙汉一家"，也才能实现中国"大一统"。这是朱元璋及其后明朝统治者解决蒙古问题的基本立场。

为了实现这一目标，完成"天下尽归于明"的"大一统"夙愿，朱元璋决定"以威服之"，发动了对蒙古的多次征服战争。洪武三年，朱元璋任命徐达为大将军自西安出击、东路军李文忠进抵开平，全面攻击蒙古。洪武五年，朱元璋任命徐达为征虏大将军，率兵十五万，与李文忠、冯胜、汤和、蓝玉等分兵三路，"三道并进"，以达到"永清沙漠"⑥的目的。洪武二十年，朱元璋以冯胜为

---

① 《明太祖实录》卷一九八，洪武二十二年十一月甲子，第2977—2978页。

② (明)孔贞运辑：《皇明诏制》卷一，崇祯刻本，第55页。

③ 张德信、毛佩琦主编：《洪武御制全书·御制文集》卷二《谕云南诏》，黄山书社1995年版。

④ (明)朱元璋：《明太祖宝训》卷四《警戒》，黄彰健校勘，"中研院"史语所校印，第264页。

⑤ 田澍、陈武强：《朱元璋的蒙古观探析》，《青海民族研究》2012年第4期。

⑥ 《明太祖实录》卷七一，洪武五年正月庚午，第1321页。

征虏大将军,率兵二十万北征纳哈出,摧毁了漠北几股主要的北元军事力量。尽管明朝一系列北征蒙古的战争,使重要的北元蒙古势力基本得以肃清,但战争并未达到消灭蒙古、实现真正"大一统"之目的。相反,战争的结局使朱元璋在"大一统"理想和现实之间产生了巨大的困惑。如洪武五年五月,大将军徐达兵至岭北,"与虏战失利,敛兵守塞。"①次年,即明军北伐蒙古遭重创后,朱元璋便告谕边将,"御边之道,固当示以威武,尤必守以持重,来则御之,去则勿追,斯为上策",②意味着明朝将对蒙战略进攻调整为战略防御,足见明蒙战争对朱元璋的蒙古政策和"中国一统"观产生的重大影响。自洪武五年岭北惨败后,明太祖朱元璋吸取教训,改变对蒙古方针,此后不再长趋漠北地方,着力于沿边地区军事防御。不过,统一蒙古、实现中国"大一统"仍是朱元璋终生追求之目标。

由于时代和阶级的局限,朱元璋及其后来的明朝皇帝们不可能超越那个时代的民族和阶级观念。但有一点是肯定的,即在明朝帝王的治边观中,"大一统"思想极为鲜明。

需要看到,"守在四夷"的治边理念具有极其复杂的政治性和时代性。如明初统治者一方面强调"安静"治边,但另一方面却是两任皇帝前后九次亲率大军远征蒙古,以致战事不断、明蒙矛盾尖锐。从表面看,这种情况的确与"守在四夷"的治边思想存在较大差异。不过,从辩证角度看,具体问题需要具体分析。明初对蒙古及其西南地区的用兵,属于明朝统一国家军事行动的一个重要部分,是必要的、必需的。因此,并不能否定明朝"守在四夷"治边思想的形成和影响。与此同时,明朝建立以来,面对错综复杂的边疆形势,统治者既继承汉唐时期"守在四夷"的政治思想,同时积极筹划和实施边疆治理政策,巩固和稳定边疆社会安全。综观明代边疆治理,明显具有这样的一个特点,即就是:明朝政府积极运用和平手段治理边疆各族,其方式有政治招抚、因

---

① 《明太祖实录》卷七三,洪武五年五月壬子,第 1349 页。
② 《明太祖实录》卷七八,洪武六年正月壬子,第 1424—1425 页。

俗授官、经济厚赏等,它对于确保边疆社会稳定大局和国防安全起到了重要作用。

当然,从本质上看,"守在四夷"治边观指导下的明代边疆治理依然是传统的控驭四夷之术,即"以夷制夷"、羁縻政策、"因俗而治"等。"以夷制夷"政策在汉代产生、唐宋发展,明代初期得以沿承并广泛运用。羁縻政策主要在东北和西北边疆地区实施,为明代又一重要的边疆治理方略。早在唐朝时期,即于西南少数民族地区设置了大量羁縻州县,以其首领为都督、刺史,加强对边疆民族地区的统治。北宋建立后承唐朝之策,在西南边疆设置了大量羁縻州县峒,"树其酋长,使自镇抚。"①明代羁縻政策则是通过设置羁縻卫所、封官授爵等方式实现对边疆地区的统治的。"因俗而治"是明朝治理边疆的另一主要策略,为了贯彻"因俗而治"的治边方针,明政府对边疆少数民族的风俗习惯、语言文字和生活习惯十分尊重,顺应和保护藏族地方民众的藏传佛教信仰,确立僧官制度,维护藏族地方政教领袖的政治和经济地位,这对于维护边疆稳定起到了积极作用。

有明一代,一方面通过对边疆少数民族的封爵赏赐,允其与中原通贡互市,昭示大明朝的仁义与恩德;另一方面,朝廷又通过各种措施制约边疆各族,或运用武力制裁边乱,打击对于王朝形成威胁的境内外势力。这些手段、措施和政策,虽然暴露了一些问题,但对于社会稳定和边疆安全起到了一定积极作用。明朝的一些边政思想和边疆政策,在清朝也有所继承。清代前期一系列巩固和发展我国统一多民族国家的边疆政策,也是在总结和吸取明朝边政的经验、教训,进一步解决明朝遗留的边疆问题而结合推行的。

第三节 倡导"华夷一体"新思想

明朝建国后,明太祖朱元璋继承了历代统治者传统的华夷观、边疆观。另

---

① (元)脱脱等:《宋史》卷四九三《蛮夷列传一·抚水州蛮》,中华书局1985年版,第14171页。

外,为了统治的现实需要,朱元璋又提出了"华夷一体""天下一家"的思想,强调"帝王之治天下,凡日月所照,无有远迩,一视同仁"①之治边理念,即对待四夷及边疆各族"一视同仁",与之和平共处,并从实践上给予积极贯彻。

一、洪武、永乐朝"华夷一体"观的形成

洪武元年(1368)八月,朱元璋在《大赦天下诏书》中宣告:"新克州郡,其民皆吾赤子"②,"蒙古色目人既居我土,即吾赤子,今宜各修尔业、厚尔生,共享太平之福,以臻雍熙之治。"③这是朱元璋在南京登基后首次提出的"华夷一体"新民族观,也是朱元璋出于重建政治秩序和维护社会稳定之目的,对元末农民战争时期的排蒙口号的及时调整,表明了明政府对待蒙古、色目人等各族实行民族平等的政治立场,标志建国后朱元璋对蒙古、女真等少数民族态度和边疆民族政策的重大转折。此后,朱元璋多次阐明了"华夷一体"的治边理念:

洪武三年(1370)六月,朱元璋诏谕元宗室部民:"朕既为天下主,华夷无间,姓氏虽异,抚字如一。"④洪武七年(1374),明太祖说:"天下一家,民犹一体。"⑤同年三月,朱元璋敕谕边将:"元运既终,天命归我中华,凡其遗民,皆吾赤子。"⑥可见,朱元璋在阐述"华夷一体"的同时,还特别强调"天下一家"。

当然,"天下一家"思想并非明朝才开始倡导,早在秦汉时期就有"天下一家"的明确表达,如"天下一家,趣不糜烂,则为国宝。"⑦《晋书·刘弘传》载,"刘弘曰,诸君未之思耳,天下一家,彼此无异,吾今给之,则无西顾之忧矣。"⑧《北史·吐谷浑传》称:"今既称藩,四海咸泰,天下一家,可敕秦州送诣京师,

---

① 《明太祖实录》卷七一,洪武五年正月甲子,第1317页。
② 《明太祖实录》卷三四,洪武元年八月己卯,第614页。
③ 《明太祖实录》卷三四,洪武元年八月己卯,第616页。
④ 《明太祖实录》卷五三,洪武三年六月丁丑,第1048页。
⑤ (明)余继登:《典故纪闻》卷三,第51页。
⑥ 《明太祖实录》卷八八,洪武七年三月己丑,第1560页。
⑦ (南朝)范晔:《后汉书》卷七《孝桓帝纪第七》,中华书局1964年版,第299页。
⑧ (唐)房玄龄:《晋书》卷六六《刘弘传》,中华书局1964年版,第1766页。

随后遣还。"①隋朝时期,朝廷虽承认高丽僻远,"地狭人少","然普天之下,皆为朕臣"②,但同时又强调了天下一体的统治观。

明洪武八年正月,朱元璋敕谕曰:"天下一家,民犹一体。有不获其所者,当思所以安养之。昔吾在民间,目击其苦,鳏寡孤独、饥寒困踣之徒常自厌生,恨不即死。如此者宛转于沟壑,可坐而待也。吾乱离遇此,心常恻然。故躬提师旅,誓清四海,以同吾一家之安。"③同年九月,明太祖遣使招谕梁王,并斥责云南不奉朝廷、杀明使者的悖逆行为:"今天下一家,独云南未奉正朔,杀我使臣,卿能为我作陆贾乎?"④洪武九年八月,思南宣慰使田仁智入朝觐见,贡马及方物。明太祖对他阐述了敬上爱下的人臣之礼道,并说:"汝在西南,远来朝贡,其意甚勤。朕以天下守土之臣皆朝廷命吏,人民皆朝廷赤子,汝归善抚之,使得各安其生,则汝亦可以长享富贵矣。"⑤后仁智在返回途中至九江龙城驿时病故,朱元璋命礼部遣官致祭。洪武十一年(1378)二月,朱元璋谓中书省臣曰:"人君视天下犹一家,一家之内一人不安,则事为之废;天下之广,尺土不宁,则君为之忧。"⑥由上可见,天下一家、各族一体的思想具有丰富的内涵,体现的是消除民族差别、增强中国凝聚力,实现中国共生共命运的家国一体情怀,这与当前"构建人类命运共同体"理念,与"铸牢中华民族共同体意识"的思想是一致的,因此是一种具有很高价值的哲学思想。

朱元璋之后,明成祖朱棣也坚持各族一家、"一视同仁"的治国理政方针,而且其思想意识更为鲜明。朱棣这样说:"人君奉天爱人为本,朕临御以来,视民如子,内安诸夏,外抚四夷,一视同人,咸期生遂。"⑦他还进一步论曰:"天

---

① 《北史》卷九六,《吐谷浑传》,中华书局1964年版,第3182页。

② 《隋书》卷八一,《东夷传·高丽传》,第1815页。

③ 黄彰健校勘,"中研院"历史语言研究所校印:《明太祖宝训》卷四《仁政》,第324页。

④ (清)张廷玉等撰:《明史》卷二八九《王祎列传附吴云列传》,第7416页。

⑤ 黄彰健校勘,"中研院"历史语言研究所校印:《明太祖宝训》卷六《怀远人》,第492—493页。

⑥ 《明太祖实录》卷一一七,洪武十一年二月辛未,第1914—1915页。

⑦ (明)雷礼等辑,四库全书存目丛书编纂委员会编:《皇明大政纪》卷八之六三,齐鲁书社1996年版,史部第八册,第32页。

之所覆,地之所载者,皆朕之赤子,岂有彼此?"①,"人性之善,蛮夷与中国无异"②,"好善恶恶,人情所同,岂间于华夷?"③。永乐元年二月,朱棣遣使诏谕迤北可汗鬼力赤曰:"元运既终,我皇考太祖皇帝,受天命抚有天下,朕以嫡子,奉藩于燕,入继大统,嘉兴万邦,同臻安乐。比闻塞北推奉可汗,特遣指挥朵儿只恍惚等赍织金文绮四端,致朕意。今天下定,薄海内外,皆来朝贡,可汗能遣使往来,同为一家,岂不休哉。"④永乐四年三月,朱棣再次遣使诏谕可汗鬼力赤曰:"朕嗣天位,抚天下,体天心以为治,惟欲万方有生之众咸得其所。今海内海外万国之人悉已臣顺,安享太平,尝遣使致书可汗,谓宜通好往来,共为一家……"⑤明成祖多次强调,治理边疆各族务要"待之以诚""怀之以恩",做到"一视同仁"。甚至明成祖朱棣不计较蒙古人是否真心来归,均以诚心待之,以使其众"感激愧服"。永乐九年五月,明成祖敕谕董卜韩胡头目南科曰:"天子上体天道,以好生为心。今天下之人,皆朕赤子,抚之一视而无间,虽千百中有一二辈为恶造罪,然岂可因一二辄累及千百。"⑥你等宜改过自新,善抚民众,"保尔境土。"⑦永乐十七年十月,遣使谕暹罗国王三赖波磨剌扎的赖曰:"朕祗膺天命,君主华夷,体天地好生之心以为治,一视同仁,无间彼此。王能敬天事大,修职奉贡,朕心所嘉。"⑧

二、宣德至嘉靖朝"天下一家"思想的延续

之后的明朝历代皇帝均以此为蓝本,大致沿承了洪武、永乐时期的治国治边思想。宣德时期,明宣宗封授公哥儿寨官忍昝巴、札葛尔卜寨官领占巴为昭

① 《明太宗实录》卷二六四,永乐二十一年十月己巳,第2407页。
② 《明太宗实录》卷八二,永乐十年三月丙申,第1577页。
③ 《明太宗实录》卷三二,永乐二年十一月庚戌,第625页。
④ (明)谈迁著,张宗祥校点:《国榷》卷一三,成祖永乐元年二月己未,第895页。
⑤ 《明太宗实录》卷五二,永乐四年三月辛丑,第778页。
⑥ 黄彰健校勘,"中研院"历史语言研究所校印:《明太宗宝训》卷五《谕远人》,第405—406页。
⑦ 黄彰健校勘,"中研院"历史语言研究所校印:《明太宗宝训》卷五《谕远人》,第406页。
⑧ 黄彰健校勘,"中研院"历史语言研究所校印:《明太宗宝训》卷五《驭夷狄》,第416页。

勇将军、乌思藏都指挥佥事,在制诰中明确表达了"天下为家,一视同仁"的治国治边思想,其制诰原文为:

> 奉天承运,皇帝制曰:帝王以天下为家,故一视同仁,无问远迩。尔札葛尔卜寨官领占巴,世处西陲,恪遵王化,既克敬承,于天道,尤能诚达于事,机修职奉。贡久益虔,眷兹诚悃,良足褒嘉。今特命尔为昭勇将军、乌思藏都指挥佥事。尔尚益顺天心,永坚臣节,抚安尔众,各遂其生,俾尔子孙世享无穷之福。钦哉。
>
> 宣德元年十一月初二日(此行上钤"制诰之宝")①

宣德七年(1432)正月,明宣宗遣中官李贵等出使西域哈烈等国,敕谕哈烈沙哈点、锁鲁檀等曰:"昔朕皇祖太宗文皇帝临御之日,尔等恭事朝廷,遣使贡献,始终一心。朕恭膺天命,即皇帝位,主宰天下,纪元宣德,大小政务,一体皇祖皇帝奉天恤民、一视同仁之心。"②希望通达遣使往赐,传达明朝旨意,使西域哈烈等国能够益顺天心,永笃诚好,相与往来,同为一家,经商生理。正统九年(1444)十月,明英宗敕谕沙州罕东赤斤蒙古三卫曰:"尔三卫头目皆朝廷选拔委用,大小人民皆朕赤子",③鲜明地反映了明朝统治上层"中华一体"意识。当然,所有这些思想意识,终归于治国治边之"道"。

成化时期,明宪宗多次在敕谕中表达了"天下一家"的治国治边理念。成化元年一月,明宪宗说:"我太祖高皇帝受天明命,承中国帝王大统,主宰天下,世世相传,人民仰戴,朕嗣祖宗大统,视天下万世为一家,凡百政事,悉遵太祖高皇帝成宪。"④成化三年(1467)二月,毛里孩三上书求入贡。明宪宗遣通事詹升赍敕往谕,再次表达了"天下一家"的治国思想:"朕受天命,承祖宗大

---

① 宿白:《藏传佛教寺院考古》,文物出版社 1996 年版,第 215、216 页。
② 《明宣宗实录》卷八六,宣德七年正月丁卯,第 1980 页。
③ 《明英宗实录》卷一二二,正统九年十月甲戌,第 2457 页。
④ 黄彰健校勘,"中研院"历史语言研究所校印:《明宪宗宝训》卷三《驭夷狄》,第 247 页。

业,为天下主。内华外夷,皆朕赤子也。弗率循治化者,有怒之而无终拒绝
焉。"①成化十七年(1481)六月,在给安南国王黎灏的敕谕中,明宪宗第三次明
确表述"天下一家"的治国思想:"朕恭膺天命,嗣守大位,以天下为一家,视万
民犹一体,一言一事未尝有拂于天。"②弘治朝礼部右侍郎焦芳说,"臣惟自古
有中国,斯有夷狄,王者恒置之。化外待以赤心,乃天地生物之心也……"③正
德朝六科都给事中黄锺说,"臣闻制驭夷狄,自有常道。"④此后,嘉靖皇帝也表
达了这种观念。嘉靖二十一年(1542)十一月,安南国王莫福海陈述其愿意恭
顺明朝,请求朝廷准许他袭职的愿望。明世宗应允,敕封其袭职安南都统使,
并强调了"天下一家"的思想:"朕惟帝王以天下为家,欲使万物各得其所,无
间遐迩。"⑤

　　不论是共为一家还是一视同仁,体现的是"各族是一家","天下是一家",
即各族同发展共命运的民族一体意识,明朝统治阶级的这种新治国治边理念
当为历代之典范。当然,"由于时代和阶级的局限,明朝诸帝不可能超越那个
时代的民族和阶级观念。因此,在他们的民族观中,'中国居内以制夷狄,夷
狄居外以奉中国',⑥即夷从属于华的'中国观'和'大一统'思想仍然极为鲜
明。反映在边疆治理问题上,明政府的基本观点是边疆各族归附明朝,"以明
为主宰",接受其统治,建立符合封建伦理纲常的"华夷秩序"。换句话说,边
疆民族及其部众都应该"知天命、审时势",归顺明朝统治,成为明朝治下之子
民。只有这样,才能实现"华夷一家"的理想社会,也才能实现中国"大一统"。
对此,王雄认为,"朱元璋的民族理论和政策,从根本上来说并没有超出历代
封建帝王的以天命论为核心的顺天法古的统治理论,但他摒弃了传统的宣传

①　黄彰健校勘,"中研院"历史语言研究所校印:《明宪宗宝训》卷三《驭夷狄》,第 254 页。
②　黄彰健校勘,"中研院"历史语言研究所校印:《明宪宗宝训》卷三《驭夷狄》,第 270—271 页。
③　《明孝宗实录》卷一六三,弘治十三年六月甲午,第 2933—2944 页。
④　《明武宗实录》卷一五三,正德十二年九月壬寅,第 2964 页。
⑤　黄彰健校勘,"中研院"历史语言研究所校印:《明世宗宝训》卷九《驭夷》,第 812 页。
⑥　《明太祖实录》卷二六,吴元年十月丙寅,第 401 页。

民族歧视、民族隔离、民族对立的一面,公开主张汉蒙共处,却是一种进步。"①
如何理性地认识明代君臣的民族观与治边理念,是理解明代边疆治理的关键
性内容,也是诠释明代边疆治理的要旨。②

　　朱元璋出身贫寒,亲身经历了元末社会的腐败和黑暗。因此,其思想意识
中充满了对蒙古贵族的仇恨,称蒙古人为"夷狄""胡元""胡虏",这是朱元璋
的时代局限性,也是他难以逾越的障碍。其次,朱元璋处在那个到处弥漫着
"夷夏之防"的封建时代,使其蒙古观中"华尊夷卑"的民族思想仍然相当突
出。洪武九年(1376)闰九月,淮安府海州儒学正曾秉正上疏:"臣窃观近来蒙
古色目之人多改为汉姓,与华人无异,有求仕入官者,有登显要者,有为富商大
贾者。古人曰:非我族类,其心必异,安得无隐伏之邪,心怀腹诽之怨。"③朱元
璋对此深表赞同。

　　可见,朱元璋虽然提出了"华夷无间"的平等思想,但并不意味着明代少
数民族已经真正取得与汉族完全相等的地位。朱元璋的边疆民族观念决定了
其蒙古观中占主流地位的仍然是历代中原汉族统治者所奉行的"恩威并施"
之道。胡钟达认为,朱元璋集团提出了'胡虏无百年之运'的封建大汉族主义
的命题,其论据无非是华夷之辨,伦理纲常、君权天命等传统的封建政治理
论。"④达力扎布认为,"明初,中原人心未定,统治还未牢固。同时,北元对明
朝构成了一种潜在的威胁,是明朝的心腹之患。在此情况下,朱元璋宣扬天命
观思想,劝谕爱猷识理达腊顺从天命。"⑤陈梧桐认为,"在'华夷一家'等民族
观的指导下,明太祖制定了威德兼施的民族政策,而明王朝之所以最终未能解
决国内的民族问题,归根到底是其错误的民族观所致。"⑥可见,明朝君臣一方

---

① 王雄:《明洪武时对蒙古人众的招抚和安置》,《内蒙古大学学报》1987年第4期。
② 田澍、陈武强:《朱元璋的蒙古观探析》,《青海民族研究》2012年4期。
③ 《明太祖实录》卷一九〇,洪武九年闰九月丙午,第1816页。
④ 胡钟达:《明与北元——蒙古关系之探讨》,《内蒙古社会科学》1984年第5期,47页。
⑤ 达力扎布:《北元初期史实略述》,《内蒙古社会科学》1990年第5期,第53页。
⑥ 陈梧桐:《论明王朝的民族观与民族政策》,《明史研究》第4辑,黄山书社1994年版,第
111页。

面提出"胡汉一家""华夷一体"的民族平等观,另一方面又持有歧视与怀疑态度,"朱明王朝的华夏观存在着两面性和变异性,而其后的华夏中心观则是其根本的和本质的。"①嘉靖五年(1526)十二月,大学士杨一清以阴阳之道论中国与夷狄关系时说:"以天下言,则中国为阳,四夷为阴,岂兵政废弛而内治不修,夷狄侵陵而外攘无方?"

不过,值得肯定的是,明朝的统治者提出"华夷一体"新思想,充分反映了元代以来民族大融合及其取得的成果,这是认识明代边疆治理的基点,无疑表明"经过宋辽夏金元时期之后,中华整体观念已深入人心"②。

①　张碧波、庄鸿雁:《华夷变奏——关于中华多元一体运动规律的探索》,黑龙江人民出版社 2009 年版。

②　卢勋、杨保隆主编:《中华民族凝聚力的形成与发展》,民族出版社 2000 年版,第 621 页。

第二章　因俗而治：明代边疆
治理的政治方略

明朝对边疆地区的统治，借鉴了之前各朝的成功经验，并对其进行了创新，特别是在设置常规的行政机构实施对边疆的统治和管理之外，独创都司卫所制度，给予边疆少数民族地区的土司和都司卫所各统其官军及其部落，听征调、守卫、朝贡、保塞之令，以及不时修浚和阅视城池之权。这种灵活有效的边疆治理模式为中国历代所独有。

第一节　设立边疆行政管理机构

一、中央行政管理机构

明朝时期，通过中央政府和地方政府机构中设置的一些职能部门加强对边疆地区管理，各部门各司其责，严密分工，分掌边疆行政、军事、司法、通使诸事宜，处理边疆军政与民族事务，有效地实现了对边疆地区的管辖和治理。

明朝建立初期，曾采用元朝制度，在中央设中书省，由左、右丞相总理吏、户、礼、兵、刑、工六部事务。由于朱元璋感到宰相权重，擅专威福，会造成对皇权的极大威胁，便于洪武十三年(1380)罢丞相，将中书省的政务分归六部处理，而以各部尚书负责，侍郎佐助，各部尚书直接听命于皇帝。这样，皇帝既拥有了更多的权力，六部的职权和地位也有所提高。明朝六部始置于洪武元年

(1368),每部设尚书、侍郎、郎中、员外郎、主事等官。洪武六年(1373),各部设尚书、侍郎各二人。洪武十三年罢中书省、部秩提高后,每部设尚书、侍郎各一人,唯户部设侍郎二人。六部参治边疆地区事务的情况是:

吏部参管边疆少数民族地区文职土司事务,礼部负责处理边疆少数民族使者进京朝贡以及册封等有关事务,兵部管理边疆少数民族地区卫所和武职土司事务等。具体为:提督四夷馆管理和边疆少数民族地区有关的翻译事务,鸿胪寺负责边疆少数民族首领在京师活动的各种仪礼,行人司负责抚谕边疆少数民族首领,僧录司负责管理边疆少数民族地区的宗教事务。另外,明朝中央政府中的五军都督府,管理边疆民族地区的都司卫所。以下次述之:

(一) 兵部

兵部管理边疆少数民族地区卫所和武职土司事务。宋代初期,兵部只管皇帝仪仗、卤簿、武举、义勇弓箭手等事,委任"判兵部事"一员。神宗时设兵部尚书、侍郎各一员,职方、驾部、库部和本部等四司郎中、员外郎各一员,职权略有扩大,主管民兵、弓手、厢军、蕃兵、剩员,武士校试武艺,及少数民族官封承袭等事。据《宋会要辑稿·职官志》,尚书兵部掌:"武举、民兵、厢土军、卤簿及蕃夷官封承袭之事。凡连其什伍而教之,战为民兵,材不中禁卫而力足以充役为厢军,就其乡井募以御盗为土军。厢、禁、土军因老疾而裁其功力之半为剩员,羌戎附属分隶边将为蕃兵,皆以名数置籍,而颁行其禁令,文武官白直宣借兵,则给以式应排办,仗卫则分卤簿、造字图、凡武举之制仿贡举法。若遣大将出征、露布、奏捷必告于庙。"[1]其属有三,"曰职方、郡县、地图、蕃夷之归附之事隶焉;曰驾部,辇路车乘、厩牧驿传之事隶焉;曰库部,军器、仪仗、卤簿、供账之事隶焉。"[2]可见,有关西北和西南民族地区地方兵种之建制,民兵管理、兵员训练、武举、蕃夷兵将官封承袭等事务,均由兵部统一管理。

---

① (清)徐松辑:《宋会要辑稿》第 68 册《职官》一四之二,中华书局 1957 年版,第 2688 页。
② (清)徐松辑:《宋会要辑稿》第 68 册《职官》一四之二,第 2688 页。

明代兵部，洪武元年设，最初置总部、驾部和职方三属部，设尚书、参赞、机务一人，右侍郎一人，司务一人。尚书"掌天下武卫官军选授、简练之政令，侍郎佐之。"①洪武十三年增设库部，变为四属部，置武选、职方、车驾、武库四司，设郎中、员外郎、主事各一人。② 洪武二十九年定四属部为武选、职方、车驾、武库四清吏司。兵部中的武选司"掌卫所土官选授、升调、袭替、功赏之事"；③职方司和职方"掌舆图、军制、城隍、镇戍、简练、征讨之事。凡天下地里险易远近，边腹疆界，俱有图本，三岁一报，与官军车骑之数偕上。"④凡武官六品，其勋十有二，最高正一品的左、右柱国，最低从六品的武骑尉，另有散阶三十。⑤

（二）　五军都督府

明朝中央政府中的五军都督府，管理边疆民族地区的都司卫所。明初设都督府，"掌军旅之事，各领其都司卫所，以达兵部。"⑥洪武十三年改都督府为五军都督府，分领在京各卫所，以及在外各都司卫所。每府设左、右都督各一人，正一品。都督同知各二人，从一品。都督金事各二人，正二品。其长官多以公侯伯爵的武臣充任，品级高于六部。下属有经历司，设经历、都事各一人。五军都督府除分领在京卫所外，还分领设在全国的 13 个都司。五军府各有所辖军区，相互平行，以达到"使事不留滞，权不专擅"的目的。

五军都督府与兵部各有职掌，相互制约，大体上兵部掌管军事行政事务，五军府掌管统兵作战。兵部受皇帝之命，发令调兵，但统兵权在五军府，统兵将官由皇帝亲自指派。军官的任免、赏罚由五军府与兵部会同办理。五军府的将官平时并不统军，遇有战事，兵部发出调兵令，五军府派出指挥官，统率京

---

① （清）张廷玉等撰：《明史》卷七二《职官志一》，第 1751 页。
② （清）张廷玉等撰：《明史》卷七二《职官志一》，第 1754 页。
③ （清）张廷玉等撰：《明史》卷七二《职官志一》，第 1751 页。
④ （清）张廷玉等撰：《明史》卷七二《职官志一》，第 1752 页。
⑤ （清）张廷玉等撰：《明史》卷七二《职官志一》，第 1751 页。
⑥ （清）张廷玉等撰：《明史》卷七六《职官志五》，第 1856 页。

营兵或各地卫所兵作战。战事结束,军兵回归原地,统兵官归五军府。

(三) 礼部

宋代时期,礼部"掌国之礼乐、祭祀、朝会、宴飨、学校、贡举之政令。旧属礼仪院,判院一人,以枢密院使、参知政事充;知院,以诸司三品以上充。主吏无定数,择三司京朝百司胥史充。""设官十:尚书、侍郎各一人,郎中、员外郎四司各一人。元祐初,省祠部郎官一员,以主客兼膳部。绍圣改元,主客、膳部互置郎官兼领,建炎以后并同。"①其中,礼部尚书,"掌礼乐、祭祀、朝会、宴享、学校,贡举之政令,侍郎为之贰,郎中、员外郎参领之。"②礼部郎中,"参领礼乐、祭祀、朝会、宴享、学校、贡举之事。"③礼部主客郎中,"掌以宾礼待四夷之朝贡。凡郊劳、授馆、宴设、赐予,辨其等而以式颁之……分案四,置吏七。元祐六年七月,兵部言:'《兵部格》,掌蕃夷官授官;《主客令》,蕃国进奉人陈乞转授官职者取裁。即旧应除转官者,报所属看详。旧来无例,创有陈乞,曹部职掌未一,久远互失参验,自今不以曾未贡及例有无,应缘进奉人陈乞,授官加恩,令主客关报兵部。'从之。"④

明代礼部,掌天下礼仪、祭祀、宴飨、贡举之政令,置尚书一人,正二品;左、右侍郎各一人,正三品。下设司务厅,置司务二人,从九品;仪制、祠祭、主客、精膳四清吏司,各设郎中一人,正五品;员外郎一人,从五品;主事一人,正六品。正统六年增设仪制、祠祭二司主事各一人。弘治五年增设主客司主事一人,提督会同馆。礼部之仪制司掌诸礼文、宗封、贡举、学校之事。⑤ 主客,战国时已有此官,秦及汉初称典客,为九卿之一。武帝时称大鸿胪。汉成帝时期,尚书置客曹,主管外交及处理民族事务。东汉初分为南北主客二曹,晋分左右南北四主客,唐宋因之。明置主客郎中员外郎,为礼部的属司,掌诸藩朝

① (元)脱脱等:《宋史》卷一六六《职官志六》,中华书局1985年版,第3851页。
② (元)脱脱等:《宋史》卷一六六《职官志六》,第3852页。
③ (元)脱脱等:《宋史》卷一六六《职官志六》,第3853页。
④ (元)脱脱等:《宋史》卷一六六《职官志六》,第3854页。
⑤ (清)张廷玉等撰:《明史》卷七二《职官志一》,第1745—1746页。

贡、接待、给赐等事。《明史·职官志》云："诸蕃朝贡，辨其贡道、贡使、贡物远近多寡丰约之数，以定王若使迎送、宴劳、庐帐、食料之等，赏赉之差。凡贡必省阅之，然后登内府，有附载物货，则给直。若蕃国请嗣封，则遣颁册于其国。使还，上其风土、方物之宜，赠遗礼文之节。诸蕃有保塞功，则授敕印封之。各国使人往来，有诰敕则验诰敕，有勘籍则验勘籍，毋令阑入。土官朝贡，亦验勘籍。其返，则以镂金敕谕行之，必与铜符相比。凡审言事，译文字，送迎馆伴，考稽四夷馆译字生、通事之能否，而禁饬其交通漏泄。凡朝廷赐赉之典，各省土物之贡，咸掌之。"① 以上说明，礼部主客司分掌少数民族朝贡、接待、给赐等事，具体内容包括：边疆少数民族首领到京师朝贡，负责了解贡道远近，贡使人数、贡物多少等情况，以便确定中央政府应给予的迎送规模，宴请次数，庐帐大小，食品粗精，赏宴数额；清查贡品，并在内府登记造册，有附载货物，视货物多少给以币值；当边疆少数民族首领要求册封时，负责派人前往颁发封册，使命完成后，要把该地区的风土、方物以及颁册的具体情况奏报中央政府；负责向保护边塞有功的少数民族首领颁授敕印；查验边疆少数民族地区来使以及西南边疆朝贡土官的诰敕、勘籍，符合要求者准予入京，不合要求者禁止往来；当这些来使或土官返回时，以镂金敕谕和铜符相比令其还归；管束负责边疆少数民族来使的翻译人员，检查他们是否称职，有无泄露国家机密情况等。礼部精膳司分掌边疆少数民族使者、土官的宴飨和下程，宴有一次二次之分，下程有常例、钦赐之别。

　　明初，在京师南京设有公馆，永乐年间迁都北京后改名会同馆。洪武二年（1369）起，所有外来使节、四方朝贡使者到京，均经礼部官员引导由会同馆负责款待。即礼部仪制司会同吏部奏请少数民族首领诰命，会同馆负责对外接待，包括外国国王、王子及其内外使臣宾客的接待。

（四）鸿胪寺

　　鸿胪寺，渊于西周时的大行人、秦代的典客、汉武帝时的大鸿胪，唐代主管

---

① （清）张廷玉等撰：《明史》卷七二《职官志一》，第1749页。

民族、外交事务,下设礼宾院,处理款待、翻译等事务,"卿一员,从三品。少卿二人,从四品上"。① 鸿胪寺的日常职责是凡外国或少数民族的皇帝、使者,到长安朝见皇帝或进贡,鸿胪寺须按等级供给饮食及招待。《旧唐书·职官志》:"凡四方夷狄君长朝见者,辨其等位,以宾待之。凡二王后及夷狄君长之子袭官爵者,皆辨其嫡庶,详其可否。若诸蕃人酋渠有封礼命,则受册而往其国。凡天下寺观三纲,及京都大德,皆取其道德高妙、为众所推者补充,申尚书祠部。"②另外,鸿胪寺也须对进贡物品进行估价,拟定回赐外国皇帝、使者的物品种类和数量。凡朝廷大官在长安去世,鸿胪寺则要代表中央政府,为死者提供不同等级的葬礼用具和仪式,并慰问死者家属。

宋代鸿胪寺下设往来国信所、都亭西驿及管干所和同文馆及管勾所等四大机构,各有分工。鸿胪寺置卿一人,少卿一人,丞、主簿各一人,③其中,鸿胪寺卿掌"四夷朝贡、宴劳、给赐、送迎之事,及国之凶仪、中都祠庙、道释籍帐除附之禁令",④少卿为之贰,丞参领之,"凡四夷君长、使价朝见,辨其等位,以宾礼待之,授以馆舍而颁其见辞、赐予、宴设之式,戒有司先期办具;有贡物,则具其数报四方馆,引见以进。诸蕃封册,即行其礼命。若崇义公承袭,则辨其嫡庶,具名上尚书省。"⑤另有属官一十二人分理四夷事务。宋神宗元丰之后,鸿胪寺既掌管国内所属少数民族事务,也管理与外国通使等事宜。至南宋建炎三年(1129)并省冗职,鸿胪寺并归于礼部,民族事务归礼部管理。宋代鸿胪寺的机构虽不大但却掌对外交聘、贡奉、出使和翻译等对外事务,是宋朝重要的对外机构。

明代鸿胪寺,负责边疆少数民族首领在京师活动的各种仪礼,设置于洪武三十年(1397),始设官六十二员,又设外夷通事,隶鸿胪寺。《明史·职官志》载:鸿胪"掌朝会、宾客、吉凶仪礼之事。凡国家大典礼、郊庙、祭祀、朝会、宴

---

① (后晋)刘昫:《旧唐书》卷四四《职官志三》,中华书局 1975 年版,第 1884—1885 页。
② (后晋)刘昫:《旧唐书》卷四四《职官志三》,第 1884—1885 页。
③ (元)脱脱等:《宋史》卷一六五《职官志五》,第 3903 页。
④ (元)脱脱等:《宋史》卷一六五《职官志五》,第 3903 页。
⑤ (元)脱脱等:《宋史》卷一六五《职官志五》,第 3903 页。

飨、经筵、册封、进历、进春、传制、奏捷，各供其事。外吏朝觐，诸蕃入贡，与夫百官使臣之复命、谢恩，若见若辞者，并鸿胪引奏。"①鸿胪寺设卿一人、左右少卿各一人、左右寺丞各一人，鸿胪寺卿，正四品；鸿胪寺左、右少卿，从五品；鸿胪寺左、右寺丞，从六品。鸿胪寺下设主簿厅，置主簿一人；司仪、司宾二署，各置署丛一人、鸣赞四人（后增设五人）、序班五十人。嘉靖三十六年（1557）革八人，万历十一年（1583）复设六人。凡边疆少数民族使者入京进贡，朝见皇帝和辞行，均由鸿胪寺官员引奏。司仪负责皇帝召见前各种仪礼的演习，司宾负责教跪拜仪节。

（五）行人司

行人司，设于洪武十三年（1380），"职专捧节、奉使之事"②，是明朝专门设立的职掌出使外国和国内少数民族地区的机构。"凡颁行诏敕，册封宗室，抚谕诸番，征聘贤才，与夫赏赐、慰问、赈济、军旅、祭祀"，③皆遣行人出使。凡颁行诏敕、册封宗室、抚谕四方、征聘贤才，及赏赐、慰问、赈济、军务、祭祀，则遣其行人出使。"④行人司设行人，秩正九品；左、右行人，秩从九品；后改行人为司正，左、右行人为左、右司副，另定设行人三百四十五人。他们除了出任钦差使者，宣谕敕令，"每岁朝审，则行人持节传旨法司，遣戍囚徒，送五府填精微册，批缴内府。"⑤此外，行人司行人不仅担任出使海外各国的使节或边疆民族地方的使者，而且还会充当各国使节或边疆使者返回时的伴送行人。由此，行人一职越来越被倚重。洪武二十七年（1394），"以所任行人多孝廉人才，奉使率不称旨，定设行人司官四十员"⑥，全部以进士任命之，并将行人司升格为七品衙门，规定没有皇帝旨意，行人司官不得随意派遣。

---

① （清）张廷玉等撰：《明史》卷七四《职官志三》，第1802页。
② （清）张廷玉等撰：《明史》卷七四《职官志三》，第1809页。
③ （清）张廷玉等撰：《明史》卷七四《职官志三》，第1809页。
④ （清）张廷玉等撰：《明史》卷七四《职官志三》，第1809页。
⑤ （清）张廷玉等撰：《明史》卷七四《职官志三》，第1809页。
⑥ （清）张廷玉等撰：《明史》卷七四《职官志三》，第1810页。

建文帝时,曾废行人司,将其职事归鸿胪寺掌。明成祖朱棣继位后,又恢复了行人司在中央政府中独立机构的地位。明朝行人司人数有限,根据情况派出的使臣不限于行人司行人,还有其他官员,六科给事中、都察院监察御史以及地方官、内官都有担任使节出使海外国家的。

(六)提督四夷馆

提督四夷馆,管理与边疆少数民族地区有关的翻译事务。明朝初年设四夷馆,隶翰林院,选国子监学生学习翻译。"自永乐五年,外国朝贡,特设蒙古、女直、西番、西天、回回、百夷、高昌、缅甸八馆,置译字生、通事,初隶通政使司,通译语言文字。"①这就是说,从永乐五年(1407)起,随着边疆少数民族地区进京朝贡的日益增多,明政府特设了蒙古、女直、西番、西天、回回等八馆,每馆置译字生、通事等负责语言文字的翻译工作。宣德元年(1426),译字生兼选官民子弟,委官教习,学士负责课程考试。弘治七年(1494),增设太常寺卿、少卿各一员为提督,四夷馆遂改隶太常寺。嘉靖年间,裁掉太常寺卿,只留少卿一人,掌译书等事。正德中,增置八百馆,万历中又增暹罗馆。明初译字生很受器重,参加考试,与乡、会试额科甲一体出身,只是以后才成为杂流,他们在四夷馆工作,升转由鸿胪寺负责。

(七)僧录司

宗教事务在明代边疆治理中举足轻重,明朝中央政府设立了专门机构对其管理。僧侣事务在唐代由左右街僧录掌理,宋代时左、右街僧录司隶属鸿胪寺,掌僧官补授及僧侣诸事务。明洪武元年(1368)正月,设善世院,统领佛教事务。洪武十五年(1382),始置僧录司,隶属礼部,负责管理边疆少数民族地区宗教事务,"僧、道录司掌天下僧道。在外府州县有僧纲、道纪等司,分掌其事,俱选精通经典、戒行端洁者为之。神乐观掌乐舞,以备大祀天地、神祇及宗

---

① (清)张廷玉等撰:《明史》卷七四《职官志三》,第1797页。

庙、社稷之祭,隶太常寺,与道录司无统属。"① 省级地方佛教事务的管理则由各省所设僧纲司负责。永乐五年(1407)三月,设陕西甘州左卫及庄浪卫僧纲司。② 永乐十二年(1414)二月,设陕西藏吉地面昐囵朗堂、当笼、加麻三僧纲司。③ 永乐十五年(1417)七月,设四川天全六番招讨使司医学及僧纲司。④ 另外,各州置僧正司,县置僧会员,设僧正、僧会。僧正的主要任务是以各项法度、戒律约束僧人。

　　道纪司,是明代道教事务管理机构。如永乐七年(1409)闰四月,设四川盐井卫道纪司。⑤ 永乐八年九月,设四川长河西剌思刚道纪司。⑥

　　明代佛教、道教事务繁杂,朝廷的管控机构、管理政策都较为严密严格。其一,明中央对各级僧官订立有明确的品阶、俸禄规定。僧录司设左、右善世二人,正六品;左、右阐教二人,从六品;左、右讲经二人,正八品;左、右觉义二人,从八品。⑦ 僧纲司设有都纲一人,职责是监督僧众行仪等。道纪司之职官有都纪(亦称道纪),副都纪(亦称副道纪),秩未入流。一应僧官的铨选任免成制,所谓考课有常,迁转有序,衣饰伞盖有别,体现了专制主义中央集权极端强化的时代特点。其二,明代西藏地区佛教盛行,教派众多,有法王、佛子、大国师等封号,僧录司代表明朝中央政府对他们颁授印信。道纪司亦如此,永乐十三年六月,"设董卜韩胡道纪司,命本土道士锁南领贞为都纪,给印章。"⑧

　　总之,以上边疆管理机构分工精细、职能明确,在所有负责边疆少数民族地区事务的中央机构中,相对来说,兵部、礼部负责的事务更多、更广、更具体。

---

① (清)张廷玉等撰:《明史》卷七四《职官志三》,第 1817 页。
② 《明太宗实录》卷六五,永乐五年三月乙丑,第 917 页。
③ 《明太宗实录》卷一四八,永乐十二年二月丙午,第 1731 页。
④ 《明太宗实录》卷一九一,永乐十五年七月乙卯,第 2017 页。
⑤ 《明太宗实录》卷八八,永乐七年闰四月戊申,第 1194 页。
⑥ 《明太宗实录》卷一〇八,永乐八年(1410)九月壬申,第 1396 页。
⑦ (清)张廷玉等撰:《明史》卷七四《职官志三》,第 1817 页。
⑧ 《明太宗实录》卷一六五,永乐十三年六月辛卯,第 1856 页。

二、地方行政管理机构

明代管理边疆的地方机构,既有布政使司、府、州、县,又有都司卫所和土司等。洪武年间(1368—1398),"置十三布政使司,分领天下府州县及羁縻诸司,又置十五都指挥使司以领卫所番汉诸军,其边境海疆则增置行都指挥使司,而于京师建五军都督府,俾外都指挥使司各以其方附焉。"①布政使司,全称"承宣布政使司",全国先后设十三个布政使司:浙江、江西、福建、北平、广西、四川、山东、广东、河南、陕西、湖广、山西、贵州。陕西、山西、云贵、两广和福建等地所在地区为边疆地区或沿海地区。布政使司设左、右布政使各一人,初为从二品,1380年定为正三品。又设左右参政、左右参议,无定员,"参政、参议因事添设,各省不等。"②左、右参政从三品,左、右参议从四品。下设经历、都事、理问、大使、副使等,从从六品到从九品乃至未入流不等。布政使掌一省之政,传布朝廷政令,考察本省官吏;管理户口、田土及科举贡士行政;对省内宗室、官吏、学校师生、驻军,颁发禄俸、廪粮;呈报自然灾害情况并实行赈济;均衡全省赋役额度,规定征收标准;地方的重大行政事宜或有所兴革,要会同都指挥使司、按察使司商定。

布政使司之下为府,府有三等:粮20万石以上者为上府,20万石以下者为中府,10万石以下者为下府,此洪武六年之制。明以前州县等第皆视其人户之增减而定其次序,至明乃别以所纳粮米之多寡为标准,此为制度之改革。府设知府一人,上府秩从三品,中府秩正四品,下府秩从四品。府之直隶府专达于朝,其他皆受布政使之节度,以治一府之事。府下为州,州有二种:属州与直隶州。属州属于府,而直隶州则直属于布政使司。州置知州,属州之知州,其品秩视县,直隶州则视府。州与府之区别,在知州于治县事外兼辖其旁之县,而府则仅辖散州与诸县,不直接治县事,故府之附郭有县而州则否。府州

---

① (清)张廷玉等撰:《明史》卷四〇《地理志一》,第881页。
② (清)张廷玉等撰:《明史》卷七五《职官志四》,第1838页。

之下为县,县有三等:粮十万石以下者为上县,六万石以下者为中县,三万石以下者则为下县。县置知县,以掌一县政事。其中,上县知县秩从六品,中县正七品,下县从七品。①

除了布政司、府、州、县之外,明朝在边疆少数民族地区设置庞大的土官机构。《明史》载,明代边疆地区之军民府、土州、土县"设官如府州县"②,名称主要有土官宣慰使司、宣抚司、安抚司、招讨司、长官司等。宣慰使司设宣尉使、同知、副使和金事各一人,宣抚司设宣抚使、同知、副使和金事各一人,安抚司设安抚使、同知、副使和金事各一人,招讨司设招讨使、副招讨各一人,长官司设长官一人、副长官一人;蛮夷长官司,设长官一人、副长官一人。③ 其品级分别为:宣慰使司的宣慰使从三品,同知正四品,副使从四品;宣抚司宣抚使从四品,同知正五品,副使从五品,金事正六品;安抚司安抚使从五品,同知正六品,副使从六品,金事正七品;招讨司招讨使从五品,副招讨正六品;长官司长官正六品,副长官从七品;蛮夷长官司长官正六品,副长官从七品。④

据文献资料统计,明朝在西南、西北边疆少数民族地区设置的土司机构数量众多。西南边疆地区的云南、贵州、广西等地设有诸多宣慰使司、宣抚司、安抚司、长官司等,《明史·地理志》载:云南布政使司设于洪武十五年(1382),领 58 府、75 州、55 县、6 蛮夷,"后领府十九,御夷府二,州四十,御夷州三,县三十,宣慰司八,宣抚司四,安抚司五,长官司三十三,御夷长官司二。"⑤贵州布政使司设于永乐十一年(1413),领 8 府、1 州、1 县、1 宣慰司、39 长官司,"后领府十,州九,县十四,宣慰司一,长官司七十六。"⑥广西布政使司洪武九年(1376)置,领 11 府、48 州、50 县、4 长官司。⑦ 此外,在西北边疆地区,明廷

---

① （清）张廷玉等撰:《明史》卷七五《职官志四》,第 1850—1851 页。
② （清）张廷玉等撰:《明史》卷七六《职官志五》,第 1876 页。
③ （清）张廷玉等撰:《明史》卷七六《职官志五》,第 1875 页。
④ （清）张廷玉等撰:《明史》卷七六《职官志五》,第 1875 页。
⑤ （清）张廷玉等撰:《明史》卷四六《地理志七》,第 1171 页。
⑥ （清）张廷玉等撰:《明史》卷四六《地理志七》,第 1197 页。
⑦ （清）张廷玉等撰:《明史》卷四五《地理志六》,第 1148 页。

设有洮州卫故元土官赵琦、故元吐蕃等处宣慰使司副使王星吉巴、卓尼头目些地(其后裔为著名的杨土司)、百户昝南秀节等土司土官;岷州卫故元甘肃行省平章政事朵儿只班(著名的后氏土司)、指挥同知包阿速等,共有指挥、正副千户、镇抚、百户等土官34人。除此之外,庄浪、凉州、肃州、巩昌等卫也安置了大量土司。在西北、西南边疆设置土司是明朝治理边疆少数民族地区的重要方略,这是明清时期较为独特的一种少数民族管理制度,明政府任命当地少数民族首领充任宣慰使、宣抚使、安抚使、招讨使、长官等为土官,"对加强南方边疆地区的管辖起了一定作用"①。"改土归流"之后,西南、西北土司逐渐受到一定的限制,但并未完全退出历史舞台。

明朝管理边疆地区另一重要举措是设都司卫所的军事机构。在东北边疆地区,明政府于洪武四年(1371)设辽东都卫指挥使司(洪武八年改为辽东都司),下辖25卫、18所。于永乐七年(1409)设奴儿干都司管辖黑龙江、乌苏里江地区,下辖384卫、24所、7站;在西北边疆地区,从洪武四年到永乐四年的三十五年中,明政府先后设河州卫、西宁卫、安定卫等11卫。另在西藏地区,明朝设朵甘、乌思藏指挥使司、乌思藏牛儿宗寨行都指挥使司和宣慰司、元帅府、招讨司、万户府、千户所等机构,任命当地藏族首领为指挥使、万户、千户等具体负责该地区事务。由此可见,辽东都司、奴儿干都司、陕西都司、云南都司、广西都司、福建都司、广东都司等均在设于边疆或沿海地区,它们是国防政策在边疆地区的重要体现,是明王朝加强对边疆地区管辖的重要举措。具体建制及职能如下:

至正二十四年(1364)正月,朱元璋在应天自称吴王,建立军政机构。三月,朱元璋下令尽免诸翼元帅府和统军元帅,改置武德、龙骧等17卫。四月,订立《部伍法》,确定军队基层编制:以将领所部兵五千人为指挥,千人为千户,百人为百户,五十人为总旗,十人为小旗。② 明朝建立后,洪武元年(1368)

---

① 马大正:《中国边疆经略史》,中州古籍出版社2000年版,第239页。
② (清)夏燮撰,沈仲九标点:《明通鉴》卷一《纪一》,太祖洪武元年正月壬辰,第162页。

正月，明太祖采纳中丞刘基建议，改定卫制："其法，自京师达于郡县，皆立卫所。大率以五千六百人为一卫，一千一百二十人为一千户所，一百一十二人为一百户所"，①形成"系一郡者设所，连郡者设卫"，②以卫所作为主要单位的军队编制法。洪武七年，朱元璋下诏复位卫所编制："每卫设前、后、中、左、右五千户所，大率以五千六百人为一卫，一千一百二十人为一千户所，一百一十二人为一百户所，每百户所设总旗二人，小旗十人。"③此为卫所制度。即在军事防御要地设立卫所，以对外抵御外敌入侵、对内镇压反抗，"边卫之设，所以限隔内外，宜谨烽火，远斥候，控守要害，然后可以服胡虏，抚辑边氓。"④

卫所兵源主要有三："有从征，有归附，有谪发。从征者，诸将所部兵，既定其地，因以留戍。归附，则胜国及僭伪诸降卒。谪发，以罪迁隶为兵者。其军皆世籍。此其大略也。"⑤卫所兵士有军籍，世袭为军，平时屯田或驻防。遇有战争，朝廷命将率领调自卫、所的士兵征战。由此可见，卫所制与世兵制、府兵制有些相似，是一种兵农合一、耕战结合性质的军队编制制度。

卫所有京卫和外卫的区别。京卫除上直卫亲军及部分非亲军卫外，隶于五军都督府；外卫即驻在地方的卫所、两直隶隶于五军都督府，其他则隶于都司、行都司、留守司。卫设指挥使1人，正三品；指挥同知两人，从三品；指挥佥事四人，正四品；镇抚司镇抚2人，从五品。千户所设正千户1人，正五品；副千户两人，从五品；镇抚2人，从六品。百户为正六品，无定员。征伐统于诸将，无事散归原地。卫所编制法还规定，卫所各级编制均配以与之相符的各级职官，"国朝之制，每卫设指挥使1人，指挥同知2人，指挥佥事2人，又设前后

①　（明）陈建著，钱茂伟点校：《皇明通纪前编》卷四，第115页。
②　（清）夏燮撰，沈仲九标点：《明通鉴》卷一《纪一》，太祖洪武元年正月壬辰，第132页。
③　（清）张廷玉等撰：《明史》卷七六《职官志五》，第1874—1875页。
④　《明太祖实录》卷一四八，洪武十五年九月丁卯，第2339页。
⑤　（清）张廷玉等撰：《明史》卷九〇《兵志二》，第2193页。

中左右千户所,以分领士卒。"①这样一来,在全国形成卫所编制下上下相统、层层隶属的卫所军事体制。

洪武八年(1375)十月,朱元璋下诏,"改在京留守都卫为留守卫指挥使司,在外都卫为都指挥使司,凡十三:北平、陕西、山西、浙江、江西、山东、四川、福建、湖广、广东、广西、辽东、河南。又行都指挥使司二:甘州、大同。俱隶大都督府",②即改各都卫指挥使司为都指挥使司,行都卫指挥使司为行都指挥使司。③ 至此,形成全国军队分为卫、所两级,一府设所,数府设卫,各府县卫、所归各指挥使司都指挥使管辖,各都指挥使又归中央五军都督府管辖的明代卫所军事制度。《明史》有云:"明以武功定天下,革元旧制,自京师达于郡县,皆立卫所。外统之都司,内统于五军都督府,而上十二卫为天子亲军者不与焉。征伐则命将充总兵官,调卫所军领之,既旋则将上所佩印,官军各回卫所。盖得唐府兵遗意。"④

京城内外都司卫所的设置时间大多在明初,尤其以洪武时期最多。如洪武十四年置中都留守司,十五年置贵州、云南都司,二十年置大宁都司。洪武二十七年置四川行都司。但洪武朝之后各地都司卫所一直有置有改有废,这种情况延续至明中后期。如宣德五年(1430)置万全都司,成化十二年(1476)置湖广行都司,嘉靖十八年(1539)置兴都留守司。此后遂定制,除南北直隶不置都司外,共有 16 都司、5 行都司、2 留守司。隆庆五年(1571)置广西古田守御千户所,等等。

从职能看,都司、行都司等掌一省或一方的军政,统辖所属卫所。但洪武二十三年诏令设立卫军民指挥使司及军民千户所于未设府州县的边地时,明确规定都司卫所兼理民政事务,这说明明代都司卫所职能因地有别,具有地域性和多重性的特征。另外,在明朝所设十六都司中,有十三都司与布政使司、

---

① (明)余继登:《典故纪闻》卷五,第 80 页。
② (清)张廷玉等撰:《明史》卷九〇《兵志二》,第 2194 页。
③ 都司和行都司是朝廷派驻地方、秉承帝命,职掌一方军政的机构。
④ (清)张廷玉等撰:《明史》卷八九《兵志一》,第 2175 页。

按察使司同名同治，即十三省都司其治所为省会。有事都、布、按三司合商，序衔都司在布、按二司之上。行都司为与省不同治的都司则皆废置于边境、海疆。

明全国都司卫所的数量，据《明史·兵志》记载：洪武二十六年（1390）时，全国"共计都司十有七，留守司一，内外卫三百二十九，守御千户所六十五"。[①]其中，为巩固边防，防御蒙古南下，明洪武朝设于北部沿边地带一线的卫所计有：辽东都司 20 卫，陕西都司 30 卫、2 千户所，北平都司 16 卫、1 千户所，山西都司 7 卫、5 千户所，北平行都司和山西行都司 13 卫，北平和山西护卫 6，总 92 卫、8 千户所。总计在明蒙边界的明朝边防部队达到"52 万兵力，占全国总卫数的 1/4 有余。"[②]另据《明会要》记载，永乐以后有内外卫四百九十三，守御、屯田、群牧千户所三百五十九，仪卫司三十三，以及土官隶于都司卫所者宣慰司二、招讨司二、宣抚司六、安抚司十六、长官司七十。

综上，从明代都司卫所设置过程及其职能看，都司掌一省或一方军政，卫所统率地方军队，原为军事机构，与地方行政无关。洪武初废边境府州县后，即将该地民政归于都司卫所兼管，后来在不设府州县的地区置都司卫所，遂均兼理民政，从而演变为地方行政制度的一部分。卫所设在府州县境内，军户及屯田错杂于民间，不能自成区域者，为无实土卫所；卫所置于不设府州县的地区，辖民户兼理民政，能自成区域者，为实土卫所。所有十六都司中，辽东都司全为实土，万全都司大部为实土，大宁都司初全为实土，永乐初内迁北直隶境内后，无实土。其他十三省都司中，陕西、四川、湖广、云南、贵州五都司也辖有实土卫所。五行都司中，陕西、四川行都司全为实土，山西行都司初为实土，正统中内迁山西大同府境内后，无实土，二留守司均无实土。无实土卫所和实土卫所情况比较复杂，难以一一区别。清初，都司卫所或裁废，或改置为府州县，遂不复存在。

---

① 明永乐时期，多所增改。其后措置不一，其名有别。参见（清）张廷玉等撰：《明史》卷九〇《兵志二》，第 2196 页。

② "计有都司和行都司 18，留守司 1，内外 329，守御千户所 62，牧马千户所 1，三护卫2"，参见军事科学院主编《中国军事通史》第十五卷《明代军事史》（上），军事科学出版社 1998 年版，第 138 页。

第二节　实施羁縻政策

羁縻政策是历代封建王朝另一种重要的边疆经略政策,它主要采取笼络和松散的管理方式处理中央政权与边疆土著民族之间的关系。唐代在周边少数民族地区就设置了大量的羁縻州县,主要分羁縻都护府、都督府、州、县四级,"分析其种落,大者为州,小者为县,又小者为峒",①以其首领为都督、刺史,加强对边疆民族地区的统治。北宋建立后承唐朝之策,在西南边疆设置了大量羁縻州县峒,"树其酋长,使自镇抚。"②宋代西南边区设置的羁縻州主要分布于黎州、雅州、茂州、威州和叙州等地,共有 263 个、县 22 个、峒 11 个。③宋代羁縻政策虽沿袭唐代,但在唐朝基础上又有一些调整和变化,"录用酋长,以统其民"的土官制度有着较为严密的管理体制。这套土官制度,在元代之后逐渐演变和发展,形成了一套完善的土司制度,成为元明清时期西南边疆政治制度的重要组成部分。明朝初期,边疆形势错综复杂,为稳定统治、"隔绝羌胡",明朝中央在边疆地区有计划针对性地实施了唐宋元以来治理边疆的"羁縻政策",取得了积极作用。

一、西北边疆的羁縻政策

明代西北边疆主要有藏族、回族、撒里畏兀儿(裕固)、哈萨克、蒙古、汉族等,这一地区民族众多,关系复杂,处于封建割据状态。除了大量汉族外,藏族和回族、撒里畏兀儿或人口多或影响大。

藏族是一个历史悠久的古老民族,究其渊源,可追溯至我国西部古老的部族——羌族。明代藏族主要分布于今西藏和甘肃、青海、四川和云南等省的部分地区,称为西番。"西番,即西羌,族种最多,自陕西历四川、云南西徼外皆

---

① （宋)欧阳修、宋祁:《新唐书》卷四三《地理志七》,中华书局 1975 年版,第 903 页。
② （元)脱脱等:《宋史》卷四九三《蛮夷列传一·抚水州蛮》,第 14171 页。
③ 龚荫:《中国民族政策史》,四川人民出版社 2006 年版,第 417 页。

是。其散处河、湟、洮、岷间者，为中国患尤剧。汉赵充国、张奂、段颎，唐哥舒翰，宋王韶之所经营，皆此地也。元封驸马章古为宁濮郡王，镇西宁，于河州设吐番宣慰司，以洮、岷、黎、雅诸州隶之，统治番众。"①这段史料表明：1.西番，渊源于西羌，其族种甚多，并非仅指汉族。2.居地在陕西四川云南等地，处于分散状况，元朝时期曾于河州（今甘肃临夏）设有吐番宣慰司的机构进行管理。

据不完全统计，明朝时期河洮岷、西宁卫地区分布大大小小的藏族部落540多族，仅"洮岷番人三百八十余族"②，他们主要是西宁十三族、岷州十八族、洮州十八族、河州十八族等。这些藏族部落，大则数千人，少则数百人。③散居于甘青藏族地方各地，分为熟番和生番两类，④分别隶属于不同的卫所管辖。如今青海地区藏族"籍其众，领以番酋、授以封号，分属于西宁、河州诸卫，以抚驭之，终明世无西番患。"⑤这些藏族部落中，绝大部分为纳马番，其首领一般都定期到明朝朝贡，服从朝廷约束，认可明廷管制，与明朝之间的关系较为密切，成为明朝治理所属藏族地方的有力帮手。除此之外，尚有卫所隶属关系不明者近百族，他们基本上属于自由散漫状态，与明朝的关系比较疏远。

除了河洮岷、西宁及朵甘、乌思藏地区外，明朝在西域撒里畏兀儿地区设置的安定卫、曲先卫中藏族部众也较多，是西北藏族主要组成部分之一。如曲先卫主体民族为藏族，也存在部分蒙古人和撒里畏兀儿人，信仰佛教。吴均认为："从甘州西南尽皆番族之说，从曲先卫人活动在长江源头藏族地区以及其人名等因素考虑，曲先卫人之为藏族，似无庸置疑"。⑥ 沙州卫的主体民族是蒙古，藏族、撒里畏兀儿杂居其中，均信仰佛教。沙州卫的民族成分，高自厚认

①　（清）张廷玉等撰：《明史》卷三三〇《西番诸卫传》，第8539页。
②　（清）田而穟纂辑：《岷州志》卷六《典礼·番贡》，清康熙四十一年刻本，页9下。
③　（清）梁份撰，赵盛世等点校：《秦边纪略》，青海人民出版社1987年版，第50—51页。《明史》卷三三〇《西番诸卫传》云："大者数千人，少者数百"，第8539页。
④　熟番，即农业区的番族，生番则为牧业区的番族。
⑤　陈光国：《青海藏族史》，青海民族出版社1997年版，第263页。
⑥　吴均：《安定、曲先、罕东、必里等卫地望及民族琐议》，《青海师范大学学报》1988年第3期。

为"以蒙古人为主,也有部分撒里畏兀儿。"①刘国防也认为,"蒙古人的成分多,撒里畏兀儿人和吐蕃人杂居其中。"②赖家度指出:"沙州境内系蒙古族、畏兀儿族、西番各族杂居之地,明朝联结蒙古贵族辖治沙州一带。"③关于罕东卫的民族成分,高自厚认为"多为蒙古人,只有少量畏兀儿"④,而吴均认为"明代罕东卫人是藏族,其中是否有极个别的撒里畏兀儿人等,虽史料无据,但也有可能,难以绝对排除。"⑤可以肯定的是,藏族的确是关外诸卫中主要的民族成分之一,明朝在安定、阿端、曲先、罕东、赤斤、沙州诸卫以征马赋的形式对其进行统辖,"给之金牌,令岁以马易茶,谓之差发。"⑥

明中叶以后,蒙古人逐渐控制了青海藏族地区。大约是正德初,亦卜剌带领的蒙古人前往西海驻牧,此后蒙古诸部陆续进入青海藏族地方各地游牧,青海藏族地区逐渐成为蒙古人的统治地,给明朝在甘青藏族地方的统治造成了极大的困境。直至明末,明朝与蒙古人在青海地区对藏族及其这一地区的控制权争夺异常激烈。"时甘州西南尽皆番族,受边臣羁络,惟北面防寇。后诸卫尽亡,亦不剌据青海,土鲁番复据哈密,逼处关外。诸卫迁徙之众又环列甘肃肘腋,犷悍难驯。于是河西外防大寇,内防诸番,兵事日亟。"⑦

回族和畏兀儿族,乃聚居西北边疆少数民族。回族可以上溯到唐代,其主要来源有二:一是从西往东来的"回回",二是与之通婚后信仰了伊斯兰教的汉族和其他民族。元末,许多回族参加了推翻元朝统治的大起义,如朱元璋手下的著名将领常遇春、胡大海、冯胜、蓝玉等都是回族。

明代回族分布在全国各省,其中以西北、云南、大运河两岸诸地人口较多

---

① 高自厚:《撒里畏兀儿东迁和裕固族的形成》,《西北民族研究》1986 年试刊号。
② 刘国防:《明初对西域和管辖及往来关系》,《西域研究》1992 年第 1 期。
③ 赖家度:《明代初期西北七卫的设置》,《历史教学》1957 年第 8 期。
④ 高自厚:《元末明初蒙维关系变化及其对撒里畏兀儿人的影响》,《中央民族学院学报》1986 年第 3 期。
⑤ 吴均:《安定、曲先、罕东、必里等卫地望及民族琐议》,《青海师范大学学报》1988 年第 3 期。
⑥ (清)张廷玉等撰:《明史》卷三三〇《西番诸卫传》,第 8555 页。
⑦ (清)张廷玉等撰:《明史》卷三三〇《西番诸卫传》,第 8555 页。

而且集中。西北地区回族主要分布在陕西布政司，①包括今陕西省、甘肃省和宁夏回族自治区大部以及内蒙古自治区的河套地区，即甘州、肃州、庆阳府、平凉府（以上今属甘肃省）、西安府、延安府、凤翔府、汉中府（以上今属陕西省）、灵州、固原（以上今属宁夏回族自治区）以及哈密、柳城（今鲁克沁）、土鲁番（以上今属新疆维吾尔自治区）等地。

畏兀儿族，又称伟兀，唐朝时期称作回鹘。回鹘人原居于漠北，回鹘汗国时代，已有一些回鹘族部落迁居到今天山以北和河西一带。公元840年，回鹘汗国灭于黠戛斯人，大批回鹘人和其他铁勒人部民自漠北逃至西域，其中有一支迁居到今天天山东段南北地区，此即为高昌回鹘或西州回鹘。元朝时期，大批畏兀儿人为躲避战乱迁居甘肃永昌、敦煌、酒泉、张掖一带。明朝建立时，察合台汗国黑的儿火者汗占领了哈剌火州（高昌城）。大约在洪武、永乐之际高昌、哈密等地的畏兀儿人即退居鄯善、哈密、若羌、青海一线，隶属于明廷所设罕东、阿端、曲先、哈密、安定等卫，正统年间起又陆续内迁于祁连山南北两麓，即今裕固族人。除了以上这些民族，西北边疆还有蒙古族、哈萨克等，不再一一赘述。

由上所述可知，明初西北边疆民族复杂，而北元蒙古虎视眈眈，时刻准备南下攻明"恢复统治"，这就决定了影响边地社会稳定及边疆安全的复杂严峻性因素。为了落实明太祖朱元璋"固守封疆"的治边方略，明廷对西北边疆的治理政治上以"羁縻政策"为主，军事上则采取防御和逐层建立藩屏之举为要。纵观明代西北边疆政策，"隔绝羌胡"、隔断蒙藏联系是其政策的核心，主要体现在两个方面：

---

① 明代陕西布政司辖地特大，包括今陕西省、甘肃南部、四川北部地区。洪武二十六年（1493）时人口有231.65万人。明朝洪武二年（1369）四月，置陕西行中书省，治西安府。洪武九年六月，陕西行中书省改称陕西承宣布政使司。"陕西布政司的县绝大多数在洪武年间已确立"，万历三十九年后，陕西布政司最后一次调整（耀州富平县改直隶于西安府），之后，"陕西政区基本稳定，没有大的变化和调整，其下辖8府、1直隶州、20属州、95县。"明代陕西行省辖区较大，领八府、二十一州、九十五县。（参见郭红、靳润成：《中国行政区划通史·明代卷》第七章，复旦大学出版社2017年版，第87页。）

一是在嘉峪关以西地区设立羁縻卫所,实行特殊统治方式进行羁縻统治。明初,在嘉峪关以西、哈密以东,包括青海湖、柴达木盆地在内的广大地区设立羁縻卫所,采取特殊方式对该地区实施统治。朝廷既不派设汉官,也不屯驻军队,只以任命各族首领官职的方式,任命各部族首领为卫所指挥、千户、百户等官,一应事务由其自行处理。如洪武年间,明王朝在今青海境内设立安定、阿端、曲先、罕东等羁縻卫所。具体设置时间为:洪武七年(1374)六月,故元宁王卜烟帖木儿"使其府尉麻答儿等来朝,贡铠甲刀剑诸物。太祖喜,宴赉其使者,遣官厚赉其王,而分其地为阿端、阿真、苦先、帖里四部,各锡以印。"①洪武八年(1375)从卜烟帖木儿之请,设安定、阿端二卫,并封卜烟帖木儿为安定王,领二卫之事。曲先卫设于"洪武八年(1375)左右",②由苦先部转化而来,后遭朵儿只巴之乱,部众散亡,并入安定卫,居阿真部地。罕东卫设于洪武三十年(1397)。四卫隶属于西宁卫,也称"塞外四卫",为西宁卫的重要保障,也是甘肃镇"屏藩"。永乐年间,明廷继设哈密、沙州、赤斤三卫。因为七卫地处嘉峪关以西,故称"关西七卫"。此七卫设置之目的,正如兵部所述:"我朝建哈密、赤斤、罕东诸卫,授官赐敕,犬牙相制,不惟断匈奴右臂,亦以壮西土藩篱。"③

二是精心谋划西番"羁縻政策",并将其落实贯彻于实践中。对西番的控制事关明王朝整个西北统治和边疆战略,进而影响到北部边疆及其与北元蒙古的关系问题。因此,立国伊始,明朝统治上层即精心谋划以"西番"为核心的西北边疆长效治理之策。经过审视时局之势,明中央确立了从洪武初到万历中后期以来控制西番的基本策略:

(1)对河洮地区番族,"断生番不使附房,导熟番使之捍房",即最大限度上招抚、分化、瓦解"番房"联盟;(2)"以茶驭番",即最大限度地将河洮岷及

---

① (清)张廷玉等撰:《明史》卷三三〇《安定卫传》,第8550页。
② 胡小鹏:《察合台系蒙古诸王集团与明初关西诸卫的成立》,《兰州大学学报》2005年第5期。
③ (清)张廷玉等撰:《明史》卷三三〇《西番诸卫传》,第8566页。

周边地区的"西番"部族纳入明朝官方控制的茶马体系中，"熟番则照原额，生番则依定数"，向国家"中马领茶"①，这就是对汉藏关系具有深远影响的"以茶驭番"战略。

以上两大治理之策的形成，与明代西北边疆的政治格局息息相关。明朝建立后，北面防御蒙古残余势力的任务艰巨，如果蒙藏势力联系则将会对明朝形成夹击之势，使之腹背受敌。所以，建国伊始，明廷即着手藏族地方招谕工作。据《明实录》卷四二载："洪武二年五月甲午，遣使持诏谕吐蕃。诏曰：昔我帝王之治中国，以至德要道民用和睦推及四夷，莫不安靖。向者胡人窃据华夏百有余年，冠履倒置，凡百有余年孰不兴愤。比岁以来，胡君失政，四方云扰，群雄分争，生灵涂炭，朕乃命将率师悉平海内，臣民推戴为天下主，国号大明，建元洪武。式我前王之道，用康黎庶。惟尔吐蕃邦居西土，今中国一统，恐尚未闻，故兹诏示使者至吐蕃。"②该诏书向藏族地方政教首领昭示了明朝的建立，以及希望吐蕃归顺明朝统治的愿望。洪武二年（1369）的招谕显然旨在实现明代元之后对于藏族地方统治的确立。对于明朝的招谕，吐蕃的回应态度是：不予理睬。但明朝继续派出使臣寻求于藏族地方势力取得联系，故又有了"复遣陕西行省员外朗许允德往诏谕之"③之举。

实际上，明初对藏族的政策是以政治招谕为主，军事打击为辅，招谕并不是明初对藏族的唯一政策，政治上的招谕是与军事上的征讨政策是同时展开的。洪武三年（1370）五月，明左副将军邓愈自临洮克河州，河州是明代通往西藏的门户，明军攻战这一战略要地，对藏族贵族产生了极大的震慑，在明军对西部藏族地方的强势攻击下，甘青藏族各地"虏众望风而降附"。④ 也就是说，在政治和军事的双重压力下，甘青藏族地方诸部吐蕃部落各部首领归附明朝。此后，西藏地方藏族上层也做出积极反应。这一背景对于许允德等人的

①　《明神宗实录》卷二三九，万历十九年八月丁亥，第4431页。
②　《明太祖实录》卷四二，洪武二年五月甲午，第827页。
③　《明太祖实录》卷四二，洪武二年五月甲午，第827页。
④　《明太祖实录》卷五八，洪武三年十一月壬辰，第1124页。

招谕工作带来了极大的有利形势,明初藏族地方招谕正式拉开了序幕。

据《明实录》载:洪武三年五月,左副将军邓愈自临洮进克河州,遣人招谕吐蕃诸酋。① 此处邓愈所遣使臣是谁? 先来看洪武十年十一月癸未条:

> 卫国公邓愈卒。愈初名友德,后赐今名。泗州虹县人,姿貌魁伟,有大志,勇力过人。……三年,为征虏左副将军,从大将军达平陇右,大破扩廓帖木儿之兵于定西,招谕河州吐番诸番何锁南普,朵儿只、汪家奴等皆降,而河州以西朵甘、乌思藏等部来归者甚众……②

显然,洪武三年,何锁南普等人归附明朝。那么,何锁南普是在什么情况下归顺明朝的? 再看洪武三年六月乙酉条:

> 故元陕西行省吐蕃宣慰使何锁南普等,以元所授金银牌印宣敕诣左副将邓愈军门降,及镇西武靖王卜纳剌亦以吐蕃诸部来降。先是,命陕西行省员外郎许允德招谕吐蕃十八族、大石门、铁城、洮州、岷州等处,至是何锁南普等来降。③

至此,我们清楚地知晓,何锁南普等人归附明朝正是由于陕西行省员外郎许允德到达河洮岷州招谕后的结果。

值得注意的是,广行招谕是同当时明朝边疆政治形势的状况密不可分的。实际上,明朝建国时包括西藏、河洮岷州在内的整个藏族地方暂未纳入中央朝廷的统一管辖之下。为了确立明朝在河洮岷、乌思藏等藏族地方的统治,明政府制定了和平统一诸藏政策,频繁派遣使者前往各藏族地方劝谕各地首领归附明朝。继许允德洪武三年招谕吐蕃诸酋之后,还有汉僧克新等人赴藏族地

---

① 《明太祖实录》卷五二,洪武三年五月辛亥,第1027页。
② 《明太祖实录》卷一一六,洪武十年十一月癸未,第1892—1896页。
③ 《明太祖实录》卷五三,洪武三年六月乙酉,第1056—1057页。

方招谕。其结果是，"故元陕西行省吐蕃宣慰使何锁南普等，以元所授金银牌印宣敕诣左副将邓愈军门降，及镇西武靖王卜纳剌亦以吐蕃诸部来降"①，藏族首领第一次入明朝贡。何锁南普等归顺明朝，其意义和影响很大，此后藏族首领不断来京朝贡朝觐：

洪武三年（1370）冬，先有故元吐蕃院使马梅遣不失结等人来南京贡马及方物，后有吐蕃宣慰使何锁南普等一十三人来朝进马及方物；②洪武五年（1372）二月，先有河州卫指挥使司金事朵儿只、汪家奴来朝贡名马、蕃犬，③后有西蕃十八族千户包完卜札等人来朝贡马。④ 同年十二月，"乌思藏摄帝师喃加巴藏卜等遣使来贡方物。"⑤伴随藏族地方招谕的并不仅仅是因为王朝更替而重启朝贡关系，其意义更在于明朝代元后恢复中央对藏族地方的统治，将西藏等藏族地方纳入中央政府的统一管辖之下。如此，随着各地藏族首领陆续归附，明朝在甘青川、西藏等地区陆续建立军卫管理机构，确立了在藏族地方的统属权。

永乐年间，明成祖继续派遣招谕使出使西番河洮岷州、朵甘、乌思藏等地。据《明实录》载：永乐元年（1403）五月，明成祖派遣河州卫千户康寿前往安定等卫抚谕诸部族；⑥永乐二年（1404）八月，"（明成祖）遣番僧丹竹领占、格敦增吉等赍敕谕西番八郎、马儿呱、懒藏等族。"⑦又，永乐四年（1406）九月，"鸡鸣寺番僧端竹领占……，奉命往八郎等簇招谕眼即多呱簇、马儿呱簇、思囊日簇、潘官簇、哈伦簇，头目桑耳结巴、阿思巴等来朝贡马，赐钞币有差。"⑧比照《明太宗实录》记载的这两则史料可知：番僧丹竹领占，或译端竹领占，永乐二年与格敦增吉奉敕同往西番招谕八郎族、马儿呱等族，顺利完成出使任务。永

---

① 《明太祖实录》卷五三，洪武三年六月乙酉，第1056—1057页。
② 《明太祖实录》卷五九，洪武三年十二月辛巳，第1163页。
③ 《明太祖实录》卷七二，洪武五年二月壬辰，第1328页。
④ 《明太祖实录》卷七二，洪武五年二月壬寅，第1330页。
⑤ 《明太祖实录》卷七七，洪武五年十二月庚子，第1416页。
⑥ 《明太宗实录》卷二〇，永乐元年五月戊子，第364页。
⑦ 《明太宗实录》卷三三，永乐二年八月癸巳，第591页。
⑧ 《明太宗实录》卷五九，永乐四年九月壬戌，第858页。

乐四年四月,永宁府土官知府各吉八合等奉敕往大西番,抚谕其土酋人等①;同年九月,洮州卫千户赵诚奉命往八郎等簇招谕眼即多哑簇、马儿哑簇、思囊日簇、潘官簇、哈伦等簇。②

在康寿、赵诚等进藏使臣的招抚、劝慰乃至诫饬下,西番八郎、马儿顺、懒藏各簇部落土酋、大小头目相继遣使或亲自进京朝贡,表达了遵顺朝廷的意愿,朝廷的大力招附政策取得了较大成效。

此外,尽管西蕃诸族部落首领纷纷归附明朝,但明初一段时间里也经常会出现一些归附者叛乱、侵扰边疆的事件,故洪武时期明朝多次派军征讨西番等地叛乱者,以维护边疆地区社会稳定。洪武十一年(1378),明朝派遣大军西征,讨伐叛乱蕃人。平定叛乱后,明太祖下诏:在西蕃地区设立卫所,加强对西蕃等地的有效统治。于是,洪武二年四月,明廷设置陕西等处行中书省,治今陕西西安。洪武三年二月,置西安都卫,仍治今陕西西安。洪武八年(1375)十月,改西安都卫为陕西都司,下辖30卫、2千户所,主要统领甘肃卫、宁夏卫、西宁卫、洮州卫等卫所。明朝不断运用国家力量渗透对藏族地方的统治,推进政府在藏族地方的影响力和控制力。

在此过程中,鉴于藏族地区几乎全民信教的特殊民情,承认或认可藏族地方当地世俗和宗教首领在所属地的统治权力,不断敕封政教领袖以各种官职,委任他们治理藏族地方,实现明代元后该地区的平衡过渡,进而实现"以夷制夷",较好地控制藏族地方的社会安定和政治稳定,应该是迫于藏族地方的特殊政治民族情势的现实而做出的不二的明智选择。

与此同时,西北藏族各地方势力,也需要明廷的承认或认可,并通过在政治上与新朝廷的政治靠拢及其军事上的辅助为契机,以便换得他们在明朝建立后的这个新政治体系中更加合法和稳固的藏族地方统治权,及其更多的政治经济利益。这种意识形态中的民族观念变化,是明兴元亡后中原内地和藏

---

① 《明太宗实录》卷五三,永乐四年四月戊子,第799页。
② 《明太宗实录》卷五九,永乐四年九月壬戌,第858页。

族地方政治格局变化的必然结果,也是明朝在河州、洮州、岷州、西宁及其朵甘、乌思藏地方实施封官授爵和任用土司等政策管理藏地的根本原因。对于双方来说,互相认可和承认是双赢的。

另外,明朝又根据藏族地方的特点,鼓励入贡,以茶马互市满足藏族对茶叶的需求,实施茶马羁縻政策,"洮河、西宁一带附近番族以茶马羁縻,其余远番止令通贡。"①特别是两川平定以后,通过构起官导茶马体系增强明中央政府对民族区域的控制,当然通过从藏族地方获取大批战马资源装备明军。然而,明代中期以后,随着明朝统治的腐败,深层次的制度弊端日益显现。在河洮岷地区,各种矛盾呈激化趋势并逐渐影响到当地社会的稳定,特别是随着政府控制力的减弱,"纳马番族"数量减少,国家建立的茶马贸易体系也逐渐荒废,甚至出现局部地区"番房合一"的情况,明政府对此无从解决,被动应对,以致产生诸多不稳定问题,这种情况在蒙古人力量进入青海地区后愈加显著。

二、东北边疆的羁縻政策

明代边疆地区民族众多,东北边疆除汉族外主要有女真族、蒙古族、朝鲜族、赫哲族、达斡尔族、鄂温克族等,其中人口较多民族是汉族、女真族和蒙古族。

(1)汉族大抵源自三部分:一是驻防东北的明朝军队及家属,二是自愿迁入东北地区的中原百姓和商人,三是被当地少数民族俘虏的汉族军民。蒙古部落分布于大兴安岭以东至女真地区。其中,兀良哈部居斡难河(今鄂嫩河上游)、不尔罕山(今肯特山)至巴儿忽真隘(今色楞格河下游东北巴尔古津河流域)一带。翁牛特部居大兴安岭以东、以西地区;乌济叶特部居瑚裕尔河至塔儿河(今洮儿河)流域。

(2)13世纪70年代以前,蒙古族居民生产生活在北方蒙古高原,这是历史上游牧民族非常活跃的地区之一。1368年七月末,明军攻占通州,元顺帝

---

① (清)孙承泽撰:《春明梦余录》卷四二《兵部一·九边》,四库全书影印本,页22上。

妥欢帖木儿北走上都开平(今内蒙古多伦县西北)。洪武三年(1370),元顺帝离世,但其后裔然仍被奉为正统。是年,子爱猷识理答腊即位,仍延用大元国号,立年号宣光,是为元昭宗。元昭宗继位后,以首都哈剌和林(今蒙古国后杭爱省额尔德尼召北)为根据地,广搜贤士,重任将才,共谋复兴,此后把政治中心由和林迁至科布多一带,形成了统治整个蒙古的中心。洪武十一年(1378),爱猷识里达剌病死,子脱古思帖木儿(买的里八剌)继承了其父的皇位,改称"天元"。此时,蒙古内部分崩离析,诸王权臣拥兵自重。洪武二十年,明军兵征辽东纳哈出,纳哈出归附明朝。洪武二十一年(1388),明朝大举伐蒙古,大败北元军于捕鱼儿海,脱古思帖木儿与其子在逃往和林途中被杀。之后,坤帖木儿被立为可汗,猛哥帖木儿为瓦剌王。

元廷北迁初期的卫拉特部(汉文史籍所称的"瓦剌部",元代称作"斡亦剌惕")由猛哥帖木儿统辖,东接蒙古本部,北邻乞儿吉思,西连蒙兀儿斯坦(东察合台汗国,明代汉文史籍称其为"别失八里",即今新疆维吉尔萨尔护堡子)。蒙兀儿斯坦以西是帖木儿(蒙古)帝国。1392年,阿里布哥后裔耶速迪尔正式称汗。1405年,猛哥帖木儿病逝,瓦剌内部陷入混乱。"建文二年,虏中衰乱,三年,坤帖木儿死,鬼力赤立为可汗。永乐元年,遣指挥朵儿只恍惚等书谕可汗通好,不听。已而,鬼力赤与瓦剌相仇杀。"①此时明朝已统一了东北地区,奴儿干诸部野人酋长来朝,悉数归附。1408年(永乐六年),忽必烈系本雅史里在贵利赤汗旧臣阿鲁台太师支持下即汗位。本雅史里汗与知院阿鲁台,东面征服了兀良哈,西面控制着河西、哈密等地。卫拉特部马哈木为了保存自己实力,支持阿里布哥系德勒伯克即汗位。脱古思帖木儿汗以后至阿岱汗以前(1388—1426),蒙古汗位频繁更替。史载:

> 自顺帝至鬼力赤,凡七世,其二世不可考。洪熙元年,马哈木破
> 阿鲁台,欲自立,众心不附,乃立元尊脱脱不花为主,居漠北。宣德元

---

① (明)郑晓:《今言》卷二,中华书局1984年版,第59页。

年,阿鲁台、脱欢各遣人朝贡。是时,瓦剌强,而阿鲁台弱。八年,阿鲁台为瓦剌所败死。正统元年,脱欢与其酋朵儿只怕仇杀。①

由于蒙古汗廷内乱及明初的大规模军事进剿,蒙古各部族之间的矛盾变得更加尖锐和复杂,爱猷识理答腊汗及以后的几位大汗虽然将统治中心都设在和林,但却分别在自己旧有的领地内保有汗廷。② 爱猷识理答腊汗曾驻帐金山,脱古思帖木儿汗在呼伦贝尔一带,耶速迪尔及其他几位汗在卫拉特、乞儿吉思一带,贵利赤汗在甘肃河西方面,阿岱汗在额济纳一带。

在统一东北的过程中,明朝先后设立了辽东都司、奴儿干都司、兀良哈三卫及他卫所。正统以后,原居于辽河、西辽河、老哈河流域的兀良哈三卫归附也先,不断南下攻明。此后,东北地区蒙古各部先后经历了达延汗和林丹汗称雄时期。到了万历末年,后金政权兴起后,其势衰落,蒙古封建主势力退出了东北,西走蒙古高原地区,林丹汗在西迁途中死于青海。

(3)女真人世居东北,考其族源,先秦称肃慎,汉代称挹娄,隋唐时称靺鞨,辽宋以后称为女真。明代女真分布于松花江以东的广阔地域,其东起滨海、西接兀良哈,南邻朝鲜、北至奴儿干都司,地域之广,几乎囊及今东北三省大部地区。明初,女真分为三部:建州女真、海西女真和野人女真。其中,海西、建州两部多居住在松花江、牡丹江、乌苏里江各流域,他们已从事畜牧和农耕,过着定居生活,虽然少数部民以渔猎生活为主,但海西、建州两部的总体社会生产水平较为先进,与明朝的关系因此也较为密切。野人女真分布于松花江以北、黑龙江中下游南北各地,社会发展比较落后,不事耕稼,以狩猎为生,在与明朝的交往中,主要用兽皮、海产等土特产品向明朝朝贡换取一定的生活用品。

明代初期的女真三部,其地域分布和经济发展程度不同,三部之间及其内

---

① （明）郑晓:《今言》卷二,第59页。

② 内蒙古社科院历史所编:《蒙古族通史》,民族出版社2001年版。

部经常相互兼并、战争、侵扰。永乐以后,海西女真、建州女真各部被迫南迁。建州女真几经迁徙,到英宗正统时,逐渐稳定下来,定居于浑河上游。海西女真的南徙,到嘉靖初年才稳定下来,散居于开原以北至松花江一带。海西、建州南移后,受汉族经济文化的影响,社会经济迅速发展,到万历初年,女真各部势力日益壮大。

明代女真三部的社会发展水平不平衡,与明朝关系也有疏有密。为了统辖东北女真各部及黑龙江流域各少数民族,明朝建国后在东北地区设置都司卫所进行统治和管理。永乐元年(1403),明政府设建州卫军民指挥使司,任命建州部首领阿哈出为建州卫指挥使,赐诰印冠带等统领建州女真部。永乐十年至十四年(1412—1416)又分设建州左卫,以猛哥贴木儿为左卫都督。明英宗正统时期,建州部众迁徙至今辽宁浑河上游的苏子河流域赫图阿拉(今辽宁新宾西南),正统七年(1442),明政府分建州左卫为左、右卫,任命董山为都督同知,掌左卫事,都督金事凡察为都督同知,掌右卫事,①建州卫、建州左卫、建州右卫,这就是著名的建州三卫。从 16 世纪后期至 17 世纪,建州女真部的社会生产有了显著的发展,农业已成为主要的生产部门,手工业也很发达。明万历年间(1573—1620),女真各部"各自僭称汗、贝勒、大人,每村每寨为主,各族为长,互相征伐,兄弟相杀。"②社会动荡,但万历四十四年,努尔哈赤统一了女真各部,并于赫图阿拉称汗,建立了女真族政权,国号金,史称后金。

在明朝统治者看来,四方诸夷僻在一隅,治理边疆的"经久之图"是"以夷治夷":"我朝稽古定制,穷边要荒皆设长官司,以夷治夷,姑示羁縻之意。"③因此,明朝对边疆各族采取安抚羁縻之策,以立足于国内统治之稳定和保境安民为原则。在此治边思想的影响下,明王朝在东北边疆大力推行"以夷治夷"策略,敕封少数民族的首领为官,或赐予封号令其治理本地或本部。明廷不仅

---

① 《明英宗实录》卷八九,正统七年十二月甲辰,第 1791 页。
② 辽宁省档案馆编:《满州实录》卷一,中华书局影印本。
③ (明)何孟春:《何文简疏议》卷四《急救生灵疏》,四库全书影印本,页 24 下。

建立众多羁縻卫所，令其"各雄长，不使归一"①，把"以夷治夷"普遍运用到东北边疆各地，而且还利用某一民族的势力来钳制另一民族的势力。

（一）建立兀良哈三卫："东捍女直，北捍蒙古"

为了更好地、更有效地安抚和统治已归附的蒙古诸部，明洪武朝于蒙古地区设立了众多的羁縻卫所。东北边疆蒙区羁縻卫所的设置，最早始于洪武二十二年（1389）。是年，明置泰宁、朵颜、福余三卫指挥使司于兀良哈之地，以居降胡。三卫因置于兀良哈之地，亦称兀良哈三卫。从洪武二十二年始设直至明末，三卫于明朝相始末。明廷建立三卫，以之作为明朝在东北的"藩篱"，"东捍媭，北捍蒙古。"②因此，在敕封少数民族首领王号或官职时，明廷极力利用各族各部之间的矛盾，区别对待，使其互相掣肘，便于朝廷的控驭。起初是以"东夷"（女真）来制"北虏"（蒙古），后来女真族各部逐渐壮大，尤其是建州女真的努尔哈赤崛起并进入辽东地区后，又转而利用"北虏"以制"东夷"。

除了兀良哈三卫，明朝还在蒙古族居地设坚河卫（今额尔古纳左旗根河一带）、斡难卫（今鄂嫩河流域）、海剌千户所（今海拉尔一带）等羁縻卫所。在今包头、呼和浩特、集宁地区又一度设官山、失宝赤、五花城、斡鲁忽奴、燕只、瓮吉剌等千户所。但随着蒙古势力的逐渐南下，这些卫所有的旋设旋灭，有的却长期存在并有所变化。日本学者和田清对明洪武朝设立的五个千户所及其他卫所这样描述："明朝分别于洪武三年（1370）七月，接受脱火赤等来降，建置忙忽军民千户所，隶绥德卫；九月，接受故元宗王札木赤等来降，于大同边外设置官山等军民千户所；洪武四年正月，又接受故元枢密院都连帖木儿等自东胜来降，设立失宝赤、五花城、斡鲁忽奴、燕只、瓮吉剌等五个千户所。"③据《明史·兵志》记载，明朝在东北蒙古族聚居地区设置的羁縻卫所共有 384 卫、24 千户所、7 站、1 寨，卫所数量如此之多，充分反映出明政府对管辖蒙古族居地

---

① 《明神宗实录》卷四五〇，万历三十六年三月丁酉，第 8430 页。
② 《明世宗实录》卷一四六，嘉靖十二年正月戊辰，第 3386 页。
③ ［日］和田清著，潘世宪译：《明清史论文集》（上册），商务印书馆 1984 年版。

的重视。

这些在东北边疆归附诸部设立的羁縻卫所,其管理方式与内地卫所不同,各以诸部族首领为卫所指挥、千户、百户等官,一应事务由其自行处理,所谓"官其长,为都督、都指挥、指挥、千百户、镇抚等官,赐以敕书印记,设都司卫所。"①即诸羁縻卫所由部族首领担任长官,中央不派流官。此羁縻统治方式尽管削弱了明朝对羁縻地区的统治力度,但在国力不足的情况下仍不失为一种驭边之策。

明朝经营东北地区的另一重要措施是设置建州三卫。1403年,明成祖派遣行人邢枢偕知县张斌往谕奴儿干,至吉烈迷诸部招抚之,于是海西女直、建州女直、野人女直诸酋长悉境来附,"咸属统内"。同年,设置了建州卫,以女真酋长阿哈出为指挥使。永乐时,朱棣对猛哥帖木儿为首的建州女真斡多里部也十分重视,积极争取。当时斡多里部已迁到图们江下游两岸地区,1416年明朝设置了建州左卫,以猛哥帖木儿为指挥使。正统以后,建州女真部众相继迁徙到赫图阿拉(今辽宁省新宾县)地区居住,当时建州左卫的首领董山和凡察争领导权,明朝遂以董山为建州左卫指挥使,1442年又以凡察为指挥使设立建州右卫,与当时李满住为首的建州卫合称建州三卫,皆臣属明朝。他们"与明朝看边,忠顺有年"。建州三卫的建立,标志着明朝对东北地区的统一和有效管辖。②

(二) 设置奴儿干都司:对东北边疆实行直接统治

设置奴儿干都司是明朝经营东北的最为重要的措施。奴儿干都司是"奴儿干都指挥使司"的简称,为中国明代政府设置于黑龙江、阿速江(今乌苏里江)、松花江以及脑温江(今嫩江)流域的地方军政机构。奴儿干城是元朝在东北边疆的重要城镇之一,元朝初年由开元路管辖。洪武二十年(1387),明

---

① (清)张廷玉等撰:《明史》卷九〇《兵志二》,第2222页。
② 郑汕:《中国边防史》,社会科学文献出版社1995年版,第184页。

朝消灭据守金山(今吉林省扶余县境内)的蒙古统治残余势力,黑龙江下游奴儿干地区的元朝故臣多率部纳贡归附,明朝统一了东北全境后,在黑龙江口特林地方创建奴儿干都指挥使司,简称奴儿干都司。明朝在奴儿干地区设置的羁縻卫所,数量最多,据学者统计有 384 卫或 422 卫所。①

永乐元年(1403),明朝派行人邢枢等往谕奴儿干,招抚诸部。永乐二年(1404),置奴儿干等卫,其后相继建卫所达一百三十余个。永乐七年(1409)四月,奴儿干卫官员忽剌冬奴来朝,奏称"其地冲要,宜立元帅府"②。于是明朝接受这个建议,明政府决定设置奴儿干都司,这年闰四月设置奴儿干都指挥使司,任命康旺为都指挥同知,王肇舟为都指挥佥事。永乐九年(1411),太监亦失哈等领官军千余、巨船 25 艘,护送康旺等官员至亨滚河口对岸的特林地方,正式开设奴儿干都司。奴儿干都司管辖黑龙江流域和乌苏里江流域至库页岛的广大地区,西起斡难河(今鄂嫩河),东至库页岛,北至外兴安岭,南濒日本海和南接图们江,即今吉林省、黑龙江省、内蒙古东北部分及以西俄罗斯局部、乌苏里江以东、外兴安岭及以北广大地区。

奴儿干都司是明政府管辖黑龙江口、乌苏里江流域的最高一级地方行政机构,同内地都司一样隶于中央政府,其下辖有严密的军事行政机构,辖区内分置卫所,各卫所任命各族首领掌管。在奴儿干都司建立前后,永乐元年至永乐七年(1403—1409),陆续在松花江、嫩江、鄂嫩河、精奇里江、亨滚河和乌苏里江流域设立 130 余卫。据统计,到万历年间(1573—1620),奴儿干都司管辖 384 卫、24 所、7 地面、7 站、1 寨,通称 384 卫。为了加强对奴儿干都司的统辖,明朝选派都司的高级官员担任都指挥使、指挥同知佥事,授予他们敕书和印信,政治上给予优厚待遇。都司各卫所大小官员都由明政府委派任命,职能为军事民政兼理,因其部族所居,官其酋长为都督、都指挥等职,各统其属。永乐时奴儿干都司最高长官为都指挥同知,至宣德二年(1427)升为都指挥使。

---

① 龚荫:《中国民族政策史》,第 500 页。
② 《明太宗实录》卷九一,永乐七年闰四月己酉,第 1194 页。

下属卫所都督、都指挥、指挥、千百户、镇抚等职一般由当地部族酋长充任,且
世代相袭,但皆须明廷直接委任。都司的主要官员初为流官,后为世袭。政府
派官驻军、戍守,都司治所常驻官军 200 至 500 人,多时达到 3000 人,戍期 2
年。都司的都指挥使、都指挥同知和都指挥佥事等官,由明廷从内地派员担
任,有较高俸禄,得到优厚奖赏。他们服从明廷命令,戍守边疆,缴纳土贡。明
朝规定,各族首领需按时朝贡,或一年一贡或三年一贡,贡物有海东青、貂皮、
马匹等土特产品。各卫所居民要向明廷缴纳贡赋,这种贡赋体现了明朝国家
在奴儿干都司各卫所地区的国家主权性质。另外,卫所迁移与卫所人员迁居
都必须奏请明廷批准,如宣德二年八月,屯河卫女真头目答必纳等奏请"愿居
京",得到明政府批准后才迁居北京。① 可见,奴儿干都司在形式上类似于汉
唐都护府,实现了东北边疆之直接统治。

奴儿干都司的设立还加强了东北边疆与内地的政治、经济文化联系。明
政府在元代驿站的基础上,恢复了奴儿干通往内地的驿传,使驿站成为奴儿干
都司与明朝联系的主渠道。从辽东都司至北京长达两千五百公里的水陆通道
上,明朝设有很多驿站,"置辽东境外满泾等四十五站,敕其提领那可孟常等
曰:'朝廷设奴儿干都司并各卫,凡使命往来所经之地,旧有站赤者复设,各站
头目悉恭命毋怠。'"②各驿站的建立密切了奴儿干同明廷的政治联系、经济往
来和各族人民之间的友好关系,促进了当地社会经济的发展。奴儿干都司建
立后,明廷还不时派员前往巡视,自永乐九年至宣德八年(1411—1433),太监
亦失哈以钦差大臣身份就先后十次巡视奴儿干地区,对当地少数民族进行宣
谕抚慰。永乐十一年(1413),亦失哈第三次到达奴尔干都司治所特林(在黑
龙江口)时,在当地修建了一座供奉观音的永宁寺,并在寺旁立下《敕修永宁
寺记》碑。宣德七年(1432),亦失哈最后一次巡视其地,见寺已被当地居民所
毁,遂于次年特委官重建,新立石碑《重修永宁寺记》于寺旁。在记载于 19 世

---

① 《明宣宗实录》卷三〇,宣德二年八月癸未,第 791 页。
② 满泾卫,明永乐十年(1412))八月置,位于苏联境内黑龙江下游阿姆贡河口北岸原莽阿
臣屯。见《明太宗实录》卷一三三,永乐十年十月丁卯,第 1632 页。

纪的永宁寺二碑中，永乐十一年的《敕修永宁寺记》，分别由汉语及蒙古文与女真文写成；另一块宣德八年(1433)《重建永宁寺记》，碑文用汉、蒙古、藏、女真四体文字书写，记录了明政府设置奴儿干都司的经过和亦失哈等屡次宣谕镇抚其地的情况，说明了明政府管理和经营奴儿干都司的事实。清光绪三十年(1904)，二碑被俄国劫去，今藏于海参崴博物馆。永宁寺及其石碑之置，充分说明了奴儿干都司是明朝的地方政权。

明中叶以后，东北边疆格局并无巨大变化，然地缘政治局面却非昔比，蒙古族、女真族日益活跃，对明王朝的政治依附性开始大为削弱，政治自主性倾向尤为显现。加之自万历末年以来，全国范围内的阶级矛盾日益尖锐，民族关系亦趋于紧张。尤其是建州女真的崛起，逐渐取代了明朝对黑龙江地区的统治，预示着明代东北边疆地区政治格局一次重大变革时代即将到来。

随着三大部女真不断迁徙，到努尔哈赤起兵以前，按地域分作建州、长白、东海与扈伦四大部分。努尔哈赤是明初建州左卫都督、女真酋长猛哥帖木儿的后裔，姓爱新觉罗氏。精于骑射，骁勇无比，深有政治谋略，长于策划，有军事才能，善于用兵。从1583年至1619年的三十余年之中，努尔哈赤就基本上完成了统一女真各部的事业。万历四十四年(1616)，努尔哈赤即汗位于赫图阿拉(今辽宁新宾境内)，被推尊为"英明汗"，年号天命。数年之后，努尔哈赤又定国号为后金，表示要恢复女真先世完颜阿骨打的事业。这样，一个新兴的后金政权就在东北地区正式出现了。

努尔哈赤称汗之后，明政府采取了遏制努尔哈赤及女真建州部落的政策。于是，万历四十六年(1618)，努尔哈赤以"七大恨"为由，率军进攻军事重镇抚顺。辽东是京师门户，一旦失守，则直接威胁北京安危。为保卫辽东，万历四十七年(1619)，明廷以杨镐为经略率十万大军分四路进攻赫图阿拉，明军与努尔哈赤在萨尔浒(今辽宁抚顺东)附近进行了一场生死决战。双方激战五日，努尔哈赤采取"凭尔几路来，我只一路去"的方针，大获全胜，歼灭了明主力——西路军总兵杜松的军队。

需要思考的是，当努尔哈赤公然挑战明朝的东北边疆，面对边防事态越来越严重之局面,明朝精心组织反击战。然而,一次精心组织的萨尔浒战役,本要集明朝、朝鲜、叶赫部三方面之优势兵力而围歼建州都城的战役,最终因明军严重错误及各方原因失败。可以说,将领们指挥无能,士兵士气低落和战斗力低下,军营中的营私舞弊、军饷供应不足,都是失败的因素。萨尔浒之战的结果,辽东局势起了根本变化,抚顺失守,"全辽震动",朝野"举朝震骇",明朝与建州女真部之间的攻守格局完全逆转,从此明朝在军事上失去主动进攻的力量,被迫处于防守地位,而后金则由防御转入进攻。明军的节节败退,使建州女真部占领了辽河以东、锦州以北的全部地区。至 1621 年底,建州已攻克辽东 70 余城堡,完全占领了辽东,努尔哈赤也将都城迁到了辽阳。

天启二年(1622)正月,进攻辽西,占领 40 余城堡。1626 年努尔哈赤以 13 万军队进攻宁远(今辽宁兴城),被袁崇焕击退。1627 年袁崇焕击退皇太极进攻,获"宁锦大捷"。然而,1629 年皇太极施行反间计,袁崇焕被冤杀。明京师上下惊恐万状,草木皆兵,无论是官员、士民还是百姓商人皆携家而逃,其状不可言表。

值得说明的是,明代中后期的辽东历届军事指挥官中不乏有杰出军事才能者,如熊廷弼、孙承宗、袁崇焕等,他们也提出了经略辽东的不同看法。熊廷弼力主坚守辽东,他指出,"辽左为京师肩背,欲保京师,而辽镇必不可弃。河东为辽镇腹心,欲报(保)辽镇,而河东必不可弃。开原为河东根底,保河东而开原必不可弃。"[1]其具体战略是,集兵 18 万分布于清河、抚顺、柴河、三岔儿、镇江诸要口,首尾相应,小警自为堵御,大敌互为应援。更番迭出,使敌疲于奔命,然后相机进剿。这也就是守备为主的战略。另一明将孙承宗主张练兵修城,逐步推进、收复全辽;袁崇焕则主张五年平辽。这些边疆大员的安边布防方略对于一个时期内的边疆危势多少起到了积极作用,袁崇焕的宁远大捷、宁锦大捷保证了宁远不失,也遏制了建州女真的强势蚕食。可是,最终决策权并非掌握在边防官之手。加之为了援辽,抵抗后金的进攻,明朝在全国各地增派

---

① 《明神宗实录》卷五八三,万历四十七年六月己卯,第 11114 页。

"辽饷"，各地官僚们趁机疯狂掠夺，巧立名目横征暴敛，这就促使阶级矛盾更加尖锐。

　　但总体来看，明王朝在东北边疆的羁縻政策仍然不可否认。首先，它促进了东北各族间的联系。在统一的明王朝管辖下，一方面促进东北各族同中原的交往，蒙古族、女真族都能从汉族那里获得耕牛、铁犁、农具、工具，还有粮食、布匹和食盐等生活资料。另一方面，明王朝的羁縻政策对各民族之间的交往放宽了限制，东北各少数民族加强了经济、文化的广泛交流。其次，促进了东北边疆民族经济的发展和社会生活方式的转变。对归附的蒙古族居民，也发给衣服、粮食、农具和种子，就地屯田务农。永乐年间，封兀良哈三卫的蒙古族大小首领为都督、指挥、千户、百户，每年供给他们一定数量的耕牛、农具、种子、布匹等，促进了蒙古族地区农业经济的发展。蒙古族同中原进行商业贸易，在辽东的广宁和开原两地开设互市。女真族同中原的大宗贸易是在辽东马市进行的，如在抚顺、清河、宽甸、理阳开设的马市，以女真族为主。

　　不仅如此，明朝对东北少数民族实行羁縻政策，吸引了一些女真族头人向往汉族地主的生活方式，从而影响了其他少数民族头人，纷纷携眷从黑龙江两岸来到汉族人聚居的辽东定居，有的搬到北京或中原地区聚族而居，甚至还有远徙江南或今闽、粤沿海地域，和那些地方的各族居民世代相处。安乐、自在州不仅安置了女真族移民，还安置有蒙古族的移民。汉族人也大批流入少数民族地区，兀良哈三卫和女真族地区到处都有陆续移居的汉人，东北地区进一步发展了民族交错杂居的局面。在此背景下，东北地区蒙古族、女真族、吉里迷族、苦夷等族社会经济文化都有相应的发展。

三、西南边疆的羁縻政策

　　明代西南部和南部边疆各民族"种类滋繁，莫可枚举"①，主要有苗、瑶、黎、僮（壮）、侗、回、土家、仲家（布依）、么些（纳西）、百夷（傣族）、和泥（哈

---

① （清）张廷玉等撰：《明史》卷三一七《广西土司传》序，第8201页。

尼)、蒙古、藏、回等族。其中,苗族主要分布在贵州东北、东南部和湖南西部山区,云南东南部地区及四川南部,广西北部地区也有部分分布;瑶族主要分布于广西、湖南、云南、广东、贵州及江西等地。壮族分布于广西、云南、广东及贵州、湖南等地产。布依族主要分布于贵州的中部、南部、西南部和与云南的接壤地带。即便是同一民族,因其居住于不同地区者,自称、他称者还有多种。明官方多以"蛮""夷""番"或其他歧视性名称称之,或在"蛮""夷""番"前冠以地名称之,而同一民族又有各种不同自称或不同名称,"不同民族所操语言不同,即使是同一民族所操方言也有多种,但在明代已形成了稳定的共同体,其名称多数也已确定,这是明代民族和民族关系中的重要特点。"①

总体来看,明代南方民族众多,支系复杂,沿革殊致,"叛服不常"②,如广西"瑶、僮居多,盘万岭之中,当三江之险,六十三山倚为巢穴,三十六源踞其腹心,其散布于桂林、柳州、庆远、平乐诸郡县者,所在蔓衍。而田州、泗城之属,尤称强悍。"③另一方面,由于各族所处地理环境和社会经济文化发展程度的差异,各族自身发展极不平衡,有的社会经济文化发展较快、有的较慢。

针对上述情况,明朝首先在云南、贵州、广西、四川西南部等西南边疆少数民族地区沿承元代土司制度,即利用当地土酋管辖属民,不改变当地原来的统治机构,但对土司制度作了进一步的改造与完善。

明代南部边疆的云南、贵州、四川、广西、广东等省地形复杂,自然条件差别甚大,民族众多,各民族社会发展极不平衡。元朝在少数民族聚居区建立了土官制度,各族各部头人世领其地,世领其民,拥有土兵,具有相当实力。元末,在各族人民反抗元朝暴政的同时,一些头人也力图结寨自保,割据一方。明太祖以武力征服割据势力,收降各部头人,逐步实现南疆的统一,建立军政机构。同时又以怀柔政策,在西南边疆地区主要以设立羁縻性质的土司,实行间接统治为主。

---

① 翁独健主编:《中国民族关系史纲要》,第 631 页。
② (清)张廷玉等撰:《明史》卷三一七《广西土司传》序,第 8201 页。
③ (清)张廷玉等撰:《明史》卷三一七《广西土司传》序,第 8201 页。

土司制度是明朝在西南边疆施行统治制度的一项重要内容，是在元朝设置土官的基础上全面推行的。《元史·百官志》载："其在远服，又有招讨、安抚、宣抚等使，品秩员数，各有差等。"①诸蛮夷长官司，"西南夷诸溪洞各置长官司，秩如下州。达鲁花赤、长官、副长官，多用其土人为之。"②学者研究认为，"明朝在平定、收降南疆少数民族地区各部时，承认元朝授予各族首领的宣慰使、宣抚使、安抚使、招讨使、长官等官职，承认其辖区并保留其土兵。对元朝在各少数民族聚居的府、州、县所设的土官，也基本上以原官授职，设立土府、土州、土县。"③诸土司设置从洪武初年即已开始。洪武七年，"西南诸蛮夷朝贡，多因元官授之。稍与约束，定征徭差发之法。渐为宣慰司者十一，为招讨司者一，为宣抚司者十，为安抚司者十九，为长官司者百七十有三。其府州县正贰属官，或土或流。皆因其俗，使之附辑诸蛮，谨守疆土，修职贡，供征调，无相携贰。有相仇者，疏上听命于天子。又有番夷都指挥使司三，卫指挥使司三百八十五，宣慰司三，招讨司六，万户府四，千户所四十一，站七，地面七，寨一，并以附寨番夷官等地。"④也就是说，明初沿袭了元朝的土司制度，对西南夷的归附者多授以原职原官，土司、土官皆世袭，由朝廷颁发符印，确定其等级、品秩和俸禄，并规定了承袭、考核、缴纳贡赋、应征等制度，允许土司在辖区内仍然保留其传统的统治机构和权力。据学者研究，明代在西南边疆地区设置了大小土官648人，大小土司960个，共计1508。⑤

明代土司设置首先是从湖广开始的，渐次向西南展开，最后还在东北边远的奴儿干地域也设置了大量的羁縻卫所土司。《明史》载："迨有明踵元故事，大为恢拓，分别司郡州县，额以赋役，听我驱调，而法始备矣。然其道在于羁縻。彼大姓相擅，世积威约，而必假我爵禄，宠之名号，乃易为统摄，故奔走惟命。然调遣日繁，急而生变，恃功怙过，侵扰益深，故历朝征发，利害各半。其

---

① （明）宋濂等撰：《元史》卷九一《百官志七》，中华书局1976年版，第2308页。
② （明）宋濂等撰：《元史》卷九一《百官志七》，第2318页。
③ 马大正主编：《中国边疆经略史》，中州古籍出版社2000年版，第233页。
④ （清）张廷玉等撰：《明史》卷七六，《职官志五》，第1876页。
⑤ 龚荫：《中国民族政策史》，第500页。

要在于抚绥得人,恩威兼济,则得其死力而不足为患。"①以上记载简要道出了明代土司制度的实质、内容和基本特点。

明朝在西南边疆推行土司制度的地区主要有云南、贵州、四川、广西和广东琼州(海南省)等少数民族地区,涉及西南大部。从土司土官的类型看,元朝的土司有宣慰使、宣抚使、安抚使三种武官职务。但明朝增加了土知府、土知州、土知县三种文官职务。所以,明代西南少数民族地区所设置的土司可分为文职土司、武职土司两大类,每一类又按级别分为许多种。明初至天顺时期所设土司、土官如下:②

云南,设宣慰司7、宣抚司3、安抚司3、长官司23、土知府10、土知州17;土知县6,及其他土吏若干。

广西,设长官司3、土知府4、土知州32、土知县6、土巡检111人。

四川,设宣慰司1、宣抚司3、安抚司5、千户所8、招讨司1、长官司37、指挥使6,另用土官23人。

贵州,永乐十二年(1414)建省后,由布政使司领宣慰司1、安抚司1、长官司52、"蛮夷长官"20;贵州都司领长官司12,另用土官15人。隆庆时,改贵州宣慰司为府,改普市千户所为安抚司,另增长官司20。后增为贵州、思州、思南3个宣慰司和其他9个安抚司、94个长官司,大小土司300余处。民国版《贵州通志·土司土民志》记载,仅安顺一府自明以来曾有土司27个。贵州西接滇、蜀,东连荆、粤,汉代置牂牁、武陵诸郡统治。元朝统一中国后,设置八番、顺元诸军民宣慰使司,用羁縻政策统治。明朝建立后,基于贵州地处云贵高原东部,自然条件和社会制度限制,经济落后,"地皆崇山深菁,鸟道蚕丛,诸蛮种类,嗜淫好杀,畔服不常"之现状,③朝廷以"天下守土之臣,皆朝廷命吏,人民皆朝廷赤子"为指导方针,明朝延续了元朝的羁縻制度,对贵州的少数民族实行绥怀善待的政策——所谓"御蛮之道","使各安其生",保存封建

---

① (清)张廷玉等撰:《明史》卷三〇一《土司传》,第7981页。
② 马大正主编:《中国边疆经略史》,第233页。
③ (清)张廷玉等撰:《明史》卷三一六《贵州土司》,第8168页。

领主经济为基础的土司制度。

关于明代西南边疆土官数，《蛮司合志》等书记载：

云南武职土官，计有宣慰司8，宣抚司4，安抚司5，长官司33，蛮夷长官司2；广西武职土官，计有长官司4。文职土官：云南有知府10人，知州17人，知县6人，同知2人，知事1人，经历1人，州同知8人，州判官3人，县丞6人，主簿6人，吏目1人，盐井副使2人，驿丞12人，巡检36人，改流25人，增设知府3人，知州4人，知县2人，同知1人，照磨1人，典史1人，盐井副使1人，驿丞5人，巡检12，总计166人。

广西有知府4人，知州32人，同知1人，知县6人，县丞1人，主簿1人，典史2人，巡检13人，副巡检97人，后来降知府2人，增知州1人，吏目1人，巡检26人，改流知州32人，流知县2人，总计土官193人。

除此之外，明朝还在今缅甸境内除设置了缅甸宣慰司外，还设置了许多宣慰司、宣抚司、安抚司、长官司、御夷府，有孟养宣慰司（驻今缅甸西北克钦邦境内莫宁）、木邦宣慰司（驻今缅甸掸邦兴维）、大古剌宣慰司（在今缅甸南部勃固）等。明代在今缅甸境内设置的这些土司，都划归云南承宣布政使司管辖。他们臣属于明朝，并不是因为受到明朝的军事威胁，而是在各王邦部落分裂的状态下，主动臣服。明朝不向缅甸境内土司派遣官吏和征收赋税，由土官自己进行统治。他们由土官本人或派使者到明朝都城或云南省城朝贡，以朝贡方式与明朝保持联系。据《明史》以及英国人哈维所著《缅甸史》的记载，在隆庆末年以前的200年间，今缅甸境内各王邦部落大多主动接受明朝的土司设置，臣属明朝，通过朝贡方式，与中国保持着密切的政治联系。

明政府任命土司的凭证是土官信符，它是明廷颁发给边疆少数民族地区土官的符牌，以作为联系之信物，而且明政府凭信符调动土官，土官凭信符奉命行事。明政府赐予土官铜印，铜印大小、厚薄依品级不同而有变化，不同品级的土官还赐给样式不同的冠带。诸土司品秩：宣慰使司宣慰使，从三品；宣慰使司同知正四品，以下递减。经历司经历，从七品；宣抚司宣抚使，从四品；

安抚司安抚使,从五品;招讨司招讨使,从五品;长官司、蛮夷长官司长官,正六品,副长官,从七品。诸土官品秩,从正四品到从九品大小不等。其中,土知府正四品,土同知正五品,土通判正六品,土经历正八品。土知州从五品,土知县正七品。

明政府规定,土司土官不给俸禄,由所辖土民供应一切。"大率宣慰等司经历皆流官,府州县佐贰多流官",其职责是"谨守疆土,修职贡,供征调,无相携贰。"①但土司却对朝廷要承担一定的赋役、并按照朝廷的征发令提供军队,对内维持其作为部族首领的统治权力。土司必须定期向明廷朝贡,以此表明与明廷的臣属关系,明廷回报以丰厚的赏赐。各地土司朝贡分一年一贡、二年一贡或三年一贡。贡使人数只许五六十人,多不过百人。限每年十二月底前到京,按期到达者给全赏,逾期者给半赏。②

土司土兵听从中央和都司的调发,作战有功者,按军功给赏,但奖散官至三级为止,或厚赏不升。土司的考课,土府、土州、土县及其他土吏以三年为一考,土官本衙门将土官、土吏之事迹验实后申报布政使司和按察使司考核。政绩平常者,复原职;称职者,加赏复原职;不称职者,降一级另于缺官衙门补用。六年再考,九年赴京候黜陟。如犯有贪污、害民、劫夺、仇杀且事迹显著者,由按察司究治。③ 土司的职位可以世袭,但是袭官需要获得朝廷的批准。明朝规定,土司、土官承袭须经过一定的程序。本人事先应将承袭者呈报上司,造册四本,由都指挥使司、布政使司和按察使司各存一本,另一本报送中央所属兵部或吏部备案。本人亡故后,应袭者请求袭职时,须经上司勘合,取得上司印结、本人宗支图及邻舍保结,送中央吏部或兵部,奏请皇帝批准,然后赐予信符浩文,方为合法。袭职后须习礼数月。这些规定的目的是为了防止冒混或因承袭人不明而引起争端。土司、土官承袭,"有子则长子继承,无子则孙、婿、妻、木家族、女及外戚均可承袭,故明代有不少女土官,如水西宣慰奢香、建

① (清)张廷玉等撰:《明史》卷七六《职官志五》,第1876页。
② 马大正主编:《中国边疆经略史》,第233页。
③ 马大正主编:《中国边疆经略史》,第233页。

昌知府师克、武定知府商胜、东川知府胜古、乌撒知府实卜以及明末石砫土司秦良玉等，均名震一时。土司、土官也可以由本地乡老推荐。明廷规定，年15岁以上者方可袭职，如承袭者年幼，可由其叔伯等长辈'借职'管理本地，或由本家族人代理，或由协同流官管事，候应袭者成年后，归政于本人。"①

明朝推行的土司制度对瓦解元朝的统治，争取边远地区各部头人的归附，稳定南疆和加强中央对少数民族地区的统治，曾起了一定积极作用。但是，随着社会经济的发展和明朝中央集权的加强，土司制度的弊端和各种社会矛盾越来越突出了。永乐时，思州、思南二宣慰因争地仇杀，又拒绝明朝的禁令，明廷派兵平息后，分其地为8府、4州，设贵州布政使司，派流官统治，贵州最大土司田氏被废。宣德初，贵州永从蛮夷长官李瑛卒后，无人继嗣，改设流官。

首先，明朝西南边疆政策的实质是"因俗而治"。因俗而治是指因袭、保留少数民族原有的政治制度、生产和生活方式、风俗习惯、宗教信仰不变，这也是历代王朝统治边疆少数民族地区一种常见的羁縻策略，明王朝继承、发展了这种策略。② 明代就针对云南有割据传统的特点，采用了带有军事性质的卫所制度来羁縻云南，而用土司制度去羁縻广西、贵州。因俗而治的卫所制度实现了对云南的治理，使云南也成为中国不可分割的一部分。土司制度是封建王朝统治阶级用来解决西南少数民族地区的民族政策，其意在于羁縻勿绝，仍效仿唐代的"羁縻制度"。政治上巩固其统治，经济上让原来的生产方式维持下去，满足于征收纳贡。因此它是从政治和经济两方面压迫少数民族的制度。广西壮族自治区的土司制度，开始于唐代的"羁縻制度"，形成于宋代，繁荣于明代，崩溃于清代，结束于20世纪初，长达1000多年。

其次，明朝在西南边疆的统治，在地域上基本是沿着交通线上的统治据点渐次展开的。在云南，大致沿曲靖—昆明—大理一线两侧延伸统治势力，设立了曲靖、澂江、云南、楚雄、大理、姚安、武定等府，所设军事卫所也基本上沿此

① 马大正主编：《中国边疆经略史》，第233页。
② 陈梧桐、彭勇：《明史十讲》，上海古籍出版社2007年版。

线摆开。这一线两侧,即是少数民族分布地区,明朝统治力量的进入,主要通过改土归流才得以实现的,统治并不稳定。

再者,土司制度保留了各个土官落后的政治、军事和经济特权,他们往往借此更加肆无忌惮地压迫人民,壮大自己的实力,或者互相兼并,乃至于发动叛乱,与朝廷对抗。为此,明朝廷在推行土司制度的同时,又在土司周围设置府州县和军事卫所,推行军屯与民屯,有些卫所和屯田甚至设在土司的辖境之内,借以对土司进行监视和牵制,并积极创造条件,为最终废除土司做准备。一方面,一旦土司发动反抗,明廷即进行严厉镇压,并以此为契机,"乃裂疆域,众建诸蛮"①,将一个土司划为几个土司,以削弱其势力。另一方面,在朝廷统治势力较强及社会经济发展较快的地区,明中央适时实行改土归流、废除土司的制度。

综合来看,土司制度既是集历代王朝治理经验之大成,也是在宋代羁縻政策的基础上直接发展而来的。在土司统治下,土地和人民都归土司世袭所有,尽管明朝严格土司的承袭、贡赋、征调、升迁和奖惩制度,规定土司皆由朝廷颁给诰命、印信和官服,凡土官承袭必须履行严格手续:"其湖广、四川、云南、广西土官承袭,务要本司委官体,勘别无争袭之人,明白取具,宗支图本具官吏人等结状呈部具奏,照例承袭,移付选部附选司勋贴黄考功,附写行止类行到任见到者,关给札付,颁降诰敕。"②从吏部勘验承袭人,到具名以报,再到承袭条例,最后结状具部呈奏和颁敕承袭的完成,承袭制度极为严格严密。

土司制度在初建时,有其合理的因素,但由于土司各自形成一个个不小的势力范围,造成分裂割据状态,从而使民族之间和民族内部产生仇恨和战争。因此,随着经济的发展,它不仅阻碍了少数民族地区社会生产力的发展和稳定,更不利于多民族国家的统一。所以,自明朝以来就在条件成熟的地方实行了改土归流政策,把永久世袭的土官改变为可以随时任免的流官。改土归流

① (清)张廷玉等撰:《明史》卷二四九《朱燮元传》,第6446页。
② (明)徐溥撰:《明会典》卷八《诸司职掌》,四库全书影印本,页3下。

的主要内容是改土司为府、州、县，由中央派官员治理，或废除府、州、县中的土官，全部由流官统治。同时丈量土地，额定赋税，设兵防守等。改土归流有利于加强中央集权制，但明朝的改土归流只是开始，也是不彻底的。随着清代雍正年间的改土归流，土司制度逐渐消亡而退出历史舞台。

其次，针对西南边疆不同少数民族，采取了不同的统治和经营治理之策。如对苗族，明朝廷实行土司制度，但苗族"大分散、小聚居"的分布格局决定了中央政府在苗族地区所置土司多为小土司。对布依族人的治理，明朝也实行土司制度，授予大、小领主为大、小土司。对于壮族，朝廷在壮族人社会经济较为落后的地区仍然实行土司制度，但在社会经济较为发达的地区实行流官治理。对于瑶族，朝廷则根据瑶族社会生产方式的不同对其进行治理：对于居住于河谷和丘陵地区者，倡导种植水稻；而居处山地者则以种旱地作物、采集狩猎和从事畜牧业为主。

第三章　攻防有备：明代边疆
治理的军事方略

明朝立国之后，蒙元残余势力一直据有北方，明朝难于将北元蒙古统一于自己治下。在西南边疆，土司叛乱时有发生。东南边疆倭寇横行，而东北边疆在明代中后期危机重重。所有这一切，都给明朝国家治理带来了严峻考验。从洪武至崇祯朝的 270 多年间，明朝利用军事手段有效治理边疆，取得了积极成果，确保了边疆地区社会稳定，经济发展。在这一过程中，"固守疆圉"、防边练兵、设置都司卫所等一系列军事战略思想与政策应运而生。

第一节　确立"固守疆圉"的军事思想

"固守疆圉"的军事战略思想是明朝北部边疆防御北元蒙古的基本法则，形成于洪武、永乐时期。为了落实这一战略方针，明朝多方动员、多方努力，至洪武、永乐之际北部边疆已构建起较为严密的多重防御体系。

一、"固守疆圉"的提出和落实

洪武元年六月，明太祖朱元璋对大将军徐达面授北伐谋略，首次提出了"固守疆圉"的边防思想："元起朔方，世祖始有中夏，乘气运之盛，理自当兴，彼气运既去，理固当衰。其成其败，俱系于天。若纵其北归，天命厌绝，彼自澌尽，不必穷兵追之，但其出塞之后，即固守疆圉，防其侵扰耳。达乃受命而退。"①《明通鉴》对此也有记载:"上曰:元运已衰,行自渐灭,不烦穷兵。出塞之后,固守封疆,防其侵轶可也。"②朱元璋在明确表达"固守疆圉"的边防思想后,明朝各大将军予以积极贯彻。洪武三年十一月,徐达大军庆阳之役后受诏回京受赏。回京之前,徐达全面布置了明军在西北的备御战略,强调明军一方面要严谨巡逻,捕讨周围区域,扫除蒙古余兵的威胁;另一方面要抵御蒙古的军事攻取,特别是备御扩廓帖木儿及其属贺宗哲部之进攻,确保西北重镇的安全。

洪武五年(1372),明太祖诏令徐达率大军兵分三道北征蒙古,试图将北元蒙古残余势力一举剿灭。然而,此次军事行动,竟连开国名将大将军徐达"与虏战失矛,剑兵守塞"③,兵败岭北。其结果是,不但没有实现武力迫降元朝君臣的政治目的,反而使元朝君臣转危为安,成为朱元璋一生军事生涯最大的瑕疵和教训。朱元璋在亡将的祭文里说:"然自古以来胡虏为中国患,今天既绝胡运,故命尔等因其败亡驱逐远塞,使之不能复侵扰,虽暂劳于一时乃安中国于永久,盖前人立法以垂于后世者,其设施不得不如是也。"④美国学者阿瑟·沃尔德隆说:洪武五年的战役失败,朱元璋意识到"游牧民族不可能轻而易举地被打败"⑤,促使明王朝不得不改变政策,采用经济外交手段辅之以军事手段,以防御为主的政策来减少和控制来自漠北的威胁,这就创造了"九边"防御及长城防御体系。可见,至洪武五年岭北失利的教训,"固守疆境""守备为本"的战略防御理念已形成。

按此,明廷大力建设北部边防防御体制。次年(洪武六年),仅仅一年内明朝就多次在边关冲要之地设关隘、派重兵,防御蒙古南下,"淮安侯华云龙镇守北平,遣使言:塞上诸关,东自永平、蓟州、密云,西至五灰岭外隘口,通一

---

① 《明太祖实录》卷三二,洪武元年六月庚子,第564页。

② (清)夏燮撰,沈仲九标点:《明通鉴》卷一《纪一》,太祖洪武元年六月庚子,第177页。

③ 《明太祖实录》卷七三,洪武五年五月壬子,第1349页。

④ 《明太祖实录》卷七四,洪武五年六月甲辰,第1376页。

⑤ [美]阿瑟·沃尔德隆著,石云龙、金鑫荣译:《长城·从历史到神话》,江苏教育出版社2008年版,第52页。

百二十一处,相去约二千二百里,其王平口至官坐岭口关隘有九,约去五百余里,俱繁扰冲要之地,并宜设兵守之。若紫荆关及芦花山岭尤为要路,宜设千户所守御。从之。"①五月,"诏山西都卫于雁门关、太和岭并武朔等州县山谷冲要之处凡七十有三,俱设戍兵,以防胡寇。"②

此后,明太祖多次强调夷狄之祸及其应对策略。洪武九年,明太祖与侍臣论及夷狄之祸时讲:"至于御夷狄,则修武备,谨边防,来则御之,去不穷追。"③"来则御之,去不穷追"的思想是对"固守疆圉"边防思想的进一步明确和诠释。"固守疆圉"的边防思想对后来明王朝的边防政策起了非常重大的影响。朱元璋认为"控制边境,贵于安靖",如果任开边隙,用兵边境,则战乱不休,悔之晚矣。④

朱元璋晚年还多次强调,对蒙政策当以"严谨守备为主",对蒙军事行动一定需坚持"慎之又慎"方针。太祖尝谕晋王等六王曰:"倘若胡马十数万寇边,不宜与战",如果轻与之战,必至失利。⑤ 洪武三十年六月,朱元璋遣人往谕晋王和燕王:"自古及今胡虏为中国患久矣,历代守边之要,未尝不以先谋为急,故朕于北鄙之虑尤加慎密,尔能听朕之训,明于事势机无少懈,虽不能胜彼,亦不能为我边患,是良策也,善胜敌者胜于无形,尔其慎哉"。⑥ 洪武三十一年五月,朱元璋最终以明朝北部边备托付给燕王:"朕观成周之时,天下治矣,周公犹告成王曰'诘尔戎兵',安不忘危之道也。今虽海内无事,然天象示戒,夷狄之患岂可不防,朕之诸子,汝独才智克堪其任,秦、晋已薨,汝实为长,攘外安内,非汝而谁。已命杨文总北平都司、行都司等军,郭英总辽东都司并辽府护卫,悉听尔节制。尔其总率诸王,相机度势,用防边患,又安黎民,以答

---

① (明)严从简,余思黎点校:《殊域周咨录》卷一六《鞑靼》,第 524 页。
② 《明太祖实录》卷八二,洪武六年五月戊申,第 1478 页。
③ (明)余继登:《典故纪闻》卷三,第 55 页。
④ (明)余继登:《典故纪闻》卷四,第 65 页。
⑤ (明)余继登:《典故纪闻》卷五,第 98 页。
⑥ 《明太祖实录》卷二五〇,洪武三十年六月庚寅,第 3658 页。

上天之心,以副吾付托之意,其敬慎之勿怠。"①从中,我们明显可以看出他"相机度势,用防边患"的苦心。明人严从简评论说,朱元璋将一生精力贡献于防蒙制蒙上:

> 至于边防,则屡添卫增戍以定兵,屯田以足食,数遣功臣视师而边将警惰,命亲王出塞而武备扬威,凡可以慎固封守者无不曲尽。虽在弥留而未尝倦勤,所谓一息尚存,此志不息。若是者,盖其得之也艰,故其防之也切,虑之也远,故其谋之也深。②

"防之切"一语道出了明洪武朝廷对边防防御的高度关注和重视。

永乐时期的边疆政策基本继承了洪武朝倾向,既重视北部边防防御,又坚持内外有别对待蒙古势力的原则。明成祖即位之前,一直在北边戍守,深知蒙古的威胁和对蒙古作战的困难。因此,登基后十分重视北部边防防御,"帝于边备甚谨,自宣府迤西迄山西,缘边皆峻垣深濠,烽堠相接。隘口通车骑者百户守之,通樵牧者甲士十人守之。"③具体而言,对漠北蒙古主要实行政策诱降、分封爵位招抚,对内地散居蒙古遗民实行恩抚同化政策。但由于游牧经济和农耕经济的冲突不能得到根本解决,蒙古地区需要内地提供的生活物资,所以鞑靼、瓦剌经常进入内地进行抢掠侵扰,这使明王朝不得不修饬边备,加强北边防御,并因时而宜进行调整。

二、"固守疆圉"成为祖宗之成法

明仁宗和明宣宗统治时期,朝廷以"固守疆圉"为祖宗之成法,对外严格实施固守边塞方针。明仁宗即位之初,即采纳礼部侍郎胡濙提出的"守成宪"

---

① 《明太祖实录》卷二五七,洪武三十一年五月乙亥,第3717页。
② (明)严从简,余思黎点校:《殊域周咨录》卷一六《鞑靼》,第537页。
③ (清)张廷玉等撰:《明史》卷九一《兵志三》,第2236页。

建议①。明宣宗即位后,明确对侍臣讲:"朕只奉祖宗成宪,所以诸司事有碍而奏请者,必命考旧典。盖皇曾祖肇建国家,皇祖、皇考相承,法制详备。况历涉世务,练达人情,谋虑深远,子孙遵而行之,犹恐未至。世之作聪明,乱旧章,驯至败亡,往事多有可鉴。古人云:'商、周子孙能守先王之法,至今犹存。'此诚确论。"②这是宣德元年(1426)五月明宣宗给臣僚们的讲话,其中无不体现着墨守成规、唯祖法是遵的基本精神。

在唯祖成宪的政策导向下,仁、宣时期明朝在军事上毫无建树,军事防御中也只强调维持现状,固守边塞。或曰不可轻起边祸,以坏朝廷怀柔之策。明仁宗朱高炽在位不到一年即逝,洪熙元年六月他告诫边将:"夷虏至塞下,顺则抚之,逆则御之,驱之而已,毋为首祸。"③这年十一月,"鞑靼孛罗脱者可脱干来归,都督谭广遗送至京,两人具言虏中蜜事。上谓侍臣曰:'虏中狡诈,二人之来或窥伺,亦未可知,所言不必尽信。但既来则当抚绥,遂命礼部赐钞及袭衣,又谕尚书吕震曰:去留任其所欲也。'"④明宣宗朱瞻基继位后,在对蒙政策上强调"来不拒,去不追"的驭敌之策⑤。宣德元年七月,"上谕行在兵部尚书张本等曰:'虏好鼠窃,但防守周密,来则击之,去则勿追,保境安民,此为上策'。"⑥宣德九年二月,"开平守将奏边防数事。上举其可行者,付所司施行。因谓侍臣曰:'方今海内小康,惟残虏叛服不常。古人制夷狄,惟在守备。若城堡坚固,粮刍充足,士卒精练,哨嘹严谨,彼亦何能为患?朕屡以此戒饬边将,但虑其因循玩慢。今春气渐深,正边民耕种之时。一或农事防废,秋收无望,仰给于转输则劳矣。'遂令边将严谨备之。"⑦同年十月,"敕缘边总兵镇守官曰:今西北胡虏败者离散,胜者骄纵,不可不虑。惟严兵保境,寇来则战,寇

---

① (明)雷礼等辑,四库全书存目丛书编纂委员会编:《皇明大政纪》卷八之九二,齐鲁书社1996年版,史部第八册第47页。
② (明)陈建著,钱茂伟点校:《皇明通纪后编》卷一〇,中华书局2008版,第542页。
③ 《明仁宗实录》卷一〇,洪熙元年六月辛丑,第311页。
④ 《明仁宗实录》卷一一,洪熙元年十一月癸丑,第303—304页。
⑤ (明)陈建著,钱茂伟点校:《皇明通纪后编》卷一〇,中华书局2008版,第543页。
⑥ 《明宣宗实录》卷一九,宣德元年七月丙午,第506页。
⑦ (明)陈建著,钱茂伟点校:《皇明通纪后编》卷一一,第591页。

退勿追。若彼于境外往来,不敢侵扰,即当听其自便,勿贪功妄动,以开边衅。"①可见,仁、宣时期,咸奉祖制,严守成规,无敢越次,其利弊之形已然也。

不管是仁宗朝"顺则抚之,逆则御之"的军事政策,还是宣宗朝"来则击之,去则勿追"的军事政策,其实质都是固守边塞的一种消极防御政策。在这种边防政策影响下,仁、宣时期,大明帝国均坚持"寇来则战,寇退不追"方针而不变。如宣德三年正月,"边将奏:兀良哈之人往往于滦河牧马,请掩击之。上曰:虏犯边当正其罪,今未有犯,姑遣人谕之。"②宣德五年(1430),明王朝迫于蒙古的压力放弃战略地位相当重要的开平卫,将其撤向独石堡(今河北赤城县北独石口)。开平卫迁独石使明朝北边防线逐渐缩小,至此,洪武时期建立的明边外防线已全部退至长城一线,"于是,洪武间所筑诸城悉废,并调营州五屯卫及东胜左右卫,悉迁之内地,而辽东、宣府之声援,一旦为之隔绝"③,即作为第二防线中心的宣府、大同已变成处于最前线的军事要塞。此后蒙古骑兵便轻而易举入侵河套一带地区,明朝防御蒙古的主动权已丧失殆尽,明北方边防线已危机四伏。

明人谈迁评论道:"徙大宁都指挥司于保定,以大宁地界兀良哈。起前屯至喜峰为朵颜卫,自黄泥崖至开原为福余卫,由锦义至白云山,为大宁卫。自是宣辽道绝,三卫后为门庭之寇矣。"④明人陈建称:"永乐初,大宁既弃,而开平失援难守。宣德庚戌,遂城独石,而徙开平卫于此,弃地盖三百里。宣德以后之开平,非国初之开平矣。"⑤明人严从简亦评论曰:"宣宗皇帝巡边,捣虏大宁,出其不意,于铄王师,有光祖烈,若于此时尽收故地,复归职方,则金瓯无缺,而有苞桑之固矣。此万世臣民之遗恨也,三杨不能无罪。不宁惟是,旧开平即元之上都,西接兴和而达东胜,亭障烽堠悉弃与虏,东西千里,辽河之间,

① 《明宣宗实录》卷一一三,宣德九年十月壬申,第 2563 页。
② 《明宣宗实录》卷三五,宣德三年正月丁未,第 885 页。
③ (清)夏燮撰,沈仲九标点:《明通鉴》卷一四《纪十四》,成祖永乐元年三月戊子,第 567 页。
④ (明)谈迁著,张宗祥校点:《国榷》卷一三,成祖永乐元年三月壬午,第 898 页。
⑤ (明)陈建著,钱茂伟点校:《皇明通纪后编》卷一一,第 591 页。

三岔河之北,贺兰山西,镇番卫之东,久矣非吾守者,舆图所及,一寸山河一寸金,岂可以邻沙漠之地遂弃之也哉!凡今清署(指行人司言)喜睹干羽之舞,厌闻小丑之谈,然天下国家皆吾分内,而八城不守,土木之变,我寮若尹昌、罗如墉虽非死于衔命,实亦为此房而致身焉,今其可忘杞人之忧乎?况边境靖谧则四牡之道坦安,中国常尊则王人之礼益重,于使局亦有系也。"①看来大宁之弃,开平卫之失带来严峻北疆局势,时人之评论确是一语中的。随着北部边防的步步内缩,明初对蒙古大规模的军事进攻已成强弩之末,至宣德朝仅沿边筑堡防卫而已。②

至正统朝,明廷仍然坚持"慎固封守""不可轻与争锋"的对蒙防守之策。正统二年(1437)十一月,明英宗听说瓦剌脱欢部落准备纠结兀良哈三卫及野人女直入侵,遂召集缘边诸将商议战守之策,都督陈怀、谭广、李谦、王彧等各上议:"大率谓胡寇出没不恻,难以常法取胜。自古御之,惟守为上策,宜于沿边要害各置军马,而聚兵以守,总会仍遣智勇头目不时巡行……上以为然,仍敕怀等严督训练,昼夜了备,有警互相应援,毋得坐视失误。"③从"上以为然",很清楚地表明:明英宗延续着仁、宣二帝时代明朝的消极防御政策。

为此,明英宗将这一方针政策多次诏谕北边诸将贯彻落实,强调"慎固封守",以守为上策。正统四年七月,敕宣府大同等处总兵官谭广等曰:瓦剌胡寇谲诈多端,常遣人来兀良哈处纠合贼徒窥伺边境,"尔等宜严谨堤备,如贼少可击则击之,贼众则固守城堡,不可轻与争锋。"④正统五年三月,明英宗听说达寇联结兀良哈之众出外劫掠,敕大同宣府总兵官武进伯朱冕、都督谭广等"严督各城池关堡,如或寇至即飞报邻境,合势剿灭。寇去,不可穷追"⑤。正统十二年二月,"巡抚大同宣府右副都御史罗亨信等奏:达贼也先自去年秋抢掳兀良哈得志回还累来窥探,不绝料必札驻不远,决有伺隙为患之意。臣等深

---

① (明)严从简,余思黎点校:《殊域周咨录》卷一六《北狄》,第504页。
② 内蒙古社科院历史所《蒙古族通史》(中卷),民族出版社2001年版,第21页。
③ 《明英宗实录》卷三六,正统二年十一月己亥,第702页。
④ 《明英宗实录》卷五七,正统四年七月癸酉,第1100页。
⑤ 《明英宗实录》卷六五,正统五年三月庚申,第1252页。

虑大同左右参将分守东西二路所统军马数少,乞将山西河南操备下班官军暂留堤备,遇警分遣二路并力杀贼,俟二月终无声息放回。上曰:所言甚善,其已回还去远者勿追。"同年九月,"敕提督辽东军务右都御史王翱等曰:瓦剌朝贡使臣言也先兵侵兀良哈,其泰宁朵颜二卫已为所胁,惟福余人马奔恼温江彼,又欲待水冻时追之,因往海西收捕女直。尔宜遥振军声,使虏闻风不敢近塞斯为全策"①,并告诫王翱"毋贪微利以启衅端。"②

然而,一方面是明英宗屡次诏谕缘边诸将务要贯彻守御之策,另一方面却是蒙古人对明边的骚扰活动日益猖獗。面对北边防蒙形势日渐恶化,九边官兵全线高度警戒,在做好对蒙古诸部侵边情况瞭望哨备、提前预判的同时,明朝廷还从多方措施入手,完善九边防御机制。可是,军事制度废弛,军官腐败无能,这种情况在正统朝已极为普遍。当时明英宗也早已有所察觉,正统八年十二月,"敕提督辽东军务左副都御史王翱总兵官都督佥事曹义等曰:曩因辽东兵备废弛特命尔翱往彼整饬。"③正统九年七月,"敕提督辽东军务左副都御史王翱往者总兵等官:恃边境久安,废弛兵备,以致兀良哈达寇屡来犯边,尝命尔往提督整饬。"④

其次,明朝军法本来甚为严厉,仅对将士的赏罚条例就极为繁多,如《镇番杀贼例》规定:"凡斩获首级并阵亡及被伤者,官银二两绢二匹,旗军舍人银二两布二匹,仍赐死者祭及优恤米。都指挥十石,指挥八石,千户六石,百户四石,旗军舍人二石。"⑤但到了正统时期,皇帝动辄一味迁就违法官兵而不究,以致官兵不畏律法,军纪混乱。如正统元年四月,宁夏总兵官都督同知史昭上奏,"虏寇数骑犯石空寺堡,杀旗军四人,掠其牛畜。百户张弘追及之,战死。其都指挥同知陈忠、指挥李彝林英、千户张珍等守御不严,请治其罪。上宥忠

---

① 《明英宗实录》卷一五八,正统十二年九月己酉,第3082页。
② 《明英宗实录》卷一五八,正统十二年九月己酉,第3082页。
③ 《明英宗实录》卷一一一,正统八年十二月丙午,第116页。
④ 《明英宗实录》卷一一八,正统九年七月丁卯,第2386页。
⑤ 《明英宗实录》卷二九,正统二年四月丙子,第582页。

罪。"①正统元年五月,行在兵部奏:"胡寇朵儿只伯犯肃州新城营,杀伤官军二百七十人,掳掠人畜兵甲无算。都督同知王贵镇守肃州,寇至不能折冲,及退不复追剿,坚壁不出,玩寇失机,请正其罪。上以贵在边年久,姑记其罪。"②正统四年十二月,辽东总兵官都督佥事曹义巡抚左副都御史李浚劾奏:"都指挥使裴俊、都指挥同知夏通、都指挥佥事胡源等守备不严,致兀良哈达子猎我近郊火延烧木栅一千余丈又掠去军人乞皆置诸法。上命姑记俊等罪,罚俸三月。"③正统七年十月,辽东总兵官都督佥事曹义等奏称,本年十月初五日兀良哈达贼纠集野人女直共千余人入犯广宁前屯等卫界,杀掳民众,守备都指挥等官失机,应当治罪。"上降敕切责义等且命其亟出兵剿捕,失机官姑记其罪。"④如此毫无军法约束之官兵怎能上阵杀敌。难怪兀良哈、朵颜、福余等卫于正统二年十二月询知:总兵官皆畏懦无为,乃敢长驱而西。⑤ 正统七年十一月,兀良哈纵横出没辽东,如入无人之境。而明朝边防大将中,"拥兵坐视而不能为⑥"比比皆是,以致"胡寇侵扰,殆无宁岁",⑦失机损威,其国计何论?究其根源,一味追求防守、防御的政策,除了失去更多壮大自己实力的时机,只能坐视瓦剌强大,结果终导致土木事变之祸发生。

无独有偶,正统六年明朝派兵南征麓川。对于此政策,行在翰林院侍讲刘球上奏劝谏道:"北虏犹古严狁,世为边患,今虽少抑,然部曲尚强,戎马尚众,今欲称甘肃守将以事南征,恐边人以北虏为不足,虑遂弛其防。卒然有警,或致失措,臣谓宜防其患。"⑧因此,正确的做法应该是加强北疆防守,修城堡、选良将、勤练习,确保北部边防无患。而对于云南,只要明朝分屯要害之地,且耕

---

① 《明英宗实录》卷一五,正统元年四月戊子,第340页。
② 《明英宗实录》卷一七,正统元年五月丁卯,第326页。
③ 《明英宗实录》卷六二,正统四年十二月丙戌,第1184页。
④ 《明英宗实录》卷九七,正统七年十月癸丑,第1956页。
⑤ 《明英宗实录》卷三七,正统二年十二月乙亥,第719页。
⑥ 《明英宗实录》卷三七,正统二年十二月乙亥,第719页。
⑦ 《明英宗实录》卷二五,正统元年十二月甲戌,第496页。
⑧ (明)谈迁著,张宗祥校点:《国榷》卷二五,英宗正统六年正月戊午,第1064页。

且练,乘机攻取即可。对此建议,明英宗并不予理睬,以致正统前期国防政策有所失误。政策的失误,加之正统朝军力之不振,军队战斗力低下,边军不足情况之严重,带来了不可挽回的被动局面。正统九年五月,"大同总兵官武进伯朱冕等言:镇卒止二万四千六百余人,除诸处守备,恐策应不给,马队尤少,请步卒二千四百人屯田山西行都司者仍遣回,半充马队,更选河南山西千五百人充马队,从之。"①正统十四年(1449),明英宗低估蒙古实力,亲率50万大军征蒙古,导致明正统年间的"土木之役"。张碧波、庄鸿雁指出:"土木之变是华夷力量消长变化的必然结果。"②土木之役中,由于明朝政治腐败,战略失误,军事指挥无方,明军毫无战斗力,几乎全军覆没,英宗自己也被俘虏③,这种结局显然与正统朝边防政策失误有着密切关系。

不过,明代初期的边疆经略中,值得称赞的明宣宗朱瞻基对安南撤军的果断决策。当时,因明成祖朱棣征安南,近20年的用兵已将国家拖入一个巨大消耗的无底洞,故及时止损,形势之所趋。明宣宗即位后提议"从安南撤退",虽然遭遇了来自各方面的意见分裂和压力,但"朱瞻基不得不利用本人权势去堵住主战派之嘴"④,最后及时从安南撤军,避免了明朝在南方陷入被动,这是一个明智之举。

第二节　构建多功能层网防御体系

为了保卫边疆地区安全,防御外敌入侵,明朝在边疆地区不仅建立都司卫所军事机构,而且大规模设计构建集边墙、烽火、关隘、堡寨于一体的多功能防御工程,并注重发挥它们应有的制度和军事功能优势,形成层层设防、环环相扣的网状军事防御体系,最大限度地发挥军事保障边疆安全的作用。

---

①　(明)谈迁著,张宗祥校点:《国榷》卷二六,英宗正统九年五月庚申,第1666页。

②　张碧波、庄鸿雁:《华夷变奏——关于中华多元一体运动规律的探索》,黑龙江人民出版社2009年版,第259页。

③　内蒙古社科院历史所《蒙古族通史》,民族出版社2001年版。

④　[美]黄仁宇:《中国大历史》,中华书局2007年版,第138页。

一、建立都司卫所制度

卫所制度为明朝的军队编制制度,明太祖时创立,即在军事防御要地设立卫所,对外抵御外敌入侵,对内镇压反抗。"边卫之设,所以限隔内外,宜谨烽火,远斥堠,控守要害,然后可以詟服胡虏,抚辑边氓。"①其法源于至正二十四年(1364)三月的《部伍法》。这年正月,朱元璋在应天自称吴王,建立军政机构。三月,朱元璋下令尽免诸翼元帅府和统军元帅,改置武德、龙骧等 17 卫。四月,订立《部伍法》,确定军队基层编制:"以将领所部兵五千人为指挥,千人为千户,百人为百户,五十人为总旗,十人为小旗。"②

明朝建立后,洪武元年(1368)正月,明太祖采纳中丞刘基建议,改定卫制:"其法,自京师达于郡县,皆立卫所。大率以五千六百人为一卫,一千一百二十人为一千户所,一百一十二人为一百户所",③形成"系一郡者设所,连郡者设卫",④以卫所作为主要单位的军队编制法。洪武七年(1374),朱元璋下诏复位卫所编制:

> 每卫设前、后、中、左、右五千户所,大率以五千六百人为一卫,一千一百二十人为一千户所,一百一十二人为一百户所,每百户所设总旗二人,小旗十人。⑤

这就是明朝洪武初期的《卫所编制法》。《卫所编制法》规定了士兵的来源和军队的基本成分。其兵源主要有三:"有从征,有归附,有谪发。从征者,诸将所部兵,既定其地,因以留戍。归附,则胜国及僭伪诸降卒。谪发,以罪迁

① 《明太祖实录》卷一四八,洪武十五年九月丁卯,第 2339 页。
② (清)夏燮撰,沈仲九标点:《明通鉴》卷一《纪一》,太祖洪武元年正月壬辰,第 132 页。
③ (明)陈建著,钱茂伟点校:《皇明通纪前编》卷四,中华书局 2008 年版。
④ (清)夏燮撰,沈仲九标点:《明通鉴》卷一《纪一》,太祖洪武元年正月壬辰,中华书局 1959 年版。
⑤ (清)张廷玉等撰:《明史》卷七六《职官五》,第 1874—1875 页。

隶为兵者。其军皆世籍。此其大略也。"①卫所兵士有军籍,世袭为军,平时屯田或驻防。遇有战争,被调出征。

由此可见,卫所制与世兵制、府兵制有些相似,是一种兵农兼资、耕战结合性质的军队编制制度。《卫所编制法》还规定,卫所各级编制均配以与之相符的各级职官,"国朝之制,每卫设指挥使一人,指挥同知二人,指挥佥事二人,又设前后中左右千户所,以分领士卒。后指挥不肯入署理事,遇有责成,互相推避。洪武二十年,始命指挥使掌印,同知、佥事各领一所士卒,有武艺不训练、器械不坚利者,皆责所领之官。"②这样一来,在全国形成卫所编制下上下相统、层层隶属的卫所军事体制。

洪武八年(1375)十月,朱元璋又下诏,"改在京留守都卫为留守卫指挥使司,在外都卫为都指挥使司,凡十三:北平、陕西、山西、浙江、江西、山东、四川、福建、湖广、广东、广西、辽东、河南。又行都指挥使司二:甘州、大同,俱隶大都督府"③,即改各都卫指挥使司为都指挥使司,行都卫指挥使司为行都指挥使司。④ 至此,形成全国军队分为卫、所两级,一府设所,数府设卫,各府县卫、所归各指挥使司、都指挥使管辖,各都指挥使又归中央五军都督府管辖的明代卫所军事制度。《明史·兵志》云:

> 明以武功定天下,革元旧制,自京师达于郡县,皆立卫所。外统之都司,内统于五军都督府,而上十二卫为天子亲军者不与焉。征伐则命将充总兵官,调卫所军领之;既旋则将上所佩印,官军各回卫所。盖得唐府兵遗意。⑤

---

① (清)张廷玉等撰:《明史》卷九〇《兵志二》,第2193—2194页。
② (明)余继登:《典故纪闻》卷五,第80页。
③ (清)张廷玉等撰:《明史》卷九〇《兵志二》,第2194页。
④ 都司和行都司是朝廷派驻地方、秉承帝命、职掌一方军政的机构。
⑤ (清)张廷玉等撰:《明史》卷八九《兵志一》,第2175页。

据《明史·地理志》记载,洪武二十六年(1393)定天下都司卫所,"共计都司十有七,留守司一,内外卫三百二十九,守御千户所六十五。"①其中,为巩固边防,防御蒙古南下,明洪武朝设于北部沿边地带一线的卫所计有:辽东都司20卫,陕西都司30卫、2千户所,北平都司16卫、1千户所,山西都司7卫、5千户所,北平行都司和山西行都司13卫,北平和山西护卫6,总92卫、8千户所。

(一) 北部边疆的都司卫所

东起辽阳,西到大同的数千里边防线上,建有众多的都司、卫所。这些都司、卫所,加上明北部长城沿线的要隘,为确保北平左右翼的边防安全起到重要作用。下以北平行都司和辽东都司下辖的卫所为例,说明其机构设置与变迁之情况。

北平行都司:8卫。北平行都司,后改为大宁都司。洪武二十五年(1392)八月,"以北平行都司设于大宁,其地西接大同,乃筑东胜城于河州受降城之东,凡设十六卫,与大同相望,自辽以西数千里声势联络。"②朱元璋在长城以北建立大宁卫(今凌源)、开平卫(今内蒙古多伦)、东胜卫(今内蒙古呼和浩特)三个军事重镇,作为九边的外围据点。

表1 北平行都司八卫表

卫所名	初设时间	废置情况	资料来源
大宁左卫	洪武二十年九月	洪武二十八年四月改为营州左卫	《明史》卷四〇《地理志一》
大宁右卫	洪武二十年九月	洪武二十八年四月改为营州右卫。永乐元年二月省	《明史》卷四〇《地理志一》
大宁中卫	洪武二十年九月	—	《明史》卷四〇《地理志一》

---

① 明永乐时期,多所增改。其后措置不一,其名有别。参见《明史》卷九〇《兵志二》,第2196页。

② (清)夏燮撰,沈仲九标点:《明通鉴》卷一〇《纪十》,太祖洪武二十五年八月丁卯,第453页。

续表

卫所名	初设时间	废置情况	资料来源
大宁前卫	洪武二十年九月	洪武二十年九月分置左、右、中三卫,寻又置前、后二卫	《明史》卷四〇《地理志一》
大宁后卫	洪武二十年九月	—	《明史》卷四〇《地理志一》
会州卫	洪武二十年九月	永乐元年废	《明史》卷四〇《地理志一》
营州中护卫	洪武二十六年二月	永乐元年三月徙治平谷县西,属大宁都司	《明史》卷四〇《地理志一》
兴州中护卫	洪武中置	永乐元年二月徙治良乡县,直隶后军都督府	《明史》卷四〇《地理志一》

　　辽东都司:20卫。辽东都司,全称辽东都指挥使司,是明朝在辽东地区设立的军政机构,在建制上属于山东承宣布政使司,又称山东行都司。洪武四年(1371),明太祖在辽东设置定辽都卫,洪武六年(1373)六月,置辽阳府、县。继而分设辽左等五卫及东宁卫和金州、复州、海州、盖州等四卫于沿边。洪武八年(1375),明朝改定辽都卫改为辽东都指挥使司(即辽东都司,亦称辽东镇),治所在定辽中卫(今辽阳市)。洪武十年(1377),府、县都罢黜,只留卫所。洪武时期辽东都司统辖东北全境,永乐七年奴儿干都司建立后,辽东都司的辖境缩小到东北的南部:南起旅顺口,北至开原,东临鸭绿江,西至山海关,相当于今辽宁省大部,地理位置十分重要,也是通往奴儿干、朝鲜的必经之路。

　　《大明会典·镇戍四》:"国初废郡设卫,所以防虏寇。独于辽阳、开原设自在、安乐二州处降夷,东北则女直建州毛怜等卫,西北则朵颜、福余、泰宁三卫,分地授官,通贡互市。"①

　　《明史·地理二》:"辽东都指挥使司(元置辽阳等处行中书省,

---

　　① (明)李东阳等撰,申时行等重修:《大明会典》卷一二九《兵部十二·镇戍四》,第1842页。

治辽阳路),洪武四年七月置定辽都卫。六年六月置辽阳府、县。八年十月改都卫为辽东都指挥使司。治定辽中卫,领卫二十五,州二。十年,府县俱罢。"①

《明通鉴》卷四:洪武四年(1371)七月,"置辽东卫指挥使司,以马云、叶旺为都指挥使。上以刘益之变,纳克楚据金山未附,特命云等备之。"②

其后,又复于辽北分设沈阳、铁岭、三万、辽海卫于开原,西抵山海关,分设广宁左卫、右卫、中卫,还设义州、宁远及广宁左、右、中、前、后卫等二十五卫。

辽东都司,与大宁都司、奴儿干都司同为明代东北三大行政机构。辽东都司领 25 卫、2 州,即定辽中卫、定辽左卫、沈阳中卫、沈阳左卫、三万卫、辽海卫等 25 卫,二州为自在州、安乐州。见下表:

表 2 辽东都司卫所表

卫所名	初设时间	废置情况	出处
定辽左卫	洪武六年十一月	—	《明史》卷四一《地理志二》
定辽右卫	洪武六年十一月	—	《明史》卷四一《地理志二》
定辽中卫	洪武六年	洪武四年罢。六年复置。十年复罢。十七年置卫	《明史》卷四一《地理志二》
定辽前卫	洪武八年二月	—	《明史》卷四一《地理志二》
定辽后卫	洪武四年二月	定辽后卫本辽东卫,洪武四年二月置。八年二月改。九年十月徙治辽阳城北,寻复	《明史》卷四一《地理志二》

---

① (清)张廷玉等撰:《明史》卷四一《地理志二》,第 953 页;《明太祖实录》卷六六,洪武四年六月壬寅,第页。
② (清)夏燮撰,沈仲九标点:《明通鉴》卷四《纪四》,太祖洪武四年七月壬戌,第 253 页。

卫所名	初设时间	废置情况	出处
铁岭卫	洪武二十一年三月	二十六年四月迁于古嚚州之地，即今治也	《明史》卷四一《地理志二》
东宁卫	洪武十三年	东宁卫本东宁、南京、海洋、草河、女直五千户所，洪武十三年置。十九年七月改置	《明史》卷四一《地理志二》
沈阳中卫	洪武三十一年闰五月	—	《明史》卷四一《地理志二》
海州卫	洪武二十三年三月	置于牛家庄。二十六年徙三万卫城	《明史》卷四一《地理志二》
盖州卫	洪武九年十月	—	《明史》卷四一《地理志二》
金州卫	洪武八年四月	—	《明史》卷四一《地理志二》
复州卫	洪武十四年九月	—	《明史》卷四一《地理志二》
义州卫	洪武二十年八月	—	《明史》卷四一《地理志二》
辽海卫	洪武二十三年三月	置于牛家庄。二十六年徙三万卫城	《明史》卷四一《地理志二》
三万卫	洪武二十年十二月	置三万卫于故城西，兼置兀者野人乞例迷女直军民府。二十一年，府罢，徙卫于开元城	《明史》卷四一《地理志二》
广宁左屯卫	洪武二十四年九月	后徙广宁中屯卫城	《明史》卷四一《地理志二》
广宁右屯卫	洪武二十六年正月	洪武二十六年正月置于十三山堡。二十七年迁于旧闾阳县之临海乡	《明史》卷四一《地理志二》
广宁前屯卫	洪武二十六年正月	洪武初，属永平府。七年七月，州废。二十六年正月置卫	《明史》卷四一《地理志二》
广宁后屯卫	洪武二十六年正月	置于旧懿州。永乐八年徙治义州卫城	《明史》卷四一《地理志二》
广宁中护卫	洪武二十四年九月	洪武初，州废。二十四年九月置卫	《明史》卷四一《地理志二》

除了北平行都司和辽东都司之外,辽东、宣大至河套一线还有许多都司、卫所,如北平都司:统领燕山左、右卫,彭城卫、蓟州卫、永平卫等 16 卫,1 千户所;山西都司:统领太原左、右卫,平阳卫、潞州卫等 7 卫、5 千户所;山西行都司:统领大同左卫、大同右卫、朔州卫等 5 卫。

辽东防务,是明朝北方防务战略最为重要的一部分,它几乎涉及明朝北方边疆牵蒙制蒙安全战略的核心。辽东镇面临来自三方之威胁:北面有鞑靼、兀良哈之南下,东面有女真之西进。洪武时期明朝设置辽东都司之时,充分依托长白山脉地理特征,依险布防,而且于辽河两岸分建卫所、推广农耕。明中前期,辽东镇主要应对兀良哈维胁。正统年间后,因东部蒙古兀良哈诸族南移,明朝渐失辽河套地区(今辽河中游两岸地)。天启元年(1621)至崇祯十五年(1642)间,辽东全境为后金(清朝)所兼并,故晚明时期主要是应对女真进攻。

在多方努力下,北部边疆初步形成较为严密的多重防御体系。该体系自宣大、东胜至宁夏、河西的几千里边防线上,分成两道密集防线驻军屯守、警戒巡逻,打击来犯之敌。"国初设大宁都司、营州卫等卫与辽东、宣府东西并建为外边。又起古北口至山海关增修关隘为内边。"①不论是内边还是外边,均以关隘要塞为依托,以军事卫所为基地,东西呼应,内外相延,其警戒和巡逻的范围可能包括了整个漠南地区。如此绵延几千里的弧状网络防御线,对于防蒙古南下起到了积极作用。为了确保边防政策的贯彻落实,永乐六年五月,朱棣下诏给甘肃总兵官左都督何福,"今后有急务先行后奏,待奏而行,恐缓事机"②,体现出明廷赋予了九边大臣先斩后奏特权。

(二) 西北边疆的都司卫所

陕、甘、宁地处西北,战略地位重要且民族关系复杂,具有防御北元势力的

---

① (明)李东阳等撰,申时行等重修:《大明会典》卷一二九《兵部十二·镇戍四》,第1837 页。
② 《明太宗实录》卷七九,永乐六年五月乙亥,第 1064 页。

特殊地位。洪武二年(1369),大将军徐达等率军进攻陕甘,清除元朝势力。这年四月,明建陕西等处行中书省(治今陕西西安)。洪武三年二月,置西安都卫(治今陕西西安)。洪武八年,明调邓愈、陆聚等前往戍守,十月,改西安都卫为陕西都司,上隶右军都督府,下辖30卫、2千户所,主要统领:

西安左护卫:洪武二十六年三月置;①

山丹卫:洪武二十三年九月置;②

永昌卫:洪武十五年三月置;③

凉州卫:洪武九年十月置;④

庄浪卫:洪武五年十一月以永昌地置,洪武十二年正月置陕西行都指挥使司于卫城。(洪武)二十六年,行都司徙于甘州。建文中,改卫为守御千户所。洪武三十五年十月复改所为卫。⑤

宁夏卫:洪武二十六年七月置,⑥二十八年四月罢,永乐元年正月复置。

西宁卫:洪武六年正月置,宣德七年十一月升军民指挥使司。⑦

洮州卫:洪武四年正月置洮州军民千户所,洪武十二年二月升为洮州军民指挥使司;⑧

岷州军民指挥使司⑨:洪武十五年四月置,嘉靖二十四年,改军民指挥使司为卫。嘉靖四十年闰五月,州废,仍置军民指挥使司。

河州军民指挥使司:洪武十二年七月置,⑩成化九年十二月置州,属府,改军民指挥使司为卫。岷州和河州军民指挥使司改卫后,与洮州卫(1379年

---

① 《明太祖实录》卷二二六,洪武二十六年三月庚午,第3308页。
② (清)张廷玉等撰:《明史》卷四二《地理志三》,第1014页。
③ (清)张廷玉等撰:《明史》卷四二《地理志三》,第1015页。
④ (清)张廷玉等撰:《明史》卷四二《地理志三》,第1015页。
⑤ (清)张廷玉等撰:《明史》卷四二《地理志三》,第1015页。
⑥ (清)张廷玉等撰:《明史》卷四二《地理志三》,第1012页。
⑦ (清)张廷玉等撰:《明史》卷四二《地理志三》,第1015页。
⑧ (清)张廷玉等撰:《明史》卷四二《地理志三》,第1011页。
⑨ (清)张廷玉等撰:《明史》卷四二《地理志三》,第1011页。
⑩ (清)张廷玉等撰:《明史》卷四二《地理志三》,第1009页。

置)、西宁卫合称"西番四卫"。河州卫下辖九个千户所、九个百户所。西宁卫设于下辖西宁、碾伯、镇海、北川、南川、古鄯六千户所。[①] 洮州卫"西控番夷,东蔽湟、陇,自汉、唐以来备边要地也"[②],是中原通往青、川、藏的交通要道,为"西番门户"[③]。"西番诸卫"的设置,加强了明王朝对甘青地区的有效统治。

洪武十二年(1379),明朝又置陕西行都指挥使司(治今甘肃庄浪)。洪武二十六年(1393),明廷把行都司徙于甘州(治今甘肃张掖),主要统领甘肃地区的卫所,建造边防建设。行都司徙甘州后,更易于东西兼顾,迅速反应敌情。因此,此后甘州成为明代经营甘肃、防范蒙古的总基地。甘肃镇是明代九边重镇之一。甘肃镇北有蒙古,西有诸番,战略地位极为重要。明太祖朱元璋,"甫定关中,即法汉武创河西四郡隔绝羌、胡之意,建重镇于甘肃,以北拒蒙古,南捍诸番,俾不得相合。"[④]在九边军镇之中,甘肃镇位于最西端,"近而藩垣四镇,远而纲领九边,通玉帛于天方,列毡庐于疆场,黄河、黑水、昆仑、崆峒际天极地,巍然一大镇也。"[⑤]明臣杨一清在弘治年间说:"甘肃一镇,自兰州渡河,所辖诸卫绵亘二千里,番房夹于南北一线之路。其中肃州嘉峪关外,夷羌杂处,寇盗无时,自昔号为难守。"[⑥]明孝宗说:"盖以本朝边境惟甘肃为最远,亦惟甘肃为最重。祖宗于此屯兵建阃,非但制驭境外之生夷,亦以抚绥境内之熟羌也。"[⑦]

可见,甘肃镇是明朝西北边疆的战略要地,不仅肩负着西北的防务重任,而且还起到了镇服西北各族及西域诸国的重要作用,"甘肃大抵无北虏患,专

---

① 宣德七年十一月丁卯,西宁卫改军民指挥使司。参见(明)谈迁《国榷》卷二二,第1442页。

② 《明太祖实录》卷一二三,洪武十二年三月丁亥,第1986页。

③ 《明太祖实录》卷一二二,洪武十二年二月丙寅,第1979页。

④ (清)张廷玉等撰:《明史》卷三三〇《西域传》,第8549页。

⑤ 钟赓起:《甘州府志》卷一三《艺文志》,甘肃文化出版社1995年版。

⑥ (明)陈子龙辑:《明经世文编》卷一九,"杨一清《论甘肃事宜》",中华书局1962年影印本,第1135页。

⑦ 《明孝宗实录》卷七四,弘治六年四月己酉,第1392页。

镇防西夷。"①然而，"若以地之轻重论，诸边皆重，而蓟州、宣、大、山西尤重。何则？拱卫陵寝，底定神京，宣、大若肩背，蓟、晋若肘腋也。以守之难易论，诸边皆难，而辽东、甘肃尤难。何则？辽东僻远海滨，三面皆敌；甘肃孤悬天末，四面受警也。"②这说明甘肃镇之防守难而又难，且一旦"甘、凉失守，则关中亦难保其不危。"③因此，明朝全力经略甘肃镇，力保西北边疆安全。明臣马文升说："甘、凉地方，诚为西北之重地也。汉、唐之末，终不能守，而赵宋未能得。至我朝复入职方，设立都司，屯聚重兵。"④

　　在蒙古和嘉峪关以西地区，明廷还设立了羁縻卫所。这些羁縻卫所，有的旋设旋灭，有的长期存在并有所变化。蒙区羁縻卫所之设置，最早始于明洪武二十二年（1381）。是年，明置泰宁、朵颜、福余三卫指挥使司于兀良哈之地，以居降胡。三卫因置于兀良哈之地，亦称兀良哈三卫，从洪武二十二年始设直至明末，三卫于明朝相始末。除了兀良哈三卫，明朝还在蒙古族居地设有坚河卫（今额尔古纳左旗根河一带）、斡难卫（今鄂嫩河流域）、海剌千户所（今海拉尔一带）等羁縻卫所，在今包头、呼和浩特、集宁地区又一度设立官山、失宝赤、五花城、斡鲁忽奴、燕只、瓮吉剌等千户所。随着蒙古势力的逐渐南下，这些千户所很快消亡了。据《明史·兵志》记载，明朝在东北蒙古族聚居地区设置的羁縻卫所，总共有384卫、24千户所、7站、1寨，数量之多，充分反映出明朝中央政府对管辖蒙古族居地的重视。

　　嘉峪关以西的羁縻卫所主要有安定、阿端、曲先、赤斤蒙古、罕东、沙州和哈密等七卫。其中，赤斤卫和沙州卫在今甘肃境内，安定、阿端、曲先和罕东四卫在今青海境内，哈密卫在今新疆境内。因为七卫地处嘉峪关以西，故称"关西七卫"。"关西七卫"的设置过程分别如下：

①　（明）郑晓：《今言》卷四，中华书局1984年版，第198页。
②　查继佐：《罪惟录》卷一二《九边表总论》，浙江古籍出版社1986年版。
③　（明）陈子龙辑：《明经世文编》卷六三，"马文升《为预防虏患以保重地方疏》"，第526页。
④　（明）陈子龙辑：《明经世文编》卷六三，"马文升《为预防虏患以保重地事疏》"，第525页。

安定卫、阿端卫。安定、阿端二卫由元安定王部转化而来,洪武七年(1374)故元撒里畏兀儿安定王卜烟帖木儿归附明朝,"遣其府尉麻答儿、千户所剌儿来朝,贡铠甲刀剑等物。"①次年,明太祖敕封卜烟帖木儿为安定王,领二卫之事,以其部人沙剌为指挥,设置安定、阿端二卫。后因朵儿只巴之乱,二卫遭到沉重打击。安定卫部众在流离二十余年之后,于永乐四年(1406)徙居苦儿丁。阿端卫也于同年得以重建。后因二卫参与曲先卫劫杀明使的活动,在明军的讨伐中远遁不敢复还。在明廷的扶持下,二卫实际上分别只剩阿真部和真只罕部活动于故地。

曲先卫。洪武四年(1371),世居西北的蒙古与畏兀儿等民族纷纷归附。同年,明太祖以"土人散西思为指挥同知"②,置曲先卫。后来,曲先卫指挥散即思多次劫掠明廷使臣,明廷对之进行多次讨伐。成化年间,曲先被土鲁番侵掠。正德七年(1512),"蒙古酋阿尔秃厮亦不剌窜居青海,曲先为所蹂躏,部族窜徙,其卫遂亡。"③

赤斤蒙古卫。地处嘉峪关以西,与肃州相接,该卫首领属察合台系出伯后王集团一支。永乐二年(1404),该部首领塔力尼率部归附明朝,设赤斤蒙古所。永乐八年(1410),改千户所为卫,赤斤蒙古卫正式建立。该卫建立后多次在抵御瓦剌、土鲁番的斗争中建立奇功,是甘肃镇的一支有力拱卫力量。其后,哈密危机日益严重,关外诸卫相继内徙,赤斤蒙古孤悬关外,受到了更为直接的打击。正德八年(1513),"土鲁番遣将据哈密,遂大掠赤斤,夺其印而去。"④其后,土鲁番多次内侵,甘肃镇发生严重危机,而赤斤蒙古卫首当其冲,

---

① 《明太祖实录》卷九〇,洪武七年六月壬子。又《明史》卷三三〇《安定卫传》:洪武七年(1374),故元宁王"卜烟帖木儿使其府尉麻答儿等来朝,贡铠甲刀剑诸物。太祖喜,宴赉其使者,遣官厚赉其王,而分其地为阿端、阿真、苦先、帖里四部,各锡以印。"

② 严从简:《殊域周咨录》卷一四《曲先》,中华书局 1993 年版。又胡小鹏认为曲先卫的设置应在"洪武八年(1375)左右",见胡小鹏:《察合台系蒙古诸王集团与明初关西诸卫的成立》,《兰州大学学报》2005 年第 5 期。

③ (清)张廷玉等撰:《明史》卷三三〇《西域二》,第 8555 页。

④ (清)张廷玉等撰:《明史》卷三三〇《西域传二》,第 8559 页。

受到了更为严重的摧残。其"部众不能自存,尽内徙肃州之南山,其城遂空。"①嘉靖七年(1528),王琼抚安其众,这样赤斤蒙古与明朝形成了更为密切的关系。

沙州卫。沙州先后为故元豳王和西宁王之辖地。明初,此地为察合台系出伯后王集团西宁王的一支所领。洪武二十四年(1391),阿鲁哥失里即遣使朝贡,以示归顺。永乐二年(1440),明朝置沙州卫。沙州卫在明代西北边防体系中也起到过突出的作用。但随着土鲁番势力的强盛和瓦剌的不断内侵,沙州卫也深受其害,先后内徙苦峪、甘州等地。沙州故地遂空。后来,明廷又于沙州卫故地安置罕东蒙古一支,设置了罕东左卫。

罕东卫。罕东卫是关西七卫中唯一一个与察合台后王集团没有明显关系的羁縻卫所,该卫设于洪武三十年(1397)。罕东卫设置以后较为稳定,并多次协助明军维护西域稳定,帮助哈密抵御土鲁番的侵袭。成化、弘治年间,土鲁番强盛,罕东卫大为削弱。正德中,西海蒙古为患,罕东亦遭蹂躏。后土鲁番兵犯肃州,罕东卫进一步受到侵害,其部相率请求内徙。嘉靖时期,王琼移罕东都指挥枝丹部于甘州。

哈密卫。哈密卫是关西七卫之中地位最为重要的一个,其首领为察合台系出伯后王集团中威武西宁王和肃王二支转化而来。明初,统治者不断用兵西北,希冀打通西域商路。安定等六卫设立以后,明朝势力渐逼哈密。面对这种压力,永乐初,安克帖木儿多次向明朝遣使纳贡。永乐四年(1406),明朝设哈密卫,"给印章,以其头目马哈麻火者等为指挥千百户、镇抚,辜思诚、哈只、马哈麻为经历,周安为忠顺王长史,刘行为纪善,以辅脱脱。"②

哈密卫在甘肃镇的外部拱卫体系之中居于核心地位,不仅在军事上可以起到抵御土鲁番和瓦剌内侵的作用,而且还起到了领导西域各国,维持正常的朝贡贸易的作用。正如明臣马文升所言:明初,为招徕四夷,"乃即哈密地封

①　(清)张廷玉等撰:《明史》卷三三〇《西域传二》,第8559页。
②　《明太宗实录》卷五二,永乐四年三月丁巳,第787页。

元之遗孽脱脱为忠顺王,赐金印,令为西域之襟喉,以通诸番之消息。凡有入贡夷使方物,悉令此国译文具闻。"①哈密建卫后,长期与明朝之间保持着十分密切的关系,在朝贡贸易中取得了十分丰厚的利益。从某种程度上说,哈密之所以为土鲁番不断侵袭,以致出现"三立三绝"的严重危机,与土鲁番强大后谋求西域朝贡贸易领导权,最大限度地谋取朝贡利益,是不无关系的。但可惜的是,由于哈密王室的无能和部众的离散,到明代中后期其地位已经不复存在。

关西七卫是明朝在嘉峪关以西设立的七个羁縻卫所,其体制与内地不同,明廷对之采取的是统而不治的策略。这些羁縻卫所,以洪武、永乐年间边外归附者,"官其长,为都督、都指挥、指挥、千百户、镇抚等官,赐策书印记"②,即以各部族首领为卫所指挥、千户、百户等官,一应事务由其自行处理。共设有奴儿干都司一,卫三百八十四,所二十四③,其性质显然是明朝设于归附区的一级机构,这级机构通过明朝政府的"敕书",即颁给"归附称臣"的蒙古、女真、色目人等封建主诏书,封赐官爵,形成了蒙古封建主与明朝一种隶属关系。明人郑晓说,"四夷何以首安南也,我郡县也。次兀良哈何,我武卫也。哈密、女直非欤? 羁縻之虏,非我官长也。"④关西七卫中,哈密、沙州、赤斤三卫隶属于肃州,是甘肃镇的西部藩篱;安定、阿端、曲先、罕东四卫则隶属于西宁卫,亦称"塞外四卫",是西宁卫的重要保障,它们"内附甘肃,外捍达贼",是甘肃镇的"屏藩"。明代甘肃守臣说:"我朝创设哈密、赤斤、罕东诸卫,授官赐敕,犬牙相制,不惟断匈奴右臂,亦以壮西北藩篱"。由此可见,明朝设立关西七卫的目的,一是以七卫作为甘肃镇的外部拱卫力量,使其成为明王朝西陲地区的"屏藩",维护西域政治格局,保证朝贡体系的正常运转;二是使诸卫犬牙相制,难以形成统一力量与明朝相对抗。

---

① 马文升:《兴复哈密记》,续修四库全书本,上海古籍出版社 1992 年影印版。
② (清)嵇璜撰:《钦定续文献通考》卷一二八《兵考》,四库全书影印本,页 34 下。
③ (清)嵇璜撰:《钦定续文献通考》卷一二八《兵考》,四库全书影印本,页 34 下—35 上。
④ 郑晓:《今言》卷四,中华书局 1984 年版,第 194 页。

　　明朝在嘉峪关以西地区设立羁縻卫所,采取特殊方式进行统治是有着深刻的历史和现实原因的。由于西北残元势力俱出察合台后王集团,可以分为哈密为中心的出伯后王集团和沙州西南撒里畏兀儿地区的安定王集团两支。关西七卫的辖区与察合台后王集团的活动区域基本上是一致的。七卫中除罕东卫和后置的罕东左卫以外,其余诸卫均系察合台后王集团转化而来。同时,七卫的主要官员都由察合台系诸王担任。这充分说明了明初在这一地区创制"羁縻卫所"制度是考虑了历史和现实的结果。

　　关西七卫的设置保证了西域商道的畅通,不但是明政府控制西域各国的重要手段,也是羁縻关外各族、巩固西北边防的有效途径。更为重要的是,七卫之设置对甘肃镇的外部安全起到了十分重要的拱卫作用,使明朝在对付北方蒙古的同时不必有西顾之忧。然而,明中期以后,明政府对七卫间的互相进攻的情况,却以"番人相攻,于我何预"①的态度不予管理,是明政府西域政策失误的表现。大约是正德初,亦卜剌带领的蒙古人前往西海驻牧,此后蒙古诸部陆续进入青海藏族地方各地游牧,青海藏族地区逐渐成为蒙古人的统治地,给明朝在甘青藏族地方的统治造成了极大的困境。直至明末,明朝与蒙古人在青海地区对藏族及其这一地区的控制权争夺异常激烈。

　　总之,北部宣大、山西、蓟镇、甘肃、延绥等边镇及都司卫所的设立,使西北边疆军事能力得到有效加强,九边镇地带驻边军达"52万兵力,占全国总卫数的1/4有余。"②根据学者研究,明九边军队数量前后有较大变化。明洪武二十六年时,全国军队有184万多。③ 但明中期数量远远低于明初人数,正德以后有所增加,至万历八年(1580)时,九边军队数量为:

---

　　① (清)张廷玉等撰:《明史》卷三三〇《西域传二》第8566页。

　　② "计有都司和行都司18,留守司1,内外卫329,守御千户所62,牧马千户所1,三护卫2",参见军事科学院主编《中国军事通史》第15卷《明代军事史》(上),军事科学出版社1998年版。

　　③ 洪武二十六年,定天下都司卫所,"共计都司十有七,留守司一,内外卫三百二十九,守御千户所六十五。"按一卫5600人计算,全国兵员共计184万多名。参见《明史》卷九〇《兵志二》,第2196页

辽东镇:83324;宣府镇:79258;大同镇:85311;山西镇:55295;延绥镇:53254;宁夏镇:27934;甘肃镇:46901;固原镇:90412;蓟州镇:127206。[1]

总计九边军队数量达648895(64.8万名),这些常驻边军是防御北部边防的支柱。因此,西北和北部边疆诸都司卫所的设立,不仅有利于确保西北边防安全,"而且还为开通西域,扩大明廷在西域的影响,起了重要作用。"[2]概言之,九边重镇和各地卫所,就像被钉在北部边防线上的钉子,成为明朝防御蒙古人的主要军事据点,形成明代北部边防防御、控制和威慑蒙古人南下侵掠的严密军事防御体系。

(三) 西南边疆的都司卫所

明代西南边疆地区是少数民族聚居区。明建立初,中央欲在西南边疆地区设置州县进行管理。然因边地僻远,民族情状又极为复杂,归附与反叛时有发生,给边疆治理提出了巨大挑战。后来,朝廷思考在边疆地区设都司卫所的军事机构,新设都司卫所在不设府、州、县地区同时兼理民事,具有行政职能。由是,都司卫所的军事机构管理地方成为明代管理地方行政的一大制度创新。

元至正二十八年(1367),明军平福建,取广东,收降海北、海南(今广东南部及海南),复攻取广西。在明朝统一南方的过程中,明中央依次设置都卫军事机构,加强对西南边疆地区的管辖。当然,都卫设置前后还有所增废。综括起来,明政府在西南边疆建立的都司卫所主要有四川都司、广西都司、云南都司、贵州都司及其下辖卫所,另有四川行都司等建置。

洪武二年(1369)十月,朱元璋趁南征北伐胜利之际,遣使赴蜀招附割据

---

① 王尊旺:《明代九边军费考论》,天津古籍出版社2015年版,第81—83页。
② 军事科学院主编:《中国军事通史》第15卷,《明代军事史》(上),军事科学出版社1998年版,第251页。

的夏政权首领明升，遭拒绝后决计用兵。洪武三年，明针头徐达等率军出秦州，拔略阳入沔，分兵由凤翔入连云栈，合攻汉中，克之，蜀人震恐。洪武四年正月，朱元璋命汤和为征西将军，周德兴、廖永忠副之，率舟师溯长江而上；傅友德为征房前将军，顾时副之，率步骑从陕西南下，两路明军水陆并进攻夏。四月，傅友德部声言出金牛道①，暗率5000精兵出陈仓（今陕西宝鸡市东南），攻克夏军防守薄弱的阶州（今甘肃武都），开辟入川通道。六月汤和克夔州（今奉节），抵重庆，大夏国皇帝明升投降，夏亡。七月，傅友德围成都，夏丞相戴寿以城降，蜀地悉定。

平定四川后，明中央即设立都卫机构加强对四川的管辖。洪武四年（1371）九月，"置成都都卫及右、中、前、后四卫。初，成都既克，颍川侯傅友德等留军官守之。"②洪武八年（1375），改成都都卫为四川都指挥使司。

云南是西南边陲重地，外连交趾等地，内为少数民族聚居区域，明朝在这里针对不同地域实施不同的管理制度。在统治稳固、成熟之地设置与内地相同的府州县，归布政使司统辖。在边远的少数民族聚居地由其头领任职，设宣慰司、安抚司、长官司、土州等，名目淆杂，或归布政使司，或归都指挥使司，政府对其实行羁縻政策。而在距离府州县较近，又为少数民族聚居的地方，则由隶属于都指挥使司的军民指挥使司管辖，实行军民共管。③

明朝立国后，元梁王把匝剌瓦尔密等继续占据云南。朱元璋先后遣使招附，均被梁王所杀，故决意用武力攻取。洪武十四年（1381）九月，朱元璋任命傅友德为征南将军，蓝玉、沐英为左、右副将军，率步骑三十万征云南。朱元璋密谕傅友德云南战略：进取云南，应该先遣一军向乌撒（今四川乌撒军民府），而大军继自辰沅入普定（贵州普定卫，元曰普定府），分据要害，进兵曲靖（云南曲靖军民府）。依太祖皇帝作战策略，明军于九月二十六日进至湖广后兵

---

① 在汉中府宁羌州北三十里。又自沔县西南至保宁府剑州之大剑关口，皆曰金牛道，汉中入蜀要路也。

② 《明太祖实录》卷六八，洪武四年九月丙子，第1278页。

③ 郭红、靳润成：《中国行政区划通史·明代卷》，复旦大学出版社2017年，第465页。

分两路:一路由都督郭英领兵五万,经永宁(今四川叙永)南下取乌撒(今贵州威宁);另一路由傅友德率主力25万,经辰州、沅州(今湖南沅陵、芷江),占普定(今贵州安顺),直趋云南。曲靖是云南的咽喉、东部门户,梁王派司徒平章达里麻率兵10余万至曲靖力战抗击。十二月十六日,明军乘大雾进抵曲靖东北之白石江。达里麻隔江相望,大为震惊。傅友德采纳沐英出奇制胜的建议,佯作正面攻击,另派兵一部从下游渡江,秘密迂回至元军侧后,在山谷间竖旗击鼓,元军顿时混乱。此时,沐英令勇士先行泅渡,主力乘势过江,又出动骑兵捣其中坚,俘获达里麻以下两万人。傅友德占领曲靖后,分遣蓝玉、沐英率军进攻昆明,自率兵数万北上,以策应郭英进攻乌撒。十二月二十二日,梁王逃离昆明自杀。次日,明军进抵板桥(今昆明东),元右丞观音保出城投降,蓝玉等整军入城。与此同时,郭英率军到达赤水河,元右丞实卜引军抵抗。傅友德率兵来援,实卜闻讯仓皇南撤。傅友德军进占乌撒后,实卜复率部争夺。明军依山为营,乘势攻杀,大败元军,并克七星关(今贵州毕节西南),直达毕节,附近州县望风归降。

洪武十五年(1382)闰二月二十三日,蓝玉、沐英率部攻大理。大理城西倚点苍山,东临洱海,南北有上、下两关,地势险要。首领段明之弟段世,聚众扼守下关。蓝玉等到达品甸,先派王弼部由洱水进攻上关,钳制段世兵力;半夜又遣胡海部出石门渡河,绕到点苍山后,攀援而上,竖立旗帜。次日拂晓,明军进抵下关,守军惊乱。沐英身先士卒,策马渡河,将士紧随,杀进关内,与山上士兵两面夹击,攻占大理,俘获段世。不久,明军分兵攻取了云南全部。此战明军正确分析判断敌情和地形,避实击虚,出其不意,较快地取得了胜利。明朝军队平定云南后,即于当年(洪武十五年)设置了云南都指挥使司,"北至永宁,东至富州,西至干崖,南至木邦"[1],治中庆路(云南府),加强对云南的管理。洪武十六年(1383),大军班师,沐英留守云南。

在明代,虽然各土司要按期朝贡,并接受中央的封职,但实际处于自治状

---

① (清)张廷玉等撰:《明史》卷四六《地理志七》,第1171页。

态,政府对其承认是建立在地方平静无事的基础上的。洪武四年(1371)平定四川后,川南及贵州的大部分地区便是如此。洪武初年贵州地区东部归湖广,中西部归四川,还没有形成独立的、与其他布政使司相对等的行政区划。为了平息反抗势力,稳定地方,洪武十五年明政府在攻占云贵之后,立即设立了贵州都司,推行卫所制度。至永乐十一年(1413)前,贵州都司既是一军事地理单元,又是一地方行政管理机构,是贵州布政司及按察司辖区形成的基础。永乐十一年筹设贵州布政使司之后,许多地方在很长一段时期内仍无府州县设立。除非条件成熟,一般来说政府并不轻易实施改土归流,因此卫所依然是实际的管理者,与地方上的各种行政事务紧密相关。因此贵州都司卫所的影响是深远的,是明清贵州地方行政区划的基础。①

广西地接云南、交趾,内部少数民族众多。洪武六年(1373)设广西都卫,洪武八年改广西都卫为广西都指挥使司,是明朝历史上西南地区又一省级军事机构。

所有西南边疆的都司机构下辖卫所之数量,均呈现一个动态变化过程,同时又会有一个相对稳定期。如四川都司下辖卫所数量前后有变化,但在万历二十四年后,"四川都司再未添设过卫所,卫所数稳定在 12 卫、10 直隶于都司的守御千户所、2 隶于卫的守御千户所、1 守御百户所、1 王府护卫。"②它们是:成都右卫、成都前卫、成都后卫、成都中卫、茂州卫、利州卫、泸州卫、叙南卫、重庆卫、宁川卫、松潘卫、威远卫、雅州所、大渡河所、黎州所、叠溪所、广安州所、青川所、保宁所、建武的所、灌县所、威州所。2 隶于卫的守御千户所是:黔江所、小河所。1 守御百户所是碉门百户所,1 王府护卫是成都左护卫。

云南都司下辖云南前卫、云南后卫、云南左卫、云南右卫(四卫均于洪武十五年置)、云南中卫、广南卫、曲靖卫、陆凉卫、平夷卫、越州卫、马龙卫、大理卫、洱海卫、澜沧卫、永昌卫、腾冲卫、临安卫、新安千户所、定远千户所等卫所。

---

① 郭红、靳润成:《中国行政区划通史·明代卷》,第 493 页。

② 郭红、靳润成:《中国行政区划通史·明代卷》,复旦大学出版社 2007 年版,第 424 页。

云南都指挥使司以及云南等处承宣布政使司,共领府58,州75,县55,蛮部6。后领19府、2御夷府、40州、3御夷州、30县、9宣慰司、4宣抚司、5安抚司、33长官司和2御夷长官司。万历末至明亡,"云南都司再未设置过任何卫所,都司维持在20卫、8直隶于都司的守御千户所、15隶于卫的守御千户所、1土守御千户所。"①

云南都司下曾拥有过一些宣抚司、安抚司和长官司,明代中后期大多改隶云南布政使司。② 除了军士、军余、家属和土司外,其下亦辖有州县,明代中后期这些军民司辖地多改设为府州。云南一地的日常军事防守由都司及其下属的卫所、军民司负责,经过世代生息,卫所军户人口足以与府州县人口相抗衡,因此云南都司的职能是双重的,既具有军事性,又有行政性。③

贵州都指挥使司设于洪武十五年(1382),治贵州宣慰司(贵阳府)。下辖贵州卫、贵州前卫、安庄卫、安南卫、平越军民卫、乐民千户所、平夷千户所、安南千户所、新城千户所等卫所等。明末,贵州都司"拥有20卫(其中包括至少两个军民司)、2一级所、17二级所。"④

广西都司的卫所数目"同其他都司相比是比较少的,在绝大多数时间内只有9卫,沿革清晰。"⑤设置过程是:洪武二年三月,明政府因袭元朝,广西仍为行中书省。洪武六年四月置广西都卫,治桂林府。洪武八年十月改广西都卫为广西都指挥使司,下辖桂林中卫、桂林右卫、柳州卫、南丹卫、庆远卫、南宁卫、宾州千户所、象州千户所、全州千户所、梧州千户所等。洪武九年六月,改行中书省为承宣布政使司,领府十一,州四十八,县五十,长官司四,"北至怀远,东至梧州,西至太平,南至博白。"⑥隆庆五年(1571)设置古田千户所之后,广西都司"拥有9卫、13直隶于都司的守御千户所、9隶于卫的守御千户所、1

① 郭红、靳润成:《中国行政区划通史·明代卷》,复旦大学出版社2007年版,第472页。
② 郭红、靳润成:《中国行政区划通史·明代卷》,复旦大学出版社2007年版,第465页。
③ 郭红、靳润成:《中国行政区划通史·明代卷》,复旦大学出版社2007年版,第465页。
④ 郭红、靳润成:《中国行政区划通史·明代卷》,复旦大学出版社2007年版,第500页。
⑤ 郭红、靳润成:《中国行政区划通史·明代卷》,复旦大学出版社2007年版,第449页。
⑥ (清)张廷玉等撰:《明史》卷四五,《地理志六》,第1148页。

王府护卫，此后再也没有发生过变化。"①

各都司卫所都派有官兵驻防。如四川建昌等卫，控制西南夷，设总兵坐镇，诸路官兵皆属焉。② 万历五年，"议准镇守四川总兵衙门定为额设，都司、卫所、宣慰、宣抚、土知府、招讨等司与副参游守等官，俱听节制。"③其兵马，"原额官军一万四千八百二十二员名，见额一万八百九十七员名。马军一千四百八十九员名。步军九千四百零八员名防守。"④云南兵马，"原额汉土官军六万三千九百二十三员名，见在六万二千五百九十三员名。"⑤贵州兵马，"见额官军、民兵二万八千三百五十五员名，马军二千三百八十二名，步军二万二千三十六名。"⑥广西兵马，"原额官军一十二万一千二百八十九员名，见在操募二万五千八百五十四名，见额官军一万三千九十七员名，马军八百二十五员名，步军一万二千二百七十五名。"⑦湖广兵马，"见额官军六万八千八百二十九员名，防守。"⑧

除了都司卫所，明朝还在西南边疆地区设置行都司的机构进行管理。行都司亦为明代地方军事机构。洪武七年（1374），明中央在河州（今甘肃临夏）设西安行都卫指挥使司。洪武八年，令各都卫并改为都指挥使司，共计十三处。与此同时，以西安行都卫改置为陕西行都指挥使司，并山西行都司、福建行都司。后再置北平行都使司、四川行都司、湖广行都司，共计5行都司。行都司设都指挥使1人、正二品，都指挥同知2人、从二品，都指挥佥事4人、正三品。其下属有经历司、断事司、司狱司。所设官员均由朝廷选派，不许世袭。

① 郭红、靳润成：《中国行政区划通史·明代卷》，复旦大学出版社2007年版，第451页。
② （明）李东阳等撰，申时行等重修：《大明会典》卷一三一《镇戍六》，第1857页。
③ （明）李东阳等撰，申时行等重修：《大明会典》卷一三一《镇戍六》，第1857页。
④ （明）李东阳等撰，申时行等重修：《大明会典》卷一三一《镇戍六》，第1857页。
⑤ （明）李东阳等撰，申时行等重修：《大明会典》卷一三一《镇戍六》，第1858页。
⑥ （明）李东阳等撰，申时行等重修：《大明会典》卷一三一《镇戍六》，第1858页。
⑦ （明）李东阳等撰，申时行等重修：《大明会典》卷一三一《镇戍六》，第1859页。
⑧ （明）李东阳等撰，申时行等重修：《大明会典》卷一三一《镇戍六》，第1861页。

五行都指挥使司中,四川行都司就位于四川都司的西南部,即今四川凉山彝族自治州及攀枝花市一带,元属云南行省。洪武十五年(1382)明军平云南后,为明朝所有。最初明政府曾打算在这里设置府州,但是由于地方偏远,少数民族聚居,又归叛无常,洪武二十五年前后府州俱废,遂于洪武二十七年设置四川行都司,行都司及其下卫所是当地名副其实的管理机构。①

四川行都司下辖6司、8所,它们是建昌司、建昌前卫、越嶲司、盐井司、会川司、宁番司、德昌所、迷易所、冕山桥后所、镇西后所、礼州中所、礼州后所、打冲河中前所、打冲河中左所。以上各都卫中,除了冕山桥后所设于正统六年、镇西后所设于成化十六年之外,其余全部设置于洪武年间。各卫所存续时间除了建昌前卫为洪武二十七年建立至万历三年外,其他均存在于明末。②

从设置时间看,西南边疆的都司卫所大部分是在明初洪武、永乐年间设置的。如以四川都司卫所的设置为例,利州卫就设于洪武三十一年(1398),治广元县。《四川通志》载,"明洪武三十一年设利州卫,始筑城砌,以石高二丈,周九里,计一千六百二十丈,门五,宾阳、久闲、南镇、川西、临清、北清、远怀羌。"③松潘卫,元为松州,属吐蕃宣慰司松潘叠宕威茂州宣抚司。明洪武初因之,洪武十二年四月时兼置松州。洪武十三年罢卫,未几复置卫。至洪武二十年(1387),罢州改卫为松潘等处军民指挥使司,隶属四川都司。嘉靖四十二年,又罢军民司为卫。清代雍正九年,裁卫置厅。后在乾隆二十五年时升格为直隶厅。潘州卫,元为潘州属吐蕃宣慰司松潘叠宕威茂州宣抚司。明洪武初,将军丁玉复其地,设松州、潘州卫,后并为松潘卫。至洪武二十年废潘州卫,改设松潘等处军民指挥使司,隶四川都司。④茂州卫设于洪武十一年(1378),威州千户所设于洪武十八年(1385),雅州千户所设于洪武四年(1371)等。

---

① 郭红、靳润成:《中国行政区划通史·明代卷》,复旦大学出版社2007年版,第439页。
② 郭红、靳润成:《中国行政区划通史·明代卷》,复旦大学出版社2007年版,第442页。
③ (清)黄廷桂:《四川通志》卷四上,四库全书影印本,页12下。
④ (清)黄廷桂:《四川通志》卷一七,四库全书影印本,页54下。

二、修筑边墙、墩堡军事防御工程

明朝的北部边防除经略辽东、镇抚漠北外，主要是沿长城一线进行防御。大规模地修筑边墙、构建长城防御硬体系是防范蒙古残余势力南侵的重要战略举措，"凡草茂之地筑之于内，使虏绝牧；沙碛之地筑之于外，使虏不庐。"①换句话说，明朝修筑边墙的直接动因是抵御河套蒙古的不断侵扰。

从时间上考察，明代边墙始修筑于洪武年间。洪武四年正月，明太祖命中书右丞相魏国公徐达往北平操练军马，"缮治城池……戊子，又命宋国公冯胜往陕西修城池"。② 同年七月，朱元璋遣使命中书右垂相魏国公徐达自北平往山西操练士马，"帅诸将校缮修城池，训练士卒。"③

永乐年间，明朝政府放弃河套，使宁夏镇东、西、北三个方向暴露在蒙古铁骑之下。为了防御蒙古入侵，从永乐元年（1403）开始，朝廷令北部边区一方面加固旧边墙，一方面修筑新边墙。明成祖朱棣曾多次下诏给缘边守将，敕谕他们必须重视明蒙沿边地域防御工事建设，"以固边防"。如永乐七年九月，明成祖敕镇守大同江阴侯吴高及山西行都司道："今新附鞑靼赛罕脱尔赤等言，'本雅失里阿鲁台欲来掠边'，亟将各屯粮食悉收入堡，深掘壕堑，严固守备。"④永乐八年五月，明成祖诏令总兵官王友、副总兵刘才统领各马步官兵，"修筑城池，喂养马匹，整齐队伍，锋利器械，相机调用。"⑤

永乐中期之后，由于北部边镇屡报鞑靼、瓦剌等蒙古部来犯边，所以边墙修筑工程愈来愈受到各方面的重视，这可以从明成祖朱棣接二连三的"修筑边墙敕谕"中看出端倪来：

---

① （明）胡汝砺：《嘉靖宁夏新志》卷一《宁夏总镇》，宁夏人民出版社1982年版。

② 《明太祖实录》卷六〇，洪武四年正月戊子，第1168页。

③ 《明太祖实录》卷六六，洪武四年七月辛亥，第1254页。

④ 《明太宗实录》卷九六，永乐七年九月戊子，第1274页。

⑤ （明）王世贞撰，魏连科点校：《弇山堂别集》卷八八《诏令杂考》，中华书局1985年版，第1681页。

永乐十年(1412)九月,明成祖诏令戍边诸将领,从长安岭以西起至洗马林"修筑石垣,挖深壕沟"。

永乐十一年(1413)七月,朱棣又敕谕镇守大同江阴侯吴高:边境不可一日无备,于农隙而不图,猝遇寇至,何以济事?"其令诸处修筑烟墩,高五丈,必坚如铁石,"①如此则蒙古寇至,可保无患。同年十一月,朱棣再次敕谕宁夏大同守将及缘边诸将道:"指挥孙观保还自瓦剌言,'虏酋征兵欲掠宁夏大同',宜治城堡、屯障谨备之,马畜刍粮可徙向南。"②

永乐十二年七月,敕谕山西、陕西、辽东临边诸城"增筑烽堠,谨备御。"③

永乐十六年二月,明成祖朱棣"敕修山西大同等卫缘边城堡。"④

永乐十九年六月,敕镇守宁夏宁阳侯陈懋说,"近有报阿鲁台欲寇边,其严备之,城池、屯壁、关隘之处并须完固。"⑤

在永乐年间大张旗鼓的边防建设推动下,明朝北部边陲地带修筑了很多防御工事。成化以后,蒙古进入河套,蒙古军队直接威胁到宁夏镇的安全。于是,明廷大规模修筑边墙,以抵御河套蒙古的不断侵入。尽管"从永乐朝开始,明朝的北部防区逐渐收缩到洪武初期固守的诸关隘内",但由于"继续修筑边墙,逐渐形成了自山海关至甘肃嘉峪关的明长城。"⑥明长城是在隋长城的基础上修筑的。历史以来,明长城成为"世界八大奇迹"之一,是人类文明史上的稀世珍宝,波澜壮阔、叹为观止,象征着中华民族坚不可摧的意志和

---

① 《明太宗实录》卷一四一,永乐十一年七月甲辰,第1695页。
② 《明太宗实录》卷一四五,永乐十一年十一月癸巳,第1716页。
③ 《明太宗实录》卷一五三,永乐十二年七月丙子,第1771页。
④ 《明太宗实录》卷一九七,永乐十六年二月丙戌,第2061页。
⑤ 《明太宗实录》卷二三八,永乐十九年六月戊午,第2278页。
⑥ 达力扎布:《北元初期的疆域和汗斡耳朵地望》,参见《明清蒙古史论稿》,民族出版社,2003年版,第33页。

力量。

据史料记载，明代边墙分为东、中、西三段，东段为辽东边墙，由山海关经辽阳、沈阳、铁岭而至开原，再由抚顺经安东凤城迂曲达鸭绿江。此段边墙构筑简单，有的地方系播柳筑土墙而成。中段自山海关至宁夏，西段为宁夏以西至嘉峪关。这两段长城较为坚固，系山石垒基板墙而成，现存长城遗迹皆明代长城旧址。具体而言：

辽东边墙长 1000 余公里，设有 7 关、92 堡、1177 个墩台，大堡屯兵五六百人，小堡四五十人。分为东、西边墙两段：西段边墙主要是为了防范蒙古兀良哈部南掠辽东而建，始筑于正统八年（1443），西起山海关下之铁场堡，东至开原东北之威远堡。东段边墙主要为防范女真族，始筑于成化五年（1469），北起开原，南达鸭绿江畔之江沿台堡。万历初年，辽东镇总兵李成梁重修了西起绵州迤东直抵旧辽阳的辽东边墙。

宁夏镇边墙，东边墙起于黄沙嘴，终点盐场，长 387 里；西边墙起于芦沟堡，终点是红果儿沟，长 1000 里。宁夏镇边墙修筑后，与贺兰山、黄河天险相凭依，形成了完备的军事防御系统。

甘肃镇边墙西起嘉峪关，东到庄浪卫。隆庆五年（1571），廖逢节主持甘肃镇边墙的修筑，数段工程得以重建及改道：一段是西起甘州卫板桥堡（今临泽县板桥镇），东至明沙堡（今张掖西北 60 里）；一段是西起嘉峪关，东达镇夷所黑河西岸，一段是从山丹卫教场往东接古城界碑（今山丹县城东南 100 里）。据《明会典》记载，经明嘉靖、隆庆、万历三朝的集中修筑，到万历初年时，甘肃镇"现存城垣堡寨四百九十五座，关隘一百四处。"[1]

值得关注的是，明代边墙"皆峻垣深濠，烽堠相接"[2]，即包括城池、屯堡、烟墩、关隘等一系列配套工程。以甘肃镇边墙为例。甘肃镇边墙由墙和临边堡、墩、寨、关等防御工事构成，墩堡与边墙形成了遥相呼应机制。墩堡则分为

---

① （明）李东阳等撰，申时行等重修：《大明会典》卷一三〇《镇戍五》，第 1864 页。
② （清）张廷玉等撰：《明史》卷九一《兵志三》，第 2236 页。

两类,一为兵墩,二为田墩。兵墩多设在交通便利之地,而田墩通常置于偏僻的乡间。《五凉全志·地理志》载:(田墩)或"二三十数家,或四五十数家,令共筑一墩,每墩设总甲一人"。大小墩堡集传递信息和自我防御于一体,一有警报,"大城四路各发柴烽信炮传示各乡,各乡即敛人畜屯聚本墩,以谋防卫。"①

墩堡屯军的军事训练和各墩堡军之间的配合作战情况,可从《重修肃州新志》记载的史料中得知其大概:墩堡屯军"无事则耕,有事则战。贼寡则本堡之兵,贼多则近堡合力,各大城兵马相机应援。"②显然,墩堡屯军属于兵民合一的作战单元体系,且各墩堡军间必须协同作战,互为配合。《五凉全志》又称:"营堡之役,重保障也。无事则简恤士卒,有事则授兵登陴,右番左彝,俯首息啄,斯编氓安堵,并受其福矣。"③

对于墩堡的修缮,首先是修缮时间问题。《大明会典·镇戍七》称:"凡墙堡,景泰元年令各边每岁四月、八月遣官军修葺边墙墩保,增筑草场封堆,时加巡察。如有越塞耕种、移徙界至者治罪。"④意即每年的4月和8月,戍边官兵必须对边墙加以维修,增补烽烟材料。其次是墩堡修缮经费,由相关部门专门负责。嘉靖三十三年,兵部奏请皇帝批准:今后各边修理墙垣墩台,由兵部"酌量缓急应否,并实费多少及该镇处办有无足欠,奏行户部查议。"⑤如甘肃镇边墙修筑的费用,主要由朝廷承担。万历初年,为了用砖修筑肃州、凉州、镇番、庄浪等地的边墙,朝廷就一次性地从国库存中拨银1.79万余两。⑥

特别要指出的是,明代中后期对山海关至嘉峪关之间的边墙进行了较大规模的重建修缮工作,主要是在边墙上增建了大量的空心敌楼,易以砖石,以

① (清)张珂美修,曾钧等纂:《五凉全志》卷二《地理志》,清乾隆十四年影印本。
② 黄文炜:《重修肃州新志》,酒泉县博物馆1984年翻印本。
③ (清)张珂美等纂:《五凉全志》卷二《地理志》,清乾隆十四年影印本。
④ (明)李东阳等撰,申时行等重修:《大明会典》卷一三二《镇戍七》,第1869页。
⑤ (明)李东阳等撰,申时行等重修:《大明会典》卷一三二《镇戍七》,第1869页。
⑥ 《明神宗实录》卷三七,万历三年四月辛巳,第866页。

加强防御。如嘉靖中,筑大同城堡六十四座,"敌台八十九座,墩台七百八十八座。"①还有部分边墙做了不范围的改线工程。至万历初,各镇边墙上所建空心敌楼已有相当数量。据《大明会典·镇戍》载:

> 蓟镇城堡,"本镇见存城堡二百八十五座,空心敌台一千二百四十座,潮河川,大桥一座,昌平,城堡二十八座,空心敌台二百五十余座,守边墩台一百六十九座。"②
>
> 辽东城堡,"见存二百七十九座,空心敌台,三十一座,边腹敌台,九十座,墩台,二千七百一十座。万历二年奏请皇帝批准:"造空心敌台,两台之间,用砖与乱石为墙,台墙相连,以便固守。"
>
> 保定城堡,万历元年经奏请皇帝批准,在马水口紫荆倒马等关地方,"建空心敌台三百五十六座。至万历十五年时,"见存边城一百三十一座,城堡十六座,空心敌台三百五十九座,旧敌台二百九十一座,墩台七百五十七座。"③
>
> 山西域堡,"见存城堡墩台隘口,并空心敌台,三千七百一十一处。"④
>
> 延绥城堡,万历三年题准,"延绥榆林神木定边靖边四道,筑空心敌台",故"见存城垣六十二座,民寨堡城一百四十九座,寨城五十五座,空心敌台二百三十九座,敌台一百一十六座,墩台一千三百一十六座。"⑤
>
> 宁夏城堡,"见存营堡城九十四座,关城六座,敌台三十五座,墩台五百三十四座,关隘三十三座。"⑥

---

① (明)李东阳等撰,申时行等重修:《大明会典》卷一三〇《镇戍五》,第 1848 页。
② (明)李东阳等撰,申时行等重修:《大明会典》卷一二九《镇戍四》,第 1837—1846 页。
③ (明)李东阳等撰,申时行等重修:《大明会典》卷一三〇《镇戍五》,第 1844—1845 页。
④ (明)李东阳等撰,申时行等重修:《大明会典》卷一三〇《镇戍五》,第 1850 页。
⑤ (明)李东阳等撰,申时行等重修:《大明会典》卷一三〇《镇戍五》,第 1851 页。
⑥ (明)李东阳等撰,申时行等重修:《大明会典》卷一三〇《镇戍五》,第 1853 页。

这样一来,边墙、城堡、空心敌楼、墩台等组成的防御体系更加合理、完善,使长城综合防御能力大大提高。与此同时,在筑城修堡的过程中,各边镇区还涌现出了一些功能全面、颇具守防性能的边墙工事。如《明史·郑亨传》载:合肥人郑亨,"永乐元年充总兵官,帅武成侯王聪、安平侯李远备宣府。亨至边,度宣府、万全、怀来形便,每数堡相距,中择一堡可容数堡士马者,为高城深池,浚井蓄水,谨瞭望。寇至,夜举火,昼鸣炮,并力坚守,规画周详,后莫能易。"①而且,永乐朝修筑边防工事,其修筑之制与建造结构亦较为合理,如宁夏屯堡"四五屯内择一屯有水草者,四围浚濠广丈五尺,深如广之半筑土城,约高二丈,开八门以便出入。"②此建筑之法寓攻取战守之策在内,优点有二:一是便于将旁近四五屯的辎重、粮草皆集于此;二是便于协同防御,所谓"无警,则各居本屯耕牧;有警,则驱牛羊从八门入土城固守,以待援兵,则寇无所掠。"③可见,为了防御蒙古贵族侵扰,也为了保护西域贡道畅通,从嘉峪关开始,"中国人筑了一座严密防守的堡垒,配有城墙和壕沟。它们一直向纵深方向蔓延数月行程之远的距离,保护着中华帝国……戍边人民住在烽隧的顶部并随时预告敌人的活动。"④

综上,以边墙为核心的各种守防工事修筑,加之各关隘要塞所配置大炮军器等,"敕开平备御成安侯郭亮等,自开平至怀来宣府万全、兴和,各山上皆架五炮,便警备",⑤对于阻挡蒙古南下侵掠形成了一定的障碍,产生了一定的积极作用,使北方蒙古部"扼于墙堑,散漫不得出",⑥一定程度上抵御了蒙古各部对北部地区的侵扰之患。然而,边墙的防御功效必定是有限的,它是否真能

---

① (清)张廷玉等撰:《明史》卷一四六《郑亨传》,第4102页。
② 《明太宗实录》卷三三,永乐二年八月丙申,第593页。
③ 《明太宗实录》卷三三,永乐二年八月丙申,第593页。
④ [法]阿里·玛扎海里著,耿升译:《丝绸之路:中国—波斯文化交流史》,中国藏学出版社2014年版,第152页。
⑤ (明)谈迁著,张宗祥校点:《国榷》卷一五,成祖永乐十年四月癸亥,第1074页。
⑥ (清)张廷玉等撰:《明史》卷一七八《余子俊传》,第4738页。

做到"边备无患"，当要另论。永乐十五年十一月，"敕辽东总兵官都督刘江曰：近指挥朵儿只还自兀良哈言虏寇至边，昼则潜伏，夜则出入烟墩下，守者皆不觉。"①若如此言，则不管防御工事如何坚固，都将是形式而已。

三、坚壁清野和侦伺巡哨

为了防御蒙古南侵，同时隔断漠南蒙古和漠北蒙古之间的来往，明朝在明蒙边界地带设置纵深防御带，形成明蒙交界地带无人区，以阻止蒙古骑兵南下。这就是坚壁清野政策，简称清边。

清边的主要措施有二：一是烧荒。正统十四年，朝廷下令，"每岁七月兵部请敕各边：遣官军往虏人出没之地、三五百里外，乘风纵火，焚烧野草，以绝胡马，名曰烧荒。事毕，将拨过官军、烧过地方、造册奏缴。又令每年十月，兵部请敕各边镇守总兵巡抚官：遇冬年节，不许宴乐。仍转行分守守备官，一体遵守。"②一是徙民，即迁徙塞外居民进入内地。以洪武四年（1371）为例：三月，"中书右承相魏国公徐达奏：山后顺宁等州之民，密迩虏境，虽已招集来归，未见安土乐生，恐其久而离散，已令都指挥使潘敬、左传高显徙顺宁、宜兴州沿边之民皆入北平州县屯戍，仍以其旧部将校抚绥安集之，计户万七千二百七十四、口九万三千八百七十八。上可其奏。"③四月，"徙山后民三万五千户到内地，又徙沙漠遗民三万二千户屯田北平。"④六月，"魏国公徐达驻师北平，以沙漠既平，徙北平山后之民三万五千八百户、一十九万七千二十七口散处卫府，籍为军者给以粮，籍为民者给田以耕。凡已降而内徙者户三万四千五百六十、口一十八万五千一百三十二……"⑤通过内迁边民措施，实施坚壁清野防蒙策略。

① 《明太宗实录》卷一九四，永乐十五年十一月辛未，第 2040 页。
② （明）李东阳等撰，申时行等重修：《大明会典》卷一三二《镇戍七》，第 1870—1871 页。
③ 《明太祖实录》卷六二，洪武四年三月乙巳；《明史》卷二《太祖本纪二》亦云：洪武四年三月，"迁徙山后民一万七千户屯北平。"
④ （清）张廷玉等撰：《明史》卷二《太祖本纪二》，第 26 页。
⑤ 《明太祖实录》卷六六，洪武四年六月戊申，第 1246 页。

归纳上述史料可以得出:洪武四年的这三个月内,明廷共迁徙塞外边民入内地:约81.1万人。详见下表所示:

时间	户数	口数	备注
3 月	山后顺宁等州民:17274	93878	
4 月	山后民:35000 沙漠遗民:32000	335000	计算方法:93878÷17274 = 5.43(每户约 5口),则(35000+32000)×5=335000 口
6 月	山后之民:35800 降而内徙者:34560	197027 185132	
合计	154634	811037	

说明:(1)按上述史料中"户万七千二百七十四,口九万三千八百七十八"估算,则明洪武四年边民每户约5口(人)。以此计算,4月徙山后民35000户、沙漠遗民32000户(总67000户),则共计约335000口(人);(2)上述史料中的"凡已降而内徙者户三万四千五百六十,口一十八万五千一百三十二",应指至六月时进入内地的蒙古族等少数民族降人数,并不包括此前史料中提到的山后等州迁民数。因为,仅此年6月迁入的山后民就达19.7万多人,而史料非常明确地讲:凡已降而内徙者18.5万人,如果包括,那这个数字至少应在19.7万人以上,而不是18.5万。

此后,明廷多次令"塞外夷民皆令迁入内地",①还不断把近边的山西朔州、蔚州、东胜以及陕西绥德、庆阳等地的边民亦迁徙入内地居住。如洪武六年(1373)一年之内,明政府就先后4次强令边民迁入内地:八月,明将徐达进军至朔州(今山西朔州),迁其边民入内地;②十月,"上以山西弘州、蔚州、定安、武朔、天城、白登、东胜、澄州、云内等州县北边沙漠,屡为胡虏寇掠,乃命指挥江文徙其民居于中立府。"③十一月,"临江侯陈德、巩昌侯郭子兴、都督佥事叶昇等奏:绥德、庆阳之境胡寇出没无常,民多惊溃,请迁入内地,听其耕种,有胁从佳误者招抚之。"④十二月,"诏以瑞州逼近虏境,宜罢州治,迁其民于滦州,徙抚宁县治于洋河西,民之近边者皆徙内地。"⑤

---

① 《明太祖实录》卷八八,洪武七年四月辛酉,第1571页。
② 《明太祖实录》卷八四,洪武六年八月辛卯,第1502页。
③ 《明太祖实录》卷八五,洪武六年十月丙子,第1516页。
④ 《明太祖实录》卷八六,洪武六年十一月庚戌,第1526页。
⑤ 《明太祖实录》卷八六,洪武六年十二月癸卯,第1538页。

永乐十八年,明成祖迁都北京。为了使边防防备慎密无患,明朝甚至把明蒙边界地带的边民迁入内地,建立了一大片"隔离带",如永乐二年(1404)九月,明朝迁山西平民一万户到北京,永乐三年(1405)九月,再次迁山西民一万户充实北京。在明王朝迁民政策的强制下,明蒙边界地带一大批塞外居民、边民先后迁入内地居住生活,形成一大片地理上的所谓"真空防御地带"。明朝的清边政策,对于防御蒙古南下或许起到一定的作用。但从长远看,它破坏了明蒙缘边地带的农牧经济生态,是不取的。

不仅要清边,更重要的是,时刻关注边境内外动态、掌握军情先机,对于边疆安全至关重要,故明朝皇帝经常下诏敕谕边将"谨斥堠、严侦伺",防范敌人来袭,"虑虏或乘胜侵边,当谨斥堠、严侦伺,周察人情,以防不虞。"①这样的敕谕非常之多:

永乐二年七月,明成祖敕宣府备御武城侯王聪同安侯火真率将士于开平巡逻,且谕之曰:"或言虏南来,或言北行,皆未可信,但常加防慎密,遣人觇伺声息,相机而行,务出万全不可怠忽。"②永乐三年五月,"敕迤北巡哨武城侯王聪同安侯火真曰:察罕达鲁花使人来言,鬼力赤见在卜鲁屯之地,则前者山西报云内及天城小尖山有火,此必鬼力赤遣人觇我边也,尔等可遣精骑密侦其动静,若来寇开平,即设伏出奇击之。"③永乐四年十月,"敕甘肃总兵官西宁侯宋晟、宁夏总兵官左都督何福及开平兴河大同守将各励兵士谨侦伺,毋堕虏计。"④永乐五年十一月,朱棣敕甘肃总兵官何福:"前命西宁侯宋晟选都指挥领骑三千,同买马回回由甘肃取道哈密之北,观虏动静。"⑤以上这些敕谕,均为针对宁夏、甘肃、陕西等边镇地区最高将领颁布的。

仁、宣时期重申,边备不可不慎,特别是各边镇必须严饬官军,昼夜瞭望,

① 《明太宗实录》卷九六,永乐七年九月乙亥,第1270页。
② 《明太宗实录》卷三三,永乐二年七月辛酉,第580页。
③ 《明太宗实录》卷四二,永乐三年五月庚辰,第676—677页。
④ 《明太宗实录》卷六〇,永乐四年十月乙卯,第880页。
⑤ (明)雷礼等辑,四库全书存目丛书编纂委员会编:《皇明大政纪》卷六之七四,史部第七册第790页。

谨慎防备。洪熙元年二月,明仁宗敕大同总兵官武安侯郑亨、参将都督沈清及宣府总兵官都督谭广等将领,务要做到有备无患:"去冬以来,虏寇动静无闻,朝廷之遣使,亦久不回未审,此寇今在何处,盖虏多谲诈,卿等宜思患预防。……堤备令各城地屯堡,收拾坚固,各关隘口用心守把,各烟墩仔细瞭望,毋顷刻怠忽。"①并令宁夏、甘肃、辽东、山海、永平、开平诸将全体严备。是年十一月,明仁宗诏令沿边总兵官武安侯郑亨、都督谭广等人,严防蒙古部阿鲁台侵边。

宣宗继位后,经常告诫守边诸将要"虽安不可忘危,防边之道,常如寇至,则寇不至,昼夜顷刻不可怠忽。凡寇之能为人患者,率窥伺间隙,乘人之不虞,慎之、慎之。"②宣德三年,明宣宗召公侯伯五军都督府论之曰:"胡虏每岁秋高马肥必扰边,比来边备不审,何似东北诸关隘皆在畿内,今农务将毕,朕将亲历诸关,警饬兵备,卿等整齐士马以俟命。"③宣德三年十月,明宣宗敕总兵官阳武侯薛禄及都督陈景先道:"得永平府奏胡寇至卢龙陈家庄劫掠人口、马牛,尔等宜严饬官军,昼夜瞭望,谨慎堤备,若寇再至须尽殄乃已失机误事,必杀无赦。"④宣德七年十一月,"边报阿鲁台部众东行攻兀良哈,上曰:'夷狄相攻常事,然虏谲诈,或者乘间为边患,遂敕缘边诸将谨守备。'"⑤宣德九年十月,巡按陕西监察御史刘敬等奏:"九月十九日,虏寇朵儿只伯等窃入凉州,至城东及杂木口堡等处,杀人掠财。指挥杨斌率兵与敌,擒寇一人卜鲁罕虎里,余寇遁走。总兵官都督佥事刘广闻之,发兵追击,不及而还。"明宣宗遣人敕责刘广道:"朕尝逆料虏情,深以凉州、永昌为虑,数命尔等严兵戒备。今虏入寇,如入无人之境,来既不觉,去亦无追逐之者,不知尔所职何事,忠臣体国,夙夜尽心,尔不用命,偾事如此,罪何所逃……"⑥这种严固守备、常御不怠才能确

---

① 《明仁宗实录》卷七,洪熙元年二月壬寅,第230—231页。
② (明)余继登:《典故纪闻》卷九,第163页。
③ (明)严从简,余思黎点校:《殊域周咨录》卷一七《鞑靼》,第554页。
④ 《明宣宗实录》卷四七,宣德三年十月丙午,第1163页。
⑤ 《明宣宗实录》卷九六,宣德七年十一月辛巳,第2181页。
⑥ 《明宣宗实录》卷一一三,宣德九年十月丁巳,第2550—2551页。

保边疆无患的思想始终贯穿着明宣宗朱瞻基统治时期。

　　明朝军法规定，凡是官兵失于哨备瞭望、有违法度者，悉罪之。永乐十一年十一月，和宁王阿鲁台报瓦剌窥边，明成祖敕各边将严兵管理，"如哨骑守瞭有失，皆斩。"①宣德年间，明宣宗认为"赏罚明则士气振"②，所以，加强了对边镇官兵的赏罚力度，规定"失于警备"及军政不修者均处军法。宣德三年十一月，巡按山东监察史包德怀奏："辽东广宁后屯卫西长岭鞑贼入寇，剽掠伤人，备御都指挥李敏及提督了望千、百户皆约束不严，请罪之。"上谕行在都察院臣："军官备边，但守常法以保境安民，如能谨严，岂有外患。古之良将，虽安闲之际，常若临敌，不敢少息。今失机，皆由主将号令不严，军政不修所致，其令御史治之如律。"③宣德四年六月，"虏寇入自西衡山，至赤城掠人口而去。开平卫指挥方敏在赤城管屯，率兵追之，尽得所掠，且获贼马而还"，上敕敏曰："寇之入境，皆尔平昔不严约束所致，今既追回，亦有所获，姑记尔罪。自今益宜慎防。"谕行在兵部臣曰："西冲山守烽堠官军失于警备，致虏劫掠，其悉处军法，仍以此戒饬大同、宣府等处守边将士。"④同年十二月，辽东总兵官都督佥事巫凯奏："虏寇窃入铁岭、广宁境内劫掠人畜，都指挥鲁得、金声等不严守备，百户陈善等失于了望，皆当问罪"，"上命皆罚俸两月，失瞭者加笞五十，若再蹈前失，不宥。"⑤宣德八年六月，参将都督佥事陈浚奏："比虏寇至开平沙窝，杀百户王贤，军士被伤者十人，掠马及军器。都指挥使唐铭等失于哨备，请治其罪。"上曰："虏寇出没不时，边备其可不谨，令御史责铭等死罪状，俾戴罪理事，仍停俸一年，如再误事，诛。"⑥

　　正统年间，蒙古人对明边的骚扰活动日益猖獗，随之明朝北边防蒙预警级别也不断升级，甚至全九边边防官兵全线警戒。为了更好地了解蒙古诸部动

---

① （明）谈迁著，张宗祥校点：《国榷》卷一五，成祖永乐十一年十一月甲申，第1094页。
② 《明宣宗实录》卷一一四，宣德九年十一月壬午，第2567页。
③ 《明宣宗实录》卷四八，宣德三年十一月壬戌，第1170页。
④ 《明宣宗实录》卷五五，宣德四年六月丁酉，第1319页。
⑤ 《明宣宗实录》卷五九，宣德四年十二月癸巳，第1437页。
⑥ 《明宣宗实录》卷一〇三，宣德八年六月己酉，第2306页。

态,明朝从多方面加强防备制度。这些措施主要有二:

第一,严饬部伍,昼夜哨探,并加强对境外巡哨,遇有信息遣人飞报。正统二年七月,"敕大同总兵官陈怀及迤西沿边诸将曰:近得独石守备都指挥金事杨洪奏,已败兀良哈贼众,生擒贼首朵栾帖木儿,具言兀良哈往往寇大同延安等处,今在四岭山又欲多领部属往迤西沿边抢掠。尔等宜悉心哨备,不可少息。"①同年十一月,"敕镇守延安绥德都指挥同知王祯等曰:大同总兵官都督陈怀奏,了见鞑贼约三千骑自东而西,意者兀良哈三卫贼徒欲往延绥一路劫掠。又指挥岳谦使残虏阿台朵儿只伯处还言:此贼探知甘肃有备,亦欲来延绥宁夏一路侵扰,卿等其整饬军马,昼夜戒严。"②十二月,兀良哈朵颜福余等卫部落约四五百骑侵大同、榆林庄、桃园墩等地,明英宗敕大同总兵官都督陈怀等"严督哨备,多方剿除。"③正统四年十一月,"敕山西等处镇守总兵等官都督李谦等曰:得奏了见境外烟火,必有达贼在彼出没。比又闻兀良哈朵颜卫使臣言:'瓦剌脱脱不花及脱欢人马屯聚哈剌忙来等处既近边境,必怀祸心。'卿等其各整肃军马,严督哨备,庶不为贼所乘。"④正统五年八月,明英宗敕谕甘肃总兵官定西伯蒋贵等人,"明斥堠,谨巡逻,将士秣马厉兵,以备仓猝之警。"⑤正统七年十二月,都督金事王祯上报明廷,兀良哈三卫达贼纠众欲劫掠延安、宁夏等地,明英宗即敕宣府大同等处总兵官永宁伯谭广等"整搠军马,谨慎瞭备。"⑥正统十一年九月,总督守备独石等处左参将都督杨洪上奏说:兀良哈达贼于闵安迤西鞍子山等处俱有千余人马踪踪西行,窥我边境,"上敕沿边诸将,严兵备之。"⑦正统十二年九月,敕提督辽东军务右都御史王翱等曰:"谨斥堠,饬将卒",⑧以防瓦剌入侵。正统十三年八月,守备独石都指挥金事

① 《明英宗实录》卷三二,正统二年七月丙辰,第 637 页。
② 《明英宗实录》卷三六,正统二年十一月辛丑,第 703 页。
③ 《明英宗实录》卷三七,正统二年十二月乙亥,第 719 页。
④ 《明英宗实录》卷六一,正统四年十一月辛酉,第 1164 页。
⑤ 《明英宗实录》卷七〇,正统五年八月乙亥,第 1152 页。
⑥ 《明英宗实录》卷九九,正统七年十二月乙卯,第 1997 页。
⑦ 《明英宗实录》卷一四五,正统十一年九月丁卯,第 2850 页。
⑧ 《明英宗实录》卷一五八,正统十二年九月己酉,第 3082 页。

杨俊报，瓦剌贼徒与兀良哈贼众千余人，恐来窥边境，明英宗敕缘边诸将："尔等宜严督哨备。"①以上所有敕谕，反映出明英宗希冀边镇官兵秣马砺兵，同心协力，严防蒙古入侵的强烈愿望，同时也从另一个侧面表明了正统年间明蒙边境地带局势之复杂。

第二，建立更替哨备和专一巡哨制度。为了防范蒙古奸细潜入边境窥探军情，永乐时期建立了一支巡逻骑兵营，叫作逻骑营，"命边将置逻骑营于古北口北神树之地，作深沟高垒以自固。"②永乐六年五月，甘肃总兵官左都督何福奏："秋高马壮，虑虏钞边。俟七八月间，遣鞑靼官柴铁住等率骑兵巡逻山役，且侦虏声息。赐谕福曰：此策良是，但待王安等还报本雅失里所向却遣兵行。"③正统元年九月，宁夏总兵官都督同知史昭上奏，"宁夏城池屯堡营墩俱在黄河之外，备御西北一带，其河道迤东至察罕脑儿直抵绥德，沙漠旷远，并无守备"④，鉴于防御任务之艰巨，史昭建议改革防御办法，实行各营更替哨备制度，"以都指挥姚琛率原领潼关卫听调官军分拨各营、更番哨备"⑤，明英宗听从其议，并命行在兵部更选都指挥一员委任之。同月，辽抚大同宣府右佥都御史李仪又上奏提出"专一巡哨"建议："大同东西二路不可无人巡哨，乞遣副总兵罗文巡哨，东路阳和高山天城镇虏四卫听其调度，参将陈斌巡哨西路大同左右云川玉林朔五卫听其调度，其大同迤北关头猫儿庄等处，责之总兵官方政提督都指挥孙智专一巡哨。如此，则兵将相得，地方有守，事下兵部移文政等计议政奏，请如议言。"⑥此建议也得到明英宗朱祁镇的赞同，被批准实施。轮替巡哨和专一巡哨制度，避免了因侦察兵士连续巡防带来劳累不堪、失于哨防等问题，一定程度上提高了侦察效果。另外，鉴于军士调用不敷之状况，经甘肃

① 《明英宗实录》卷一六九，正统十三年八月丙寅，第3261页。
② （明）谈迁著，张宗祥校点：《国榷》卷一七，成祖永乐十九年十一月己巳，第1187页。
③ 《明太宗实录》卷七九，永乐六年五月乙亥，第1064页。
④ 《明英宗实录》卷二二，正统元年九月乙巳，第436页。
⑤ 《明英宗实录》卷二二，正统元年九月乙巳，第436页。
⑥ 《明英宗实录》卷二二，正统元年九月壬戌，第451页。

总兵官太保宁阳侯陈懋提议,明廷在卫所屯守军士内选精壮相兼哨备,①对于解决问题亦有一定帮助。

四、防边练兵与诸子守边

明初,朱元璋诏令北部边疆各镇将领必须积极谋划,控制边境,确保边境安全。正是朝廷的重视和努力,到洪武末期时,北部边疆形成了较为严密的多元一体防御体系。该体系自宣大、东胜至宁夏、河西,几千里边防线分成两道密集防线,"国初设大宁都司、营州卫等卫与辽东、宣府东西并建为外边。又起古北口至山海关增修关隘为内边。"②不论是内边还是外边,均以关隘要塞为依托,以军事卫所为基地,东西呼应,内外相延,其警戒和巡逻的范围可能包括了整个漠南地区。如此绵延几千里的弧状网络防御线,对于防蒙古南下起到了积极作用。主要措施有以下三个方面:

第一,谨防勤练。明初先后在北部边疆设北平都司16卫、1千户所,山西都司7卫、5千户所,北平行都司和山西行都司13卫,北平和山西护卫6,辽东都司20卫,陕西都司30卫、2千户所,总计92卫、8千户所。整个北部边疆地区的明蒙边界地带,明朝边防驻军达到"52万兵力,占全国总卫数的1/4有余。"③明廷严令驻边所有现役官兵,必须按时训练,勤奋防守。明太祖说:天下初定,驻京和边卫将士要在闲暇之日练习武艺,不能无事便可宴安,"安而虑危者,乃可以常安"。④

在此边防思想指导下,朝廷不断派军官于北平、山西、河南以及临、巩、甘、凉、延庆等地练兵备边,就连开国将军徐达、李文忠、冯胜等人都亲领官兵练

---

① 《明英宗实录》卷一二,宣德十年十二月壬子,第221—222页。
② (明)李东阳等撰,申时行等重修:《大明会典》卷一二九《兵部十二·镇戍四》,第1837页。
③ "计有都司和行都司18,留守司1,内外卫329,守御千户所62,牧马千户所1,三护卫2",参见军事科学院主编《中国军事通史》第15卷《明代军事史》(上),军事科学出版社,1998年版,第138页。
④ (明)余继登:《典故纪闻》卷二,第29页。

兵。洪武二十二年(1389)二月,明朝派遣蓝玉在四川练兵;十一月,派遣定远侯王弼等在山东、河南、陕西练兵。洪武二十四年(1391)三月,靖宁侯叶升在甘肃练兵;同年五月,汉、卫、谷、庆、宁、岷六位王公在临清练兵。洪武二十五年(1392)二月,靖宁侯叶升等人在河南及临、巩、甘、凉、延庆练兵;同年闰十二月,冯胜担任总兵官,傅友德为副总兵在山西、河南练兵。洪武二十六年(1393)三月,长兴侯耿炳文在陕西练兵。洪武三十年(1397)八月,"诏曹国公李景隆为征虏大将军,练兵河南",①同年十月,耿炳文在陕西练兵。防边练兵活动空前活跃。

宣德时期,明宣宗强调各边镇军营必须加强军士训练,把士兵操练放在首要位置。明宣宗曾与学士杨溥谈论治兵之道,杨溥说"兵贵乎训练有方,抚养得宜,不患其不为用"。宣宗明确表达了练兵的重要性:"养之厚则得其心,练之精则得其用,必其气税志果而后可用。若素不训练,一旦驱之,矢石之间,进退失错,何望有济?"②宣德六年十二月,镇守山西都督佥事李谦奏:"山西所属缘边关隘、烟墩、城堡相离阔远,今西缘黄河累有警报,残虏多来归附,而守备不足",宣宗敕谕总兵官武安候郑亨,"以原调潞州等卫所官军一千人还山西操备。"③

正统时期,明朝练兵防边工作仍然极其频繁。正统二年十二月,游击将军都指挥佥事杨洪率兵巡边。正统九年(1444)正月,右都御史王文巡视延安、宁夏边境;同年九月,诏令靖远伯王骥、右都御史陈镒经理西北边防守备。正统十四年(1449)六月,平乡伯陈怀、驸马都尉井源、都督王贵、吴克勤分别在大同、宣府训练京师军队。为了防止边疆地区官军的正常操练,三法司还规定:自正统四年九月始,"今后凡在边操备官军有陈诉者,若系谋逆重情随即具奏处治。其余小事将原告递递回原处操备,毕日问理。若在巡抚、巡按并按

---

① (清)夏燮撰,沈仲九标点:《明通鉴》卷一一一《纪十一》,太祖洪武三十年八月甲午,第485页。

② (明)余继登:《典故纪闻》卷九,第156页。

③ 《明宣宗实录》卷八五,宣德六年十二月乙未,第1961页。

察司官处陈诉者,亦准此例。不许辄便提对,有误边备。"①即边防训练是边疆安全之大事,一切以此为主,不得干扰。

第二,诸子守边。为了确保北疆安全,明太祖朱元璋采取了派诸子镇守边疆的政策,以诸子"受封朔土,藩屏朝廷"②为久安长治之计。洪武三年(1370)四月,明太祖分封秦、晋、燕、吴诸王,其中,"分封二子朱樉为秦王,藩治西安,三子朱棡为晋王,藩治太原,四子朱棣为燕王,藩治北平。"③其诏曰:"天下之大,必建藩屏,上卫国家,下安生民,今诸子既长,宜各有爵封,分镇诸国。"④明人郑晓的《今言》亦云:"国初都金陵,以西北胡戎之故,列镇分封。"⑤

明前后共封九王:广宁辽王、大宁宁王、宣府谷王、大同代王、宁夏庆王、甘州肃王、北平燕王、西安秦王、太原晋王。九王之国,"皆处要冲之地",⑥这样的防御部署,形成了明代北部边疆九王守边新的防御格局,这是洪武朝明太祖加强对蒙古防御的又一重要举措。

朱元璋分封诸子的根本目的是以诸子屏卫朝廷,换句话说,皇子守边制度之目的完全是为了防御漠北蒙古的南侵,"表明了太祖守土的决心和对加强北部边防的高度重视"。⑦ 由于九王居控要塞,垒帐相望,互为策应,因此,明廷封建诸子、屏卫朝廷的边防策略实施后,对于提升明朝对蒙防御水平和实效起到了积极作用。

诸王受封之后,与各边镇官军出要塞,巡关隘,讨敌寇,进行了一系列备御活动。有必要指出的是,诸子巡关,肩负特殊使命,"有其特殊性和偶然性,不合官制之常规",⑧因此,这种巡关制度与后来的巡抚制度还是有一定区别的。

---

① 《明英宗实录》卷五九,正统四年九月丁巳,第1132—1133页。
② (明)余继登:《典故纪闻》卷五,第98页。
③ 《蒙古族简史》编写组、修订本编写组:《蒙古族简史》,民族出版社2009年版,第101页。
④ 《明太祖实录》卷五一,洪武三年四月辛酉,第999页。
⑤ (明)郑晓:《今言》卷一,中华书局1984年版,第46页。
⑥ (明)王锜:《寓圃杂记》卷一《封建》,中华书局1984年版,第2页。
⑦ 马啸:《明朝与蒙藏地区政治互动模式初探》,《西藏研究》2008年第2期。
⑧ 关文发、颜广文:《明代政治制度研究》,中国社会科学出版社1996年版,第54页。

洪武二十六年(1393)三月,代王朱桂率护卫兵出塞,冯胜、傅友德守卫山西、北平边防。洪武二十八年(1395)正月,周王朱橚、晋王朱棡率领河南、山西各卫军队出塞,修筑城防和屯田。燕王朱棣率总兵官周兴出辽东要塞。洪武二十九年(1396)二月,燕王朱棣率兵巡视大宁,周世子有墩领军巡视北平关隘。洪武三十年正月,上以天象示变,敕晋王、燕王曰:"今塞草登茂,山后地高,夏无酷暑,宜用心为备,上天垂象,不可顷刻自安,尔其训练士马,控弦以备之,庶几无患。"①

诸子守边形成了互为表里、内外相兼的联动防御体制,对于更好地防御蒙古起到了重要作用。正如明人郑晓道:"今考广宁辽王、大宁宁王、宣府谷王、大同代王、宁夏庆王、甘州肃王,皆得专制率师御虏。而长陵时在北平为燕王,尤英武。稍内则西安秦王、太原晋王,亦时时出兵,与诸藩镇将表里防守。"②明人马文升道:"凡有不廷,即命诸王讨之,所以三十余年胡马不敢南牧。"③今人龚荫也谈道:"诸子封王守边,这对于加强北方的边防起到了一定的作用,有力地防止了蒙古南下。"④

第三,遣使巡察。朝廷的政策是否顺利贯彻,边防防御是否到位,很大程度上取决于边镇官兵是否真正按朝廷旨意办事。为了保证边防各项制度的贯彻落实,明朝经常派遣使臣前往边镇各地巡视督察。明太祖说:"人言天下平定之时,可以息兵偃武",这是完全错误的。因为,"治兵然后可以息兵,讲武而后可以偃武",先朝不重视防备的教训是惨重的,"若晋撤州郡之备,卒召五胡之忧,唐撤中国之备,终致安、史之乱,此无备之验也。"⑤为此,洪武年间,明政府多次派出徐达、李文忠、冯胜、邓愈、汤和等对北部边防要地进行城防检查,巡察内容大致包括军士训练、备御、工程和屯田建设等方面。

---

① 《明太祖实录》卷二五〇,洪武三十年五月辛未,第页。
② (明)郑晓:《今言》卷一,第46页。
③ (明)马文升:《抚安东夷记》,摘自薄音湖、王雄编辑点校:《明代蒙古汉籍史料汇编》(第1辑),内蒙古大学出版社2006年版,第124页。
④ 龚荫:《中国民族政策史》,第505页。
⑤ (明)余继登:《典故纪闻》卷二,第33页。

洪武六年(1373)三月,明朝派遣徐达为征虏大将军,李文忠、冯胜、邓愈、汤和为副,防备山西、北平。在防守将领的安排上,朝廷以边塞重镇为防备之要。"命太原卫都指挥使王臻经理代县城池,仍令荥阳侯郑遇春同臻守之,时遇春守朔州,乃奏朔州为边塞要冲,胡虏出没不常,不可暂离所守。上复命遇春仍守朔州。"①洪武七年(1374)四月,"命宋国公冯胜、卫国公邓愈、中山侯汤和、巩昌侯郭兴复镇北边"。② 洪武八年(1375)二月,"召徐达、李文忠、冯胜还京,傅友德留镇北平";五月,"诏永嘉侯朱亮祖同颍川侯傅友德率师往北平备边。"③七月,召傅友德、朱亮祖还,李文忠、顾时镇守山西、北平。洪武九年(1376)正月,明太祖命汤和、傅友德、蓝玉、王弼、丁玉等率师往延安防边,对他们说:"虏人聚散无常,若边防不严,即入为寇,待其入寇而后逐之,则塞上之民,必然受害。朕尝敕边将,严为之备,复恐久而懈惰,特命卿等率众以往。众至边上,常存戒心,虽不见敌,常若临敌,则不至有失矣。"④洪武十七年(1384)一月,命徐达镇守北平。洪武十八年(1385)八月,冯胜、傅友德、蓝玉在北平四周守备。洪武十九年(1386)十二月,命令宋国公冯胜派兵防御边疆。洪武二十四年(1391)正月,颍国公傅友德被封为征虏大将军,定远侯王弼、武定侯郭英为副将军,守备北平四周;三月,魏国公徐辉祖、曹国公李景隆、凉国公蓝玉守备陕西边疆。洪武二十六年(1393)三月,冯胜、傅友德守卫山西、北平边防。洪武三十年(1397)一月,封耿炳文为征西将军、郭英为副将军,巡视西北边防。

永乐明朝继承和发展了这项制度,朝廷经常派员巡察各防区。永乐七年(1409)九月,朱棣派武安侯郑亨率兵巡察边疆;永乐十一年(1413)十一月,瓦剌马哈木率兵渡过饮马河,阿鲁台告急,朝廷命边将加强守备,命宁阳侯陈懋、都督谭青、都督同知朱崇等往宁夏、大同、山西等地各巡边;⑤永乐十三年

---

① 《明太祖实录》卷八〇,洪武六年三月己巳,第1456页。
② (清)谷应泰:《明史记事本末》卷一〇《故元遗兵》,中华书局1977年版,第137页。
③ (清)谷应泰:《明史记事本末》卷一〇《故元遗兵》,第138页。
④ (明)余继登:《典故纪闻》卷三,第54页。
⑤ (明)谈迁著,张宗祥校点:《国榷》卷一五,成祖永乐十一年十一月甲申,第1094页。

(1415)二月,令指挥刘斌、给事中张盘等 12 人巡视山西、山东、大同、陕西、甘肃、辽东军士操练、屯政,核实上报。

在永乐朝的巡察工作中,屯政检查是其中一项重要内容。永乐十五年(1417)十二月,礼部尚书赵羽工任兵部尚书,巡视塞北屯田、戍卫及军民利弊;永乐十一年十一月,"命诸将巡行边境,简练士马。宁阳侯陈懋往宁夏,都督谭青马聚往大同,都督朱崇、都指挥使谭广往山西。"①

除了屯政事务,钦差大臣对边疆的巡视中,各边镇城防、屯堡修筑、备御情况均属于重点巡视内容,且这些巡视会以不定期检查的方式进行。永乐二十二年九月,明仁宗下诏"命遂安伯陈瑛巡视山海、永平关隘,整肃兵备。"②宣德五年(1430)四月,明宣宗命薛禄率兵修筑赤城、雕鹗、云州、独石、团山城堡备边;宣德七年(1432)九月,明宣宗命令各将领巡视边境。

明廷不仅派遣重臣前往边疆要塞进行巡察,有时皇帝本人也亲往边疆巡察。永乐十九年六月,"敕开平备御成安侯郭亮等曰:今草盛马肥,朕欲亲巡兴和、开平,其整饬军马以俟……敕兴和备御都指挥王唤曰:今有报故寇欲犯边,凡应守备城池、屯堡亟须修理,朕将巡视焉。"③巡察边防的根本目的是确保朝廷边防建设在边疆要地得到顺利贯彻落实,同时对边防官兵在防御过程中出现的疏漏和错误及时查办纠正。这在永乐十六年五月朱棣对成山侯王通的诏书中讲得很清楚:"脩边,国之重务,其军政不可不肃。昔太祖高皇帝数命公侯重臣清理,所以当时军政修举。今西北边备尤为急务,而各卫所比年军政弛慢,官多具员,卒多缺伍,缓急何以制之? 今命尔往陕西及潼关等处阅视军实,务俾队伍整齐,甲兵坚利,备御严固。庶几,国家足兵之美。尔其勉尽厥心用副委任。"④这封诏谕的内容同时下达给宁阳侯陈懋、镇宁夏都督费瓛,体现出明成祖对巡察制度的高度重视。

---

① 《明太宗实录》卷一四五,永乐十一年十一月甲申,第 1715 页。
② (明)雷礼等辑,四库全书存目丛书编纂委员会编:《皇明大政纪》卷八之八三,史部第八册第 42 页。
③ 《明太宗实录》卷二三八,永乐十九年六月戊午,第 2278 页。
④ 《明太宗实录》卷二〇〇,永乐十六年五月丙辰,第 2083 页。

与永乐皇帝一样,明宣宗本人也经常亲自巡视各边区,调查官兵训练情况,研究御敌之计,合理配置御敌兵力,及时纠正防御隐患。宣德三年(1428)八月,宣宗亲自巡视边境;宣德四年(1429)十月,"上巡边,校猎阅武";①宣德九年(1434)九月,宣宗亲自率兵巡察边境。谕曰:"天下虽安,不忘武备。今稽事既成,朕将亲率六师,行边塞,饬武备",并命杨士奇、杨荣、杨溥、胡濙等扈从。② 根据文献记载,宣德十年间,明宣宗曾先后四次巡边阅武,其于安边不为无益,"宣庙在位十年,巡边者四,故虏不敢窥隙,其振扬威武,后世莫继。"③明武宗时期也曾屡巡边关,但主要目的为游幸,因此二者有较大差别。明宣宗巡边检武,一定程度上起到了警肃人心、振扬威武、饬厉边防的作用。

第三节　多渠道筹运边军粮饷

一、边军粮饷来源与起运

明代边军粮饷的来源,主要是政府调拨,即把产粮区的粮食调运到边镇。而明代九边军费供应分四种形式:屯田、民运、开中和京运。由于明朝的财政资源主要是在南方,政府调拨粮饷,通过官运和民运两种方式把税粮等物资运送到北方边镇。

官运就是政府官员组织的运粮方式。《明史·食货志》记载,洪武初年,漕河粮饷供给边镇诸军,"大将军徐达令忻、崞、代、坚、台五州运粮大同。中书省符下山东行省,募水工发莱州洋海仓饷永平卫。其后海运饷北平、辽东为定制。其西北边则浚开封漕河饷陕西,自陕西转饷宁夏、河州。其西南令川、

---

① (明)陈建著,钱茂伟点校:《皇明通纪后编》卷一〇,第565页。

② (清)夏燮撰,沈仲九标点:《明通鉴》卷二一《纪二十一》,宣宗宣德九年九月庚辰,第799页。

③ (明)严从简,余思黎点校:《殊域周咨录》卷一七《鞑靼》,第554页。

贵纳米中盐，以省远运。于时各路皆就近输，得利便矣。"①但繁重的军粮运输使兵民苦不堪言，于是洪武三年（1370）正月，"命中书省符下山东行省，召募水工，于莱州洋海仓运粮，以饷永平卫。时永平军储所用数多，道途劳于挽运，故有是命"，②开始实行海运方式运军粮，并置海运使，专掌运粮北边事务。到了明宣德时期，朝廷行挖运之策，"凡诸仓应输者有定数，其或改拨他镇者，水次应兑漕粮，即令坐派镇军领兑者给价，则县官督军户运至运仓，或给军价就令关支者，通谓之挖运。"③故，此后官运就分为海运和挖运两种形式。

海运始于洪武初，洪武末罢。"洪武间，辽东及迤北诸路用兵，悉资海运以饷军士。至三十年，以辽饷赢羡，令辽军屯种其地，而罢海运。"④明成祖永乐元年（1403）三月，因北方军储不足，复海道运粮至辽东、北京，且岁以为常。海运一般以江浙边卫军担任运输任务，赐给绮帛、胡椒、苏木、钱钞等物。当时的海运粮额并无定数，洪武二年（1369）运辽东粮储为 30 万石，二十五年（1392）60 万石，此后四年同。⑤

为了保障边粮供给，尤其是明朝对蒙古战争期间边军官兵的军粮供应，明政府不断从产粮区转运粮饷到边关。而且，明廷还在驿道有军民处广建仓储，以保证边粮足额和及时转运。洪武元年（1368）二月，大将军徐达"檄济宁运粮一万石，徐州二万石，俱赴东昌"，⑥汤和"往明州造海舟运粮北饷"；⑦洪武二年（1369）二月，"令忻州运粮八千石，崞州七千石，代州七千石，坚州五千石，台州三千五百石并刍豆，俱赴大同。"⑧同年四月，"大将军徐达檄都督耿炳

---

①　（清）张廷玉等撰：《明史》卷七九《食货志三》，第 1915 页。

②　《明太祖实录》卷四八，洪武三年正月甲午，第 949 页。

③　（清）张廷玉等撰：《明史》卷七九《食货志三》，第 1923 页。

④　（清）夏燮撰，沈仲九标点：《明通鉴》卷一四《纪十四》，成祖永乐元年三月壬午，第 567 页。

⑤　（明）李东阳等撰，申时行等重修：《大明会典》卷二八《边粮》，第 533 页。

⑥　《明太祖实录》卷三〇，洪武元年二月庚申，第 530 页。

⑦　《明太祖实录》卷三〇，洪武元年二月己酉，第 523 页。

⑧　《明太祖实录》卷三九，洪武二年二月戊辰，第 785 页。

文,指挥金兴旺各运军饷五千石赴巩昌。"①洪武六年(1373)四月,"诏以苏州府粮十二万石由海道运赴定辽,十万石运赴北平,以时方用兵辽左及迤北故也。"②洪武七年(1374)三月,"以陕西军饷不给,命户部运陕州米麦二万石于潼关漕运司,粮二万石于孟津,二十万石于陈桥,以备转运。"③洪武二十九年(1396)三月,"中军都督府都督佥事朱信言:比岁海运辽东粮六十万石,今海舟既多,宜增其数。上命增十万石,以苏州府嘉定县粮米输于太仓,俾转运之。"④"命中军都督府都督佥事朱信、前军都督府都督佥事宣信总神策、横海、苏州、太仓等四十卫将士八万余人,由海道运粮至辽东以给军饷,凡赐钞二十九万九千九百二十锭。"⑤仅仅这几次运送军粮,就已达一百二十三万石之多。

民运是另一种运粮方式。"民运者,屯粮不足,加以民粮、麦、米、豆、草、布、钞、花绒运给戍卒,故谓之民运。"⑥运往北边的民运粮主要来自河淮以北的北方诸府州县:"照得顺天及直隶保定八府、实畿内近地、陕西山西极临边境、河南山东、俱近京师、凡各边有警、其粮草马匹、一应军需、俱藉四省八府之民攒运供给。"⑦洪武十九年(1386)十二月,明太祖诏令宋国公冯胜御边,并令河南、北平、山东、山西百姓往大宁运粮。⑧

民粮起运采取"对拨"的方式输边,始行于洪武二十三年(1390)。户部先校理各卫官军岁支俸粮实数,"以内外有司民户该输正粮对数拨给,如一县之粮以对一卫,或多或少,损其赢,补其不足。一户之粮以对一军,多少损益如之,度其道里之远近,有司以勘合号数编定次第。"⑨为了解决运输的困难,洪

---

① 《明太祖实录》卷四一,洪武二年夏四月壬申,第817—818页。

② 《明太祖实录》卷八一,洪武六年夏四月甲戌,第1457—1458页。

③ 《明太祖实录》卷八八,洪武七年三月丁亥,第1559页。

④ 《明太祖实录》卷二四五,洪武二十九年三月戊戌,第3560页。

⑤ 《明太祖实录》卷二四五,洪武二十九年三月庚申,第3553页。

⑥ (清)张廷玉等撰:《明史》卷八二《食货志六》,第2005页。

⑦ (明)陈子龙辑:《明经世文编》卷六四,"马文升《为会集廷臣计议御房方略以绝大患事疏》",第536页。

⑧ 《明太祖实录》卷一七九,洪武十九年十二月辛亥,第2718页。

⑨ 《明太祖实录》卷二〇〇,洪武二十二年二月丙辰,第2998页。

武四年二月，大同卫都指挥使耿忠上疏：大同地边沙漠，"军士粮饷欲于山东转运，则道里险远，民力艰难，请以太原、北平、保安等处税粮拨赴大同输纳为便。"①关于大同军粮的转运问题，明廷廷议，最终形成"就近"转运决议："于山东所积粮储量拨一十万石运至平定州，山西行省转致大和岭，大同接运至本府，及以附近太原、保定诸州县税粮拨付大同，以为储偫之备。"②明太祖诏从此议实施。

除了朝廷调拨，明北边边粮的另一个主要来源是军屯屯田粮。为了防御蒙古南侵，明北部边境设军事重镇、驻扎重兵，其军士的粮食皆来源于民之租税。这种情况带来了一个严重的问题。于是，明朝初期，推行大规模屯田运动。虽然朝廷"始终强调屯田的重要性和对军队钱粮供应的有效性"③，但随着屯田日渐废弛，明中期以后，"不少边镇的屯田收入在总费中仅具有象征意义。"④

二、军粮支出

明代边军官兵的俸粮，主要由两部分组成：一是月粮，一是行粮。月粮就是明政府每月发给军士及其家属生活的食粮。洪武中的《月粮则例》为："京外卫军月支米二石，步军总旗一石五斗，小旗一石二斗，军一石。城守者如数给，屯田者半之。"⑤依据这个供应规定标准，一般军士月粮为一石，但这只是一个通例。"明代各个时期，军士（特别是边军）的月粮没有定规，而依照地域的不同，生产情况好坏和军士家口有无而有所变化。"⑥行粮则是供给士兵本人的口粮，凡行粮马草者，专为从征军马而设，对边军而言，"则指他们在执行赴京操备、出哨、追剿、守墩、望、烧荒、修边、防秋等任务时，由政府支给的自身食用粮。行粮按路程和时日支给，亦无定规。一般来讲，出行于百里以外，五日以上时方准支给，其数目按地域、路程，差遣种类，日支一升至一升五合或月

---

① 《明太祖实录》卷六一，洪武四年二月丙辰，第1183页。
② 《明太祖实录》卷六一，洪武四年二月丙辰，第1183页。
③ 王尊旺著：《明代九边军费考论》，第121页。
④ 王尊旺著：《明代九边军费考论》，第121页。
⑤ （清）张廷玉等撰：《明史》卷八二《食货志六》，第2004页。
⑥ 杨艳秋：《明代初期北边边粮供应制度探析》，《中州学刊》1999第1期。

支三斗、五斗不等。"①

前文已述,尽管明朝廷通过各种渠道筹集军粮,因时而易的种种措施一定程度上支持了边军官兵的食粮,但边军月粮消费浩大,特别是明蒙战争期间,粮饷耗费剧增,所需粮饷根本无法得到满足。为了说明这个问题,先确定一下明初军队总数。根据《明太祖实录》记载,至洪武二十五年(1392)十二月时,明朝官兵总数是:

是月,计内外武官并兵马总数:在京武官二千七百四十七员,军二十万六千二百八十人,马四千七百五十一匹;在外武官万三千七百四十二员,军九十九万二千一百五十四人,马四万三百二十九匹。②

由上述史料可以得知,洪武二十五年,明全国军队总数为:

206280 人(京军)+992154 人(外军)= 1198434 人(119 万)③

即:

京军	外军	全国军队
206280 人	992154 人	1198434 人(119 万)

注:《明太祖实录》是明朝文献资料中记载最为可靠、真实的资料,因此这个数字是基本可信的。有学者认为:洪武二十五年明朝的军队数量约为 120 万:"到 1392 年,一支大约 120 万人的队伍在积极地为明朝服役,大约 170 万到 200 万军户登记在册",④笔者表示赞同。

---

① 杨艳秋:《明代初期北边边粮供应制度探析》,《中州学刊》1999 第 1 期。
② 《明太祖实录》卷二二三,洪武二十五年闰十二月丙午,第页。
③ 笔者认为,这一数字应该不包括各边疆羁縻卫所军员数量。因为,前文已述,洪武二十六年定天下都司卫所,共计内外卫 329,按每卫 5600 人,全国军队数量应该是 184 万,而从洪武二十五年底至洪武二十六年,一年之内不会增加六十多万。参见《明史》卷九〇《兵志二》,第2196 页。
④ [美]阿瑟·沃尔德隆著,石云龙、金鑫荣译:《长城·从历史到神话》,江苏教育出版社2008 年版,第 106 页。

那么,这 119 万人的明军,究竟岁支军粮多少呢?《明太祖实录》卷一七九,有这样一则史料:

> 洪武十九年十月,"核辽东定辽等九卫官军吏胥,其屯军不支粮者万八千五十人,余四万七千四百五十人,月支粮五万五千四百石。"①

如按照"四万七千四百五十人,月支粮五万五千四百石"计算,由边卫军士人均月支军粮数为:

> 55400÷47450=1.16,即 1 石左右(也就是说,人均年支应为 13 石左右)。

据此估算,洪武二十五年时,明全国军队(119 万)则岁支军粮:154 万石(约 150 万石),这个军粮支出约占明岁收田租总数的 14%。② 这个数字是巨大的,说明仅仅军粮一项支出,就已占了明朝租赋收入的 14%。这充分说明,明前期边军粮饷耗费之巨大。加上其他军费支出,如边军的军装和材料供给、军马军械、军饷、米麦豆草、马驼牛羊及其军士赏恤等都是一笔巨大的费用。

为了筹备军饷,明廷动辄役用民夫几十万。洪武十九年(1386)十二月,"命令宋国公冯胜派兵防御边疆。派遣河南、北平、山东、山西百姓往大宁运粮",上谕宋国公冯胜曰:"纳哈出据金山数侵扰辽东,宜于大宁诸边隘分兵置卫,以控制之。遂诏户部出内库钞一百八十五万七千五百锭,散给北平、山东、山西、河南及迤北府州县,令发民夫二十余万,运米一百二十三万余石,预送松亭关及大宁、会州、富峪四处,以备军饷。每夫运米一石,给钞六锭,为其直及

---

① 《明太祖实录》卷一七九,洪武十九年十月辛卯,第 2711 页。

② 根据《明太祖实录》卷一七四,洪武十八年十二月丁巳条:"是岁,征天下田租二千八十八万九千六百一十七石有奇。"第 2673—2674 页。

道里费。"①永乐时期依然如此,永乐二十年二月,明将征蒙古,议北征馈运。隆平侯张信、工部尚书李庆等督运粮,"前后计驴三十四万,车十一万七千五百七十三,挽役二十三万五千一百四十六人,转饷三十七万石。"②

其次,各边镇所需军饷数额巨大,"中原之民艰于供给"。③ 由于运送军粮,路远费重,"民间转输甚劳"④,繁重的军粮运输使兵民苦不堪言。加之为了增加运力,明朝令各种死罪以下罪犯老幼同往去各边地运粮或屯种,以致九边各镇府县税粮、民赋及各种杂徭更加繁重,民为之烦困不堪。不计其数的明朝官兵和普通民众伤亡。由于明代文献和现有资料中,无法具体统计出这方面的伤亡人数。

可以肯定的是,通过多渠道筹措粮饷,部分地解决了从征将士和边镇官兵的衣食住行。但成本巨大,加之防御工事的修建,军事建制的扩大,战略物资的频繁筹集、调运,这些因战争而引起的各项军费开支给明朝财政带来了严重影响,使明朝经济超负荷运行,朝廷财政不堪重负。所有这一切,给明代社会经济的发展带来了不利影响。

---

① 《明太祖实录》卷一七九,洪武十九年十二月辛亥,第2718—2719页。
② (明)谈迁著,张宗祥校点:《国榷》卷一七,成祖永乐二十年二月乙巳,第1189页。
③ (明)余继登:《典故纪闻》卷五,第93页。
④ 《明太祖实录》卷五六,洪武三年九月甲寅,第1098页。

第四章　互往互通：明代边疆
治理的经济方略

第一节　朝贡贸易

朝贡是边疆各族与明廷政治隶属关系的表现，也是经济联系的一种特殊形式。贡，即进贡、纳贡，朝贡就是边疆民族或政权贡献方物。有学者认为，"边疆民族向中央王朝贡献方物的制度，早在周朝时期就已经确立。"①西周之后，历朝各代继承了这种朝贡制度。明朝规定：四夷及边疆各族首领、土司、职官等都需定期向朝廷进贡方物，以效职方，朝廷计其贡物之值予以回赐。这实际上体现四夷少数民族对中央政府承担一种必须履行的政治义务，表明其政治上对明朝的隶属关系。一般情况下，不管各少数民族政权或地方政府、豪酋所派使臣贡方物多少，中原汉族朝廷本着"羁縻远人"的原则，均给予优厚回赐，其值远远高于贡物本身之价值，历史上的汉、唐、宋时期就是如此。

从经济学的视角看，朝贡与回赐也构成了经济贸易关系，这就是朝贡贸易，它是中原内地与周边少数民族之间经济联系的主要形式之一。14—16世纪，明朝与蒙古、藏族、女真诸民族之间的朝贡与回赐，其理念和处置原则仍然属于这种范畴之内。但必须清楚的是，明朝与边疆各族之间的朝贡贸易，朝廷

---

① 李大龙：《唐朝和边疆民族使者往来研究》，黑龙江教育出版社 2013 年版，第 117 页。

特别强调这样一个前提条件:称臣受封,方可通贡,故通贡或又称为"封贡"①。与正常的商业贸易和对外贸易不同,朝贡贸易的前提是进贡、纳贡,贸易是附带的经济交流,并不是朝贡的主要目的。

一、明朝与蒙古

明代蒙古与中原地区的经济交往主要以通贡和互市两种形式进行,"通贡,既是蒙古与明廷某种松散的政治隶属关系的表现,又是经济联系的一种特殊形式。"②永乐初,明成祖朱棣继皇帝位后开始逐步放松洪武朝对边疆少数民族贸易的限制政策,就连与明为敌的蒙古部落也不在其禁限之列。永乐元年五月,明成祖下诏:"朕嗣位之初已尝诏谕尔众后辽东守臣言,尔等俱欲来朝,今遣指挥萧尚都镇抚刘忽鲁秃百户和尚往谕朕意,但来朝者悉授以官,俾仍居本地,岁时贡献经商市易一从所便。"③这就意味着自永乐元年五月起,兀良哈蒙古诸部与明朝可以通贡、经商、市易,明蒙之间的经济交往正式恢复。

此诏颁布后六个月(永乐元年十一月),兀良哈头目哈儿兀歹"遣其部属二百三十人来朝贡马"④,这是明代最早的蒙古朝贡使团。此后,明成祖朱棣先后封瓦剌马哈木等为顺宁三王,封阿鲁台为和宁王,允许每年一贡或再贡。永乐五年二月,明成祖敕谕镇守辽东保定侯孟善曰:"缘边鞑靼、女直野人来朝及互市者,悉听其便。"⑤在永乐明朝的开明政策下,"明蒙间直接的经济联系,在中断四十年以后,以朝贡贸易的形式,重新建立起来。"⑥

明代蒙汉之间的通贡贸易是在蒙古封建主与明廷之间进行的。每年一次

① "所谓封贡,就是蒙古贵族取得明朝政府的封爵,被封蒙古贵族定期向明朝进贡方物,明朝政府接受贡物之后,给经比较优厚的回赐。"参见高树林:《明朝隆庆年间与蒙古右翼的封贡互市》,《河北大学学报》1982年第1期,第141页。
② 白翠琴:《明代大同马市与蒙汉关系当议》,《中国蒙古史学会论文选集》,第178页。
③ 《明太宗实录》卷二〇,永乐元年五月乙未,第369页。
④ 《明太宗实录》卷二三三,永乐十九年正月己巳,第450页。
⑤ 《明太宗实录》卷六四,永乐五年二月己丑,第909页。
⑥ 胡钟达:《明与北元—蒙古关系之探讨》,《内蒙古社会科学》1984年第5期。

或数次，各部领主利用属民上交的阿勒巴（包括牲畜、猎获物和各种牧区手工制品）向明朝"进贡"，蒙古大封建主每次朝贡携带的兽皮可能成千上万。明廷本着厚往薄来、优抚远人的态度，回赏赐予丝织品、棉织品、农产品、生活用具、医药及其书籍纸张、佛经以及货币等，这就是"贡物"与"回赐"。

在双方贸易往来的物品中，蒙古朝贡的主要是马，明廷主要赐予金银、钞币、彩绢袭衣等物。永乐—正统年间（1403—1449）的四十七年中，这样的例子不胜枚举：

永乐二年四月，指挥萧上都等自兀良哈还，鞑靼头目脱儿火察哈儿兀歹等294人随上都等"来朝贡马，命脱儿火察为左军都督府都督佥事，哈儿歹为都指挥同知……"，其余所举未至者总共357人各授指挥、千百户等官，赐诰印冠带及白金钞币、袭衣；①十一月，哈密忠顺王安克帖木儿遣兀鲁思等"贡马谢恩，命赐钞及袭衣绮帛。"②永乐三年九月，歆多伦地面鞑靼纳哈剌等"来朝贡马，赐之银钞、彩币"；③十月，泰宁、朵颜、福余、建州兀者等卫指挥章乞帖木儿等52人，及恺腊儿鞑靼把秃，九山鞑靼野麻哈等45人"来朝贡马，赐钞币有差。"④永乐四年二月，木伦河鞑靼、女直野人头目卯不花等108人"来朝资马，赐之钞币"；⑤八月，考儿仓等处鞑靼头目安立提等"来朝贡马，置竦和儿河千户所，命安立提等为千户百户镇抚，赐诰印冠带及袭衣钞币有差"；⑥十二月，剌兀河那海哥里窝赤等处女直野人鞑靼头目孛罗帖木洛上头吉野失那等"来朝贡马，赐钞币有差。"⑦永乐五年正月，五看河、纳木里河、失鲁赤河等处女直野人鞑靼头目满秃雪黑勒、锁斌哈等300人"来朝贡马，赐钞币有差"；⑧三月，

---

① 《明太宗实录》卷三〇，永乐二年四月己丑，第550页。
② 《明太宗实录》卷三六，永乐二年十一月己亥，第619页。
③ 《明太宗实录》卷四六，永乐三年九月庚子，第711页。
④ 《明太宗实录》卷四七，永乐三年十月己卯，第722页。
⑤ 《明太宗实录》卷五一，永乐四年二月戊子，第768页。
⑥ 《明太宗实录》卷五八，永乐四年八月甲辰，第849页。
⑦ 《明太宗实录》卷六二，永乐四年十二月庚戌，第896页。
⑧ 《明太宗实录》卷六三，永乐五年正月壬戌，第902页。

泰宁卫都指挥金事忽剌班胡遣子阿剌哈率所部 60 人"来朝贡马,赐钞币袭衣遣还";①四月,大西番陀安官速康部及剌麻匝各瓦遣头目剌伯及剌古瓦如寨、头目各塔等,并失入真拗剌失剌恼兀倪等处鞑靼头目完者秃等"来朝贡马,赐钞币有差";②七月,札木哈地面鞑靼头目他阿察儿等"来朝贡马,赐钞币有差",③托堂奇山大乃若因河好兀等处鞑靼头目一里哈等"来朝贡马赐钞币袭衣"。④ 十月,温突儿年么连等处鞑靼头目苟史得"来朝贡马,赐赏有差"⑤;十一月,阿鲁兀纳么连地鞑靼头目脱完不花等"来朝贡马,播州宣慰使杨升遣苐珪贡方物,赐钞币有差。"⑥永乐六年二月,琐郎哈真河等处女直野人万户只儿木、鞑靼头目方希等"来朝贡马,赐钞币有差。"⑦永乐七年八月,兀良哈朵颜等卫都督金事脱儿火察指挥都忽秃遣子弟者赤等 126 人"贡马,赐钞币有差。"⑧永乐九年六月,鞑靼太师阿鲁台遣国公忽鲁秃等随指挥岳山等"来贡马,赐宴劳之";⑨十二月,鞑靼太师阿鲁台遣使彻里帖木儿等"贡马千匹,命礼部给马直,赐彻里帖木儿彩币有差。"⑩永乐十五年六月,兀良哈、泰宁、朵颜等卫都督阿者失里遣子赛因不花等"贡马,赐袭衣钞币。"⑪

宣德元年十二月,赤斤蒙古等卫指挥使且旺失加等遣千户锁合者等"来朝贡马"⑫宣德四年三月,兀良哈三卫大小头目亲来朝贡,"上以虏既归诚,遂敕昭等各回卫备御,悉赐之钞,令陕西布政司以官库所贮给之。"⑬宣德五年

---

① 《明太宗实录》卷六五,永乐五年三月甲戌,第 921 页。
② 《明太宗实录》卷六六,永乐五年四月壬辰,第 926 页。
③ 《明太宗实录》卷六九,永乐五年七月丁巳,第 974 页。
④ 《明太宗实录》卷六九,永乐五年七月乙亥,第 977 页。
⑤ 《明太宗实录》卷七二,永乐五年十月己酉,第 1012 页。
⑥ 《明太宗实录》卷七三,永乐五年十一月辛酉,第 1015 页。
⑦ 《明太宗实录》卷七六,永乐六年二月甲午,第 1036 页。
⑧ 《明太宗实录》卷九五,永乐七年八月辛丑,第 1255 页。
⑨ 《明太宗实录》卷一一六,永乐九年六月庚寅,第 1475 页。
⑩ 《明太宗实录》卷一二二,永乐九年十二月己丑,第 1535 页。
⑪ 《明太宗实录》卷一九〇,永乐十五年六月戊子,第 2011 页。
⑫ 《明宣宗实录》卷二三,宣德元年十二月戊子,第 623 页。
⑬ 《明宣宗实录》卷五二,宣德四年三月丁卯,第 1254 页。

十月，瓦剌等处头目猛哥不花等遣使臣颜帖木儿，沙州、赤斤蒙古二卫都督困即来等"遣舍人阿鲁火者等来朝贡驼马"；①十一月，嘉河等卫女直指挥同知札隆加等"来朝贡方物，赐瓦剌等处使臣卜颜帖木儿，沙州、赤斤蒙古等卫舍人阿鲁火者屯河卫指挥同知，土罕忽鲁爱卫指挥斡黑等钞、彩币、表里有差"；②十二月，"以赤斤蒙古卫千户朵儿只逊、可儿即等遣人贡驼马，升朵儿只逊、可儿即俱为指挥佥事、百户束古鲁为副千户，赐彩币、表里有差。"③宣德六年十月，四川黎州安抚司故土官左副使马彪侄成，福余卫鞑官指挥同知阿克即呕等"来朝贡马"④。宣德七年十月，沙州卫鞑靼卜颜帖木儿等"来朝贡马。"⑤宣德八年二月，迤北和宁王阿鲁台遣使臣孛罗台等"来朝贡马"；⑥宣德九年四月，陕西甘州左卫镇抚兀赤干帖木儿，沙州卫鞑靼奄克帖木儿，泰宁卫指挥佥事赛因帖木儿，札肥河卫指挥佥事歹羊加等"来朝贡马。"⑦

正统三年六月，朵儿只伯部下鞑靼苦列儿来归，"贡马。"⑧正统四年二月，朵颜卫指挥曲列歹，福余卫指挥锁哥帖木儿等俱来朝贡马，赐宴并赐彩币等物有差；五月，朵颜卫千户哥里干、泰宁卫都督拙赤、福余卫指挥好古歹各遣鞑靼失里干帖木儿等，福余卫指挥把秃儿、东宁卫指挥兴福等"俱来朝贡马，赐宴并赐彩段、钞币有差"；⑨同月，泰宁卫都督脱火赤子讨勤、朵颜卫鞑靼客乞儿等"来朝贡马，赐宴并赐彩币等物有差。"⑩正统五年十月，辽东安乐州达官指挥佥事哈剌、三万卫土人余丁曹、兀良哈并等"俱来朝贡马及貂鼠皮，赐彩币、钞绢等物有差"；⑪十一月，建州左等卫女直舍人阿哈苔，赤斤蒙古卫千户阿者

① 《明宣宗实录》卷七一，宣德五年十月乙未，第1672页。
② 《明宣宗实录》卷七二，宣德五年十一月丁未，第1680页。
③ 《明宣宗实录》卷七三，宣德五年十二月乙未，第1717页。
④ 《明宣宗实录》卷八四，宣德六年十月甲辰，第1933页。
⑤ 《明宣宗实录》卷九六，宣德七年十月壬辰，第2165页。
⑥ 《明宣宗实录》卷九九，宣德八年二月戊申，第2230页。
⑦ 《明宣宗实录》卷一一〇，宣德九年四月壬戌，第2466页。
⑧ 《明英宗实录》卷四三，正统三年六月壬戌，第834页。
⑨ 《明英宗实录》卷五五，正统四年五月丁卯，第1058页。
⑩ 《明英宗实录》卷五五，正统四年五月庚午，第1060页。
⑪ 《明英宗实录》卷七二，正统五年十月戊子，第1399页。

等"俱来朝贡马,赐宴并彩币等物有差"①。正统六年五月,瓦剌太师也先等"贡马"。②正统七年十一月,克默而河卫指挥喃哈右城卫指挥牙郎加、赤斤蒙古卫都指挥儿即等遣指挥把丹等"贡马驼方物,赐彩币等物"③。正统九年四月,朵颜卫都指挥朵罗干遣指挥拙赤等,并赤斤蒙古卫指挥写令等番僧、剌麻麻尼等"来朝贡马,赐宴并彩币等物有差"④;五月,赤斤蒙古卫都督金事阿速等遣指挥把丹等"来朝贡马驼,赐宴并彩币等物有差"⑤;正统九年七月,赤斤蒙古卫剌麻喃哥坚昝遣指挥锁合者等"贡马驼,赐宴并赐彩绢、衣服靴韈有差"⑥;十一月,赤斤蒙古卫遣舍人颜卜郎、建州卫都督李满住遣人"各贡马,赐宴并彩币、表里有差。"⑦正统十年正月,福余等卫指挥古南不阿,赤斤蒙古卫头目捏伯沙,毛怜等卫女直都督撒满苔失里等"来朝贡马及方物,赐宴并彩币金织袭衣等物有差";⑧四月,哈密忠顺王倒瓦答失里遣使臣阿力沙,赤斤蒙古等卫指挥羽鲁伯等"来朝贡驼马,赐宴并彩币、表里等物有差"⑨;十月,瓦剌也先部下靯靰把秃忽歹等5人来归,"进马"⑩。正统十一年正月,泰宁卫都督拙赤遣指挥土木儿,赤斤蒙古卫都督阿迷速等遣指挥却儿加,毛怜等卫女直指挥人等监卜等"来朝贡驼马方物,赐宴并纻丝袭衣彩币、表里诸物有差"⑪;三月,赤斤蒙古卫都指挥可儿即等遣头目却儿甲等,罕东卫百户奴答儿剌麻札思巴监昝遣僧人夫剌加"来朝贡驼马,赐宴并彩币、表里有差仍命赍敕及彩币、表

---

① 《明英宗实录》卷七三,正统五年十一月壬戌,第1420页。
② (明)谈迁著,张宗祥校点:《国榷》卷二五,英宗正统六年五月丙申,第1609页。
③ 《明英宗实录》卷九八,正统七年十一月甲子,第1969页。
④ 《明英宗实录》卷一一五,正统九年四月丙戌,第2317页。
⑤ 《明英宗实录》卷一一六,正统九年五月己亥,第2327页。
⑥ 《明英宗实录》卷一一八,正统九年七月丙寅,第2385页。
⑦ 《明英宗实录》卷一二三,正统九年十一月丙申,第2465页。
⑧ 《明英宗实录》卷一二五,正统十年正月辛卯,第2499页。
⑨ 《明英宗实录》卷一二八,正统十年四月甲寅,第2556页。
⑩ 《明英宗实录》卷一三四,正统十年十月辛丑,第2659页。
⑪ 《明英宗实录》卷一三七,正统十一年正月辛巳,第2722页。

里归,赐可儿即等"①;九月,赤斤蒙古卫都指挥锁合者"来朝贡驼马"②。正统十三年二月,赤斤蒙古卫千户阿儿加等"来朝贡马驼玉石等物,赐宴并币、表里等物有差"③;四月,赤斤蒙古卫都督佥事阿速遣头目阿儿加、指挥木儿古刺等,千户把麻答儿舍人完者秃等"来朝贡驼,赐宴并彩币、表里有差"④;五月,赤斤蒙古卫都指挥可儿即遣千户撒因帖木儿,乌思藏等处剌麻锁南巴绰尔甲等"贡马驼、玉石、氆氇、佛像、舍利等物,赐宴并彩币钞锭有差"⑤;六月,赤斤蒙古卫都指挥可儿即等遣千户瓦三奔可旺等,镇抚困即失加等遣千户撒因帖木儿,朵颜卫镇抚纳哈出百户脱脱不花遣达子哈剌达儿等"来朝贡马驼及方物,赐宴并钞、彩币、表里等物有差"⑥。

以上史料清楚显示,自从永乐元年放开经商贸易限制后,明朝与蒙古等边疆民族之间的通贡贸易恢复,且在此后不断地发展。尤其在宣德、正统年间朝贡与回赐交往频繁,至明英宗正统朝时已有相当规模,蒙古每次入贡人数多至几千,贡马及皮张数以万计。据《明实录》记载,正统十年(1445),瓦剌使臣皮儿马黑麻等一次向明朝"贡马八百匹,青鼠皮十三万,银鼠皮一万六千,貂鼠皮二百"。⑦ 正统十二年(1447),瓦剌使臣皮儿马黑麻等二千四百七十二人又来朝,"贡马四千一百七十二,貂鼠、银鼠、青鼠皮一万二千三百"。⑧ 据学者统计,"从1403年(永乐元年)至1570年(隆庆四年)的一百六十多年间,蒙古封建主向明廷朝贡达八百多次。"⑨而在正统、景泰二十年间,"瓦剌向明廷派出贡使四十三次。其中,十三次的贡使人数是两万四千一百一十四人,十一次贡

---

① 《明英宗实录》卷一三九,正统十一年三月乙酉,第2760页。
② 《明英宗实录》卷一四五,正统十一年九月癸巳,第2865页。
③ 《明英宗实录》卷一六三,正统十三年二月辛巳,第3172页。
④ 《明英宗实录》卷一六五,正统十三年四月己卯,第3202页。
⑤ 《明英宗实录》卷一六六,正统十三年五月戊子,第3207页。
⑥ 《明英宗实录》卷一六七,正统十三年六月丁卯,第3231页。
⑦ 《明英宗实录》卷一三六,正统十年十二月丙辰,第2704页。
⑧ 《明英宗实录》卷一六〇,正统十二年十一月甲辰条,第3116页;杨绍猷:《明代蒙古经济述略》,《民族研究》1985年第5期,第56页。
⑨ 杨绍猷:《明代蒙古经济述略》,《民族研究》1985年第5期,第56页。

马驼六万八千三百九十六匹,五次贡豺鼠、银鼠等各种皮货达十八万六千三百三十二张。"①形成了使者接踵而至、络绎于道的活跃场面。这充分说明,永乐之后明蒙通贡贸易有了长足发展。

然而,明蒙通贡贸易首先是一种政治行为,其次才是经济行为,"国家初兴虏为市,本为羁縻之术"②,换句话说,明蒙之间的通贡贸易是由政治关系决定的,并不是市场供需决定的。正因如此,明蒙通贡贸易的主动权掌握在明蒙上层统治者手中。白翠琴指出,"明廷将通贡和互市,仅仅作为维护边防、控制蒙古的一种手段,并非从经济交流需要考虑。因此,这种交换从一开始便有很大局限性。③ 比如规定通贡必须严格遵守贡道和贡期,所谓"朝贡有常时,道路有定处。"④此类限制性规定,在明清朝贡贸易文献记载中非常之多:

如明初规定,蒙古贡使往来必须从大同道入境,否则为违法进贡。洪熙中,礼科给事中黄骥奏请对西域贡使朝廷限制,具体办法是:1."除哈密忠顺王及亦力把里、撒马儿罕等处番王遣使朝贡许令送赴京,来不过一二十人,正副使给与驿马,余与驿驴,庶几陕西一路之人,可少苏息。"2."自今(西域)有贡马者,令就甘肃给军士,余一切勿受,听其与民买卖,以省官府之费。"⑤原因是西域所产主要有马、硇砂、梧桐、碱等,只有马是国家所需,其余无益于国,必接受。黄骥的建议得到朝廷认可,颁行实施。正统年间,限制之奏疏及敕谕累有陈奏或发布。正统二年十月,"行在兵部奏:兀良哈及鞑靼女直人等来朝贡者进马,或三五匹,动辄三四十人,有回至中途复来者,多有不逞之徒,诡冒其间引诱为非俱无公文照验,道经城镇关隘,总兵镇守等官略不谁何一槩纵放,所过凌辱驿传,骚扰军民,需索剽夺其害非一乞禁止之。上是其言,乃敕辽东等

① 引姑茹玛:《明蒙通使探析》,内蒙古大学 2005 年硕士学位论文;另见《明英宗实录》卷二〇四(景泰二年五月癸丑条)、《明经世文编》卷一九("胡濙《论虏情疏》")。
② 《明世宗实录》卷三八三,嘉靖三十一年三月丁亥,第 6772 页。
③ 白翠琴:《明代大同马市与蒙汉关系当议》,《中国蒙古史学会论文选集》,第 178 页。
④ (明)严从简,余思黎点校:《殊域周咨录》卷一八《鞑靼》,中华书局 1993 年版,第 600 页。
⑤ (明)余继登:《典故纪闻》卷八,第 144 页。

处总兵等官今后外夷以事来朝者止许二三人，或四五人，非有印信公文，毋辄令入境。"①正统四年六月，"敕总兵官都督同知王彧曰：近闻兀良哈泰宁朵颜福余三卫与瓦剌脱欢等交通，累遣使臣朝贡，实欲觇我虚实，兹已遣。敕谕彼凡遇时节庆贺，许遣头目三五员，或有警急虽非时节亦许遣一二人来奏报，自余贡献悉令罢免。"②

正统十三年时，明朝还专门订立了针对朝贡使臣在贸易、买卖等方面行动法规，其内容是："今后来朝贡者，赏赐后方于街市买卖五日，永为定制，敢有恃恩玩法者，重罪不宥。"③此法明确规定：凡来京朝贡者，所赏之物只准赏后买卖，且在市场的买卖不得超过五天。与此同时，明廷对"不遵守"规定的贡使一应人员，严格查验，严禁非法入境。

虽然诸限制、制约不利于朝贡贸易，但不可否认的是，明朝与蒙古、女真等少数民族之间的通贡贸易在永乐时期及其后有了一定发展，且对于明蒙经济交流起到了积极作用。正如高树林所说，"朝贡贸易是明蒙经济关系中最重要的内容，通过朝贡贸易，明朝实现了对蒙古的'控制'和所谓'归诚'，蒙古则得到了他们所需要的物资，这种经济形式其实是双方政治关系的反映"④。杨绍猷也认为，"通贡是在蒙古封建主与明廷之间进行的，一方面表明蒙古封建主与明朝的政治关系，同时又是蒙古与明朝在经济、文化方面的交流。"⑤

二、明朝与西番

同蒙古、西域各族大致相同，明代西番与中原地区的经济交往也以朝贡和茶马互市两种方式进行。自从永乐元年五月，明成祖诏令"岁时贡献，经商市

---

① 《明英宗实录》卷三五，正统二年十月癸未，第693页。
② 《明英宗实录》卷五六，正统四年六月乙酉，第1069页。
③ （明）余继登：《典故纪闻》卷一一，第210页。
④ 高树林：《明朝隆庆年间与蒙古右翼的封贡互市》，《河北大学学报》1982年第1期，第141页。
⑤ 杨绍猷：《明代蒙古经济述略》，《民族研究》1985年第5期，第56页。

易一从所便"①颁行后,明朝与兀良哈、女真等边疆各族的通贡、经商、市易开始转向正常。与此同时,在东北和西域地区,"明朝也与当地少数民族建立市易朝贡关系,作为明朝控制东西双方以钳制鞑靼和瓦剌的手段之一",②如永乐十一年七月,永乐帝敕谕甘肃总兵官丰城侯李彬:"别失八里王马哈麻敬事朝廷,遣使来贡,如至可善待之,其市易者听自便。盖远人慕义而来,当加厚抚,纳庶见朝廷怀柔之意。"③永乐帝还对明朝与西洋各国间的通贡贸易也实行了较宽松的政策,免了以往朝廷对各国使臣所贡方物征税的惯例,"西洋诸国使臣来朝贡方物,因附载胡椒,与民互市,有司请征其税,成祖曰:'商税者,国家以抑逐末之民,岂以为利? 今夷人慕义远来,乃欲侵其利,所得几何?'不听。"④

在此背景下,西藏和其他藏族地方与明朝中央之间的朝贡贸易也迅速发展了起来。从洪武五年(1372)故元摄帝师喃加巴藏卜遣使入贡明朝,至崇祯三年(1630)乌思藏僧人三旦多只等来京朝贡,二百余年间西番向明朝朝贡不断,其朝贡类型多样,朝贡次数频繁,朝贡规模庞大。

明代西番乌思藏、朵甘、河洮岷藏族朝贡,主要有例贡、请职、谢恩和庆贺朝贡等类型。例贡是西藏地方各行都武卫官员、地方政教首领以及其他僧俗势力按照明朝规定,定期向朝廷进贡方物,以效职方之贡。这种朝贡实际上是西藏地方对中央政府承担的一种必须履行的政治义务,表明其政治上对明朝的隶属关系。例贡通常三年一次。但在永乐和宣德年间,也出现了一年一贡或二年一贡,甚至一年两贡的情况,因此又称岁贡。

请职朝贡是藏族地方教俗首领遣来京城请求明朝皇帝赐封其爵位的使者,明朝管理西藏地方僧俗官员任职、承袭、替代的一种手段和方式,洪武、永乐年间最为常见,分为请封、请袭和请替三种。对诸王等重要人物的承袭,朝

① 《明太宗实录》卷二〇,永乐元年五月乙未,第365页。
② 戴鸿义、阎忠:《永乐时期明蒙间的贸易关系》,《内蒙古民族师院学报》1990年第1期。
③ 《明太宗实录》卷一四一,永乐十一年七月丙午,第1696页。
④ (明)余继登:《典故纪闻》卷六,第106页。

廷还要派遣专使往封，但请替朝贡并不多见。明朝规定，除三大法王的名号可由师徒或转世者继承，不必听候中央诏命外，其余五大教王和灌顶国师等，其职号的承袭、替代都必须由承袭者遣使或亲自入朝申请承袭，上缴原颁印信、诰敕，旨准后方颁赐新的印信、诰敕，完成袭职手续。对于各藏族地方政教首领的请职要求，明朝均一应允之，赐其封号、文书、诰印，让他们管理各自地方。

谢恩、庆贺朝贡。通常情况下，西番首领获得封职后都要择机前往明京"谢恩"，以示感谢，此即为谢恩使，如永乐十六年（1418）九月，董卜韩胡宣慰使喃葛遣头目镶儿结等"贡方物谢恩"。庆贺使是藏族地方首领派遣的入京庆贺使者，一般每逢明朝内地的汉族节日特别是皇家重大政治活动时派遣。如永乐二年（1404）十二月，四川天全六番招讨使高敬让来朝贡方物，"贺立皇太子。"永乐三年（1405）十二月，西番马儿藏等簇、四川、贵州诸土官各遣人贡方物，"贺明年正旦。"

明朝前期，朝廷对于西藏等藏族地方政教首领的朝贡，不加限制。因此，朝贡人数和贡期没有具体的规定。甚至朝廷对于一些积极朝贡者，还派使臣进藏"答其遣使朝贡之诚"。这主要是因为藏地教俗上层朝贡，朝廷取其政治臣属之重大意义之旨，并不是从经济角度考虑。洪武时，乌思藏朝贡，比照诸侯于天子的三年一大聘，一般为三年一次。但两年一贡或一年一贡、一年两贡等多贡者不加限制，但当时每次朝贡的人数尚不多。

从朝贡使的派遣情况看，终洪武一朝，藏族地方政教首领派使者前往明京与中央政府加强联络和沟通，咸查《明实录》记载之朝贡使者名，殆知有名无名者间或其中，考其有名者计乃不失结、锁南藏卜、僧吉加督、管著等21人。不仅遣使朝贡，一些藏族地方首领还亲往明京进献方物。《明太祖实录》卷一三一谓：洪武十三年四月，"西番红堤峪族酋长亦卜藏卜等贡方物，赐文绮有差。"①卷一四二亦谓：洪武十五年二月，"松潘安抚司酋长占藏先结等来朝，贡

---

① 《明太祖实录》卷一三一，洪武十三年四月乙酉，第2078页。

马一百三匹。诏赐文绮、钞有差。"①又,卷一八八载:洪武二十一年二月,四川天全六番招讨司副招讨杨藏卜等人进马,诏赐文绮、钞锭。② 此三段文献资料说明,洪武时期,藏族地方政教首领亲往明京进贡。

永乐年间,明朝册封的二大法王、五大政教王及各藏地大国师、国师、寺院主持及僧官都遣使进京朝贡。如永乐七年(1409)二月,如来大宝法王哈立麻遣其徒辍藏等贡方物;永乐十年(1412)五月,如来大宝法王哈立麻遣其徒杨班丹等贡方物;永乐十三年(1415)正月,正觉大乘法王昆泽思巴遣使贡马,这是永乐年间乌思藏二大法王遣使进京朝贡。

除了法王高僧,五大政教王也遣使进京朝贡。阐化王于永乐六年(1408)遣使贡马及方物,赞善王于永乐八年(1410)遣使贡马及方物,护教王于永乐九年(1411)遣使贡马及方物。在永乐十四年(1416)五月,阐化王、护教王、阐教王三王俱遣使贡马及方物,这是永乐时期五大政教王遣使进京。二大法王和五大政教王是永乐明朝藏族地方分封中地位最高的,他们频繁遣使入京朝贡,反映出藏族地方教俗上层积极加强与明朝中央常态化联系的坚定决心和愿望。

由上可知,从永乐元年(1403)正月朵甘、乌思藏必力工瓦等国师并土官遣使贡马及方物,一直到永乐二十二年(1424)三月乌思藏僧加必什络、陕西文县千户所番僧尹巴等贡马,西番、乌思藏、朵甘藏族地方政教上层、部族头目、土司土官均遣使入明朝贡。据《明实录》文献资料分析,永乐年间各藏族地方进京朝贡的次数和人数不断增加,规模渐长,朝贡使占永乐朝各藏族地方进京使的95%以上。在川陕藏族地方,永乐三年(1405),安定卫头目撒力加藏卜朝贡使团的人数是39人,但到永乐二十一年(1423)陕西秦州卫土官番僧囊吉占钻朝贡时,使团人数增至57人。在乌思藏族地方,永乐五年(1407)札思巴儿监藏朝贡使团的人数是61人,但到永乐二十年(1422)国师班丹札

---

① 《明太祖实录》卷一四二,洪武十五年二月戊午,第2234页。
② 《明太祖实录》卷一八八,洪武二十一年二月己未,第2822页。

朝贡时,朝贡使团的人数达 314 人。粗略统计,永乐年间各藏族地方派往明京的使者至少在 500 人以上,以至于藏地入京朝贡使络绎不绝。

西番各僧俗首领、番簇陆续派遣使团来京朝贡,向明廷进贡土特产品、牲畜、马、画佛、铜佛、铜塔、氆氇、左髻毛缨、足力麻、铁力麻、珊瑚、犀角之属等,可谓应有尽有。《名山藏》记载:

> 乌思藏贡画佛、铜佛、铜塔、舍利、各色足力麻、各色铁力麻、各色氆氇、珊瑚、犀角、左髻、毛缨、酥油、明盔、明甲、刀、剑,凡十六种。①
>
> 长河西、鱼通、宁远等处、杂道长官司贡画佛、舍利、各色足力麻、各色铁力麻、各色氆氇、珊瑚、犀角、左髻、明盔、刀、毛缨,凡十一种。②
>
> 朵甘思、朵甘直管招讨司,贡各色足力麻、各色铁力麻、各色氆氇左髻、明盔长刀凡六种。③
>
> 董卜韩胡、别寨安抚司、加渴歹寺贡各色氆氇、各色足力麻、各色铁力麻、珊瑚、明盔、铁甲、遮甲麻衣、白毛缨、红毛缨、黑毛缨、黄左髻,凡十一种。④
>
> 洮岷等处番僧族贡铜佛、画佛、舍利子、马、驼、酥油、青盐、青木香、足力麻、铁力麻、氆氇、左髻、毛缨、明盔、明甲、腰刀,凡十六种。⑤

另外,域外各国扩边疆各地贡物各式各样,朝鲜有金银器皿、螺钿梳函、豹獭之皮、黄毛之笔、人参、种马,日本贡马、盔铠、剑腰、刀枪、涂金装彩屏风等。所有进贡物中,马仍然是边疆民族首领进贡明朝的最重要物品之一,如马的

---

① （明）何乔远撰,张德信、商传、王熹点校:《名山藏》卷一〇九《西戎下》,福建人民出版社2009 年版,第 3121 页。

② （明）何乔远撰,张德信、商传、王熹点校:《名山藏》卷一〇九《西戎下》,第 3121 页。

③ （明）何乔远撰,张德信、商传、王熹点校:《名山藏》卷一〇九《西戎下》,第 3121 页。

④ （明）何乔远撰,张德信、商传、王熹点校:《名山藏》卷一〇九《西戎下》,第 3121 页。

⑤ （明）何乔远撰,张德信、商传、王熹点校:《名山藏》卷一〇九《西戎下》,第 3122 页。

进贡：

永乐五年（1407）三月，西藏地方馆觉头目南葛监藏遣人贡马；永乐十一年（1413）正月，净修三藏国师耳亦赤之子耳亦奴等贡马；永乐十二年（1414）十二月，西番占藏先结簇、山洞簇、思囊儿簇、白马路簇等十五长官司俱遣人来朝贡马；永乐十三年（1415）正月，正觉大乘法王昆泽思巴遣使贡马；永乐十五年（1417）二月，乌思藏大国师释迦也失遣人贡马；永乐二十一年（1423）七月和永乐二十二年（1424）正月，洮州、岷州卫番僧、番人各遣人贡马。

对于所有朝贡使者和贡物，明廷本着厚往薄来、"抚待远人"的羁縻政策一应厚赏，回赐数倍于其价值的丝织品、生活用品、医药用品、书籍纸张、农产品以及货币等，有茶、米、禅衣、鞋帽、黄金、白金、钱币、绒锦、纻丝、钞绽、香果等。

明朝对藏地的赏赐较为随意，形式多样。永乐十六年（1418）八月，尼八剌国王沙的新葛遣人贡方物，"上遣中官邓诚赍敕往，赐之锦绮、纱罗，与其贡使偕行。凡所经罕东、灵藏、必力工瓦、乌思藏、野蓝、可般卜纳等处头目，皆有赐赉。"①明朝对于藏地入京使的赏赐极其丰厚。因此，许多藏族头目也是为了赏赐而来朝贡。"上位前，乌思藏阐化王坚参巴藏卜奏：蒙朝廷天给与敕书，每三年一贡，今差头目簇克林等三十人照例赴京，进贡马十匹、盔十顶、甲十副，望朝廷可怜见，给与赏赐便益。"②

赏赐物的多少主要依据各藏族地方教俗首领和大小僧官的政治地位和官职大小。永乐元年（1403）八月，明成祖遣智光以白金、彩币颁赐馆觉、灵藏、乌思藏、思达藏灌顶国师等高级僧侣，"凡白金二千二百两，彩币百一十表里。"③《西域传·阐化王》谓：明成祖嗣位后遣僧智光往赐灌顶国师吉剌思巴监藏巴藏卜。于是，吉剌思巴监藏巴藏卜于永乐元年"遣使入贡。"④《西域

---

① 《明太宗实录》卷二〇三，永乐十六年八月戊寅，第 2097 页。
② 《西番馆译语》来文四；《西藏地方是中国不可分割的一部分》，西藏人民出版社 1986 年版，第 155 页。
③ 《明太宗实录》卷一一，洪武三十五年八月戊午，第 177 页。
④ （清）张廷玉等撰：《明史》卷三三一《阐化王传》，第 8580 页。

传·辅教王》："辅教王者,思达藏僧也。其地视乌斯藏尤远。成祖即位,命僧智光持诏招谕,赐以银币。"①永乐十五年(1417)二月,内官乔来喜等赍佛像、佛经、金银法器、彩币等物往乌思藏,赐正觉大乘法王昆泽思巴;永乐十七年(1419)十月,中官杨三保等赍敕往赐乌思藏正觉大乘法王昆泽思巴、怕木竹巴灌顶国师阐化王吉剌思巴监藏巴里藏卜、必力工瓦阐教王领真巴儿吉藏、思(达藏)辅教王喃渴烈思巴、灵藏灌顶国师赞善王著思巴儿监藏、灌顶弘善西天佛子大国师释迦也失等佛象、法器、袭装、禅衣及绒锦、彩币表里有差"。盖答其遣使朝贡之诚也。"②

　　为了规范赏赐,永乐元年(1403)四月,礼部于是议定了《河州、洮州番族朝贡赏例》规定:"河州卫必里千户所千户,每员银六十两、彩币六表里、钞百锭,曾授金符头目亲来朝贡者,银五十两、彩币五表里、钞七十锭、纻丝衣一袭;遣人朝贡者四十两、彩币四表里、钞五十锭;中途死者,官归其丧,赏赐付抚安官给之。所遣使每人银十两、彩币二表里、钞三十锭;未授金符头目亲来朝贡者,银四十两、彩币四表里、钞五十锭、纻丝衣一袭;附贡者银三十两、彩币三表里、钞四十锭,付抚安官给赏。其抚安千户每员赏钞七十锭、彩币四表里,旗军人等人赏钞五十锭、彩币二表里。"③依此例规定,对千户所千户每人赏银60两;对番族头目的赏赐分两种:亲自来京朝贡者赏赐银50两,遣人朝贡者赏赐银为40两。其他按是否来京,从赏银40两至10两不等。自此,赏赐才有了规范的法律规定。

　　永乐之后,在朝廷对西藏和其他藏族地方进贡格外优待的政策推动下,西番朝贡人数和使团规模逐年剧增。到了景泰时期,朝贡人数增加了10倍,景泰以后情况更甚,许多朝贡使团中掺杂着内地商人、民众,朝贡人数多达几千人。这些大规模的朝贡使团,其谋取经济利益的目的性日益凸显,且远远超越了政治联系之范畴,以致明政府在朝贡贸易中损失十分严重。朝贡频仍,规模

① (清)张廷玉等撰:《明史》卷三三一《辅教王传》。第8585页。
② 《明太宗实录》卷二一七,永乐十七年十月癸未,第2162页。
③ 《明太宗实录》卷一九,永乐元年四月丁卯,第346—347页。

宏大,各族朝贡无序,迫切需要制定一定的法律规范其朝贡行为。于是,明朝对朝贡次数、人数和规模进行规限。① 成化六年(1470),明朝颁行"朝贡例"对乌思藏政教首领的贡期、贡使人数及其勘验朝贡文书等方面做出了新的全面规定:

(1)乌思藏赞善、阐教、阐化、辅教四王贡期,均定为三年一贡;(2)每王遣使人数定为100人,最多不能超过150人;(3)国师以下者不得擅自遣使进京朝贡;(4)贡使进入边关,需要查验各王遣使姓名、所贡方物及印信番文,严禁混冒入贡。

这就是《成化六年朝贡例》。新"例"的颁布和实施,意味着此后的诸藏朝贡将更加规范和严格。然而,从接下来的朝贡规模看,此"例"的作用仍然有限。成化八年,礼部奏称:岷、洮等卫奏送各族番人四千二百余人,除给马值不计外,凡赏彩缎八千五百四十二表里,生绢八千五百二十余匹,钞二十九万八千三百余锭。这里还主要是从西北来的藏族,并不完全是乌思藏的朝贡者。成化二十一年,阐化王遣使四百六十二人入朝。同年,大宝法王、阐化王遣使一千四百七十人来京朝贡。弘治十二年,乌思藏及长河西宣慰使司各遣人来贡,贡使达二千八百余人。正德五年三月,乌思藏大乘法王差刺麻绰吉我些儿等率使团八百人赴京;嘉靖二年闰四月,四川董卜韩胡宣慰司起送番僧舍利卜等率使团一千七百余人赴京。嘉靖十五年正月,乌斯藏辅教、阐教、大乘各王差国师短竹札失等、长河西、鱼通、宁远等处军民宣慰使司差寨官桑呆短竹等率使团各进贡,使团人数竟达四千一百七十余人。

显而易见,《成化六年朝贡例》颁行后依然是诸藏朝贡频仍,规模宏大,且许多贡团中掺杂内地商人,其谋取暴利的经济目的远远超越了政治联系的范畴,以致各族朝贡无序,使明朝政府在朝贡贸易中损失十分严重。

为此,到了隆庆六年(1572),明朝再次做出更为严格的限制性规定。《隆

① 参见:陈武强《边地贡使与朝贡规范——明代朝贡例的演变》,《经济社会史评论》2024年第4期,第106—123页。

庆六年朝贡例》又问世了。其内容如下：第一，将国师、禅师、都指挥使等的袭职朝贡一律并入年例贡内，袭职后不许再差人谢恩进贡；第二，规定未及三年不许来贡，"不愿者不强"，凡贡不如期及年例外多贡者，参作下次例贡之数；第三，鉴于使团规模日渐扩大的局面，不得不在限制赴京人数基础上相对放宽诸王贡使人数，规定：阐教、阐化、辅教三王，大乘、大宝二王"俱三年一贡，每贡各一千人。内五百人全赏，在京题给，五百人减赏，本省给与。于全赏内起送八人赴京，余留边听赏。护教王三年一贡，每贡七百七十五人，内三百八十七人全赏，三百八十八人减赏，全赏内起送六人赴京，余留边听赏。"①

　　明朝对于藏族地方朝贡的限制，缘于朝贡无度增加过程中存在的客观问题，特别是朝贡管理，保障朝贡通畅所需之人力、物力和财力之负担，边防情报泄露之隐患，朝贡贸易之纠纷等。从效果看，成化后明廷在限制朝贡人数、朝贡次数等方面做了大量的立法工作。然而"屡申约束，而来者日众"②，规限措施的作用仍然有限，直到万历朝之后限制政策才真正有了成效。

　　总之，鉴于藏族教俗上层朝贡对于明朝统治诸藏的政治意义，明初朝廷对西藏等藏族地方政教首领的朝贡倍加优赏，朝贡人数和次数也没有具体规定。洪武时，乌思藏朝贡比照诸侯于天子的三年一大聘，一般为三年一次。但两年一贡或一年一贡、一年两贡等多贡者也较多，朝廷均予以鼓励，不加限制，甚至对于一些积极朝贡者还派使臣进藏"答其遣使朝贡之诚"。为了表达对于藏族事务及边疆事务的关注和重视，朝廷视各藏地朝贡使为上宾，礼待有加，朝廷往往还会举行盛大的官方宴请活动，宴请也总有赏赐，"宴尚师哈立麻于华盖殿，赐金百两、银千两、钞二万贯……"③"赐西番等处净修三藏国师所遣朝贡使臣思思南土官田仁凯等宴于会同馆。"④频繁的朝贡与回赐，使明朝中央政府与西藏等藏族地方建立了广泛的政治互动及经济文化往来，不仅加强了

---

① （明）李东阳等撰，申时行等重修：《大明会典》卷一〇八《礼部·朝贡四》，第 1611 页。
② （清）张廷玉：《明史》卷三三一《西域三》，第 8588 页。
③ 《明太宗实录》卷六二，永乐四年十二月庚戌，第 896 页。
④ 《明太宗实录》卷七四，永乐五年十二月己丑，第 1024 页。

西番与明朝中央的关系,而且藏族地方政教首领还获得了大量赏赐,发展了当地经济文化事业。

从实质上讲,西番与明中央之间的朝贡关系既是一种经济关系,也是一种政治关系。明王朝通过对朝贡和茶马互市的控制,笼络与控制藏族地方,以便集中精力对付蒙古。故此,明廷一方面严格控制茶叶流向,严禁蒙古拥有茶叶。否则,"番以茶为命。北狄若得,藉以制番,番必从狄,贻患匪细"①。另一方面,明朝把与西藏地方的朝贡贸易看作恩怀远人的一种政治手段,以怀柔安抚手段推行西藏政策是政府唯一的选择。

明朝与西番诸地间朝贡及其朝贡贸易的恢复和发展,对于汉藏经济文化交流起到了积极作用。贺卫光评价道,"朝贡贸易是中国历史上中原王朝与周边各民族地方之间在和平状态下的经济贸易往来关系,这种贡与赐的格局,实际上反映了二者间保持着政治经济文化等方面的友好关系或联系,一定程度上弥补了各自经济文化类型的不足之处。"②通过朝贡,不仅藏族地方从朝廷获得丰厚的回赐,得到所需物资和实惠,发展了藏地经济。而且经济上与内地互通有无,促进西藏地方与祖国内地的经济交流,进而促进了明代西藏地方与中央政府的关系。

三、明朝与西域

明朝时期与西域各族的朝贡贸易十分活跃,极为频繁。明朝建立之时,"高皇帝定陕西、甘肃诸镇,嘉峪关以西置不问"③,而"嘉峪关外,并称西域。"④明政府规定,西域贡来京使进贡的唯一法定路线是河西走廊古道。众所周知,河西走廊是"唐蕃古道"主干道,是中原通往西域的必经之路。这里民族众多,文化多元开放,既是中外交通的要道,又是东西方文化、各民族文化

① (清)张廷玉等撰:《明史》卷八〇《食货四》,第1953页。
② 贺卫光:《中国古代游牧民族经济社会文化研究》,甘肃人民出版社2001年11月版,第154页。
③ 高岱:《鸿猷录》卷一三《兴复哈密》,上海古籍出版社1992年版。
④ (明)李东阳等撰,申时行等重修:《大明会典》卷一〇七《西戎上》,第1607页。

交汇交融之地。

前文已述，洪武、永乐时期，明朝动用全国之兵力劳师远征蒙古，但最终并未征服故元残余。为了稳定和巩固西北边疆统治，明朝封建统治者不得不面对现实，重新调整西北和北方战略，着力经营河西走廊，使其成为抵御北元蒙古和通好西域的重要屏障。《明史·西域传》曰："自成祖以武定天下，欲威制万方，遣使四出招徕，由是西域大小诸国莫不稽颡称臣，献琛恐后。"①

明朝稳定西北统治、经营西域的第一个重要措施就是确保河西走廊通道顺畅。在河西走廊古道从兰州到嘉峪关的狭长地带上，每隔四五十里，明朝就设一驿站，以保证西域贡道畅通以及朝廷物资的运送和兵力的调遣。第二个措施就是实现与西域各族朝贡往来的正常化。正统二年（1437），有 63 名哈密贡使到达甘州，左副总兵都督任礼遣人护送正、副使把失虎力等 11 人前往京师，"宴赐如例，余留甘州，皆馆馈之。"②河西走廊官员热情接待西域使团，给西域使者留下了深刻印象，盖耶速丁对明朝河西走廊官员的盛情接待作了如下记述："肃州是中国边陲地区的第一座城池。一直到那里，都需要穿越一片辽阔的瀚海。在这一站，有一片风景秀丽的草地，中国官员前来迎接使臣。中国人在很短的时间内就于草地中心为他们准备了一次丰盛的宴会。眨眼之间，他们就在那里建起了一个以大顶篷遮蔽阳光的高台，于其下面放置了大量桌椅。中国人为他们端上了羊肉、鹅肉、鸡肉以及盛放在瓷盘中的干鲜果品。"③又说："总而言之，他们在空旷的沙漠中带来了高低桌和一次宴会所必需的一切，甚至比在一个京城做得还要好得多。在用餐快要结束时，他们又向使臣奉上了各种烧酒和米酒。所有准备好的这些东西均来自肃州。"④此处明显反映出，由于河西走廊的官员热情款待依期前来的使团，使历尽千难万险、远道而来的贡使真切地感到宾至如归，对明朝产生敬慕、认同之情。

---

① （清）张廷玉等撰：《明史》卷三三二《西域传四》，第 8625 页。
② 《明英宗实录》卷三二，正统二年七月丁巳，第 638 页。
③ ［法］阿里·玛扎海里著，耿昇译：《丝绸之路：中国—波斯文化交流史》，第 43、44 页。
④ ［法］阿里·玛扎海里著，耿昇译：《丝绸之路：中国—波斯文化交流史》，第 43、44 页。

　　由于明朝积极的朝贡政策,加之回赐西域朝贡使者的大量丰厚物质,刺激了西域诸国朝贡使团纷纷来京进贡。他们的进贡物各式各样,哈密畏兀儿贡马、驼等物凡十种。罕东卫、赤斤蒙古贡马、驼梧、梧桐碱,凡3种。土鲁番、火州、柳陈城贡马、驼、玉石、镔铁刀等,凡15种。[①]　各种贡物中,马依然是主要物品之一。对于各使团的进贡,明朝毫不吝惜地给予厚赏和回赐,朝贡使团从中得到了超倍利益。于是,许多商人慕利而来,掺杂以众多贫民随从人员,组成了更加庞大的西域朝贡使团往来于嘉峪关至京师之路,络绎不绝。

　　然而,频繁的朝贡使团让沿途地方官民疲于应付,防废农时,苦不堪言。此外,在通贡贸易中,明朝得花费大量经费用以宴赏、迎驿,以及供应车辆、袜料及贡使的顿宿宣给,除京城专门设有会同馆,供贡使居住外,沿途也须供应康给。正统期间,单是大同一地,瓦剌朝贡使臣动二千余,"往来接送,及延住弥月,供牛羊三千余只、酒三千余坛、米麦一百余石、鸡鹅花果诸物,莫计其数。"[②]据史料载,仅供馈费用一年就达30余万两银子。为了改变这种状况,明朝一方面对朝贡规模、次数等方面实施更加严格限制,一方面加强对西域贡使出入关制度的检查落实。

　　关于朝贡限制之策起因,从洪熙年间礼科给事中黄骥的上奏中就完全可以看出其端倪来:

　　　　西域使客,多是贾胡,假进贡之名,藉有司之力,以营其私。其中又有贫无依者,往往投为从人,或贷他人马来贡。既名贡使,得给驿传,所贡之物,劳人运致,自甘肃抵京师,每驿所给酒食刍豆之费不少,比至京师,又给赏及予物直,其获利数倍。以此,胡人慕利,往来道路,贡无虚月。缘路军民递送,一里不下三四十人伺候于官,累月经时,防废农务,莫斯为甚。比其使回,悉以所得贸易货物以归,缘路

---

　　① (明)何乔远撰,张德信、商传、王熹点校:《名山藏》卷一〇九《西戎下》,福建人民族出版社2010年版,第3120页。

　　② 《明英宗实录》卷一三六,正统十年十二月丙寅,第2711—2712页。

有司出车载运,多者至百余辆,男丁不足,役及女妇,所至之处,势如风火,叱辱驿官,鞭挞民夫。官民以朝廷方招怀远人,无敢与较,其为骚扰,不可胜言。① 从之。

故黄骥奏请下诏陕西行都司:"除哈密忠顺王及亦力把里、撒马儿罕等处番王遣使朝贡,许令送赴京来,不过一二十人"②,以省官府之费,但收效不大。

成化初年,往来于西域贡道上的贡使和商旅更是络绎不绝,明廷照例给予恩赐。礼部尚书姚夔上疏:哈密乃西域诸番之要路,祖宗待之特为优厚。然近年"不时来贡,动以千百。将瘦损驼马数匹,名为进贡,实则贪饕宴赐。朝廷保小怀远之仁,固不恤此,然道路疲于迎接,府库竭于赏赐。"③可见,减轻官府负担和沿途驿递军民的压力迫在眉睫。于是,明朝廷对朝贡次数、贡使人数、入京人数、朝贡期限等进行严格限制。成化元年(1465)规定:哈密每年一贡,以八月初旬验放入关,"不得过二百人"。④ 这是对哈密朝贡的新规定。对于土鲁番、亦力把力等,"或三年、五年入贡,经哈密者,依期同来,不得过十人。"⑤

但此例在很大程度上流于形式。之所以形成这种局面,是明朝为了实现"通贸易以足其国","奉正朔以威其邻"的政治目的,⑥对于西北民族和西域各国的朝贡往来不仅大力保护,而且以丰厚回赐满足其经济要求,极大地刺激了贡使来京朝贡的利益关联。

关于明朝严格西域贡使的出入关制度,主要是重申西域贡使必须从嘉峪关入境之令。如果随意改变入京路线,即不从嘉峪关入境的话,则被视为非法而受到禁阻。《明世宗实录》载:"故事,夷人五年一贡,贡夷入关,半留肃州,

① (明)余继登:《典故纪闻》卷八,第144页。
② 《明仁宗实录》卷五上,永乐二十二年十二月丁未,第161页。
③ 《明仁宗实录》卷二二,成化元年十月丙戌,第434页。
④ 《明仁宗实录》卷二二,成化元年十月丙戌,第434页。
⑤ 《明宪宗实录》卷二二,成化元年十月丙戌,第435页。
⑥ (清)张廷玉等撰:《明史》卷二〇三《唐胄传》,第5358页。

半留甘州。"①也就是说,西域贡使进京朝贡,入关后并不是全部前往京师,需留部分贡使居河西走廊的甘州或肃州。据文献资料记载,被允许通过驿站前往京师朝贡的贡使只有10%左右。留居贡使一般要待三年左右,等前往北京的代表返回后,再一道出关回国。如果要求延住,也需得到朝廷批准。契达伊亦言:"中国只给每10名商人中的两名发放进入北京的关文,把其他人滞留在关口以东10日行程的甘州。"②西域贡使团"90%的人要滞留在明王朝的门户甘州,在那里从事广泛的商业贸易,这样既有利于'西方人',也有益于明王朝的臣民。"③

当西域贡使离开河西走廊时,同样要受到严格的检查。景泰年间,都察院禁约各布政司:"外夷经过处所,务要严加体察,不许官员、军民、铺店、家私与交易物货,夹带回还,及通同卫所,多索车杠人夫,违者全家发海南卫分充军。"④此后,贡使所用人夫车辆,"以十分为率,军卫三分,有司七分,永为定例。"⑤明廷之所以严格出关制度,主要目的在于检查西域贡使从明朝所带出的物品是否违禁。如果违禁,立即予以没收。"中国的例律要求造册登记他们以及同伴们的名字和身份,这一条例对于离开中国领土和进入中国领土一样适宜。"⑥弘治年间,明朝再次重申禁谕:"在京及沿途官吏一应人等,敢有将引夷人收买违禁之物,及引诱宿娼,就于各该地方枷号示众。"⑦此谕明令,严禁官兵民众私自与外夷交易,违者法办。

明代朝贡体制中不仅包括了蒙古、藏族、女真族等周边少数民族,还包括海外诸国,如日本、琉球、朝鲜、安南等明朝藩属国,他们"称臣纳贡",宗主国——明朝"册封赏赐",这两个方面是一种双向互动的关系,由此形成了明

① 《明世宗实录》卷三二一,嘉靖二十六年三月乙卯,第5962页。
② [法]阿里·玛扎海里著,耿升译:《丝绸之路:中国—波斯文化交流史》,第177页。
③ [法]阿里·玛扎海里著,耿升译:《丝绸之路:中国—波斯文化交流史》,第177页。
④ 余继登:《典故纪闻》卷一二,第225页。
⑤ 余继登:《典故纪闻》卷一二,第225页。
⑥ [法]阿里·玛扎海里著,耿升译:《丝绸之路:中国—波斯文化交流史》,第76页。
⑦ 《明孝宗实录》卷一五九,弘治十三年二月己亥,第2860页。

代东亚朝贡体制。这个朝贡体制是在 14 至 17 世纪东亚地区独特的社会政治经济和自然地理条件的基础上,以中国明朝在东亚地区所具有的实力为前提建立起来的。其中,明朝处于东亚封贡体制中的中心地位,是宗主国,周边国家向中国明朝朝贡,"接受其册封和保护,是藩属国。"①明初诸帝及政府中掌权的儒臣们均认为,中国是悠久历史和文明的东方大国,是世界秩序的中心,边疆少数民族及周边诸家不论大小都是明朝的附庸,应该通过朝贡形式表达对明朝认可、臣服,"以小事大":

洪武三十年(1397)八月,"礼部咨暹罗国王曰:自有天地以来,即有君臣上下之分,且有中国四夷之礼,自古皆然。我朝混一之初,海外诸番莫不来庭……"②洪武十六年(1383)正月,明太祖遣使诏谕中山王察度曰:"王能体天育民,行事大之礼。自朕即位,十有六年,岁遣人朝贡,朕嘉王至诚……"③永乐二年(1403)四月,"上谕吏部尚书蹇义曰:国必有统,众必有属,既能事大,又能抚众,且旧王所属意也。宜从所言,以安远人。"④洪熙元年(1425)二月,明仁宗封中山王思绍世子尚巴志嗣中山王敕曰:"昔我皇考太宗文帝躬膺天命,统御万方,恩施均一,远迩归仁。尔父琉球中山王思绍,聪明贤达,茂笃忠诚,敬天事大,益义弗懈我皇考良用褒嘉。今朕缵承大统,念尔父没已久,尔其嫡子,宜俾承续,特遣内官柴山赍敕命尔嗣琉球国中山王,尔尚立孝忠,恪守藩服,修德务善。以福国以人,斯爵禄之荣,延于无穷。"⑤宣德元年(1426)六月,明宣宗对礼部尚书胡濙说:"远夷归诚,固是美事,特赐冠服,亦表异恩。古人言:招携以礼,怀远以德。朕与卿等尤当念之。"⑥当这种笃诚事明、"以小事大"的中国四夷之"礼"与敬天抚民、修德福国结合起来时,中外关系的"正

---

① 修斌、姜秉国:《琉球亡国与东亚封贡体制功能的丧失》,《日本学刊》2007 年第 6 期,第 117 页。

② 《明太祖实录》卷二五四,洪武三十年八月丙午,第 3672 页。

③ 《明太祖实录》卷一五一,洪武十六年正月丁未,第 2376 页。

④ 《明太宗实录》卷三〇,永乐二年四月壬午,第 545 页。

⑤ 《明仁宗实录》卷七下,洪熙元年二月辛丑,第 228 页。

⑥ 《明宣宗实录》卷一八,宣德元年六月癸亥,第 473 页。

常秩序"便变得更加理所当然、合理合情了。

可见,从实质看,朝贡具有政治上服从的礼仪作用,它在政治方面体现的是宗主国与藩属国之间的宗属关系(或称宗藩关系)。朝鲜、日本、琉球向明朝进贡,明朝对他们封王、封官、授爵,进而形成一种支配与被支配的关系。修斌、姜秉国指出:"藩属国若遵守君臣之道,则宗主国不干涉其内政,反之可能面临宗主国的惩罚或军事打击。宗主国负有维护封贡体制内部政治秩序的责任。藩属国若因外部威胁和侵犯而向宗主国求援时,宗主国负有采取包括军事行动在内的救援义务,但是藩属国对宗主国没有这种义务。宗主国根据与藩属国的亲疏程度、地理的远近等具体情况,对藩属国规定序列位次和进贡的次数、间隔,但不干涉藩属国之间的接触交流乃至建立次级的宗属关系。"①

另一方面,贡品也是一种特殊的"商品",对于蒙古、藏族、女真等边疆各族及其朝鲜、日本等国进献的贡物,明廷以"赏赐"名义给予相当可观的回赐,回赐的价值往往高于"贡品"的价值,往往超过其价值的三至五倍,甚至有时高达十倍的回赠物,两者的差额实际上是保持朝贡关系和名义的代价。

与此同时,为了防止朝贡中各种不良事件的发生,明廷规定各使团的经贸活动需在明朝法律许可下进行,具体体现在对朝贡使团规模、进贡次数、贡品种类数量、进贡路径等方面规定。根据《诸司职掌》:凡诸番国及四夷土官人等朝贡,接待程序颇为严肃,如果各夷使臣不遵礼法则治罪。如正统十三年(1448)正月,"四川长河西番人及琉球国番伴相殴,会同馆门外有重伤者。事闻,上命殴至死者抵死。"②通过这些恩威并施的手段,明朝对边疆诸族表现出优待、抚怀及其政治事务中的话语权,这是维护"华夷安危之道"③的重要举措。

---

① 修斌、姜秉国:《琉球亡国与东亚封贡体制功能的丧失》,《日本学刊》2007年第6期,第118页。

② 《明英宗实录》卷一六二,正统十三年正月壬子,第3151页。

③ (明)陈侃撰:《使琉球录》卷一,四十年(1617)刻本,第36页。

第二节　茶马互市

一、东北边疆的马市贸易

马市，是明代汉族与蒙古、女真及西番等少数民族进行经济贸易的一种形式。《明史·食货志》载："明初，东有马市，西有茶市，皆以驭边省戍守费。"[1]《寓圃杂记》载："永乐中，始以官茶易和林等处马，养之民间，谓之茶马。"[2]由于明朝与周边少数民族之间的互市贸易主要以各少数民族的马匹换取明朝的粮食、丝织品等，故互市亦称马市。也就是说，"马市这一称谓，并不意味着只进行马匹交易，各种各样的货物都会在马市中交换。"[3]除了马市，明代汉族与周边少数民族的互市市场还有茶市和木市。马市、木市主要是明朝与蒙古族、女真等进行互市贸易，茶市主要是明朝与藏族等少数民族进行互市贸易。不管是马市，还是茶市、木市，都是明朝与蒙古族、女真、藏族等少数民族的经济交流形式。

明代马市的设置与交易，常因明蒙关系的变化而兴废无常。中原汉族和周边少数民族进行马互市交易的历史悠久，内容丰富，组织严密。为了解决中原地区战马的供给不足，历代中原王朝十分重视马政建设，积极开展与周边少数民族进行用茶叶、盐、丝织品等换取马匹的工作，特别是在与少数民族接界的地方还专门设立机构负责番汉贸易，以换取少数民族的马匹。如始于唐代的茶马互市贸易，到宋、元时期，其制度日臻完善，宋统治者还先后制定了许多关于茶马贸易和管理的具体办法和措施，使西北、西南沿边的茶马贸易能够顺利开展。

---

[1]　（清）张廷玉等撰：《明史》卷八一《食货志五》，第 1980 页。

[2]　（明）王锜：《寓圃杂记》卷四，中华书局 1984 年版，第 46 页。

[3]　［美］享利·赛瑞斯著，王苗苗译：《明蒙关系Ⅲ——贸易关系：马市（1400—1600）》，中央民族大学出版社 2011 年版，第 70 页。

明洪武时期,"严交通外夷之禁"①,对蒙古实行经济封锁政策,明朝与蒙古部落间除了一些政治性很强的朝贡往来,其他的正常经济贸易都被严格限制。永乐时期,明朝"择其边外近地,各设守市官兵",②允许"蕃以金、银、牛马、皮张、马尾等物与明贸易,以资边用,解决马匹之需。另一方面,退居漠北的蒙古游牧民族,因其经济结构的单一性问题带来的畜产品和兽皮等过剩,而粮食、手工业品等相当匮乏,"蒙古和明朝之间的通贡、互市关系,是解决这一问题的渠道之一。"③永乐四年十二月,"兀良哈等处告饥,愿以马易米。"④可见,蒙古等少数民族需要用马匹、皮张等换取明中原地区的农工产品,这是明蒙贸易的根源之所在。

洪武三十五年(建文四年)十一月,"遣使赍敕谕兀良哈、鞑靼、野人诸部曰:朕命统承天位,天下一家,薄海内外,俱效职贡。近边将言尔诸酋长咸有归向之诚,朕用嘉之。特令百户裴牙失里赍敕谕尔,其各居边境,永安生业,商贾贸易,一从所便。欲来朝者,与使臣偕至。"⑤,这标志着明蒙贸易在中断后30多年,第一次得到朝廷许可。永乐元年五月,明成祖敕谕兀良哈官军人等曰:"朕嗣位之初,已尝诏谕尔众,后辽东守臣言尔等俱欲来朝。今遣指挥萧尚都、镇抚刘忽鲁秃、百户和尚,往谕朕意,但来朝者,悉授以官,俾仍居本地,岁时贡献,经商市易,一从所便。"⑥从此之后,明蒙贸易正式合法化。永乐五年二月,"敕镇守辽东保定侯孟善曰:缘边鞑靼、女直、野人来朝及互市者,悉听其便。"⑦

明蒙马市贸易有两种形式:一是官市,一是民间私市。永乐十一年七月,

---

① (明)余继登:《典故纪闻》卷五,第80页。
② (明)陈子龙辑:《明经世文编》卷三一六,"王崇古《为北虏纳款执叛求降疏》",第3354页。
③ 杨绍猷:《明代蒙古经济述略》,《民族研究》1985年第5期,第51页。
④ 《明太宗实录》卷六二,永乐四年十二月甲寅,第898页。
⑤ 《明太宗实录》卷一四,洪武三十五年十一月壬寅,第262页。
⑥ 《明太宗实录》卷二〇,永乐元年五月乙未,第369页。
⑦ 《明太宗实录》卷六四,永乐五年二月己丑,第910页。

"敕甘肃总兵官丰城侯李彬曰：回回鞑靼来朝贡所者贡之。如有良马，可官市之，遣人送赴北京，价值俟其至京给之。"①不管是官市，还是民间私市，都是一种正常的经济文化交流形式。② 马市贸易的地点主要集中在长城沿线，贸易对象为蒙古和女真诸部。"永乐间，设马市三：一在开原南关，以待海西；一在开原城东五里，一在广宁，皆以待朵颜三卫。"③由此可见，永乐时期，明朝于兀良哈三卫之地设有开原马市、广宁马市。除此之外，"明朝还在陕甘、西域等地也开设了马市，允许陕甘、哈密、赤斤、罕东等以其马与明进行贸易。"④

　　由于受战争等政治因素影响，明蒙马市贸易总是时断时续。明朝对蒙古各部的互市有着种种限制，主要体现在对互市场所和入市物品禁止等。如大同马市初设于正统三年（1438），但正统十四年（1448）关闭。明成化十四年，三卫马市复开，嘉靖三十一年又罢大同马市。辽东义州木市，设于万历二十三年，但万历二十六年罢，并罢马市。"其后总兵李成梁力请复，而蓟辽总督万世德亦疏于朝。二十九年复开马、木二市。"⑤这反映出土木之变后，明朝与蒙古关系的好坏影响到朝廷对瓦剌、鞑靼的经济政策，进而直接左右了明蒙互市贸易的发展。

　　明朝虽然于永乐十七年允许漠北蒙古封建主在边境市易，但为了通过经济方式约束和控制蒙古各部，明王朝制定了严格的互市经营和管理制度，主要是由朝廷委官管理、指定贸易地点、规定贸易价格、筹备马价银、制定赏罚条格，并派兵维持秩序，等等。

　　关于开市的时间和次数，永乐初，明以"开原月一市，广宁月二市，以互市之税充抚赏"⑥为制，即每月开市一次或二次，每次三至十五日左右。后因明蒙关系变化而变化，并无定制。土木之变后，鞑靼、瓦剌动辄侵掠明朝，互市市

---

①　《明太宗实录》卷一四一，永乐十一年七月丁酉，第1694页。
②　贺卫光：《中国古代游牧民族经济社会文化研究》，第158页。
③　（清）张廷玉等撰：《明史》卷八一《食货志五》，第1982页。
④　白翠琴：《明代大同马市与蒙汉关系当议》，《中国蒙古史学会论文选集》，第177页。
⑤　（清）张廷玉等撰：《明史》卷八一《食货志五》，第1983页。
⑥　（清）张廷玉等撰：《明史》卷八一《食货志五》，第1982页。

场要么关闭,即使开放也是限制更多,开放次数和时间更短。成化十四年,"令辽东马市许海西并朵颜三卫夷人买卖开原,每月初一日至初五日,十六日至二十日,开二次",①正德时,"令验放入市者,依期出境,不得挟弓矢,非互市日,毋辄近塞垣。"②

关于马市的管理。首先,朝廷设有专门机构和官员统一负责。永乐四年(1406)三月,"设辽东开原、广宁马市二所,初,外夷以马鬻于边,命有司善价易之,至是来者众,故设二市,命千户答纳失里等主之。"③永乐十一年(1413)五月,"设甘肃茶马司于陕西行都司城内,官制悉如西宁茶马司,隶陕西布政司。"④

其次,由于明蒙贸易是因明蒙经济交流的需要而产生的,同时又是明蒙政治关系发展的产物。因此,在互市开市期间,明政府对交易物品有严格规定,所谓"市口有城,开市有日,货物有禁,而有明之赏则无之。"⑤这种情况在明中期时更严格,如成化时规定:"互市市场只准交易马匹和土特产品,并且许经过严格审验才准入市买卖。敢有擅放夷人入城及纵容官军人等无货者任意入市,有货者在内过宿,规取市利,透漏边情,事发,俱发两广烟瘴地面充军,遇赦不宥。"⑥所有马市贸易,必须遵照相关条法进行,不得违法交易禁品,否则严惩不贷。正统三年,"巡抚卢睿请令军民平价市驼马,达官指挥李原等通译语,禁市兵器、铜铁。帝从之。"⑦正统四年十月,"有窃瓦剌贡使银物者,获之,命斩于会同馆以徇。"⑧正统八年十二月,"民有以铁器卖与瓦剌使臣,规厚利

① (明)李东阳等撰,申时行等重修:《大明会典》卷一二九《兵部十二·镇戍四》,第1843页。
② (清)张廷玉等撰:《明史》卷八一《食货志五》,第1982页。
③ 《明太宗实录》卷五二,永乐四年三月甲午,第页。
④ 《明太宗实录》卷一四〇,永乐十一年五月壬辰,第页。
⑤ (清)梁份著,赵盛世校注:《秦边纪略》卷五,青海人民出版社1987年版,第356页。
⑥ (明)李东阳等撰,申时行等重修:《大明会典》卷一二九《兵部十二·镇戍四》,第1843页。
⑦ (清)张廷玉等撰:《明史》卷八一《食货志五》,第1982页。
⑧ (明)余继登:《典故纪闻》卷一一,第189页。

者,诏锦衣卫擒,获监禁之。"①正统十四年正月,"遂敕锦衣卫指挥同知王山等,自京师至居庸、宣府、大同,沿途缉捕、禁约军民与使臣交通私卖与兵器者。"②但在特殊情况下,为了恩怀蒙古、女真等族领袖,明朝准许其带出农具之类铁器,当然这样的例子是很少的,如正统五年,朵颜卫都指挥同知朵罗干遣使朝贡还,易得犁铧,为关隘所阻,不得出。英宗谓兵部臣曰:"远人当怀柔,农具故未有禁,听其归,勿阻。"③正统十三年六月,"朵颜卫鞑靼哈剌答儿等朝贡至京,奏欲将赏赐衣服、彩段等物,于沿途贸易驴牛,回还挈牧。从之。"④

其次,马市有朝廷指定的专门交易场所,不得在朝廷禁止的缘边地带市易,亦不得越地交易。永乐六年三月,"敕甘肃总兵官何福曰:凡回回鞑靼来鬻马者,若三五百匹,止令鬻于甘州、凉州,如及千匹,则听于黄河迤西、兰州、宁夏等处交易,勿令过河。凡来进马者,令人带乘马一匹、路费马一匹,俟至京师,余马准例给价。"⑤闭市后,蒙古人等不得滞留市场,必须即刻离开。洪熙元年二月,"辽东总兵官武进伯朱荣奏:兀良哈三卫鞑靼欲来卖马,命平市遣去,谕曰:虏谲诈百出,未可深信。然亦不可固拒,如实卖马,宜依永乐中例,于马市内交易,勿容入城,价值须两平,勿亏交易,毕即遣去,勿令迟留。宜严督各卫所,十分用心关防堤备,不可怠忽。"⑥更不得私下交易,"军民私市者禁之"⑦。永乐十六年九月,"上谕行在兵部臣曰:近辽东缘边官军多出境市马,以扰夷人,其禁戢之。今后非奉朝廷文书而私出境者处以重刑,其守臣不严管束者论罪如律。若安乐、自在等州女直野人、鞑靼欲出境交易,不在此例。"⑧

---

① 《明英宗实录》卷一一一,正统八年十二月丙午,第 2243 页。
② 《明英宗实录》卷一七四,正统十四年正月己酉,第页。
③ (明)余继登:《典故纪闻》卷一一,第 189 页。
④ 《明英宗实录》卷一六七,正统十三年六月戊寅,第 3236 页。
⑤ 《明太宗实录》卷七七,永乐六年三月壬戌,第 1046—1047 页。
⑥ (明)雷礼等辑,四库全书存目丛书编纂委员会编:《皇明大政纪》卷九之七,齐鲁书社 1996 年版,史部第八册,第 57 页。
⑦ 《明太宗实录》卷一二,洪武三十五年九月壬辰,第 213 页。
⑧ 《明太宗实录》卷二〇四,永乐十六年九月戊申,第 2103 页。

对此,白翠琴撰文指出:"明廷对蒙、汉族人民间密切往来也是怀着恐惧心理,屡下诏令,不准中原地区人民与瓦剌贡使私语及货与兵器,违者谪边或处死。"①亨利·赛瑞斯也指出,"1400 年前后明朝与女真、三卫蒙古在辽东地区的马市交易正常化,并与一些部落在甘肃地区贸易。然而,直至 16 世纪中期明朝廷都坚决拒绝给予漠南蒙古各部同样的待遇。"②

明王朝虽然严禁私贸易交流,但这并不能妨碍明蒙边界地带无法抵抗的民间贸易大势。在蒙汉交界地区,甚至发展到了"蒙汉军民为能顺利进行交换而互相帮助的现象",③甚至一些明朝边官也加入私贸易大军行列。宣德九年三月,镇守肃州都督佥事王贵,私扣赤斤蒙古卫部贡献的驼马人口,又擅纵沙州卫人入关市易;正统五年四月,"建州卫都指挥李满柱与福余卫鞑靼互相盗马。"④正统六年八月,万全镇守都督佥事黄真与鞑靼贸易,私役军士。

除此之外,一些缘边官军故意匿马数、从中谋利,尽管明朝要求鞫查治罪,但这种现象屡禁不止。宣德六年十二月,备御蓟州太监刘通、总兵官都督陈敬与锦衣卫指挥佥事王息,将兀良哈贡献明朝之驼马,"匿马七十四匹,驼五头。"⑤没有上报朝廷。宣德八年六月,镇守陕西行都司都督佥事王贵劾奏肃州卫事署都指挥佥事吕升:"出境私通赤斤蒙古卫鞑靼官锁可者,违禁买驼马中盐等事,请治之。上命行在都察院遣廉正御史驰驿往鞫之。"⑥这一现象或许是对某些传统观点,尤其是明朝和蒙古之间经济交往传统观点的挑战。法国人罗萨比这样说:

① 白翠琴:《明代大同马市与蒙汉关系当议》,《中国蒙古史学会论文选集》,第 178 页。
② [美]亨利·赛瑞斯著、王苗苗译:《明蒙关系Ⅲ——贸易关系:马市》,第 142 页。
③ 高树林:《明朝隆庆年间与蒙古右翼的封贡互市》,《河北大学学报》1982 年第 1 期,第 143 页。
④ 《明英宗实录》卷六六,正统五年四月乙未,第 1276 页。
⑤ 《明宣宗实录》卷八五,宣德六年十二月乙未,第 1961 页。
⑥ 《明宣宗实录》卷一〇三,宣德八年六月丙戌,第 2296 页。

在围绕着中国明朝与其它北边的邻国关系而展开的讨论中，学者通常都认为中国官员总在试图限制与邻国的贸易，他们不仅对贸易没有什么兴趣，也不热衷于了解北边的那些所谓的野蛮人。过去几十年间，学者已经挑战了这一观点，并且开始关注明朝在商业中获得的利益，以及在这些利益的驱使下，官员们对贸易往来的热切程度。①

关于贸易价格，明廷制定了较为完善的马市价格制度，其原则是：分等计价。永乐间，"定直四等：上直绢八匹，布十二，次半之，下二等各以一递减。"②但朝廷对马价的规制并非一成不变，是视明政府各时代财力之强弱和战马需求之缓急而变化的。以永乐朝为例：

洪武三十五年（建文四年）的马价是："上马每匹给绢四匹、布六匹；中马绢三匹、布五匹；下马绢二匹、布四匹，驹绢一匹、布三匹。"③

永乐元年的马价是："上马每匹钞五十锭，中马四十锭，下马钞三十锭。（每匹仍与彩币、表里一）"④

永乐三年的马价是："上上等每马绢八匹、布十二匹；上等每马绢四匹、布六匹；中等每马绢三匹、布五匹；下等每马绢二匹、布四匹，驹绢一匹、布三匹。"⑤

永乐四年的马价是："上马：每匹米十五石、绢三匹；次上马：（每匹）米十二石、绢二匹；中马：（每匹）米十石、绢二匹；下马：（每匹）米

① ［法］罗萨比著，汤芸译：《明朝官员与西北中国》，《法国汉学》丛书编辑委员会编《边臣与疆史》，中华书局2007年版，第43页。
② （清）张廷玉等撰：《明史》卷八一《食货志五》，第1982页。
③ 《明太宗实录》卷一二下，洪武三十五年九月壬辰，第213页。
④ 永乐元年十一月，"兀良哈头目哈儿兀反，遣其部属脱忽思等二百三十人来朝贡马，命礼部赐钞币、袭衣，并偿其马直"，见《明太宗实录》卷二五，永乐元年十一月丙子条，第450页。
⑤ 《明太宗实录》卷四〇，永乐三年三月甲寅，第667页。

八石、绢一匹；驹：米五石、布一匹。"①

从上可见，永乐初期的马价基本稳定，没有大的变化。永乐十五年，蒙古等族至明朝马数增多，但朝廷以前所定马价偏高，以致无更多米粮置换，故诏更议马价，降低价格。永乐十五年十月，敕甘肃总兵官都督费瓛曰："辽东总兵官都督刘江奏：今岁兀良哈之地旱，泰宁卫指挥锁南等以马千匹来易米。前此易米者，其数不多，止用马驮。今泰宁一卫用车三百辆运米，虑朵颜、福余诸卫皆来，则无以给之。况辽东极边，无他有司供给守备官军数多，每年安乐、自在二州寄住鞑官俸粮，岁用浩大，而旧定马价甚高，上上马一匹，米十五石、绢三匹，下者米八石、绢一匹，如悉依旧例，则边储空匮。宜令所司更议马直，搏节粮储，递增布、绢中半市之。庶外夷蒙博施之恩，而边储无不给之患。上曰：江所言是，命兵部定议行之。"②于是，明复位辽东互市马价："上上马一匹米五石、绢布各五匹；上马米四石、绢布各四匹；中马米三石、绢布各三匹；下马米二石、绢布各二匹；驹米一石，布二匹。"③

由于明朝从西域、蒙古、女真等族所市之马，有部分用于收养，但大多用于边军战需，"开原所市马，宜悉给各卫军士乘操。"④明成祖即位初，遣官招谕哈密，许其以马市易。于是，永乐元年十一月，哈密来京贡马，"命有司给直，收其马四千七百四十匹，择良者十匹入内厩，余以给守边骑士。"⑤所以，明朝的主要目的是得到良马。为了易得良马，政府不惜倍增其价，这也成了马价突增突减的另一个主要因素。永乐七年七月，"敕镇守宁夏宁阳伯陈懋：官帑有绮帛布钞，可与新附鞑靼易马。良马勿吝直，次者亦约量增直易之。"⑥永乐十一

---

① （明）王世贞撰，魏连科点校：《弇山堂别集》卷八九《市马考》，中华书局 1985 年版，第 1712 页。

② 《明太宗实录》卷一九三，永乐十五年十月丁未，第 2037—2038 页。

③ （明）王世贞撰，魏连科点校：《弇山堂别集》卷八九《市马考》，第 1713 页。

④ 《明太宗实录》卷一五三，永乐十二年七月丙子，第 1771 页。

⑤ （清）张廷玉等撰：《明史》卷三二九《西域传》，第 8511 页。

⑥ 《明太宗实录》卷九四，永乐七年七月乙酉，第 1247 页。

年七月，"敕甘肃总兵官丰城侯李彬曰：回回鞑靼来朝贡所者贡之，如有良马，可官市之，遣人送赴北京，价值俟其至京给之。"①由此看来，俄国人兹拉特金的观点——"整个明代，明蒙关系一直建立在明朝无力或不愿收买东西部蒙古带来并希望出售的全部马、牛等牲畜的基础上"，②应该是错误的。"随着互市的发展，明朝准许官市结束后，进行民间的互市——私市。后来又准许在土默特、鄂尔多斯等部与中原交接地区每月在适当地点开设一种月市——小市。又曾在辽东义州（今辽宁义县）开设木市，以中原地区的粮食和其他生活用品换取蒙古地区的木材。万历年间，土默特部首领俺答汗曾几次要求明朝开设茶市，由于明朝担心俺答汗以换取的大量茶叶控制藏族，拒绝了他的要求。"③

　　总之，永乐初恢复的明代马市贸易，因受明蒙关系之影响，其互市交易时停时开，限制颇多，进而直接影响明蒙之间经济贸易的交流和发展，这种情况直到俺答封贡实现，明蒙关系改善，贸易也才得以全面恢复和展开。

　　综上，"单一的游牧、狩猎经济需要外部的市场，以销售畜产品和兽皮等，并引进生产、生活上必需的农、工产品。蒙古和明朝之间的通贡、互市关系，是解决这一问题的渠道之一。当通贡互市关系受阻时，双方之间的战事也随之而起，即所谓'不市则战'。"④其结果是，明蒙冲突终明不断，"明王朝不但控房制夷不成，反而促使蒙古倒向后金，形成满蒙联盟，最后在农民起义的打击下走向灭亡。"⑤为什么会出现这种情况，其原因错综复杂，但有一点较为明确，那就是：明王朝总是设想，"通过贸易机会将'夷虏'拉到自己的轨道上来，并在文化和政治上对其施加影响"⑥，这是问题的根源之所在。由此可见，只

---

① 《明太宗实录》卷一四一，永乐十一年七月丁酉，第 1694 页。

② （苏）伊·亚·兹拉特金著，马曼丽译：《准噶尔汗国史》（修订本），兰州大学出版社 2013 年版，第 42—61 页。

③ 马大正：《中国边疆经略史》，第 227 页。

④ 杨绍猷：《明代蒙古经济述略》，《民族研究》1985 年第 5 期，第 51 页。

⑤ 张碧波、庄鸿雁：《华夷变奏——关于中华多元一体运动规律的探索》，黑龙江人民出版社 2009 年版，第 263 页。

⑥ ［美］享利·赛瑞斯著，王苗苗译：《明蒙关系Ⅲ——贸易关系：马市（1400——1600）》，中央民族大学出版社 2011 年版，第 20 页。

有明蒙双方诚心相待,化干戈为玉帛,以和平贸易、友好交往代替民族仇杀,正视现实和经济互补性,废除人为限制,明蒙双方经济文化交往的渠道才能畅通无阻,冲突才能停止。这种情况在明后期隆庆五年"俺答封贡"之后得以确立。自后60余年,明朝对蒙古限制政策日渐松弛、开放,贸易市场遍布长城全线。双方互市形式多种多样,经济交流日益繁荣。史载:"边氓释戈而荷锄,关城熄烽而安枕"。① 这些措施加强了同东北各民族间的联系,巩固了东北边疆,也削弱并牵制了鞑靼侵扰势力。

二、西北边疆的茶马贸易

从渊源看,历史上的茶马互市始于唐代而兴盛于宋。明朝建立后,承唐宋之制"行以茶易马法,用制羌戎"②,即在河州、洮州、岷州等藏汉边境地带设置茶马贸易市场,"听吐蕃纳马易茶"③,以解决藏族嗜茶而又极缺茶叶的现实困难,并以此达到政治上"以茶驭边"、制约藏族地方的目的。明太祖在给蜀王椿的诏谕中说:"夫物有至薄而用之则重者,茶是也。始于唐而盛于宋,至宋而其利薄矣。前代非以此专利,盖制戎狄之道,当贱其所有而贵其所无耳……"④,"制夷狄之道,当贱其所有,贵其所无"⑤,另一方面,马政乃明朝"国之所重"⑥,用茶叶换取藏族良质马匹,对于国防战备具有重要意义。因此,洪武初,朝廷即特别重视马政,凡产马之地,悉遣使市之。由此看来,茶马互市其实也是藏汉实现经济互补,增进双方联系的一种重要渠道和方式。

为什么要用茶叶易马? 首先,藏族久居青藏高原,由于茶叶具有助消化、解油腻的特殊功能,"蕃戎性嗜名山茶,日不可阙"⑦,甚至藏族"不得茶,则困

---

① (明)高拱:《伏戎纪事》,中华书局1991年版。
② (清)张廷玉等撰:《明史》卷八〇《食货四》,第1947页。
③ (明)严从简,余思黎点校:《殊域周咨录》卷一〇《吐蕃》,第362页。
④ 《明太祖实录》卷二五一,洪武三十年三月癸亥,第3630页。
⑤ (明)谈迁著,张宗祥校点:《国榷》卷一〇,太祖洪武三十年三月癸亥,第772页。
⑥ (清)夏燮撰,沈仲九标点:《明通鉴》卷五《纪五》,太祖洪武八年二月癸丑,第295页。
⑦ (清)徐松辑:《宋会要辑稿》第84册《职官》43,中华书局1957年版,第3311页。

以病。"①《国榷》载：秦、蜀之茶，"自碉门、黎、雅抵朵甘、乌思藏境，五千余里不可无。"②然而，藏族地方游牧生产方式决定了其本身产茶量极缺少，绝大部分茶叶要易自川、陕等地。其次，绢布、钱钞之类并非藏族所爱，这可从下面一段史料中明确地反映出来："初，上以西番素产马，其所用货泉与中国异，自更钱币，马之至者益少。至是，乃命（赵）成以罗绮、绫帛并巴茶往市之，仍命河州守将善加抚循，以通互市，马稍来集，率厚其直偿之。成又宣谕德意，自是番酋感悦，相率诣阙谢恩，而山后、归德等州，西番诸部落皆以马来售矣。"③可见，只有用藏族人喜爱的茶叶，尤其是上等茶叶才能激发藏族到边地买马，顺利落实以茶易马政策。

当然，这也不是绝对的，除了用茶易马，明代川、陕等地也用钞、盐、布、纸等物易马，如洪武十四年十月，四川威、松、茂州三卫"以茶、姜、布、纸易马送京师"；④洪武十九年十二月，虎贲左卫指挥佥事姜观、右卫千户沈成、行人任俊奉旨"以钞三十九万三千六百九十锭，往陕西河州等处市马"；⑤洪武三十年四月，镇抚刘正受右军都督府调遣，"于泸州市绵布，往西番易马。凡用布九万九千余匹，得马一千五百六十匹。"⑥

为了实现朝廷用茶制边的政治目标，明太祖下诏西番互市，"令番人纳马易茶"。⑦ 一方面，明廷于洪武五年首先开通了官办茶马古道。为了加强中原内地与长河西（康定）、朵甘各部藏族关系，明太祖命四川官府开山劈道，开辟了一条从碉门（天全）经昂州（岩州，今泸定岚安镇），越大渡河至长河西的茶

---

① （清）张廷玉等撰：《明史》卷八〇《食货四》，第1947页。

② （明）谈迁著，张宗祥校点：《国榷》卷一〇，太祖洪武三十年三月癸亥，第772页。"秦蜀之茶，自碉门、黎雅抵朵甘、乌思藏五千余里皆用之，其地之人，不可一日无此。"又见《明太祖实录》卷二五一，太祖洪武三十年三月癸亥，第3630页。

③ 《明太祖实录》卷一〇〇，洪武八年五月戊辰，第1694页。

④ 《明太祖实录》卷一三九，洪武十四年十月甲子，第2196页。

⑤ 《明太祖实录》卷一七九，洪武十九年十二月，第2714页。

⑥ 《明太祖实录》卷二五二，洪武三十年四月戊子，第3641页。

⑦ （清）夏燮撰，沈仲九标点：《明通鉴》卷一一《纪十一》，太祖洪武三十年六月己酉，第485页。

道——"碉门路"茶道,以缩短运程,方便政府运茶,这就是明代川藏"南路"茶道。除了"南路"茶道,从灌县沿岷江上行,经过茂县、松潘、若尔盖、甘南,至河州、岷州,转输茶入青海,这就是明代川藏"西路"茶道,也称为甘青道。在甘青道中,河州位于从雅安、经松潘、甘南到青海茶马线的枢纽,是不可或缺的重要中转站。

另一方面,明太祖多次派遣官员前往西北藏边督办茶马贸易事宜,户部也拨付了大量国库银至河州、岷州等地卖马。史载:洪武八年五月,明太祖遣中官赵成赍罗绮、绫绢并巴茶往河州市马。[1] 洪武十九年九月,"行人冀忠往陕西市马还,得马二千八百七匹。"[2]洪武二十三年九月,"陕西都指挥使聂纬以西安左、右等卫所市马七千六十匹送京师,以尝命户部运钞六十万锭往西宁、岷州、河州市易故也。"[3]洪武二十五年三月,明太祖遣尚膳太监而聂、司礼太监庆童赍敕前往陕西河州等卫所传达明廷以茶易马政策,令番人输马,朝廷则"以茶给之。"[4]五月,而聂等到达河州,"诏谕河州诸番族以茶易马",[5]诸族皆感朝恩,争相纳马以献。于是,内地之马渐渐充盈。以下以《明太祖实录》记载的兵部奏报河州等地茶马贸易额为例,说明河州段茶马贸易的规模和情况:

表3　洪武朝兵部奏报河州等地茶马贸易额

时间	买马数	买马地区	支付物	资料来源
洪武九年十二月	171 匹	秦州、河州茶马司	以茶易马	卷一一〇,洪武九年十二月己卯
洪武十一年十二月	686 匹	秦、河二州及庆远、顺龙茶盐马司	以茶易马	卷一二一,洪武十一年十二月戊午

[1]　(清)夏燮撰,沈仲九标点:《明通鉴》卷五《纪五》,太祖洪武八年五月己巳,第299页。
[2]　《明太祖实录》卷一七九,洪武十九年九月癸亥,第2710页。
[3]　《明太祖实录》卷二〇四,洪武二十三年九月甲寅,第3057页。
[4]　《明太祖实录》卷二一七,洪武二十五年三月己丑,第3189页。
[5]　(明)谈迁著,张宗祥校点:《国榷》卷九,太祖洪武二十五年五月辛巳,第729页。

续表

时间	买马数	买马地区	支付物	资料来源
洪武十二年十二月	1691 匹	秦、河二州茶马司	以茶易马	卷一二八，洪武十二年十二月壬辰
洪武十三年九月	2050 匹	河州茶马司	以茶易马	卷一三三，洪武十三年九月戊戌
洪武十四年十二月	181 匹	秦、河二州	以茶易马	卷一四〇，洪武十四年十二月庚辰
洪武十五年十二月	585 匹	秦、河、洮三州茶马司及庆远裕民司	以茶易马	卷一五〇，洪武十五年十二月辛丑
洪武十八年十二月	6729 匹	秦州、河州茶马司及叙南、贵州乌撒、宁川等卫	以茶易马	卷一七六，洪武十八年十二月丁巳
洪武二十五年五月	10340	河州等卫	以茶易马	卷二一七，洪武二十五年五月甲辰
洪武二十七年十二月	240 匹	雅州碉门及秦、河二州茶马司	以茶易马	卷二三五，洪武二十七年十二月癸巳

上表说明，在明廷的重视下，洪武时期以河州为中心的甘青藏族地方茶马贸易取得了较为显著的成就。仅以洪武二十五年为例，明廷通过河州等卫，用三十余万斤茶叶换得 10340 余匹马。[①] 到了洪武三十一年，明廷于西番以茶 50 余万斤，"得马一万三千五百一十八匹"，[②] 达到了所谓"戎人得茶不能为我之害，中国得马实为我利之大"[③] 的一举两得效果。

为了确保茶马贸易的顺利进行，明政府设置茶马司，建立了包括茶叶的征收、加工和储运、茶马比价、金牌信符等一系列茶马交易的组织和管理措施。

---

① （明）王世贞撰：《弇山堂别集》卷八九《市马考》，第 1711 页。
② （明）王世贞撰：《弇山堂别集》卷八九《市马考》，第 1711 页。
③ （明）严从简，余思黎点校：《殊域周咨录》卷一〇《吐蕃》，第 365 页。

第一,茶马司的设置。洪武一朝,明政府先后在今甘肃南部和青海东部西北番族聚居地河州、洮州、西宁、岷州等地设诸多茶马司。其中,河州因其是中原通往青、川、藏的交通要道,也是藏回汉各民族贸易往来的商埠,因此,河州茶马司更显重要。河州茶马司的设置时间,《明史》卷七五载:"洪武中,置洮州、秦州、河州三茶马司,设司令、司丞。"①除了"洪武中"设置河州茶马司的信息,其他文献中并没有记载河州茶马司设置的具体时间。根据《明太祖实录》卷一二八:"(洪武十二年十二月)壬辰,兵部奏市马之数:秦、河二州茶马司以茶市马一千六百九十一匹,庆远、裕民司以银、盐市马一百九十二匹。"可知,河州茶马司至迟应该设立于洪武十二年十二月之前。此后,河州茶马司的信息完全清晰,"(洪武)十五年改设大使、副使各一人,寻罢洮州茶马司,以河州茶马司兼领之……三十年改秦州茶马司为西宁茶马司。"②茶马司置司令一人(正六品)、司丞一人(正七品)。洪武十六年(1383)时,废司令和司丞改设大使一人(正九品),为茶马司的主官,副使一人(从九品)为茶马司的副贰官。后来,又增设仓副使一人,专门管理茶马司的官茶仓储事宜。有一点需要说明,茶马司虽设在河州城内,但茶马交易并不在城中进行,而是在积石山以东60里的积石关州茶马司。

除了河州茶马司,甘青藏族地方还设有秦州、西宁茶马司、洮州茶马司、岷州茶马司等,③各茶马司及属官的变化情况是:洪武十六年五月,"改洮州、秦州、河州三茶马司、白渡、纳溪二盐马司皆为正九品,设大使、副使各一人。"④

洪武十年五月，"减秦州茶马司令、丞各一人。"①洪武十六年七月，"罢洮州茶马司，以河州茶马司总之。"②洪武二十九年四月，长兴侯耿炳文奏：秦州茶马司不便互市，请迁于西宁。洪武三十年四月，"改秦州茶马司为西宁茶马司，迁其治于西宁，从长兴侯耿炳文之请也。"③河州等茶马司的设置，为确保洮州、河州和西宁等甘青藏族地汉藏茶马贸易的顺利开展，保证明朝各项茶马贸易政策的顺利贯彻提供了制度保障。

第二，茶叶的征收和贮运。明朝规定，茶叶的生产、收购、销售等均由政府控制和管理。洪武时期的易马茶主要来自川陕各地茶园，每年植茶季节，政府督令各地种植茶叶，茶熟季节，政府派员督导各地收购、贮存茶户茶叶。洪武四年十二月，户部报称："陕西汉中府金州、石泉、汉阴、平利、西乡县诸处茶园共四十五顷七十二亩，茶八十六万四千五十八株。每十株官取其一，民所收茶官给直买之。无户茶园，以汉中府守城军士薅培，及时采取，以十分为率，官取其八，军收其二。每五十斤为一包，二包为一引，令有司收贮，令于西番易马。"④从之。

这段史料说明两个问题：一是明廷在陕西汉中等地收茶，以备易马。二是朝廷推行"茶引法"，即由户部将印制的茶引——茶叶交易凭证分发到各产茶州县，凡商人贩茶至边地，须向政府具报所买额度和行茶地区，"纳茶请引，引茶百斤，输钱二百，不及引曰畸零，别置由帖给之。"⑤

明朝颁行茶引法是为了控制易马之茶源，确保政府控制茶叶生产和流通。洪武五年二月，户部奏议："四川产巴茶凡四百七十七处，茶户三百一十五，宜依定制：每茶十株官取其一，岁计得茶万九千二百八十斤，令有司贮候西番易马。"⑥此议得到朱元璋御批而实施。巴茶属于上等茶，洪武初年产茶数量为

---

① 《明太祖实录》卷一一二，洪武十年五月壬辰，第1857页。
② 《明太祖实录》卷一五五，洪武十六年七月辛亥，第2417页。
③ 《明太祖实录》卷二五二，洪武三十年四月己丑，第3640页。
④ 《明太祖实录》卷七〇，洪武四年十二月庚寅，第1300页。
⑤ （清）张廷玉等撰：《明史》卷八〇《食货四》，第1947页。
⑥ （明）严从简，余思黎点校：《殊域周咨录》卷一〇《吐蕃》，第365页。

19280 斤。为了易得良马,洪武五年颁布《巴茶法》规定:巴茶专用于市马。洪武末期,明政府在四川成都、重庆、保宁三府及播州宣慰使司置茶仓四所贮茶并设官管理,以便于与西番商人易马。

第三,金牌信符制度。为进一步加强茶马贸易管理,洪武二十六年(1393),明政府推行了金牌信符制。金牌信符制是一种由官方控制茶马互市的垄断政策,《明史·西域传》云:"帝以诸卫将士有擅索番人马者,遣官赍金、铜信符敕谕往赐凉州、甘州、肃州、永昌、山丹、临洮、巩昌、西宁、洮州、河州、岷州诸番族。谕曰:'往者朝廷有所需,必酬以茶货,未许私征。近闻边将无状,多假朝命扰害,俾尔等不获宁居。今特制金、铜信符颁给,遇有征发,必比对相符始行,否则伪,械至京,罪之。'"《明实录》载:洪武二十六年二月,"遣使往西凉、永昌、甘肃山丹、西宁、临洮、河州、洮州、岷州、巩昌缘边诸番,颁给金铜信符。敕谕各族部落曰:往者朝廷或有所需于尔,必以茶货酬之,未尝暴有征也。近闻边将无状,多假朝命扰害尔等,使不获宁居,今特制金铜信符,族颁一符,遇有使者征发,比对相合,始许承命。否者,械至京师罪之。"①

从以上两段史料可以看出:1.金牌信符制度实质上就是一种国家赋税制度,"马赋差发"就是藏族地方民众以马为赋,政府并酬以茶;2.明廷降赐金牌信符于番族,是为了在西番纳马易茶中防范"诈伪"之现象。② 洪武三十年三月,"曹国公李景隆赍金牌勘合直抵西番,给之为符契……"③

根据史料记载,明廷签发的"金牌信符"正面刻有"信符"二字,背面刻有十二个篆字,其文曰:"皇帝圣旨差发纳马,不信者斩",④金牌又分上下两半,"下号金牌降诸番,上号藏内府以为契。"⑤据统计,明政府共发放金牌73面,

---

① 《明太祖实录》卷二二五,洪武二十六年二月癸未,第3295—3296页。
② (明)李东阳等撰,申时行等重修:《大明会典》卷一五三《马政四》,第2136页。
③ (明)谈迁著,张宗祥校点:《国榷》卷一〇,太祖洪武三十年三月壬午条,第772页。"故尝命曹国公李景隆赍金牌勘合直抵西番,以传朕命,令各番酋领受,俾为符契以绝奸欺……"《明太祖实录》卷二五一,洪武三十年三月壬午,第3636页。
④ (明)严从简,余思黎点校:《殊域周咨录》卷一〇《吐蕃》,第362页。
⑤ (清)张廷玉等撰:《明史》卷八〇《食货四》,第1949页。

各部族所持金牌数及纳马数见下表：

表 4　甘青藏族地方各部族所持金牌数及纳马数

部族名称	金牌数（面）	纳马数（匹）
洮州、火把、藏思、裹日等族	6	2050
河州、必里卫二州七站西番二十九族	51	7705
西宁、曲先、阿端、罕东、安定四卫巴哇、申藏等族	16	3050

说明：此表根据明人严从简的《殊域周咨录》卷一〇《吐蕃》（中华书局 1993 年版，第 363 页）整理而制。

　　明王朝实行金牌信符制度的根本目的就是通过颁行金牌信符的方式，将茶马互市的控制权牢牢地掌握在官府手中，以防范因私茶出境造成"茶贱马贵"而失去朝廷用茶羁縻藏族之利柄。金牌信符推行于藏族地方后，诸番族在一定程度上奉约易茶，维护了藏汉茶马互市秩序。

　　第四，茶马比价。关于茶马交易价格，洪武朝先后颁行《河州茶马司例》《永州茶马司例》等茶马司例，规定了河洮岷湟、永宁等地区的茶马比价，具体由茶马司负责执行。各地马价视其路途之远近、质量之优劣，分别以不同茶价交换，以致茶马比价各地不一。以中马为例，每匹马折茶最多者为长河西番商以马至雅州茶马司易茶，"茶马司定价，每堪中马十匹给茶一千八百斤"[1]，最贱者为永宁、河州，"凡上马每匹给茶四十斤，中马三十斤，下马二十斤。"[2] 这种折马茶的地区性差别不利于朝廷纳马，于是洪武二十三年，政府裁定易马茶数："每匹上马给茶一百二十斤，中马七十斤，下马五十斤"，[3] 规定了河州、洮州、岷州和西宁等地新的茶马折换价格。各地茶马比价变化情况详见下表：

---

　　① （明）王世贞撰，魏连科点校：《弇山堂别集》卷八九《市马考》，第 1710 页。

　　② 《明太祖实录》卷一五六，洪武十六年八月壬午，第 2425 页。

　　③ （明）严从简，余思黎点校：《殊域周咨录》卷一〇《吐蕃》，第 364 页。又《甘肃通志》卷一九《茶马》亦云："上等每匹一百二十斤，中等七十斤，下等五十斤。"《钦定续文献通考》和《弇山堂别集》中均为洪武二十二年定"易马茶价"。

表5 洪武朝甘青川滇藏族地方各地茶马比价表

时间	地区	裁定每匹马折茶数		
		上马	中马	下马
洪武十六年五月	永宁、河州马价	40斤	30斤	20斤
洪武十七年五月	乌撒、乌蒙、东川、芒部	100斤	100斤	100斤
	雅州	1800	—	—
洪武二十二年六月	西宁等地	120	70	50

说明:此表根据《钦定续文献通考》卷一三三《兵考·马政》而制。

总体来看,除了雅州因离中原内地路远而马价悬高之外,其余各地基本上呈贱马贵茶的价格走向。之所以产生这样一种价格格局,主要由官营垄断贸易政策而致。不合理的茶马比价政策,即在政府严格控制下的茶贵马贱政策,如果长期实施,必然会背离商品经济规律而带来诸多负面影响,这从明代初期茶叶走私颇为严重的现象就可出其端倪:"巴茶自国初征收,累年与西番易马。近因私茶出境,致茶贱马贵,不独国课有亏,殆使戎羌放肆,生侮慢之心。盖由守边者不能御防,或滥交无度,纵放私茶,或假朝廷为名,横科马匹,以致番人悖信。"①

第五,私茶法。由于各地不法茶商唯利是图,潜匿奸盗,乃至贿赂茶岸查验官员,致使私茶泛滥,如西安中护卫军人奏称:"巴山西乡由子午谷入山,越秦岭之南,皆荒僻深邃。凡士卒逋逃及贩卖私茶者,往往于此潜匿,多为奸盗。"②私茶泛滥使明朝川、陕各地茶马贸易市场受到严重冲击。洪武三十年二月,明太祖敕右军都督府曰:"古者帝王驭世,必严夷夏之辨者,盖以戎狄之人贪而无厌,苟不制之,则必侵侮而为边患矣。今朵甘、乌思藏、长河西一带西番,自昔以马入中国易茶,所谓懋迁有无者也。迄因私茶出境,马之入互市者少,于是彼马日贵,中国之茶日贱,而彼玩侮之心渐

---

① 《明太祖实录》卷二五一,洪武三十年三月壬午,第3635页。
② 《明太祖实录》卷一六八,洪武十七年十一月乙酉,第2570页。

生矣。尔右军即移文秦、蜀二府长史司,启王,发都司官军于松潘、碉门、黎雅、河州、临洮及入西蕃关口,巡禁私茶之出境者。"①可见当时茶叶走私情况已甚为突出。为了打击茶叶投机倒把活动,朝廷下令严禁茶叶的出境、贩运和行销。如洪武九年五月,明太祖下诏:"禁秦、蜀军民毋得入西番互市。"②洪武二十六年十二月,明太祖遣使往甘肃西凉、西宁,诏令不得私自贩卖官马,并申明右军都督府给榜谕守关者。洪武三十年,明太祖敕谕兵部禁约事宜,遣人谕川陕守边卫所,令遣僧官着藏卜等往西番,严申西番茶禁。

对于违禁者,一律缉拿治罪,轻者充军,重者处死。明廷规定,"茶户私鬻者,籍其入官,私茶出境及关隘不觉察者斩。"③如洪武十七年十一月,陕西都司捕获私茶贩者悉送至京,"诏贷罪充军"④;洪武三十年,明太祖命令官军严谨把守、巡视通往西番的关隘及偏僻小路,"有将茶私出外境就便挐解赴官治罪,不许受财放过。"⑤如果擅放私茶贩出境者,即追究查实,不论何处官军、地方,皆治以重罪。是年六月,附马都尉欧阳伦因私载巴茶至川、陕地越境贸易而被处死,并将其"茶货没入官"。⑥

第三节　经济开发

一、屯田

明太祖说:"且兵食一出于民,所谓农夫百养战士一,疲民力以供闲卒,非

---

① 《明太祖实录》卷二五〇,洪武三十年二月丁酉,第 3618 页。
② 《明太祖实录》卷一〇六,洪武九年五月乙卯,第 1763 页。
③ (明)严从简,余思黎点校:《殊域周咨录》卷一〇《吐蕃》,第 362 页。
④ 《明太祖实录》卷一六八,洪武十七年十一月乙酉,第 2570 页。
⑤ (明)李东阳等撰,申时行等重修:《大明会典》卷一五三《马政四》,第 2136 页。
⑥ (清)夏燮撰,沈仲九标点:《明通鉴》卷一一《纪十一》,太祖洪武三十年六月己酉,第 485 页。

长策也。"①其次,各边镇所需军饷数额巨大,"中原之民艰于供给。"②要解决这种困难,使"养兵而不病于农者",莫若屯田,"今海宇宁谧,边境无虞,若使兵但坐食于农,农必受弊,非长治久安之术。其令天下卫所,督兵屯种,庶几兵农合一,国用以舒。"③也就是说,明太祖朱元璋认为前代屯田养战之策乃是长久之计:"古人有以兵屯田者,无事则耕,有事则战,兵得所养,而民力不劳,此长治久安之道。"④

洪武三年(1370),郑州知州苏崎向明太祖建议屯田积粮,以备边需,太祖采纳其建议,诏令实施。此后,"立屯田之法,以代民力",⑤屯田便在明全国各地展开。洪武七年(1374)三月,"敕大将军达分遣六安侯王志、南雄侯赵庸驻山西,营阳侯杨璟、汝南侯梅思祖驻北平,屯田备边。"⑥洪武八年(1375)正月,明太祖命邓愈、汤和等 13 人在河南、陕西、北平等地守备屯田;洪武十三年(1380)十月,命景川侯曹震、营阳侯杨王景、永城侯薛显在北平屯田;洪武二十五年(1392)八月,"上以山西、大同等处宜立军卫屯田守御"⑦。洪武三十年(1397)正月,左都督杨文在辽东屯田。可见,明洪武时期,军屯遍及北方地区的河南、陕西、北平、宁夏、甘肃、彰德、济宁、真定等处,其屯田规模蔚为壮观。

可以肯定的是,屯田为边军军粮筹集起到了至关重要的作用,如洪武二十五年十一月,北平行都司奏:"大宁左等七卫及宽河千户所今年屯种所收谷麦,凡八十四万五百七十余石。"⑧北平都指挥使司奏:"燕山等十七卫屯田凡一万四千三百六十二人,租十万三千四百四十余石。"⑨洪武二十八年(1395)

① (明)余继登:《典故纪闻》卷三,第 50 页。
② (明)余继登:《典故纪闻》卷五,第 93 页。
③ (明)余继登:《典故纪闻》卷五,第 82 页。
④ (明)余继登:《典故纪闻》卷三,第 50—51 页。
⑤ (明)余继登:《典故纪闻》卷五,第 93 页。
⑥ (清)夏燮撰,沈仲九标点:《明通鉴》卷五《纪五》,太祖洪武七年三月丁卯,第 287 页。
⑦ 《明太祖实录》卷二二〇,洪武二十五年八月丁卯,第 3224 页。
⑧ (明)余继登:《典故纪闻》卷五,第 88 页。
⑨ 《明太祖实录》卷二四三,洪武二十八年十一月癸未,第 3530 页。

十一月,"后军都督佥事朱荣言:东昌等三府屯田迁民五万八千一百二十四户,租三百二十二万五千九百八十余石,绵花二百四十八万斤。右军都督佥事陈春言:彰德等四府屯田凡三百八十一屯,租二百三十三万三千三百一十九石,绵花五百二万五千五百余斤。"①杨艳秋撰文指出,明代"九边总饷额约为4562196石,其中屯田粮为2686456石,所占比例约为59%"②,表明屯田粮在明军粮供给中所占分量之重。

此外,为了补充军粮,明初还实行开中之法和易粟法。开中之法始于洪武三年(1370)。洪武三年二月,"山西行省言,大同粮储自陵县、长芦运至太和岭,路远费重。若令商人于大同仓入米一石,太原仓入米一石三斗者,给准盐一引,引二百斤,商人鬻毕,即以原给引目赴所在官司缴之。如此,则转输之费省,而军储之用充矣。"③从之。开中,就是招募商人输纳粮、米、马匹等到北方边镇,朝廷便给予食盐专卖凭证——"盐引",商人凭此"盐引"在产盐区领取食盐,然后到指定地方转售。明初开中之法有多种形式,最主要的是"纳米中盐",其他还有"纳钞中盐""纳马中盐"等,各种形式互有千秋,兴罢有变。如洪武二十三年(1390)十二月,"右军都督佥事宋晟言:甘肃、山丹、永昌等卫军储匮乏,宜令凉州盐粮于甘肃中纳为便。上以甘肃去凉州差远,命户部定议。尚书赵勉言:旧例,纳粟凉州,支淮、浙盐,则每引米四斗,河东盐每引米五斗,不拘资次支给。今议输粟甘肃,宜比凉州量减淮、浙盐入粟三斗,河东盐入粟四斗,仍不拘资次支给,凉州暂且罢中。"④从之。

易粟法也始于洪武三年。洪武三年九月,河州卫指挥韦正言:"西边军粮,民间转输甚劳",⑤因此,建议朝廷行易粟法。除了河州建议之外,山西行省也建议朝廷行入粟法,"绵布及茶可以易粟。今绵布以挽运将至,乞并运茶

---

① 《明太祖实录》卷二四三,洪武二十八年十一月戊寅,第3530页。
② 杨艳秋:《明代初期北边边粮供应制度探析》,《中州学刊》1999第1期。
③ 《明太祖实录》卷四九,洪武三年二月辛巳,第1053页。
④ 《明太祖实录》卷二〇六,洪武二十三年十二月辛未,第3074页。
⑤ 《明太祖实录》卷五六,洪武三年九月甲寅,第1098页。

给各卫军士,令其自相贸易,庶省西民之劳。诏从其言。"①此后,明太祖多次下诏边疆各地相度实施易粟法。洪武四年(1371)八月,"上以北平山西馈运之艰,命以白金三十万两、绵布十万匹,就附近郡县易米以给将士。及辽东军卫乏马,发山东绵布万匹赍马给之。"②洪武七年(1374)正月,"以白金、绵布易米、麦七万九千五百余石,充平凉、巩昌、临洮军饷,又以白金六万六千八伯九十两,易米一十六万七千二百余石,充广州军饷。"③

尽管明朝廷通过各种渠道筹集军粮,因时而易的种种措施较好地支持了边军官兵的食粮。然而,巨大的军粮需求依然无法得到满足。天启元年(1621)二月,户部回复给事中赵时用上疏说:"辽饷长久之计,无如屯田。查国初,每军受田五十亩,每年纳正粮十二石,收贮屯仓,为本军支用,纳余粮十二石,以给本卫官军俸粮。后减半,止六石,是立屯之法,令军自为养,而无京运也。至永乐十年,辽镇岁收屯粮七十一万六千一百余石,以养该镇官兵九万余,京运亦止一万石而已。"④特别是明蒙战争期间,粮饷耗费剧增,所需粮饷更加巨大。

在西南边疆,明朝建立后亦遍立卫所。据《滇志》记载,成化年间贵州地区共置 20 卫,有军士 145400 余人,连同军户的家眷,驻守贵州的军人及其家属约有 60 万人。⑤ 由于西南边疆的驻防军队数目庞大,而南疆地区大都山高路险,仅靠内地运粮,无法解决大批卫所军队的给养。因此,屯田在南疆势在必行。据云南布政司报告,洪武十五年,滇中、滇东黔西和滇南等地千户所所储粮数仅有 18 万余石,"以给军食,恐有不足。"⑥明太祖深切认识到军粮供应的关键作用。洪武十六年,他在给傅友德等的上谕中说:若守军无粮,大军既

---

① 《明太祖实录》卷五六,洪武三年九月甲寅,第 1098 页。
② 《明太祖实录》卷六七,洪武四年八月癸巳,第 1264 页。
③ 《明太祖实录》卷八七,洪武七年正月己丑,第 1549 页。
④ 《明熹宗实录》卷六,天启元年二月甲辰,第 271—272 页。
⑤ (明)刘文征撰,古永继点校:《滇志》卷一八《艺文志·御制类》,云南教育出版社 1991 年版。
⑥ (清)谷应泰:《明史纪事本末》卷一二《太祖平滇》,第 169 页。

回,其守军必逃,军逃日久,城中必虚,蛮人知其所以,其患复作,事难制矣。为了解决军粮供应问题,驻军广为屯田是必然且行之有效的选择。

为此,驻守西南边疆的明朝军队及其家属,被组织起来进行大规模屯田。而以屯田为中心,西南边疆又形成了大规模的经济开发运动。"(洪武)二十年,诏景川侯曹震及四川都司选精兵二万五千人,给军器农具,即云南品甸屯种,以俟征讨。永乐以后,云南诸土官州县,率按期入贡,进马及方物,朝廷赐予如制。"①

据文献资料记载,明代南方屯田有三种形式:军屯、民屯和商屯。军屯即以卫所为单位,士兵"三分守城,七分屯田",立屯堡,开垦屯种,由官方购买农具、耕牛等。耕种所获,作为军饷、储备和卫所官员的薪棒。在云南,军屯始于洪武十九年。是年,西平侯沐英奏令军士开耕,以备储偹,此后驻守云南的明军便开始大规模屯田。洪武二十一年,南安侯俞通源报云南新附官军田粮马牛之数,计有军士 64000 人, 马 3545 匹, 屯牛 12994 头, 田 435036 亩,粮 336007 石, 布政司所属军民有 63740 户,粮 76562 石。以上所记载的仅是"新附官军"的屯田,但由此亦可推知云南大规模开展军屯的情形。据《明史》记载,云南军屯的高潮出现在洪武时期,当时沐英镇守云南"垦田至百万余亩"。② 洪武二十五年沐英死后子沐春袭职,沐春镇滇七年"大修屯政,辟田三十余万亩"③。《大明会典》也记载,云南都司屯田 110 万余亩、粮 38 万余石。可见,《明史》关于云南军屯田亩数为 100 余万亩的记载可信。在广西和贵州地区,开展军屯的范围虽不及云南,但军屯也具有不小规模。如广西军屯开始于洪武九年,到正统六年时王骥报告说:贵州 20 卫屯田达 95 万余亩,所收子粒足给军实。

除军屯外,明朝还在边疆地区施行"商屯",即由商人经营边疆的屯田,收取粮食后交给当地官府,换取盐引得到许可贩卖一定数额食盐的制度。商屯

---

① （清）张廷玉等撰:《明史》卷三一三《云南土司传・大理府传》,第 8069 页。
② （清）张廷玉等撰:《明史》卷一二六《沐英传》,第 3759 页。
③ （清）张廷玉等撰:《明史》卷一二六《沐英传》,第 3760 页。

是明代首创的,是由"开中"发展而来。即明廷召盐商运粮到指定的地点,以换取国家专营盐场的"盐引",商盐凭"盐引"提取盐后,可以自由贩卖,从中获利。后来盐商觉得长途运粮劳苦且获利不大,于是用金钱招募内地的贫苦农民,到边疆开垦屯种,以收获的粮食就地缴纳,换取盐引,称为商屯。云南、贵州普遍开展商屯是在洪武十五年。是年二月,以大军征南,开始商屯法。同年十二月,户部奏准定安宁盐井"开中"法,凡云南、临安、曲靖、乌撒、乌蒙、普安府募商输米,"自三石三斗至一石八斗有差,皆给安宁盐二百斤。"①洪武十九年正月,"命依旧例纳米金齿者,每一石给一引,以穀准米者听。"②次年(洪武二十年)十一月,户部又命商人于贵州毕节卫"开中","纳米每引二斗,给浙盐三斗,给川盐二十。"③直至弘治年间,云贵地区的商屯还相当活跃。

在开展军屯和商屯的同时,明朝在西南边疆还置建民屯。明朝在西南边疆发展民屯是以官府组织迁入的移民为主要劳动力,这与元朝在西南边疆的民屯仅限于签发土军有明显不同,即民屯由明廷从内地或人口稠密地区移民、招募、征丁或流放者到边疆开垦屯种。据不完全统计,仅在云南屯田的汉族就达四五十万人(包括军屯29万),其他诸省也不在少数。

为解决军粮供应,确保军心稳定,朝廷对西南边疆的屯田多方予以支持,并屡次从其他地方购取耕牛发给屯田军士。因此,屯田在西南边疆各地发展很快,至永乐朝时达到高潮。其时,云南军屯、民屯、商屯遍及全省,屯种面积约在150万亩以上,占当时登记在册的全省耕地面积的一半。

明朝在西南边疆各地的各类屯田,具有十分重要的历史意义。由于大量军队镇守西南边疆,明朝开展以军屯为主、以商屯和民屯为辅的大规模屯田运动,客观上形成了浩大的经济开发运动,对西南边疆社会经济文化的发展产生了极大推动作用,促进了当地社会经济文化的发展,使明代成为封建社会后半

---

① (清)嵇璜:《钦定续文献通考》卷二〇,四库全书影印本,页5下。
② (清)嵇璜:《钦定续文献通考》卷二〇,四库全书影印本,页5下。
③ (清)嵇璜:《钦定续文献通考》卷二〇,四库全书影印本,页5下。

期西南边疆进步最快的一个时期。

二、农牧开发

除了屯种外,明政府还在西南边疆修水利,征收农业税供当地官府和驻军开支,缮城立堡、置邮传、开发金银矿产、移民等经略南方之策。

第一,兴修水利。洪武四年(1371),修治广西兴安灵渠;洪武二十三年(1390),明廷命景川侯曹震疏浚四川永宁宣慰司所辖水道;洪武二十七年(1394),凿通广西玉林州南北二江之间的 20 余里长渠;洪武二十九年(1396),复修兴安灵渠;西平侯沐英疏浚滇池,消除水患;由 1500 名屯军开凿的云南宜良的汤池渠水利工程长达 36 里,水车、水雄、水磨等也得到推广利用。这些水利工程不仅解决了水患,而且使屯户和少数民族的田地都得到了灌溉,故"夷汉利之"。

第二,修筑道路,设置驿站。洪武十五年(1382),明朝统一云南后,招谕四川东川、乌蒙、乌撒、芒部诸酋长,"率土人随疆界远近,开筑道路,各广十丈,准古法,以六十里为一驿。"①次年(1383),依耿忠建议,以其所辖松漠等处安抚司所属各长官司户口之数,量民力,岁令纳马置驿,而籍其民充驿夫,供徭役。洪武十七年(1384),水西女土司奢香夫人自京师胜诉后,应太祖之要求,回贵州组织人力,开辟了贵州与云南、四川的道路,便利了三省各族的交往,促进了贵州的发展。《明史》载:"(洪武十六年)命六安侯王志、安庆侯仇成、凤翔侯张龙督兵往云南品甸,缮城池,立屯堡,置邮传,安辑人民。十七年以土官阿这为邓川知州,阿散为太和府正千夫长,李朱为副千夫长,杨奴为云南县丞。"②品甸,即洱海,由于受到战争之苦,百姓流亡,室庐无复存者。

洪武十九年(1376),明廷置云南洱海卫指挥使司,任命赖镇为指挥金事,"(赖)镇至,复城池,建谯楼,治庐舍市里,修屯堡、堤防、斥堠,又开白盐井,民

---

① (明)嵇璜纂修:《钦定续文献通考》卷二百四十一《四夷考·西南夷》,四库全书,页 7 上。
② (清)张廷玉等撰:《明史》卷三一三《云南土司传·大理府传》,第 8068 页。

始安辑。"①当地社会恢复,人民始得安宁。

为了满足最高统治者的私欲,明朝还积极开发重要金属尤其是金银,加之洪武初年向西南边疆移民等,所有这一切,都促进了西南边疆发展。"明初移民以长江流域和华北地区为重点,移往长江流域的有约 700 万人,迁至华北地区的有 490 万人。还有一部分人迁往西北、东北和西南边疆地区,这一部分人口约有 150 万。"②移民向西南边疆的迁徙加强了开发边疆的力量,密切了内地与西南边疆的联系,促进了边疆地区的巩固与发展,在历朝治边的过程中,还深受朝廷重视并发挥了重要作用。随着时间推移,外来移民逐渐融合于原有民族,大规模屯田为后来汉民的移入以及西南地区的开发,西南边疆形势的稳定,确保西南与内地的统一发展,起到了重要而积极的作用,产生了深刻的影响。

总之,明代经营西南的政策是全方位的、有效的。如在广西,大量移民涌入,耕地面积显著增加,明朝是广西经济开发最有成效的时期。广西还开始种植双季稻,耕作技术由粗放转向细致;建筑艺术达到了相当高的水平,代表性建筑有容县真武阁、合浦大士阁等。清代时,广西的农田水利灌溉技术日臻成熟,各种陂、堰、塘、渠的修建和水翻筒车普遍使用。

西南边疆地区还以都司卫所为中心,一些兼具守城、屯田、护驿、震慑和征讨等功能的城驿也得到发展。如今贵阳市云岩区、白云区、花溪区、乌当区、观山湖区、修文县,以及贵安新区和黔南州惠水县等地是明代贵州卫屯田之地,也成为大规模有效开发最早的地方。明初即在贵州驻守有数十万大军,而贵州之地地处偏远,粮食运输困难,因而推行屯田制是粮食供应最好的解决办法。都司辖贵州卫等 18 卫、所,贵州卫等各卫分别辖左、中、右、前、后 5 个千户所,每个千户所辖 10 个屯堡,每个屯堡驻军 112 人左右实行军屯。军屯的推行不仅解决了军队对于粮食的需求,而且因为许多军户多为中原迁入之人,

---

① (清)张廷玉等撰:《明史》卷三一三《云南土司传·大理府传》,第 8068—8069 页。
② 葛剑雄:《简明中国移民史》,福建人民出版社 1993 年版,第 391 页。

在与当地人相处之时,也传播了先进的生产技术。①与前代相比,贵州经济有了较大发展,农业发展尤为显著,引进了许多农作物品种和栽培技术,兴修水利,推广牛耕,并发展了各种养殖业和园艺业。

此外,明朝十分重视贵州的交通,在取得对贵州的统治后,即于各地修整道路广设驿站。洪武十五年,明军进入云南,朱元璋在对水西、乌撒、乌蒙、东川、芒部诸土酋长的手谕中曰:“今置邮传通云南,宜率土人,随其疆界远迩,开筑道路,其广十丈,准古法,以六十里为一驿。符至奉行。”②明代经贵州入湖广的道路最终成为云南、贵州通往内地的首要交通干线。明朝十分重视对这条交通干线的保护,明代贵州省辖府一级政区治所和军队卫所大多沿着这条交通线展开。交通线的伸展还对所经地区经济社会的发展和城镇的兴起予以重要的影响。洪武、天启间贵阳先后建成内城和外城,逐渐发展为人口稠密、商贾集中的城市。郡内多汉人,其贸易以十二生肖为场市,及期则汉夷不问远近,各负货聚场贸易;场内还设有“场主”维持秩序,以防止争夺欺诈之类情形发生。贵阳由于地处滇、川、湘、桂诸省通道相会要冲,来往官民客商繁多,战略地位重要,因而成为贵州地区的政治、经济中心。③因矿产资源不断得到开发,手工业和矿业也发展明显,随着交通要道的建立,城市商业和贸易也日渐兴起。

在西北边疆,由于明朝支持边疆开发的各项政策支持,西北边疆各地自洪武(1368—1398)以来经济有了极大发展。如农业上,宣德六年(1431)十二月,明政府“遣御史巡视宁夏甘州屯田水利”。④景泰三年(1452),明政府还根据户科右给事中路壁的建议,移文巡抚、镇守官,修筑淤塞的水利设施。成化十二年(1476),巡按御史许进奏言:“河西十五卫,东起庄浪,西抵肃州,绵

① 李媛:《明代治黔措施略论》,《黑龙江史志》2014年第18期。
② (清)张廷玉等撰:《明史》卷三一一《四川土司传》,第8003页。
③ 李媛:《明代治黔措施略论》,《黑龙江史志》2014年第18期,第55页。
④ (清)张廷玉等撰:《明史》卷九《宣宗本纪》,第122页。

亘几二千里,所资水利多夺于势豪,宜设官专理"①,诏屯田佥事兼之。嘉靖年间,明政府又令陕西及延绥、甘肃、宁夏各巡抚都御史,严督所属司府州县卫所等官,务必亲至郊野,相视地宜,疏浚水渠。

正是在这些政策诏令的推动下,西北的旧有渠道得到维修,新区不断开建。如宁夏卫的汉延渠、唐来渠、新渠、红花渠、秦家渠、汉伯渠,卫城西南的引黄灌区,卫城南分唐徕渠水的灌区,黄河东南、西南的引河灌区;宁夏中卫的中渠、蜘蛛渠、白渠、羚羊渠、石空渠、枣园渠、七星渠等,灌溉面积总计在4万顷以上。河西地区,仅甘州五卫、山丹卫和高台所几处的干渠大坝就有116处,灌田18964.66顷。②

边疆地区的畜牧业,得到政府的开发、扶植和保护。明太祖朱元璋十分重视划定官私牧地,规定荒闲田野,除军民屯种者外,听诸王驸马以至近边军民樵采牧放,在边藩府不得自占。嘉庆三十八年(1559),陕西抚按官殷学、梁汝魁报告说,他们查理出楚、庆、肃三藩所侵官牧地125920余顷,全部还官。这个数字接近于明前期陕西草地的原额和弘治时杨一清整顿后的牧地总数。这一惊人侵吞牧地数字的查出还官,无疑会大大地改善民间牧业发展的物质条件。③

在屯田区,明廷照例发给军士或佃农以耕牛。对于河西等地的少数民族则采取茶马贸易、少贡多赐的政策,向河州等地蕃部买马时"厚其值以偿",还特制金铜信符,往赐凉、甘、肃州,永昌、山丹、临洮、巩昌、西宁、洮州、河州、岷州诸蕃族,以防止边将假借朝廷名义,擅自向番族索马。又在征收赋税时,允许以牲畜、皮毛、牛筋等代替。这一切,都有利于民间畜牧业的开发和发展,当时,不论是农区,还是牧区,也不论是藩王、官僚、地主还是一般农牧民,都把畜牧业看作重要的财源、利源和衣食之源。别的不说,仅从畜种的繁富上就可以看到当时畜牧业开发的深度和广度。由于西北多数地区都适宜于农业生产,

---

① (清)张廷玉等撰:《明史》卷八八《河渠志六》,第2159页。
② 参见田澍主编:《西北开发史研究》,中国社会科学出版社2007年版。
③ 参见田澍主编:《西北开发史研究》,中国社会科学出版社2007年版。

而在这些地区农业对畜牧业的对比优势又很明显，因而从总体上看，明代西北农业的比重已经远超过了牧业。①

农业、畜牧业的发展，带动了城镇的兴起。明朝初年，西北边疆的嘉峪关与哈密之间就出现了几个军事性的城镇，即关西七卫：哈密、赤金、安定、阿端、曲先、罕东、沙州。地方集市也开始活跃起来，在府州县衙和部分卫所驻军之地形成的一些大分散、小集中的专门市场，包括乡村的关隘、渡口等交通要道逐步形成的一些固定集市。城镇和地方集市中的商品流通，都有利于打开西北与内地商品流通的渠道。

与此同时，边境贡赐贸易、互市和府州县集市贸易及其以"客帮"为主的长途贩运等均有发展。与明朝有贡赐关系的主要是西番、西域各国，由于政府推行优待政策，故"西域之使岁岁不绝"。② 特别是西北地区茶马互市使大量川陕茶叶源源不断地流入藏族地区，藏汉两族间经济文化交流发展到了一个新的高度。茶叶既是西部边疆藏族民众最为喜爱的物品。不管是明臣出使藏族地方携带的赏赐物，还是贡使入明得到的回赐，茶叶都是其中最重要的物品之一。永乐四年三月，明成祖遣使册封乌思藏阐化王时，赐茶二百斤。弘治十年十二月，参曼答实哩和锁南窝资尔等18人赏诰敕、食茶等往封乌思藏阐化王。正德十三年五月，阐化王使臣端竹札失火儿奏请例外茶斤，一次赐来京使和存留番僧茶叶共计达8.99万斤，人均达60斤。这就说明，通常情况下，明臣出使藏族地方均携带茶叶。茶叶也是朝廷回赐贡使的主要物品之一。洪武十五年二月，明太祖赐乌思藏贡使汝奴藏卜等人乌茶二百斤及他物。永乐五年三月，赐贡使札思木都指挥使撒力加监藏等人印诰、茶叶等。永乐六年四月，明成祖赐护教王使臣端竹巴等人茶叶30斤，并赐其从钞币及茶有差。景泰三年正月，赐予阐化王使臣完卜锁南领占等人茶叶等物。景泰四年五月，赐贡使乌思藏尊胜寺观音朵鲁只等人茶叶等物。景泰六年正月，赐乌思藏果加

---

① 参见田澍主编：《西北开发史研究》，中国社会科学出版社2007年版。
② （清）张廷玉等撰：《明史》卷三三二《西域传》，第8614页。

寺贡使班麻坚等人食茶。天顺八年十月,赐乌思藏使臣番僧长逐等人及洮州、岷州贡使茶叶等物。成化六年七月,朵甘贡使卓嵬等人茶叶等物。成化十二年八月,乌思藏赞善王使臣族成等人茶叶等物。成化十四年二月,赐陕西河州卫理仁寺贡使速札思巴坚藏等人食茶等物。弘治十年六月,明孝宗赐四川威州保县金川寺贡使贾思叭、茂州加渴瓦寺贡使三蓝等人茶绢等物。万历六年六月,给赏杂谷安抚司贡使仰羊坚藏等8人茶叶等。万历四十一年十一月,倍赏四川打喇儿寨头目雨木六等250人茶叶等物。

贡使在来京及其返回过程中,会于京城会同馆或沿途州县市茶,这也是明代藏族地方使者得到茶叶的另一种重要渠道,促进了茶叶文化的发展。正统九年二月,安定卫国师摄剌藏卜率使团出使明廷,使者在京城均市茶甚多,甚至安定王市茶达3000斤,并准备请求明朝廷赐予车辆运回。"正统时,安定卫国师摄剌藏卜等以朝贡至京,各市茶二千斤,又奏安定王令市茶三千斤回用,乞赐车辆粮粮。英宗以茶数过多,诏允安定王五百斤,官为运去,其国师二百斤、徒众人一百斤,俱令自募人运。仍命礼部著为令。"①此后,番夷运茶有了具体茶叶数量的规定。成化十五年正月,辅教王遣使沙加星吉等363人来朝贡方物,明廷依例厚赐。但沙加星吉等人却请求朝廷准许他们把赐赉物品于湖广荆州境内市茶,每人60斤。对此要求,朝廷允许,准予其将赐物在沿途换买成茶叶。

通过这些朝贡、互市等特殊经济手段,明政府达到了"羁縻戎心,充实边厩"之目的,这对于维护边疆社会安定、民族团结和多民族国家统一、稳定的发展起了重大作用。其次,藏汉商人在西北边陲用自己的智慧和双脚开辟出一条崎岖绵延的茶马古道,此后,这条茶马贸易通道其后在陕甘青藏境地绵延,大量川陕茶源源不断地流入西藏,使藏汉经济联系日益增强,民族关系更加密切,促进了西藏、甘青川滇许多州县社会经济日益繁荣。

① (明)余继登著:《典故纪闻》卷一一,第202页。

第五章　文德教化:明代治理边疆的文教方略

第一节　"文德化远人"

一、淡化民族意识的文化政策

在文化上,明廷推行"文德化远人"的文教方略。明太祖朱元璋说,"朕惟武功以定天下,文德以化远人,此古先哲王威德并施,遐迩咸服也。"①此为明朝基本的文教政策。为什么要在边疆地区推行教化之策?明朝统治者认为,"华夏"文明有礼,"夷狄"野蛮不知信义。换句话说,只有中原文化才是文明的、先进的,才能教化、治国。这种以中国文化"优越论"为核心思想的文化偏见,渊源于明代以前各朝汉族统治者及其主流文化意识。

明朝一方面大力倡导以儒家文化为核心的汉族文化主流地位,一方面对辖境内少数民族采取文化同化政策,"胡服、胡语、胡姓,一切禁止",②变胡姓为汉姓,改变服饰、语言等习俗,"不得服两截胡衣",③这是一种淡化民族意识的文化同化政策。其根源在于明朝封建统治阶级的少数民族文化"庸俗论"和汉族文化"优越论"为价值标准的文化观偏见,它必将带来文化价值体系的

---

① (清)张廷玉等撰:《明史》卷三一八《广西土司传》,第 8230 页。
② 《明太祖实录》卷三〇,洪武元年二月壬子,第 525 页。
③ 《明太祖实录》卷三〇,洪武元年二月壬子,第 525 页。

偏差,这对明代边疆民族关系产生了消极影响。不过,在明朝的严刑酷法之下,"禁胡服、胡语、胡姓"等一系列的文化同化政策客观上产生了某些积极作用,它使明朝辖内的蒙古等少数民族群众在社会经济和文化面貌上出现了较大转变,加之长期与汉人同居,数代之后,其观念、外貌、服饰、习俗已与汉人基本相同,"固已相忘相化,而亦不易以别识之也。"①

二、建立地方儒学

明朝建立后,在西南、西北、东北等边疆地区设置布政使司、都司卫所,完善地方统治机构,边疆各地政治上的统一和稳定为当地文化教育事业的发展提供了可靠的政治保障。因此,随着明朝中央在边疆各地政权建设、军事建制的完成,客观上带来了开启边疆地区经济文化发展的大好机遇。其次,大量内地汉民以各种方式迁移进入边疆地区,将先进的中原文化带给边疆各族人民。与此同时,明朝也加强了对边疆民族地区的儒学渗透。② 在这样的时代背景下,不仅西北、西南、东北边疆不断得到开发,边疆民族地区文化教育事业也开始步入启动、发展轨道。

洪武元年三月,明太祖朱元璋下令设文、武科取士,"以广求天下之贤"。③同年八月,明太祖遣官释奠于先圣孔子,十月定"国子学官制",④开始倡导儒学教育。洪武二年,明太祖谕中书省臣曰:"学校之教,至元其弊极矣。上下之间,波颓风靡,学校虽设,名存实亡。兵变以来,人习战争,惟知干戈,莫识俎豆。朕惟治国以教化为先,教化以学校为本。京师虽有太学,而天下学校未

---

① (明)陈子龙辑:《皇明经世文编》卷七三,"丘睿《区处畿甸降夷》",第615页。
② 李媛:《明代治黔措施略论》,《黑龙江史志》2014年第18期。
③ 《明太祖实录》卷二二,洪武元年三月丁酉,第323页。
④ 洪武元年十月,"丙午,定国子学官制,祭酒正四品、司业正五品、博士正七品、典薄正八品、助教从八品、学正正九品、学录从九品。"(《明太祖实录》卷二六,吴元年十月丙午条)洪武十五年闰二月,"改国子学为国子监。设祭酒一人从四品、司业一人正六品、监丞一人正八品、典簿一人、博士三人、助教一十六人,俱从八品,学正三人正九品、学录三人从九品。"(《明太祖实录》卷一四三,洪武十五年闰二月丙辰条)

兴。宜令郡县皆立学校,延师儒,授生徒,讲论圣道,使人日渐月化,以复先王之旧。"①于是大建学校,府设教授一,州设学正一,县设教谕一。府州县俱设训导,府四名、州三名、县二名,明朝在全国正式建立起儒学为主、府州县地方三级层次的官方教育体制。明初之所以大力举办各类学校教育,是因为"学校乃育材之地,国家致治之源,古今所同重也。"②通过构建官方教育体系,既可为国家搜罗和培养各类急缺建设人才,也可起到稳定边疆社会、加强统治之作用。

明代教育体系非常完备,中央官学有国子学、武学、宗学,地方官学分儒学系统和专门学校系统两类。其中,儒学系统为:府州县学,都司、行都司儒学,卫儒学,安抚司、宣慰司儒学等;专门学校有:武学、医学、阴阳学。另外就是地方社学。

明代官方学校教育的最大特色之一,就是除了在全国各行政区的府州县地设府州县学外,还在全国卫所防区设置都司、行都司儒学、卫学等。有明一代,政府将边疆地区儒学教育统一纳入国家教育体系中,使其成为全国教育体制的重要组成部分之一,鲜明地反映了明朝统治阶级与时俱进的边疆文化观。

(一) 边疆地区的儒学、卫学

1. 西南边疆地区的儒学、卫学。洪武十五年四月,"置云南大理府及蒙化等州儒学"③,这是明代最早设置于边疆地区的官方教育机构。洪武十六年十一月,"置四川建昌府儒学。"④洪武十七年七月,"置云南、楚雄二府儒学。"⑤洪武二十五年十月,"置贵州宣慰司儒学,设教授一员、训导四员。"⑥洪武二十五年十一月,"置云南沅江府儒学。时沅江府言:'土官子弟编氓多愿读书,宜

---

① (清)张廷玉撰:《明史》卷六九《选举志一》,第1686页。
② 《明英宗实录》卷一九二,景泰元年五月己酉,第3991页。
③ 《明太祖实录》卷一四四,洪武十五年四月戊戌,第2267页。
④ 《明太祖实录》卷一五八,洪武十六年十一月癸卯,第2441页。
⑤ 《明太祖实录》卷一六三,洪武十七年七月壬子,第2526页。
⑥ 《明太祖实录》卷二二二,洪武二十五年十月癸卯,第3248页。

设学校以教之。'诏从之。"①洪武三十年二月,"立四川永宁宣抚司九姓长官司儒学。"②永乐元年八月,"设运动楚雄县儒学。先是,本府言:'所属人民类皆蛮夷,不知礼义,惟僰人一种,赋性温良,有读书识字者。府州已尝设学教养,其县学未设,今楚雄县所辖六里,而僰人过半,近委官劝集民间俊秀子弟入学读书,而无师范,请立学置官训诲。'从之。"③永乐四年六月,"设云南镇南州儒学,置学正、训导各一员。"④永乐六年四月,"设四川重庆卫酉阳宣抚司儒学。"⑤永乐六年十二月,经广西按察司金事杨廉建议,明廷在田州等府立学校,教育当地土人礼法。永乐十年三月,经云南布政司左参议吕名善建议,明廷在武定,导甸、广西三府设学校教育。所有新设教育机构,以其土官子弟入学者最多,通过学习,使他们讲读经书,侯成材时则为国家之治边栋梁。永乐十二年三月,云南临安府嶍峨县丞周成言:"境内夷民僰人、啰啰、百夷、普蜡、和泥,其类不一,而僰人子弟多有俊秀,宜建学校教之,使习诗书、知礼义。"从之。⑥ 永乐十二年十月,"设贵州镇远、石阡、乌罗、铜仁、新化、黎平六府儒学。"⑦永乐十五年二月,云南鹤庆军民府顺州知州王义言:"州虽系蛮夷,然归附以来,沾被圣化三十余年,声教所暨,语言渐通,子弟亦有俊秀,请建学校教育之,庶几人材可成。"从之。⑧ 永乐十五年七月,"设四川乌撒军民府及云南临安府嶍峨县二儒学、贵州镇远府儒学。"⑨永乐十六年二月,云南丽江军民府检校庞文都言:"本府宝山、巨泽、通安、兰州四州归化日久,请建学校。"从之。⑩ 永乐十七年六月,"设云南龙州儒学。"⑪宣德八年三月,设四川乌蒙军

① 《明太祖实录》卷二二三,洪武二十五年十一月戊辰,第3263页。
② 《明太祖实录》卷二五〇,洪武三十年二月丙午,第3627页。
③ 《明太宗实录》卷二二,永乐元年八月庚申,第411页。
④ 《明太宗实录》卷五五,永乐四年六月戊辰,第815页。
⑤ 《明太宗实录》卷七八,永乐六年四月甲辰,第1057页。
⑥ 《明太宗实录》卷一四九,永乐十二年三月丙戌,第1739页。
⑦ 《明太宗实录》卷一五七,永乐十二年十月乙亥,第1797页。
⑧ 《明太宗实录》卷一八五,永乐十五年二月壬戌,第1982页。
⑨ 《明太宗实录》卷一九一,永乐十五年七月庚午,第2017页。
⑩ 《明太宗实录》卷一九七,永乐十六年二月戊戌,第2062页。
⑪ 《明太宗实录》卷二一三,永乐十七年六月丁亥,第2142页。

民府儒学,置教授一员、训导四员。①

　　成化十四年四月,"设贵州程番府儒学"。② 成化十七年十一月,"开设广西田州府儒学"。③ 成化十八年十一月,"开设广西庆远府河池县儒学。"④成化二十一年二月,"置云南腾冲军民指挥司儒学。腾冲旧无儒学,从指择同知陈鉴请置,止除授教官一员。"⑤嘉靖十九年十一月,经提督巡抚都御史蔡经奏请,明朝"设广西南宁府隆安县儒学"。⑥ 嘉靖二十八年六月,明朝设云南霑益州、大姚县二儒学。隆庆元年三月,"诏建云南新兴州江川县儒学,除学正、教谕各一员。"⑦除了卫学,明朝还在西南边疆开设医学、阴阳学。如正统十二年十二月,"设云南临安府通海县阴阳学,置训术一员。"⑧成化八年冬十月,"开设福建永安县医学。"⑨成化十七年十二月,开设广东饶平县阴阳学⑩,等等。

　　把以上这些明廷在西南边疆陆续创办的府州县儒学综合起来,列表示意如下:

儒学设置地	儒学类型	具体情况
云南	府儒学	云南府、大理府、沅江府、临安府、武定府、导甸府、楚雄府
	州儒学	蒙化州、南州、宝山州、巨泽州、通安州、云南兰州、龙州、顺州、霑益州
	县儒学	嶍峨县、大姚县、江川县、楚雄县儒学

①　《明宣宗实录》卷一〇〇,宣德八年三月戊午,第 2237 页。

②　《明宪宗实录》卷一七七,成化十四年四月戊申,第 2197 页。

③　《明宪宗实录》卷二二一,成化十七年十一月戊戌,第 3821 页。

④　《明宪宗实录》卷二三五,成化十八年十一月戊寅,第 4005 页。

⑤　《明宪宗实录》卷二六二,成化二十一年二月庚午,第 4441 页。

⑥　《明世宗实录》卷二四三,嘉靖十九年十一月庚子,第 4897 页。

⑦　《明穆宗实录》卷六,隆庆元年三月丙子,第 178 页。

⑧　《明英宗实录》卷一六一,正统十二年十二月丙子,第 3133 页。

⑨　《明宪宗实录》卷一〇九,成化八年冬十月己丑,第 2131 页。

⑩　《明宪宗实录》卷二二二,成化十七年十二月丁未,第 3825 页。

续表

儒学设置地	儒学类型	具体情况
贵州	府州县儒学	镇远府儒学、石阡府儒学、乌罗府儒学、铜仁府儒学、新化府儒学、黎平府儒学、镇远府儒学、程番府儒学
广西	府州县儒学	田州府儒学、河池县儒学、隆安县儒学
四川	府州县儒学	建昌府儒学、乌撒军民府儒学

注：此表根据《明实录》《明史》等文献资料统计制作。

　　除了以上所列西南边疆儒学外，明政府还在西南军防区各都司卫所创办司学、卫学，接受武官子弟读书识文、培养人才。如云南的腾冲军民指挥司学、景东卫学、平夷卫学，贵州宣慰司学、威清卫学、乌撒卫学，四川的永宁宣抚司九娃长官司学、重庆卫酉阳宣抚司学、建昌卫军民指挥使司学、宁番卫军民指挥使司学、松潘卫学，等等。以卫学为例，据学者研究，明朝在西南边疆的贵州设卫学 17 所，①云南设卫学 5 所，②四川行都司境内设有卫学 5 所。③ 司学、卫学建立后，逐渐成为明代西南边疆教育体系中非常重要的一部分。所有西南边疆儒学、卫学均由朝廷委派学官管理，这些学校不断向中央国子监输送本地贡生，加之朝廷开科取士，使西南边疆教育落后之现状大有改观。

　　2. 西北、北方边疆地区的儒学、卫学。洪武十五年八月，"置延安府吴堡、神木、府谷三县儒学。"④这是明代西北边疆地区最早设置的官方教育机构。此后，陕西、宁夏、山西等边镇相继举办了许多儒学、卫学等官方教育机构。史载：永乐四年十二月，"改陕西宁夏中屯等卫儒学为宁夏等卫儒学。洪武中诏：宁夏中屯及左右屯卫总设儒学，一置官品秩如府学。"⑤永乐十七年五月，"设陕西洮州卫军民指挥使司儒学，置教授一员。"⑥宣德二年十二月，"设西

---

　　①　蔡嘉麟：《明代的卫学教育》，《明史研究丛刊》，台湾乐学书局 2002 年版，第 82 页。
　　②　蔡嘉麟：《明代的卫学教育》，《明史研究丛刊》，台湾乐学书局 2002 年版，第 88 页。
　　③　蔡嘉麟：《明代的卫学教育》，《明史研究丛刊》，台湾乐学书局 2002 年版，第 80 页。
　　④　《明太祖实录》卷一四七，洪武十五年八月庚寅，第 2319 页。
　　⑤　《明太宗实录》卷六二，永乐四年十二月戊辰，第 890 页。
　　⑥　《明太宗实录》卷二一二，永乐十七年五月丙辰，第 2138 页。

宁卫儒学"①。正统四年四月，"设陕西靖虏卫儒学"。② 成化十年四月，"改陕西文县千户所儒学为本县儒学。设县儒学并设二县阴阳医学……"③嘉靖二十八年十月，"建宁夏后卫儒学于花马池营，取本卫寄业城镇生员充之，设教授一员。"④永乐十七年五月，"设陕西洮州卫军民指挥使司儒学，置教授一员。"⑤这是陕西、宁夏儒学教育。另外，弘治元年正月，明政府"增设陕西西宁卫医学"⑥，成化十四年三月，"开设陕西榆林卫阴阳学。"⑦以宁夏卫学为例，据学者研究，明代宁夏镇境内有三所卫学，一所千户所学。⑧ 三所卫学是：1.宁夏等卫儒学，"宁夏镇城所设军卫虽有变动，但大体为宁夏卫、宁夏前卫、宁夏左屯、右屯、中屯卫，五卫共学一处。"2.宁夏中卫学，正统四年建成；3.宁夏后卫学，嘉靖二十九年（1550）建成。一所千户所学是灵州守御千户所学，弘治十三年（1500）建成。⑨ 在山西，嘉靖九年九月，明廷"设山西平虏卫儒学"。⑩ 成化十二年五月，"设大同左云川卫、大同右玉林卫、天城镇虏卫、阳和高山卫四儒学。"⑪

　　在东北边疆。洪武十七年闰十月，"辛酉，置辽东都指挥使司儒学，设教授一员、训导四员、金复海盖四州儒学学正各一员、训导各四员教武官子弟。"⑫这是明代最早设于东北边疆地区的官方教育机构。对于辽东边疆开办学校、兴儒学之举措，曾为那些拥有偏见的官僚士大夫所反对。对此，洪武十七年十一月，明太祖对礼部大臣明确指出："近命辽东立学校。或言边境不必

①　《明宣宗实录》卷三四，宣德二年十二月己巳，第866页。
②　《明英宗实录》卷五四，正统四年四月己丑，第1039页。
③　《明宪宗实录》卷一二七，成化十年四月辛巳，第2429页。
④　《明世宗实录》卷三五三，嘉靖二十八年十月甲子，第6372页。
⑤　《明太宗实录》卷二一二，永乐十七年五月丙辰，第2138页。
⑥　《明孝宗实录》卷九，弘治元年正月丁巳，第195页。
⑦　《明宪宗实录》卷一七六，成化十四年三月壬申，第3176页。
⑧　蔡嘉麟：《明代的卫学教育》，《明史研究丛刊》，台湾乐学书局2002年版，第61页。
⑨　蔡嘉麟：《明代的卫学教育》，《明史研究丛刊》，台湾乐学书局2002年版，第62—63页。
⑩　《明世宗实录》卷一一七，嘉靖九年九月辛丑，第2772页。
⑪　《明宪宗实录》卷一五三，成化十二年五月庚戌，第2789页。
⑫　《明太祖实录》卷一六七，洪武十七年闰十月辛酉，第2563页。

建学,夫圣人之教犹天也,天有风雨霜露无所不施,圣人之教亦无往不行……况武臣子弟久居边境,鲜闻礼教,恐渐移其性,今使之诵诗书习礼仪,非但可以造就其才,他日亦可资用。"①也就是说,兴办边疆教育,其利不仅为国培养人才,且能知习礼教,一举多得。故明太祖朱元璋大力实施边疆儒学教育。至嘉靖十四年八月,明政府仍在"诏建辽东广宁右屯卫儒学"②。关于明代辽东卫学设置的具体情况,张东冬的《明代辽东卫学初探》有着较为详细的论述:③辽东都司学,洪武十四年置;盖州卫学,洪武十六年置;④海州卫学,洪武十七年置;复州卫学,洪武十七年置;金州卫学,洪武十七年置;沈阳中卫学,正统元年置;广宁卫学,正统年间置;三万卫学,洪熙元年以后置;义州卫学,正统年间置;广宁中左屯卫学,正统元年置;广宁右屯卫学,嘉靖十四年置;广宁前屯卫学,正统七年置;铁岭卫学,正统元年置;宁远卫学,宣德五年置;定辽右卫学,嘉靖四十五年置;永宁监卫学,嘉靖十八年置;自在州卫学,万历三十年置。以上共1所都司学、16所卫学。

从教育模式看,明代西南边疆地区的卫学教育最为繁荣,成就最大。明朝在边疆地区开设卫学的目的,一方面使官军子弟讲诵武经、演习武艺,或者入医学读医书,将其培养成智勇双全,以备随征的有用之才。正如宣德七年陕西按察佥事林时奏陈所讲:"……文武并用,长久之术,故武臣子弟不可不知书。今天下军卫亦有开设学校者,而未设之处尚多。臣愚以为卫所在诸府州、县者,宜令武臣子孙及旗军俊秀子弟入学读书,每五日一辍书习武艺,果有成效,皆许出身。如是则皆知忠孝之道、备文武之才,庶几国家得人为用。上曰:

---

① 《明太祖实录》卷一六八,洪武十七年十一月庚午,第 2567 页。
② 《明世宗实录》卷一七八,嘉靖十四年八月辛丑,第 3831 页。
③ 张东冬:《明代辽东卫学初探》,东北师范大学 2009 年硕士学位论文,第 48 页。
④ 张东冬《明代辽东卫学初探》中关于辽东都司学和盖州卫学设置时间,应为错误(该论文第 48 页)。因为,根据《明太祖实录》卷一六七:洪武十七年闰十月辛酉,"置辽东都指挥使司儒学,设教授一员、训导四员、金复海盖四州儒学学正各一员、训导各四员教武官子弟。"(《明太祖实录》卷一67,洪武十七年闰十月辛酉条)可见,辽东都司儒学设置于洪武十七年。另,张士尊提出:"辽东都司儒学和金、复、海、盖四州儒学于洪武十七年正式设置。"(张士尊:《明代辽东儒学建置研究》,《鞍山师范学院学报》2010 年第 1 期,第 32 页。)

"此皆旧制,所司即申明之。"①另一方面,稳定和安抚武官群体也是明朝设立边疆卫学的初衷。事实上,"自洪武时置大宁等卫儒学,教武官子弟"②,武学之设已显端倪。宣德十年十月,"辛亥,建立天下卫所学校"③,令各处卫所官军中俊秀子弟进入卫学学习,教养文武人才。成化三年三月,礼部尚书姚夔等奏:"修明学政十事",请榜谕天下学校,"永为遵守":"……卫学之设,盖欲令武士习读武经七书,俾知古人坐作进退之方,尊君死长之义,然中间亦有聪明援伦之士,能通经书有志科目者,听于科目出身,不使其有遗才……云南、贵州等处选贡生员,国初,以其远方特示优容之意。其后,宣德正统年间,已尝考贡。天顺年来,又复选贡。"④由此可见,明代边疆卫学基本同内地一样设馆授徒,学习儒经史典,"迄明,天下府、州、县、卫所,皆建儒学,教官四千二百余员,弟子无算,教养之法备矣。"⑤

(二) 边疆地区科考

明代科考始于洪武三年。是年八月,明政府在京师及各行省开乡试。这次全国范围内开展的乡试共进行了9天,"自初丸日始试初场,复三日试第二场,又三日试第三场。"⑥贡试名额有具体划定:"京师直隶府州贡额百人,河南、山东、山西、陕西、北平、福建、江西、浙江、湖广各 40 人,广西、广东各 25 人,若人才众多之处不拘额数,或不能及数者亦从之。"⑦值得注意的是,此贡试名额中,陕西、广西、广东这些边疆地区也被分配了许多名额,这充分表明:明朝自建国伊始,就将边疆地区统一纳入全国考试范围之内。洪武十五年八

---

①　《明宣宗实录》卷八六,宣德七年正月乙酉,第 1991 页。
②　(清)张廷玉撰:《明史》卷六九《选举志一》,第 1690 页。
③　《明英宗实录》卷一〇,宣德十年十月辛亥,第 193 页。
④　《明英宗实录》卷四〇,成化三年三月甲申,第 814 页。
⑤　(清)张廷玉等撰:《明史》卷六九《选举志一》,第 1686 页。
⑥　《明太祖实录》卷五五,洪武三年八月乙酉,第 1084 页。
⑦　《明太祖实录》卷五五,洪武三年八月乙酉,第 1084 页。

月,明太祖下诏礼部:"设科举取士,令天下学校期三年试之,着为定制。"①此诏的颁行意味着"三年一考制"的正式确立。考试的内容,自然以经、史、四书、射、算等为主。为此,明廷多次颁四书五经于各地学校,如洪武十四年三月,"颁五经四书于北方学校"②;洪武十九年三月,又赐北方郡县学校五经四书,这样的情况举不胜举。

明政府要求,边疆地区也需同内地一样参加科举考试,为政府选拔有用人才。如洪熙元年(1425),明仁宗诏令:"贵州所属,有愿试者,湖广就试。"③明朝最早开始在贵州设科取士。嘉靖九年(1530),给事中思南人田秋题奏请:贵州一省地远路险,进行开科西南,却将科场附于云南而设,贡生考试苦难。为了激励儒生科考,恳请今后在贵州单独开科。此疏经巡抚御史王杏议准:嘉靖十四年(1535)起,云南、贵州单独设科举人。人文措施极大地鼓励了西南边疆儒生参加科考的积极性。

因此,自贵州建学开科以来,人才联袂而起,俊秀之士,比之中州,各方面都涌现出一批英才。科甲出身而任教职者达数十百人,其中不少人为贵州教育作出了贡献。据史料记载,明代西南地区少数民族子弟金榜题名或中举登进士者人数也较多,仅以云南回族为例,明末保山闪氏一族有举人、贡生、进士21人,蒙自沙甸村有举人、贡生、进士13人,④玉溪龙门附近三个回族村有11人。在壮、白等族中进士、举人也不少。

(三) 边疆地区推行儒学教育的历史影响

明朝大力推行内地及其边疆地区儒学教育体系,其目的主要有三:

一是培养人才。永乐三年八月,"上谕礼部臣曰:学校育才以资任用,太祖高皇帝内设国子监,外设府、州、县学,选用师范教育俊秀,严立教法,丰廪饩

---

① 《明太祖实录》卷一四七,洪武十五年八月丁丑,第 2299 页。
② 《明太祖实录》卷一三六,洪武十四年三月辛丑,第 2154 页。
③ 刘永生:《论明代儒家文化在贵州的传播路径》,《贵阳学院学报》2012 年第 5 期。
④ 刘莉:《试析回族的古代教育》,《西安文理学院学报》2006 年第 6 期,第 42 页。

徭,期待甚至。建文以来,学校废弛,所司又不督励,虚糜廪禄。尔礼部宜申明旧规,俾师教无阙,士学有成,庶几,国家得贤材之用。"①

二是教化功用。除了培养人才外,实行儒学教育还有一个重要作用:教化作用。洪武三年六月,国子学典簿周循理言:"国学教化本原,请择经明行修之士充学官,而增置其员。民间俊秀子弟年十五以上愿入国学者听复其身,京官子弟一品至九品年十二以上者皆令入学,且定其出身资格。太学生贡于朝,比科举进士俱得优等擢用。"②明太祖采纳其言。洪武八年正月,明太祖下诏命天下"立社学",并对中书省臣说:"昔成周之世,家有塾,党有庠,故民无不知学,是以教化行而风俗美。今京师及郡县皆有学而乡社之民未睹教化,宜令有司更置社学,延师儒以教民间子弟,庶可导民善俗也。"③社学,明代民间教育机构,此"立社学诏"中"延师以教民间子弟"是对其教育对象的准确定位,并令"兼读《御制大诰》及本朝律令"④是对其教学内容的补充。

三是治边治疆。边疆地区地理位置僻远,交通不便,"上以云南各处土官不识中国文字"⑤,在边疆各地推行教育,意义更大。因此,明朝统治者非常重视儒学教育在边疆地区的教化作用,如在西南边疆,明政府大力推进以儒学教育为中心的文化教育活动。洪武十五年(1382),云贵初定,普定军民府土官者额入朝,辞归之时,明太祖朱元璋特下诏谕:"王者以天下为家,生教所暨,无间远迩,况普定诸郡,密迩中国,慕义来朝,深可嘉也。今尔既还,当谕诸酋长,凡有子弟,皆令入国学授业,使知君臣父子之道,礼乐教化之事,他日学成而归,可以使土俗同于中国,岂不美哉!"⑥自此之后,明朝各代皇帝莫不遵循这一祖训,把推行儒学教育作为巩固边疆的"长治久安"之策。洪武二十八年六月,明太祖阐述了边疆兴学的重要意义,将边疆教育提高到一个前所未有的

---

① 《明太宗实录》卷四五,永乐三年八月己巳,第703页。
② 《明太祖实录》卷五三,洪武三年六月癸未,第1055页。
③ 《明太祖实录》卷九六,洪武八年正月丁亥,第1655页。
④ (清)张廷玉撰:《明史》卷六九《选举志一》,第1690页。
⑤ 《明太宗实录》卷三五,永乐二年十月辛未,第610页。
⑥ 敖以深、王跃斌:《思南、思州改土归流的历史意义》,《贵州社会科学》2007年第5期。

高度。上谕礼部曰："……云南四川边夷土官皆设儒学,选其子孙弟侄之俊秀者以教之,使之知君臣父子之义而无悖礼争斗之事,亦安边之道也。"①即边地立儒学,不仅可使边人知习礼仪,更重要的是,这是安边之道。此后,明朝历代皇帝以"治国以教化为先,教化以学校为本"②的方针,要求地方各级官吏重视教育,努力办学。儒学教育在云南、贵州、广西等边疆各地勃然兴起。

在朝廷的大力倡导下,边疆地区的部落首领、四夷酋长积极遣子弟等人入学。《明实录》载:洪武十七年四月,"时天下府州县岁贡生员及四夷酋长遣子入学者几数千人,学舍不能容"③,朝廷不得不"增筑国子生房舍五百间于集贤门外"以安置学生。洪武十七年六月,普定军民府知府者额遣其子吉隆及其营长之子阿黑子等16人入太学,命赐袭衣靴袜。④ 教育呈现一片欣欣繁荣之景。这样的情况还有很多:

洪武二十三年四月,四川建昌卫土官安配等遣其子僧保等42人请入国子监读书;洪武二十三年七月,云南乌撒军民府土官知府何能,遣其弟忽山及啰啰生二人入国子监读书;洪武二十三年九月,云南乌蒙、芒部二军民府土官遣其子以作补驹等,请入诣国子监读书;洪武二十四年正月,四川会川、建昌二府土官遣其子王保等7人入国子监。对于来京入国子监学习的四夷少数民族学生,明政府都给予学习、生活等方面的关怀和照顾,或赐钞锭,或赐袭衣靴袜等生活用品,保障生员的生活所需。永乐六年四月,巡按云南监察御史陈敏言:"云南自洪武中已设学校教养生徒,今郡、县诸生多有资质秀美、通习经义者,宜如各布政使司三年一开科取士。"从之。⑤ 说明边疆教育取得了重要成果。成化十七年十一月,明宪宗对贵州程番府知府邓廷瓒说:"朕以蛮夷率化,既建学置徒,比之内地。"⑥

---

① 《明太祖实录》卷二三九,洪武二十八年六月壬申,第3476页。
② (清)张廷玉撰:《明史》卷六九《选举志一》,第1686页。
③ 《明太祖实录》卷一六一,洪武十七年四月庚寅,第2507页。
④ 《明太祖实录》卷一六二,洪武十七年六月乙亥,第2517页。
⑤ 《明太宗实录》卷七八,永乐六年四月丙申,第1056页。
⑥ 《明宪宗实录》卷二二一,成化十七年十一月己卯,第3815页。

与唐宋时期相比,明代学校教育制度颇为建全。自洪武十五年"颁学规于国子监,又颁禁例十二条于天下",①洪武二十六年"定学官考课法",②此后不断订立和补充教育法规,其不遵者,皆以违制论。与内地同样,明朝在边疆地区的学校教育及其相关学规、学制、贡生试举等亦然有法可依,如"卫学之例""云南鹤庆军民府儒学事例"③"赐赉如云南生例"④,等等。《明史·选举志》载:成化中"定卫学之例":"四卫以上军生八十人,三卫以上军生六十人,二卫、一卫军生四十人,有司儒学军生二十人;土官子弟,许入附近儒学,无定额。"⑤边疆地区办学的日益法制化为选拔人才提供了制度保障,也是边疆地区文化教育进步的重要体现。

当然,边疆地区教育中也存在诸多问题,如有些地方官员在办学过程中有些冒进,主张速办速成;有些地方学校中存在"教者非人,学者怠弛"的懒散现象,等等。宣德二年十月,明宣宗针对贵州各处新立学校,批评当地官员速办速成的办学思想,他说:"边郡立学,欲其从化耳,岂可遽责成材?"⑥正统十二年七月壬子,山西右参政林厚奏称:"沿边俱有学校,而教者非人,学者怠弛。"⑦对此,明政府相关部门进行了及时纠正,使出现的问题有了一定改善。洪熙元年八月,仁宗皇帝认为近年以来科举太滥,故命礼部翰林院定议科举取士额数。行在礼部奏定"科举取士之额":凡乡试,取士南京国子监及直隶共80人;北京国子监及北直隶共50人等。边疆地区的湖广、广东各40人,河南、四川各35人,陕西、山西、山东各30人,广西20人,云南、交趾各10人。"贵州所属,有愿试者,于湖广就试。"⑧宣德元年九月,由于广西思恩、忻城受到蛮寇攻掠,县民稀少,生员太少,明廷罢广西思恩、忻城二县儒学。正统十年

---

① (清)张廷玉撰:《明史》卷六九《选举志一》,第1686页。
② (清)张廷玉撰:《明史》卷六九《选举志一》,第1686页。
③ 《明宣宗实录》卷一一四,宣德九年十二月甲辰,第2577页。
④ 《明太宗实录》卷二三二,永乐十八年十二月己亥,第2241页。
⑤ (清)张廷玉撰:《明史》卷六九《选举志一》,第1688页。
⑥ 《明宣宗实录》卷三二,宣德二年十月庚午,第824页。
⑦ 《明英宗实录》卷一五六,正统十二年七月壬子,第3047页。
⑧ 《明宣宗实录》卷九,洪熙元年八月乙卯,第245页。

八月,明廷减少了偏僻边卫教官冗员;正统十三年十一月,明朝决定"罢怀来等卫的五处儒学"①;正统十四年十一月,大同、左右云川、玉林、天城、镇房、阳和、高山八卫之地所设儒学四所也因相同情况被罢。

值得称赞的是,明朝在边疆地区因地制宜实施学制、学规、入贡考试等教育政策,并不完全采取同内地一样的一刀切做法,体现出比较合理的教育方针和策略。洪武二十二年十月,广西庆远府忻城县儒学教谕骆基奏:"忻城山洞瑶蛮衣冠不具、言语不通,自古以来宾兴所不及。今虽建学立师而生员方事启蒙,难以充贡。"②明太祖说:"边夷设学校,姑以导其向善耳,免其贡。"③此外,明朝对云南、贵州等边疆地区贡生专门安排日常生活费用,给予一定赐费。洪熙元年十一年,贵州镇远府知府颜泽奏:"本府儒学自永乐十三年开设,于偏桥等处四长官司夷人之中选取生员,入学读书,期有成效,宜给廪膳以养之。"上曰:"府官之言是,边郡开学校,教夷人,若使自营口腹,彼岂乐于为学?凡贵州各府新设学校未与之廪膳者,皆与。"④明朝还规定,给师生月给米三斗至六斗等,体现出一定的人文关怀。

总之,明代儒学教育在边疆地区兴起的根本原因与明统治者对边疆实行的文化教育政策有关。从结果看,不论是内地还是边疆地区,教育文化事业在明代繁荣发展,"明代学校之盛,唐、宋以来所不及也。"⑤随着兴办学校、开科取士和文化教育的发展,明代边疆文化教育与中原地区的差距日渐缩小,人才辈出,边疆少数民族中出现了一批著名学者、诗人、教育家、军事家和政治家,如广西"兄弟尚书"蒋冕、军事家袁崇焕等,这与兴办教育是密切相关的。清代时,广西全省各地皆设书院和义学,方志的编纂取得了巨大的成就,如谢启

① 万全都司所属怀来卫、怀安卫、龙门卫、万全左卫、美峪千户所等五处儒学因临极边,武生乏人供送,衣食艰难。且仅有数人在学,教官常闲,虚费廪录,罢。见《明英宗实录》172,正统十三年十一月乙巳条,第3315页。
② 《明太祖实录》卷一九七,洪武二十二年十月癸卯,第2963页。
③ 《明太祖实录》卷一九七,洪武二十二年十月癸卯,第2963页。
④ 《明宣宗实录》卷一一,洪熙元年十一年辛酉,第314页。
⑤ (清)张廷玉撰:《明史》卷六九《选举志一》,第1686页。

昆主修的嘉庆《广西通志》得到了赞誉。而在贵州,既有朝廷开办的府州县学,又发展了书院,王阳明贬谪贵州龙场后阳明学兴起并影响全国,贵州还出现了"黔中王学",受到统治阶级的重视,边疆地区文教渐兴。

第二节 边疆文化的发展

一、文化交流

在明朝和边疆各族的交流交往中,边疆文化迅速发展。在北部边疆,明蒙经济文化交流中一些书籍、药品、乐器和佛经等成为交流的主要物品,促进了明蒙文化联系和发展。如正统八年(1443),"明廷一次就赠给脱脱不花框鼓、鞭鼓各一面,琵琶、火拨思、胡琴等乐器"[1]。史籍显示,从蒙古各部的贡品中,明朝也可以得到一些精美的手工艺品,如玉石、佛像、舍利等。如正统十三年五月,"赤斥蒙古卫都指挥可儿即遣千户撒因帖木儿乌思藏等处剌麻锁南巴绰尔甲等贡马驼,玉石、氆氇、佛像、舍利等物,赐宴并彩币钞锭有差。"[2]同年十二月,安定等卫安定王领占斡些儿遣使臣监奔、福余等卫鞑靼谎哥儿卜花等,建州左卫都督等董山、凡察指挥色勒了哈等,毛怜等卫指挥亦令哈等随满河等卫指挥打隆加等来朝,"贡马、驼、黄鹰、铁甲、刀剑、貂鼠皮、佛像、舍利等物,赐宴并彩币、表里袭衣钞有差。"[3]正统十四年正月,"建州等卫女直千户人等合哈札、朵颜卫头目哥罗该遣鞑靼孛来阿伦赤遣鞑靼讨勤并陕西西宁等府卫、弘觉等寺番僧、桑儿迦朵儿只寿圣寺番僧藏卜也失等来朝,贡马及貂鼠皮、佛像、舍利,赐宴并彩币袭衣等物。"[4]

佛经、佛像、舍利及乐器等物品不仅在明蒙交往中可以看到,在明朝中央

---

① 翁独健主编:《中国民族关系史纲要》,第610页。
② 《明英宗实录》卷一六六,正统十三年五月戊子,第3207页。
③ 《明英宗实录》卷一七三,正统十三年十二月庚辰,第3340页。
④ 《明英宗实录》卷一七四,正统十四年正月己丑,第3346页。

与诸藏交往交流中更多。《一世至四世达赖喇嘛传》记载:正统十二年(藏历阴火兔年,1447年),"住夏开始时,在桑珠孜的扎玛拉章动工建造佛像。但是在开始铸造时,铸出的部件不直。于是根敦朱巴让年堆(年楚河上游江孜一带)的一位噶希巴求梦辨察原因。他在梦中见到三个穿着华丽服装的妇女吹奏人腿骨做的笛子,并且说道:'我们来根除大德你心中的疑惑。'"①虽为梦,但从一个侧面说明笛子在藏族地方的流行。天启三年(藏历水猪年,1623年),"我(五世达赖喇嘛)在卓波昂巴格隆的教导下学习'玉仲玛'和'杰仲玛'的祷祀法以及大乘菩萨十地五道的法行,将他所教授的都记在心中,还学习了'三敲九击'等法器演奏法。"②不仅中原乐器传到了西藏,而且乐器的演奏技术也传播到了西藏。崇祯四年(藏历铁羊年,1631年),"布松仲错瓦将汉地产的一把精致的伞献给协敖,并说:"前辈达赖喇嘛在祈愿会上说法时,要打伞盖、吹唢呐等,现今这样随便是不大适宜的。"③可见,随着朝贡贸易往来,中原地区的乐器已在藏族娱乐活动中广泛应用。

佛像、法器等寺院用品传入内地的途径主要是通过藏族地方贡使团的进贡。藏族人重佛,因此在明朝中央政府与藏族地方使臣往来中,各种各样的佛像、法器成为双方交流的重要物品。这种来往交流有甚多事例。永乐十五年(1417)二月,明廷遣内官乔来喜等人出使乌思藏,赏赐正觉大乘法王昆泽思巴,使臣携带物品中就有佛像、佛经、金银、法器、彩币等物。这是中央使臣以佛像、法器赐西藏宗教领袖之史实。永乐十七年(1419)十月,明朝遣中官杨三保等赍敕往赐乌思藏大乘法王、阐化王、瓦阐教、辅教王、赞善王及灌顶弘善

---

① 五世达赖喇嘛阿旺洛桑嘉措著,陈庆英、马连龙等译:《一世——四世达赖喇嘛传》,中国藏学出版社2006年版,第32页。根敦朱巴(1391—1474),最初依止慧狮子,其后归依宗喀巴门下,后随愁狮子到后藏弘法,在那里创建礼什伦布寺,住持38年。这是后藏第一大寺,历代班禅在该寺住持。

② 五世达赖喇嘛阿旺洛桑嘉措著,陈庆英、马连龙等译:《五世达赖喇嘛传》上册,第50页。

③ 五世达赖喇嘛阿旺洛桑嘉措著,陈庆英、马连龙等译:《五世达赖喇嘛传》上册,第77页。

西天佛子大国师释迦也失等佛像、法器、袭装、禅衣等物。① 正统十年（1450）五月，朝廷命正使禅师锁南藏卜、副使剌麻札什班丹等同指挥斡些儿藏卜赍捧敕谕、诰命，往封班丹监铿为灵藏灌顶国师赞善王，并颁赐其袈裟、法器等物件。

　　除了中央政府赐予藏族地方领袖或使臣佛像、法器等物，宗教用品的交流以藏族地方贡使进贡法器、佛像、舍利等为主，因此这些宗教用器传入内地的数量最多。如洪武六年（1373）正月，乌思藏怕木竹巴灌顶国师章阳沙加监藏遣酋长锁南藏卜以佛象、佛书、舍利来贡。如：永乐五年十月，灌顶圆通善慧大国师哈剌思巴啰葛萝思遣其徒着失夹等来朝，献舍利、佛象及马。② 永乐十五年十二月，乌思藏阐化王、阐教王及大乘法王昆泽思巴等遣使贡佛象、舍利并方物。正统五年（1440）五月，西宁卫净宁寺漕领占乩、河州卫白塔寺剌麻结列领占、乌思藏铁禅寺剌麻远丹坚错等人来朝，贡马驼、佛像、铜塔、舍利等物。正统七年（1442）十一月，陕西岷州大崇教寺国师沙加等贡镀金佛像、古铜塔、舍利及马。正统八年二月，陕西大慈恩等寺剌麻也央锁南等来朝，贡佛像、舍利及马。正统十一年四月，四川长河西、鱼通、宁远宣慰司贡使彻剌藏等人来朝，进献马及佛像、舍利等物。正统十三年十二月，西宁卫隆卜等簇禅师喃哈儿监眷、宁夏卫报恩等寺都纲耳布、河州卫报恩寺番僧札巴坚藏等人来朝，贡马及降香、佛像、舍利等物。景泰元年二月，乌思藏贡堂川阔宁寺番僧都纲阿立押革等人贡氆氇、佛像、舍利子等物。成化二十三年四月，陕西岷州大隆善护国寺国师番僧绰肖藏卜等人来朝，贡马及佛像、舍利等物。万历四年正月，弘化寺番僧锁南星吉等贡马、驼、番犬、铜佛、舍利、酥酒等方物。

　　此外，钞币是金融用品，它不仅具有商业意义，还具有金融文化学的意义，在明朝中央与藏族地方的交往中占了相当比例。朝廷赐予藏族贡使、头目钞币的例子非常之多。洪武十四年正月，黎州安抚使苟德遣使贡马，诏赐苟德钞

① 《明太宗实录》卷二一七，永乐十七年十月癸未，第2612页。
② 《明太宗实录》卷七二，永乐五年十月乙巳，第1010页。

54 锭及他物。洪武二十四年正月,乌思藏必力公尚师辇卜阁搠思吉结卜遣使坚敦真等献所获故元云南行省银印,诏赐使者钞 25 锭。永乐六年四月,馆觉灌顶国师护教王使臣端竹巴等贡方物,赐端竹巴白金 30 两、钞 80 锭及他物不等,"赐其从人钞、币及茶有差。"永乐二十二年三月,乌思藏僧加必什络、陕西文县千户所番僧尹巴等贡马,赐加必什络钞 50 锭、尹巴等 10 人各钞 40 锭。景泰三年正月,乌思藏阐化王使臣完卜锁南领占等来朝贡马及貂鼠皮,赐宴并钞锭等物。天顺四年四月,陕西洮州卫匰都簇贡使坚昝星吉、西宁弘觉寺贡使舍麻干即尔等人来朝贡马及方物,赐钞锭、彩币。成化二十年五月,陕西岷州大崇教寺番僧失劳尖卒、多朸等簇簇头番人卜肖、河州弘化寺番僧喃葛札失等人来朝贡马驼,赐绢钞等物。弘治十年五月,西番讲堂寺、永宁寺等五寺剌麻贡使剌瓦札巴等人来贡,赐宴并钞锭等物。正德二年闰正月,故灵藏赞善王弟端竹坚昝遣使臣番僧剌麻星吉等来朝,贡方物马匹,赐钞锭等物有差。嘉靖元年四月,静宁等寺番僧完卜锁南端竹等、葛偏等大小拾族番人来朝贡方物,赐宴并钞锭有差。万历元年十月,赏四川长宁安抚司进贡夷人段、绢、银、钞如例。万历二十一年十二月,赏陕西他笼、哈古等族贡使恼秀等 136 人绢银钞币如例。

值得注意的是,在明朝与蒙古和藏族地方的文化交往中,番僧是一个不可忽视的特殊角色,他们往来于明朝和蒙古、西番、西域等少数民族部落之间,对于促进佛学文化传播和发展,对于加强明朝与蒙古等少数民族之间的经济文化联系也起到了一定积极作用。正统十一年三月,"罕东卫羌币簇故千户俺班男朵只他儿,四川松潘卫剌麻镇南札南,印度番僧释喝叭,陕西西宁卫剌麻班丹领占,洮州卫剌麻领占朵儿只等来朝贡马及方物,赐宴并彩币钞等物有差。"[1]正统九年五月,"哈密忠顺王倒瓦苔失里遣指挥把鲁等,赤斥蒙古卫指挥同知锁合者,乌思藏剌麻加八僧宜等,陕西宁夏卫灵州土官指挥韩鹏俱来朝

---

① 《明英宗实录》卷一三九,正统十一年三月己巳,第 2753 页。

贡马,赐宴及彩币、表里等物有差。"①正统九年二月,"赤斤蒙古卫指挥阿速等遣百户阿竹哥等,陕西宁夏卫石佛寺番僧耳徒等来朝贡驼马,赐彩等物有差。"②

在中国对外国历史地理的研究方面,早在明初郑和下西洋时不仅将中国的生产技术、手工业品传到南洋各地,而且随从郑和航行的马欢等人著书记载沿途各国历史地理概要、民族风情、物产等,极大地丰富了明朝对海外历史地理知识的了解。如马欢《瀛涯胜览》、费信《星槎胜览》、巩珍《西洋番国志》,对所经各国的情况都有不同程度的记载。郑和下西洋时还带有《郑和航海图》,此图尽管有一些错误,但至今仍具有十分重要的价值。

除了《郑和航海图》,嘉靖三十五年(1556)胡宗宪总督浙江军务时,聘请郑若曾等人收集海防有关资料编辑,写成《筹海图编》13 卷。《筹海图编》系一部沿海军事图籍,初刻于嘉靖四十一年(1562),成书于同年。北京图书馆善本特藏阅览室有是年初刊本。《筹海图编》中的"沿海山沙图",是迄今所能见到的最早、内容详备而又完整的海疆防御军事地形图。《筹海图编》由郑若曾、邵芳绘图并撰写,胡宗宪亲自担任总编审定,得到抗倭名将谭纶、戚继光等人鼎力支持。《筹海图编》中含有"舆地全图""沿海山沙图""沿海郡县图""日本岛夷入寇之图"等。由 72 幅地图组成的"沿海山沙图",实际上是绘有岛、山、海、河流、沙滩、海岸线、城镇、烽燧等地物符号的沿海地形图。其中广东 11 幅,福建 9 幅,浙江 21 幅,南直隶 8 幅,山东 18 幅,辽东 5 幅。幅幅相连,犹如画卷,一字展开。海中的岛屿礁石,岸上的山情水势,沿岸的港口海湾,沿海的卫、所、墩、台跃然纸上,甚为详备。③

二、翻译事业和文化认同

除了通贡互市,明朝官员通过多种渠道了解边疆各族的基本情况。明朝

---

① 《明英宗实录》卷一一六,正统九年五月乙卯,第 2336—2337 页。
② 《明英宗实录》卷一一三,正统九年二月壬寅,第 2280 页。
③ 丁国瑞:《明代军事志的发展特点和价值研究》,《中国地方志》2017 年第 2 期。

专门负责翻译外文及培养翻译学生和通事诸事务的机构是四夷馆。四夷馆设于明永乐五年(1407),最初为翰林院下设机构。明朝为什么要设立四夷馆?其原因不外乎统一掌理相关对外夷事务的疏通和联络等,其中还有一个主要因素,"明朝之前,作为异族的蒙古族所建立的元朝统治了中国近一个世纪,刚刚取代元朝的明朝认识到自己需要能通晓蒙古语的译学生"[1],所以就设立了四夷馆。14世纪末,朝廷组织力量,由蒙、汉、回各族学者翻译了蒙古历史巨著《蒙古秘史》,译成汉文后的这部历史巨著,得到了更为广泛的流传,使人们对蒙古族社会历史有了更多的认识和了解。

明朝还通过编撰《寰宇通志》(洪武年间诏令编撰)[2]和《大明一统志》(天顺年间编撰而成)等地理志了解和认识疆外诸国。"事实上,北京的官员与边境上的官员对出入中国西北边境的异国人有更多的了解,这一点对于明朝中外关系的一般理解是一个挑战。"[3]

在翻译方面,《华夷译语》的问世是一个标志性的事件。明朝关于蒙古、中亚、哈密、别失八里等外疆之地风土人情、人物舆地、地理产物等方面的认识,均来自汉语与蒙古语(后扩展到西亚、中亚语)对照的辞书——《华夷译语》。"《华夷译语》的第一个版本是在洪武帝的授意下,由两位蒙古人火源洁和马沙亦黑所编撰的,于1398年成书。"[4]明代文献《今言》卷四证实了这点:(洪武十五年)"命翰林侍讲火原洁等编类华夷译语。上以前元素无文字,发号施令但借高昌书,制蒙古字,行天下。乃命原洁与编修马懿赤黑等以华言译其语,凡天文、地理、人事、物类、服食、器用,靡不具载。复令元秘史参考,以切其字,谐其声音。既成,诏刊布。自是使臣往来朔漠,皆能得其情。"[5]

① [法]罗萨比著,汤芸译:《明朝官员与西北中国》,《法国汉学》丛书编辑委员会编《边臣与疆吏》,中华书局2007年版,第46页。

② 这部地理志虽为洪武时下旨编撰,但直到1456年才完成。

③ [法]罗萨比著,汤芸译:《明朝官员与西北中国》,《法国汉学》丛书编辑委员会编《边臣与疆吏》,第50页。

④ [法]罗萨比著,汤芸译:《明朝官员与西北中国》,《法国汉学》丛书编辑委员会编《边臣与疆吏》,第49页。

⑤ (明)郑晓:《今言》卷四,第194页。

华夷译语极为准确地用汉语标出蒙古语的发音,还附有汉官与蒙古官员信件的翻译与原文,极大地方便了明朝对蒙古各部政治、经济和文化等方面的了解和研究,在明蒙文化交往中扮演着不可替代的文化纽带作用。不论是朝廷设置翻译机构、培养翻译人才,还是由政府组织力量翻译蒙古语辞书、地理志等;不论是朝廷派遣使臣频频招抚劝诱蒙古官兵归顺,还是明朝京官与西北边官接待宴请、迎贡送往,甚至违法交易,都无疑促进了明朝和蒙古各部之间的文化沟通和联系。尤其是明中后期"俺答封贡"的实现,使明蒙之间的这种文化交往有了更进一步的扩展。

总之,在明朝与其他边疆各族的文化交往中,尤其边疆各族通过向明廷朝贡,贡使从各种渠道把边疆地区的语言、音乐、舞蹈、艺术等文化传播到中原,而明朝派遣出使边疆各地的使臣又将中原汉文化传播到边疆地区,双方的这种文化交往交流极大地促进了祖国内地文化多元繁荣和边疆文化的较快发展,客观上促进了边疆地区各民族文化认同。如明初已归附明朝的蒙古达官后代,"从耳濡目染到学校教育,儒化程度不断加深",①到了弘治、嘉靖之际,这些达官后代"生于中原,长于中原,学成于中原,与汉官子弟无异"②,充分佐证了明代中后期边疆各民族文化认同已经提高到一个崭新的高度,而在文化认同中不断铸牢了中华民族共同体意识。

---

① 奇文瑛:《明代卫所归附人研究——以辽东和京畿地区卫所达官为中心》,中央民族大学出版社 2011 年版,第 206 页。

② 奇文瑛:《明代卫所归附人研究——以辽东和京畿地区卫所达官为中心》,第 207 页。

第六章 "北虏""南倭":明代
边患问题及其解决

"北虏""南倭"又称"南倭""北虏",指明朝北部边境地区"胡虏"和东南沿海倭寇的侵扰,是长期困扰大明王朝社稷安危的两大问题。自明立国伊始,北方蒙古各部落对北部边境宣大、蓟辽地区滋扰不休,而在东南沿海,倭寇不断侵扰浙江、福建一带,屡禁不止。嘉靖年间,两大"边患"更加严峻。隆庆年间,明朝开放海禁、"俺答封贡",使一直困挠明朝的"北虏南倭"问题得到基本解决,促进了边疆社会的稳定和发展。

第一节 "北虏"问题

一、"北虏"问题之始

元末政治黑暗,民失安养,群雄蜂起,反元浪潮此起彼伏。边疆地区的蒙古宗王、各部族酋长甚至边镇官员凭借其军事实力各自为政,割据一方,国家四分五裂。元至正十一年(1351),红巾军农民大起义爆发,一时红巾军遍布南北各地,队伍发展迅速。朱元璋,濠州(今安徽凤阳东北)人,出身贫寒,以一介布衣入戎伍,于1352年加入濠州农民起义军郭子兴部,逐渐得到赏识。郭子兴死后,朱元璋成为郭氏余部的主要统帅。至正十六年,朱元璋率部攻占江南重镇集庆(今江苏南京),将其更名为应天府。此后朱元璋以集庆为根据地,与群雄展开了逐鹿中原的战争,渐次消灭了陈友谅、张士诚和方国珍割据势力。

1367年二月至七月间,明北伐军先是平定山东,接着分兵两路进取河南,攻克归德(今河南商丘)、陈州(今河南淮阳)、许州(今河南许昌)、汴梁(今河南开封)、河南(今河南洛阳)等地,平定河南。之后明军以迅雷不及掩耳之势攻克陕州(今河南陕县)、潼关、临清、德州,八月初二日进占大都。元顺帝妥欢帖木儿被迫放弃大都,北走上都开平(今内蒙古多伦县西北),元朝在中原的统治宣告结束。元至正二十八年(1368)正月,朱元璋在应天府正式登上帝位,建国号大明,建元洪武,建立了新的汉族封建政权。

明朝立国伊始,元顺帝北逃,但仍以正统王朝自居,"元亡实未始亡耳"①。蒙古汗廷仍然拥有强大的军事实力:中书左丞相扩廓帖木儿与太尉李思齐各统领10万大军驻扎在山西、甘肃,太尉纳哈出率20万大军驻辽东,梁王把匝拉瓦尔密驻守云南,甘肃以西及青海、宁夏一带仍在元廷控制之下。所谓"忽答一军驻云州,王保保一军驻沈儿峪,纳哈出一军驻金山,失喇罕一军驻西凉,引弓之士,不下百万众也"②,对明朝构成了较大威胁。自建国开始,元朝残余力量始终与明抗衡,不断骚扰和进攻明朝北部边镇地带,以致形成困扰明朝统治的一个重大问题,所谓"北虏"问题。

关于北元蒙古诸部侵扰明朝北方边疆问题,刘景纯《宣德至万历年间蒙古诸部侵扰九边的时间分布与地域变迁》③已对相关问题做了较为系统的阐述和探讨。但文中统计的侵扰次数仅仅统计了规模较大、影响较大的扰边事件,而对一些中小规模的扰边活动略而不记。因此,笔者在前人研究的基础上,对洪武至正统年间蒙古诸部扰边等问题进行了全面统计、分析和总结。

---

① (清)谷应泰:《明史纪事本末》卷一〇《故元遗兵》,第149页。
② (清)谷应泰:《明史纪事本末》卷一〇《故元遗兵》,第149页。
③ 刘景纯:《宣德至万历年间蒙古诸部侵扰九边的时间分布与地域变迁》,《中国边疆史地研究》2009年第2期。

1.蒙古诸部侵扰九边的时间分布①

⑴蒙古诸部侵扰九边的年份分布。笔者以《明实录》为依据,对照明代重要的编年史文献《国榷》《明通鉴》及其他明代文献资料,对洪武至正统年间蒙古诸部南下侵扰九边的情况进行考证、统计,制成下表(以一个10年为周期统计):

表6 洪武至正统年间蒙古诸部侵扰九边的年份分布表 （单位:次）

时间	次数	时间	次数
洪武元年至十年(1368—1377)	21	永乐十一年至二十年(1413—1422)	3
洪武十一年至二十年(1378—1387)	4	宣德元年至十年(1426—1435)	20
洪武二十一年至三十年(1388—1397)	—	正统元年至十年(1436—1445)	28
永乐元年至十年(1403—1412)	4	正统十一年至十四年(1446—1449)	6
合计:29+57＝86(次)			

从上表可知,洪武至正统时期,北元蒙古诸部侵扰明朝边境(主要在九边镇地区)共计86次。其中,洪武年间25次,侵扰活动集中于洪武元年(1368)至洪武十年(1377)的前十年中(达21次之多),占洪武朝侵扰总数的84%,而洪武十一年到洪武三十年这两个时间段仅为4次,且洪武二十一年(1388)之后,随着纳哈出降明和明蒙捕鱼儿海之战中北元君主脱古思帖木儿的失败,北元力量从此遭受重创,以致此后除了一些降明官兵的反叛活动外,较大规模的"侵边"、扰边活动几乎没有再出现。永乐年间的两个十年中,蒙古诸部对明九边的袭击和骚扰活动很少,永乐前十年4次,后十年3次,为明前期蒙古各部南下侵扰较少的一个阶段。蒙古各部对九边的侵扰之所以在永乐年间较

---

① 参见拙作:《洪武至正统年间蒙古诸部侵扰九边的时空分布》,《长江师范学院学报》2018年第6期,第47页。

少,其原因有二:一是明成祖不仅采用武力征讨的政策,而且还沿用"以夷制夷"的手段扶弱抑强,致使蒙古内部争斗不休,无暇侵掠九边。因此,出现了与明朝冲突的间断性缓和期。二是与洪武朝相比,永乐初放宽与蒙古诸部通贡互市的贸易政策实施后,蒙古各部主动性地抢掠活动便开始减少。

宣德之后,蒙古诸部对明朝九边镇地区的骚扰活动开始增多,各种侵扰九边的事件相当频繁。从宣德元年(1426)到宣德十年(1435)的这10年中,蒙古各部南下扰明活动达20次之多(平均每年2次),这显然表明,宣德年间,蒙古各势力侵扰明朝的频率较永乐朝急剧上升。正统时期的各种侵扰活动有增无减,蒙古诸部侵扰明朝边境达34次之多,达到了明代前期的一个高峰。其中,从正统元年(1436)至正统十年(1445)的这10年中,蒙古侵扰九边28次(平均每年2.8次),是明前期蒙古各部侵扰九边频率最高的一个时期。

为什么正统年间是蒙古各部侵扰九边最为频繁的时期?究其原因,宣德之后,明朝国力衰弱,北部边防防御线内缩。相反,蒙古瓦剌部迅速崛起,鞑靼、兀良哈部与之呼应,蒙古人的袭击和侵扰更加频繁起来。为了生活必需品,他们要求扩大与汉人的贸易交往,但明王朝对蒙古的贸易政策并不能使蒙古人满意,特别是明朝的种种贸易限制政策使许多蒙古人除了侵夺、抢掠,"已经没有其他维持生活的办法了"①,无论明朝的法律怎样严厉"都阻止不了抢劫行为。"②

(2)蒙古诸部侵扰九边的月份分布。洪武至正统年间蒙古诸部的86次侵扰,从月份分布看,十一月、五月、六月、九月是最为频繁的四个月。但从各朝的具体情况看又不尽相同,洪武年间扰边25次:秋季的七月、八月、九月间最多(共9次),冬、夏、春季基本相当。永乐年间扰边7次:春季4次,冬季3次。宣德年间扰边20次:冬季的十月、十一月、十二月间最多(共8次),秋、夏两

① [澳]费克光,许敏译:《论嘉靖时期(1522—1567)的明蒙关系》,美国《明史研究》1988年春季期。
② [澳]费克光,许敏译:《论嘉靖时期(1522—1567)的明蒙关系》,美国《明史研究》1988年春季期。

季基本相当,春季最少(仅有 1 次)。正统年间扰边 34 次:仍然是冬季三个月时间里最频繁(共 13 次),夏季次之(共 11 次),秋季最少(共 5 次)。详见下表2:

表 7   洪武至正统时期蒙古诸部侵扰九边的月份分布表   (单位:月)

	正月	二月	三月	四月	五月	六月	七月	八月	九月	十月	十一月	十二月	合计
洪武时期	2	3	—	1	3	1	3	4	2	—	5	1	25
永乐时期	2	—	2	—	—	—	—	—	2	1	—	7	
宣德时期	—	1	—		1	5	1	—	4	5	1	2	20
正统时期	2	1	2	2	6	3	2	—	3	2	7	4	34
合计	6	5	5	3	10	9	6	4	9		14	7	86
	春季共 15 次			夏季共 22 次			秋季共 19 次			冬季共 30 次			

以上情况表明,洪武至正统年间蒙古诸部对明朝北方边境的侵扰,其总数在冬季的十月、十一月、十二月里最为频繁。这主要是因为,洪武、永乐两朝之后,蒙古军民已在漠北蒙古草原生活了 50 多年,草原游牧经济的单一性造成的物质生活障碍越来越明显,尤其是到了冬季,他们缺衣少粮的状况更加恶化,因此许多蒙古军民不得不在寒冷的冬季南下抢劫,以补充当下生活必需品的急缺。

值得关注的是:从蒙古各部参与人数在万人以上的大规模侵扰活动,见于史料明确记载的共计 7 次,其中就有四次是在秋季的七月、八月、九月里发生的。另有史料中"大举入侵""大破之""大肆剽掠""俘其众,获辎重、羊马无算"等字样记载的侵扰活动,估计规模也应在万人以上,这样的侵扰活动至少四次,而两次就分别是在秋季的七月和九月发生的,[①]这充分说明蒙古各部对明朝的大规模的侵扰主要是在秋季发生的。由此可见,洪武至正统年间的蒙

---

① 如洪武九年七月,伯颜帖木儿果乘间入寇,(傅)友德大破之,俘其众,获辎重羊马无算。见《明太祖实录》卷一○七,洪武九年七月丁丑,第 1795—1796 页。

古各部万人以上的大规模侵掠活动,秋季明显高于其他各季,且产生的影响非常也最大,这也正是明朝强调"防秋"的原因之所在。

2.蒙古诸部侵扰九边的地域分布

洪武到正统年间(1368—1449),漠北蒙古各势力不断侵扰明朝北方边境地区,侵扰的范围主要集中于长城沿线的九边地带。为了直观地判断和分析侵扰活动范围及其给明朝带来的威胁程度,笔者仍以《明实录》等文献资料为依据,对洪武至正统年间蒙古诸部侵扰明朝九边地带的情况进行了统计。统计发现,按侵扰次数的多少排列依次为:辽东→陕甘边地→山西→宁夏等地。

具体而言,侵扰辽东及所属各地 37 次,侵扰陕甘边 25 次,侵扰山西 11次,侵扰宁夏 8 次,侵扰蓟州等地 5 次。按时间段划分,洪武年间,凉州、庆阳、河州、大同、辽东、山西、永平等地屡屡被袭击和侵扰;永乐年间,蒙古诸部对明朝的侵扰主要集中于辽东、兴和、凉州等地,侵入明境内之地不多,这与每次侵扰参与人数和规模不大有直接关系;宣德年间,蒙古各部的南下侵扰,仍然主要集中于辽东、开平、凉州等地,与洪武、永乐两朝基本相同;正统年间,侵扰地域从辽东到宣府、大同,再到陕西、宁夏、甘肃等北部边镇,范围更广,长城沿线河套、山西以及陕甘宁等地区频频被寇掠,体现出侵掠活动的纵深度在向内地延伸的特征。

诸扰边活动主要集中于长城沿线地带,因为长城沿边州县地处明蒙边界,蒙古骑兵易进易出、进退自如。其间,明朝北方长城沿线地区有一州一县被侵扰者,如洪武五年六月,元人犯大同之宣宁县。① 宣德九年九月,巡按陕西监察御史刘敬等奏:"朵儿只伯等窃入凉州,至城东及杂木口堡等处杀人掠财。"②正统元年闰六月,"宁夏总兵官都督同知史昭监察御史顾理奏,蒙古寇宁夏屯营,掠耕牛七十头,官马百余匹……"③正统七年十二月,寇宁夏柳义

---

① (明)谈迁著,张宗祥校点:《国榷》卷五,太祖洪武五年六月癸卯,第 470 页。
② 《明宣宗实录》卷一一三,宣德九年十月丁巳,第 2550 页。
③ 《明英宗实录》卷一九,正统元年闰六月己卯,第 377 页。

渠。① 也有多地同时被侵扰者,如洪武六年二月,故元将脱脱木儿犯庆阳、保
安、会宁等处……②正统十四年九月,辽东提督军务左都御史王翱、总兵官都
督曹义、镇守太监亦失哈等奏报:"达贼三万余人入境,攻破驿、堡、屯、庄八十
处,虏去官员军旗男妇一万三千二百八十余口,马六千余匹,牛羊二万余只,盔
甲二千余副。"③

　　从侵扰参与人数看,明代前期蒙古各部侵扰九边,其规模日益扩大,因此
对北部边疆构成的威胁日趋严重。

表 8　洪武至正统年间蒙古诸部侵扰九边的规模　　（单位:次）

	洪武时期	永乐时期	宣德时期	正统时期	合计
10000+	4	—	1	2	7
5000+	—	—	—	2	2
1000+	3	—	2	4	9
500+	—	—	—	2	2
100+	—	—	3	6	9
50+	—	—	1	—	1
50—	—	—	—	2	2
人数未知	18	7	13	16	54
总计	25	7	20	34	86

备注:10000+表示此次侵边活动的参与人数在 1 万人以上,其他同此。

　　从上表得知,洪武年间,北元蒙古各势力参与侵扰九边的规模,万人以上
4 次,千人以上规模 3 次;宣德年间,蒙古各部侵扰九边的范围有扩大之势,但
每次侵扰活动的规模并不大,因为见于史料明确记载的参与劫掠活动的人数
在万人以上规模的只有一次,千人以上的两次,其余以百人到四五十人不等的

　　① （明)谈迁著,张宗祥校点:《国榷》卷二五,英宗正统七年十二月丙辰,第 1637 页。
　　② 《明太祖实录》卷七九,洪武六年二月壬寅,第 1444—1445 页。
　　③ 《明英宗实录》卷一八三,正统十四年九月乙酉,第 3566 页。

抢掠队伍较多；正统年间，蒙古诸部 34 次扰边，千人以上的多达 8 次，5 千人以上 2 次，万人以上 2 次。可见，正统年间蒙古各部对明九边的侵扰，已由永乐、宣德时期的单个、分布式侵扰向较大规模的军团、集团式侵扰发展，如正统十四年九月兵部所奏："辽东提督军务左都御史王翱、总兵官都督曹义、镇守太监亦失哈等奏报，达贼三万余人入境，攻破驿、堡、屯、庄八十处，虏去官员军旗男妇一万三千二百八十余口，马六千余匹，牛羊二万余只，盔甲二千余副。"①蒙古人不断南侵九边地带给明朝造成了不小的麻烦，加之在侵扰九边的队伍中，已归附明朝的故元官兵不时反叛，成为不容小觑的一股力量，增加了扰边的复杂性和隐蔽性。

对于这些侵扰，明朝一方面实施了以小心防御和积极主动的小规模"剿捕"为应对之策略。另一方面，从史料中屡有记载，明朝将蒙古骚扰头领及从众"败之""斩之"和"斩获甚众"等各种记录看，明廷采取严厉的追剿政策，严行追捕。如洪武八年九月，元将张致道率万人侵朔州不克，"复犯雁门、应州等地，杀掠人畜甚众，大同卫发兵捕致道，斩之。"②但明蒙边境地区蒙古人对明朝的骚扰依然如故。为什么蒙古人总是能够成功入侵九边？这与明蒙经济的发展、实力的对比变化及其统治阶级的政策等诸多因素有关。除此之外，蒙古骑兵的灵活性、快捷性特点或许也是其中一个客观因素："每入寇，则一人所乘，三马迭换，以革囊盛干酪为粮，不将辎重，故其马不罢，锐气无损，来如风雨，卒莫能拒，去如绝弦，速不可追。"③因此，蒙古人总是成功突袭和入侵，对明朝的威胁更大、更直接，对明蒙边界造成的破坏也更大。

综上所述，洪武至正统年间，蒙古诸部不断侵扰明朝九边地带，其基本走向是：侵扰日渐增多，呈上升趋势，尤其是宣德朝之后这种状态更加明显。其次，蒙古诸部对明朝九边地带的侵扰以武装掠夺方式为主，他们或采取小规模的武装团伙伺机寇扰，或组织大规模军队集体侵扰，但其目的很明确：抢劫物

---

① 《明英宗实录》卷一八三，正统十四年九月乙酉，第 3566 页。
② 《明太祖实录》卷一〇一，洪武八年九月丙子，第 1707—1708 页。
③ （明）黄瑜：《双槐岁钞》卷五，中华书局 1999 年版，第 86 页。

资。如正统十四年的"土木之役",蒙古人原本也是为了朝贡顺畅而发动对明朝的攻击,但没想到却抓获了明朝的皇帝,这是一个连蒙古人自己都未曾想到的意外收获。蒙古人以此为要挟,获得了促成明蒙通贡互市贸易的重要砝码——明蒙贸易的主动权。法国学者雷纳·格鲁塞这样讲:"周期性的侵掠(和相应的定居人的反攻),是突厥——蒙古人和中国人关系的通常形式。"①这的确从一个方面揭示了历史上中国和蒙古族种关系的一种规律。当然,也有对明军出塞剿捕的报复行动,但不是主体。

再次,蒙古诸部不断骚扰九边,根源在于明朝对蒙古的经济限制。元廷北迁后,以妥懽帖睦尔为代表的蒙古贵族对于他们被明军击败,丢掉了美丽富饶的大都而不得不退居草原的事实难以接受。《蒙古源流》记载,元顺帝退出中原后常常郁郁不乐,哭叹曰:"惜乎!误失我大国之政矣,戊申乃吾衰败之岁也乎!"②《汉译蒙古黄金史纲》也佐证了当时的这个情况:"把民众所建的玉宝大都,把临幸过冬的可爱的大都,一齐失陷于汉家之众……"③更重要的是,"回复旧态的蒙古人,只得狩猎或放牧他们的家畜",④也就是说,已经在中原汉地过惯了内地生活方式的蒙古人,不得不重回原来的游牧生活方式。

然而,一个现实的困境是:蒙古高原单一的游牧经济无法满足他们的物质生活条件。加之明军的不断征剿,使北退沙漠地区的故元宗室、官民雪上加霜,居无定所,生活动荡不堪。"山后来归之民,以户计五百三十,以口计二千一百余,皆携妻孥无以为食",⑤"(秃鲁)部下之人,口无充腹之食,体无御寒之服。"⑥为此,回到漠北草原的蒙古人在"统一中国"的计划宣告失败后,只

---

① [法]雷纳·格鲁塞著,龚钺译,翁独健校:《蒙古帝国史》,商务印书馆2009年版,第313页。
② 道润梯步译校:《蒙古源流》卷五,内蒙古人民出版社2006年版,第194页。
③ 朱风、贾敬颜译:《汉译蒙古黄金史纲》,内蒙古人民出版社1985年版,第44页。
④ [苏]乌拉吉米索夫著,瑞永译:《蒙古社会制度史》,南天书局1939年版。
⑤ 《明太祖实录》卷一一五,洪武十年十月丙辰条,第1886页。据学者研究,"山后民"即指燕山山脉以北蒙古地区的居民,参见王雄:《明洪武时对蒙古人众的招抚和安置》,《内蒙古大学学报》1987年第4期,第77页。
⑥ 《明太祖实录》卷六〇,洪武四年正月壬寅,第1177页。

能与周边民族尤其是中原汉族进行交换,以解决生活物资的极度短缺,这种情况在明代中后期更加明显。

明人瞿九思的《万历武功录》对此作了较为准确的描述:"北虏散处漠北,人不耕织,地无它产,今幸贪汉物,锅釜针线之具,缯絮米蘖之用,咸仰给汉。"①可是,明朝对与蒙古贸易总是加以限制,甚至闭关绝市。因为明朝把对与蒙古族的通贡、互市贸易看作明朝控制蒙古的手段之一,并不是从明蒙双方经济交流的实际出发,这使得蒙古部众获得粮食和生活日用品更加艰难。尽管永乐初开放了广宁、开原马市,但此后的明蒙经济交流并不顺畅,它总是受到明蒙政治关系的种种制约。在此情况下,蒙古封建主便利用战争手段,强掠强夺他们需要的物资,"单一的经济满足不了广大牧民对生活必需品的要求和愿望,满足不了蒙古上层贵族对生活奢侈品的欲望。这种经济需求是一股强大的动力,一旦明朝单方面阻挠,它就会以战争的形式爆发出来,以达到愿望的实现。"②陈守实亦谈道:"对中原农业区的物质追求促使蒙古人不断南侵、攻掠,补充其生产生活必需。"③费克光也认为:"明朝的缔造者将蒙古人驱逐出长城,这不能不引起贸易网的破裂和作物耕种的紧缩。"④

总之,明前期蒙古各部不断南下侵扰明朝九边地带。诸扰边活动,其时间、地域特征显著,走向分明。由于蒙古骑兵的灵活性、快捷性特点:"每入寇,则一人所乘,三马迭换,以革囊盛干酪为粮,不将辎重,故其马不罢,锐气无损,来如风雨,卒莫能拒,去如绝弦,速不可追。"⑤因此,蒙古人总是成功突袭和入侵,对明朝的威胁更大、更直接,对明蒙边界造成的破坏也更大,明朝无之奈何。深入探讨侵扰活动及其背后蕴含的明蒙攻防格局演变,对于理解和分析洪武至正统时期明蒙关系变迁及其诸多关键性问题具有启示性意义。

---

① （明）瞿九思:《万历武功录》卷八《俺答列传下》,台北广文书局1961年版。
② 胡钟达:《明与北元——蒙古关系之探讨》,《内蒙古社会科学》1984年第5期。
③ 陈守实:《明初与蒙古关系》,《复旦学报》1980年第1期。
④ 〔澳〕费克光撰,许敏译:《论嘉靖时期（1522—1567）的明蒙关系》,《世界民族》1990年第6期。
⑤ （明）黄瑜:《双槐岁钞》卷五,中华书局1999年版,第86页。

从洪武到正统时期各股蒙古势力并不屈服于明朝的进攻,不断侵扰九边,且所扰地域、次数和频率变得越来越多,至"土木之变"前达到了一个高峰。土木之役,全面暴露了明朝军队的腐败和战斗力之低下以及宦官专权带来的种种问题。此役后,蒙古骑兵南下扰边的活动变得更为频繁、大胆和直接,蒙古人的骑兵动辄进入明北边的大同和陕甘长城一线内外,使明中后期的明蒙关系一度极为紧张,这种状况一直到明中后期隆庆五年(1571)"俺答封贡"实现才有所缓和。

从实质看,蒙古诸部侵扰九边的过程是洪武至正统年间明蒙攻防格局与政治关系变迁的客观反映,也是明蒙双边政策的必然结果。明代前期各朝对北元蒙古发动了多次战争,无论是明朝还是蒙古一方,战争都是出于政治目的而发动的。明王朝希望能消灭北元的残余,而北元希望能"收复"中原,回到中原继续统治。然而,随着双方的多次交锋和北元的分裂,明蒙双方的实力呈现出不平衡的局面。任何一支蒙古部都不可能轻易达到恢复元朝统治的目的。从景泰朝以后,虽然蒙古部下多次入侵明边,但他们劫掠一些生活必需品,并都在劫掠之后离开。

总之,明朝建立后,北元蒙古退居漠北草原,但单一经济形式和游牧经济的脆弱制约了蒙古高原上游牧民族社会的生存和发展,因此只有通过与农耕民族的产品交换才能获得更多更重要的生产和日常生活所必需的物资粮食等,"对于游牧民族来说,他们往往具有十分迫切的、急于开展贸易往来的欲望或要求。"①然而,明朝对蒙古、女真等实行的是全面封锁和"遏制"政策,"谕辽东总兵等官:今后外夷来朝,止许二三人或四五人,非勘毋辄入之。"②"敕辽东总兵官曹义等:以女直野人诸卫多借贡营私,今许一年来朝或三年,不必频数。其市易听于辽东开原,毋来京。"③遏制的结果是,蒙古、女真等少

---

① 贺卫光:《中国古代游牧民族经济社会文化研究》,甘肃人民出版社 2001 年 11 月版,第 108 页。

② (明)谈迁著,张宗祥校点:《国榷》卷二三,英宗正统二年十月癸未,第 1544 页。

③ (明)谈迁著,张宗祥校点:《国榷》卷二四,英宗正统四年八月乙未,第 1576 页。

数民族部落所需的基本生活用品无法从朝贡、互市等正常渠道获得。

为什么明朝要限制与蒙古等少数民族的互市、朝贡贸易？笔者认为主要有两个方面的原因：

（1）主观原因。前文已讲，明朝把互市、朝贡贸易只看作恩怀远人的一种政治手段，并不是真正从双方的贸易出发的经济政策。为了控制蒙古，明朝便对与蒙古、女真等民族之间的朝贡进行各种限制，设定了按自己意愿出发的朝贡规模和体制，如明廷规定，女直部落一年一贡、每贡 1000 人，兀良哈三卫一年二贡，每贡 300 人，计每年赴内地朝贡者 1600 人，而实际不止此数；①又如上文史料反映，明仁宗时期，明朝对与西域等地朝贡贸易进行了两方面的限制：一是朝贡人数的限制，规定不能超过 20 人；二是贡物的限制，规定除了国家急需的马匹之外，其余一切物品不受，许其于民间市场自由交易。明政府严禁蒙古拥有茶叶的原因，明王朝也希望通过对茶马互市的控制，笼络与控制藏族地方，以便集中精力对付蒙古。故此，明政府严格控制茶叶流向，严禁蒙古拥有茶叶。否则，"番以茶为命，北狄若得，借以制番，番必从狄，贻患匪细"②。

（2）客观原因。明蒙之间通贡贸易关系恢复后，明朝方面花费的用于管理、疏通和保障通贡畅通的人力、物力和财力负担越来越多，加之朝贡过程中还有许多其他客观问题存在，如边防情报泄露隐患，贸易纠纷的解决等，所以，明廷便实行了诸如对贡期、贡道、朝贡人数等方面的限制。

概而言之，明朝对蒙古各部的互市、通贡贸易，并不是从明蒙双方的经济交流出发，实际上是作为明朝控制蒙古的重要政治手段的附属物而产生和运行的。一方面，"明朝坚持将贸易置于朝贡体系的框架下考虑，且按照惯例，仅允许那些被明确承认的臣属于自己的朝贡者贸易。如果被允许朝贡，就会被给予一定的贸易权利。"③另一方面，"明朝总是用怀疑的眼光，看待所有汉

---

① 戴鸿义、阎忠：《永乐时期明蒙间的贸易关系》，《内蒙古民族师院学报》1990 年第 1 期。

② （清）张廷玉等撰：《明史》卷八〇《食货 fn 四》，第 1953 页。

③ ［美］享利·赛瑞斯著，王苗苗译：《明蒙关系Ⅲ——贸易关系：马市（1400—1600）》，第 8 页。

人与外族之间的交易。"①这样认识问题,我们就不难理解明朝对明蒙互市、通贡贸易的种种限制政策了。

二、军事手段解决"北虏"问题的成与败

明代洪武、永乐两朝的50多年时间里,明廷动员全国之力发动了对北元蒙古的所谓"靖边"军事行动十多次,目的是彻底铲除北元蒙古及其残余势力。从结果看,明初对北元发动的一系列军事征剿行动,取得了较大胜利。然而,明朝要消灭北元蒙古残余势力绝非易事。因为,在明朝多次军事打击下,北元军力的确遭受重创。可是,由于后勤保障、地域僻远、生活习俗等诸多困难,明军并不能长久占领蒙古草原地区。因此,纵使明军三番五次进入沙漠地区作战且取得战绩,但明朝大军撤退后,北元仍然有效控制着蒙古草原地区,且他们的骑兵行动迅捷,战斗力极强,经常出没于明蒙边界地带,或南下骚扰、或掠边、或抢劫物资,明王朝始终面临威胁。可见,军事手段解决"北虏"问题既有成,也有败。这是有明一代对明蒙攻防守御的基本态势。

(一) 朱元璋远征漠北

洪武年间对北元的大规模军事征讨,始于洪武三年(1370)。此年正月,朱元璋任命徐达为征虏大将军,李文忠、邓愈、冯胜、汤和为副,率兵两路北征。四月,"大将军徐达等率师出安定,驻沈儿峪口,与王保保隔深沟而垒,日数交战。王保保发兵十余人,由间道从东山下,潜劫东南垒,东南一垒皆惊扰。左丞胡德济仓卒不知所措,达亲率兵急击之,敌乃退。遂斩东南垒指挥赵某及将校数人以徇,军中股栗。明日,整众出战,诸将争奋,莫敢不力,遂大败保保兵于川北乱冢间"②,明军首先取得了沈儿峪(今甘肃定西以北)战役的胜利,"擒元郯王、文济王及国公阎思孝、平章韩扎儿、虎林赤、严奉先、李景昌、察罕

---

① [美]享利·赛瑞斯著,王苗苗译:《明蒙关系Ⅲ——贸易关系:马市(1400—1600)》,第25页。
② 《明太祖实录》卷五一,洪武三年四月丙寅,第1004页。

不花等官一千八百六十五人,将校士卒八万四千五百余人,获马万五千二百八十余匹,橐驼骡驴杂畜称是。保保仅与其妻子数人从古城北遁去,至黄河,得流木以渡,遂由宁夏奔和林。达遣都督郭英追至宁夏,不及而还。"①五月,明军左副将军李文忠师趋应昌(今内蒙古什克腾旗西达来诺尔西南),得知元顺帝已卒于应昌,太子爱猷识理达腊继位,②"文忠即督兵兼程以进。癸卯,复遇元兵,与战,大败之,追至应昌,遂围其城。明日,克之。"③明攻北元的应昌之战取得了重大胜利,"获元主嫡孙买的里八剌并后妃宫人暨诸王、省院、达官、士卒等,并获宋元玉玺、金宝一十五、宣和殿玉图书一、玉册二、镇圭、大圭、玉带、玉斧各一及驼马牛羊无算,遣人俱送京师"④,爱猷识理达腊因乘乱率数十骑逃走才免于被俘。此战之失利,对北元是一个重大的打击,北元政权再次被迫北撤,迁往和林(今蒙古前杭爱省哈拉和林)。

应昌之役后,明派使者劝诱爱猷识理达腊归顺明朝,但遭到拒绝。朱元璋决定再次派兵北征,乘胜彻底剿灭北元残余势力,永绝后患,一统大漠南北。明洪武五年(1372)正月,朱元璋诏见诸将筹谋对北元的战事。魏国公徐达说:"今天下大定,庶民已安,北虏归附者相继。惟王保保出没边境,今复遁居和林。臣愿鼓率将士,以剿绝之。"⑤朱元璋说:"彼朔漠一穷寇耳,终当绝灭。但今败亡之众,远处绝漠,以死自卫,困兽犹斗,况穷寇乎!姑置之。"⑥众将曰:"王保保狡猾狙诈,使其在,终必为寇,不如取之,永清沙漠。"⑦明将这个"永清边患"的主张与朱元璋不谋而合。于是,朱元璋下诏:以徐达为征虏大将军、李文忠为左副将军、冯胜为征西将军,率兵十五万、兵分三路进攻北元。行前,朱元璋密授各路将领对"敌"战略:

---

① 《明太祖实录》卷五一,洪武三年四月丙寅,第1004页。
② 元顺帝死后,太子爱猷识理达腊继位,称必力克图汗,仍奉"大元"国号,年号宣光。
③ 《明太祖实录》卷五二,洪武三年五月辛丑,第1021页。
④ 《明太祖实录》卷五二,洪武三年五月辛丑,第1021页。
⑤ 《明太祖实录》卷七一,洪武五年正月庚午,第1321页。
⑥ 《明太祖实录》卷七一,洪武五年正月庚午,第1321页。
⑦ 《明太祖实录》卷七一,洪武五年正月庚午,第1321页。

卿等立请北伐,志气甚锐,然古人有言:"临事而惧,好谋而成。"
今兵出三道,大将军由中路出雁门,扬言趋和林而实迟,重致其来击
之,必可破也;左副将军由东路自居庸出应昌,以掩其不备,必有所
获;征西将军由西路出金兰,取甘肃,以疑其兵,令虏不知所为,乃善
计也。卿等宜益思戒慎,不可轻敌。①

然而,此次明朝大军远征,除西路军在甘肃永昌、扫林山等地大败北元军
队之外,②东路军和中路军双双败绩。其中,东路军一直深入到胪朐河(今内
蒙境内克鲁伦河)、土剌河(今蒙古乌兰巴托西)、阿鲁浑河(今蒙古境内的鄂
尔浑河)、和林、称海(今蒙古西北哈腊乌斯湖南)等地,但由于北元采取且战
且退、诱敌深入的战略,使明军疲于征途,后勤、水草供给不力,因此损失惨重。
中路军由大将军徐达亲自统率,蓝玉为先锋,尽管他们在野马川(今蒙古克鲁
伦河)战胜北元名将扩廓帖木儿(俗名王保保),也因轻敌冒进、孤军深入,犯
了兵家之大忌,遭到扩廓贴木儿和贺宗哲的联军伏击,死亡万余,以惨败告终。
明朝这次北征蒙古的失利,使其后一段时间再不敢组织征北作战。相反,北元
方面,则获得了喘息时间,并在明蒙边境地区不断展开对明朝的袭击和骚扰,
使明廷颇感边防压力。

洪武十一年(1378),元昭宗爱猷识里达腊病逝,其子脱古思帖木儿继位。
明太祖屡次诏谕脱古思帖木儿及其故元诸王权臣归顺明朝,但他们都不愿归
顺。于是,明太祖进行了第三次和第四次北征。洪武十三年(1380)三月,明
太祖朱元璋命令西平侯沐英总陕西兵征讨元国公脱火赤、知院爱足等北元残
余势力。沐英从灵川(今宁夏灵武)出兵,渡过黄河,经过贺兰山和沙漠地,

---

① 《明太祖实录》卷七一,洪武五年正月甲戌,第1322页。
② 西路军副将傅友德从西凉州(今甘肃武威)败失剌罕兵,在永昌(今甘肃永昌)败故元太
尉朵儿只巴;冯胜在扫林山降元太尉纳儿加。明军又先后在甘州(今甘肃张掖)、亦集乃路(今内
蒙古额济纳旗东南)、瓜州(今甘肃安西东)和沙州(今甘肃敦煌西)等地大败元军,降元甘肃守将
上都驴及其各地守军。

"袭元将脱火赤于亦集乃,擒之,尽降其众。"①洪武十四年(1381)正月,故元乃儿不花等率众侵、掠处于明北境的桃林口(今河北卢龙县境内)、永平(今河北卢龙县境内)等地,明太祖诏令徐达、汤和、傅友德率明军征讨。

关于明太祖的第四次北征,《明史纪事本末》中是这样记载的:四月间,徐达率诸将出塞,前锋傅友德选轻骑夜袭灰山(今热河宁城)。

> 克之,擒其平章别里不花、太史文通等。沐英领兵出古北口,独当一面,捣高州、嵩州、全宁诸部,过驴驹河,获知院李宣并其部众而还。②

可见,第四次北征蒙古,明军取得了胜利,擒获甚众。此时,北元大将扩廓贴木儿已经病逝,北元蒙古力量大衰,各部首领或渐次被平定,或望风而降。然而,北元丞相纳哈出仍然统军20万人占据金山(今吉林省双辽东北),窥视辽州,伺机攻明,成为明朝北部边疆最大的敌人。

为了铲除这一心腹大患,洪武二十年(1387),明太祖发起了针对纳哈出的第五次征讨战争。明军此次远征,投入兵力20万,以冯胜为征虏大将军,率颍川侯傅友德、永昌侯蓝玉等浩浩荡荡直击金山。史载,五月,冯胜大军到达金山。六月,冯胜军在金山亦迷河,"俘获北奔达达军士遗弃车辆四万四千九百六十三并马数千匹,伤残番军二万四千二百二十九人。"③在明军的大举进攻下,不久,纳哈出降明。次年(1388),明将蓝玉奉命率师北伐元主脱古思帖木儿。"四月,蓝玉率师从大宁进至庆州,在捕鱼儿海南,侦知脱古思帖木儿军营在捕鱼儿海东北八十余里处。蓝玉即命令王弼为前锋直扑其营,脱古思帖木儿与太子天保奴等数十人逃走,明军擒获了脱古思帖木儿次子地保奴、后妃及故太子妃、公主等百十九人,追获吴王朵儿只等将相校官三千人,男女七

---

① (清)张廷玉等撰:《明史》卷二《太祖本纪二》,第35页。
② (清)谷应泰:《明史纪事本末》卷一〇《故元遗兵》,中华书局1977年版,第141页。
③ 《明太祖实录》卷一八二,洪武二十年闰六月甲寅,第2751—2752页。

万七千余口"①,大获全胜。此战之胜利,加之不久前纳哈出的降明,使北元受到了致命打击。明人谈迁评论道:"漠北自两败后,其势浸微。"②

明太祖朱元璋对北元及其残余势力的多次大规模征剿,使北元力量大为衰弱,至 14 世纪 80 年代时,北元主力已基本被明军渐次消灭。北元蒙古的控制范围也因此退出陕、甘、宁一线北撤,而明朝实际控制区迅速扩大至长城一线。尽管如此,蒙古封建主仍然控制着蒙古地区,朱元璋"永清沙漠",彻底剿灭蒙古的愿望直至 1398 年去逝时都未能实现。

除了以上诸战役,明朝还对其他地区的蒙古势力进行了多次军事打击。关于这些战争,学界已进行了大量研究,③但仍然缺乏对其进行系统的统计和分析。笔者以中国军事史编写组《中国历代战争年表》④(明代部分)为根据,并参考《明实录》《明通鉴》《明史》《明史纪事本末》等明代文献资料考证,对其进行了详细统计和分析,制成表 1 如下。

表 9　洪武时期明朝对蒙古战争的次数统计表 （单位:次)

时间	次数	占洪武朝明朝对蒙古战争总数的比例
洪武元年—洪武十年(1368—1377)	9	47.3%

---

① (明)谈迁著,张宗祥校点:《国榷》卷九,太祖洪武二十一年四月乙卯,第 684 页。

② (明)谈迁著,张宗祥校点:《国榷》卷九,太祖洪武二十一年四月乙卯,第 684 页。

③ 达力扎布指出,明立国之初,北元蒙古对明朝构成了一种潜在的威胁,因此,明太祖发动北征以图彻底摧毁北元政权,参见达力扎布《北元初期史实略述》,《内蒙古社会科学》1990 年 5 期;张立凡认为,北元历史近三十年,其间明朝汉族新贵与故元残余贵族集团之间展开一场殊死的斗争,参见张立凡《略论明代洪武期间与北元的战和》,中国蒙古史学会论文选集(1983);张奕善探讨了洪武三年至二十八年间朱元璋对蒙古的军事策略;修晓波认为,朱元璋立国后与北元势力进行了 20 多年的较量,参见张奕善《明太祖的沙漠战争》,《台大历史学报》1988 年第 14 期;另有其他一些论著对此问题进行了广泛研究:参见傅玉璋《朱元璋的军事思想——明初统治措施探索之五》,《安徽大学学报》1991 年 1 期;王西崑:《论朱元璋的军事战略思想》,《郑州大学学报》1985 年 1 期;杨西岩《朱元璋夺取元大都之战》,《纪念北京市社会科学院建立十周年历史研究所研究成果论文集》(1988)。

④ 中国军事史编写组:《中国历代战争年表》(下),解放军出版社 2003 年版。

续表

时间	次数	占洪武朝明朝对蒙古战争总数的比例
洪武十一年—洪武二十年(1378—1387)	6	31.6%
洪武二十一年—洪武三十年(1388—1397)	4	21.1%
合计	19	

说明：1.本表中统计的战争次数，其依据为《中国历代战争年表》(明代部分)，中国军事史编写组，解放军出版社2003年版；2.本表中统计的1次战争，若此次战争持续时间较长，且该次战争前后还发生了多次附属性战争，则只以此次战争中的主战役记为1次，其他不计入。

此表反映二个重要问题：

第一，洪武年间，明朝进攻北元及其残余力量的战争共19次。而根据中国军事史编写组《中国历代战争年表》(明代部分)，洪武朝明蒙之间大的战争总共25次(包括三类：一是明初北伐统一与北元残余势力的战争；二是明朝北征蒙古的战争；三是蒙古对明朝的主动反击战争)。因此，明朝征讨北元及其残余势力的战争约占洪武朝明蒙战争总数的76%，占洪武朝明朝各类战争总数(75次)的25.3%，说明洪武时期明蒙之间的战争冲突，主要系明朝主动发动而致。

第二，洪武前10年是明朝对蒙古战争最密集的一个阶段，它几乎占了洪武年间明朝对蒙作战总数的一半，此后明蒙之间较大规范的战事渐呈减少趋势。洪武朝三十年间，明朝对蒙古战争的基本走向是由多变少，由密变疏。

除此之外，还有一个问题需要阐明，那就是明朝对蒙古战争的时空分布特征。洪武时期，明朝对北元蒙古作战的时间分布特征是：作战时间大都选择在夏季的4、5、6三个月，夏季战事占了整个明蒙战事的一半以上。其次是春、秋季，冬季很少出征。这是因为，夏季出战，天气比较暖和，对以汉族为主的明军有利。关于作战时间的这种精心安排，《中国历代战争史》给予了合理的陈述：

明代远征蒙古的战争,尽量设法利用夏季与敌作战,以避免"酷寒气候对作战之影响",①如明太祖第一次北征沙漠时,大将军徐达等率师于洪武三年四月间至定西,东路军李文忠于五月间至应昌。第二次北征时,徐达军同样在洪武五年五月间进至岭北(今蒙古乌兰巴托东北),李文忠军于六月间到达阿鲁浑河,冯胜军于六月间至兰州。这种时间分布特征,用表 10 示意如下:

表10　洪武时期明朝对蒙古战争的时间分布表 （单位:月）

时间	正月	二月	三月	四月	五月	六月	七月	八月	九月	十月	十一月	十二月	合计
次数	—	—	3	4	5	2	2	1	1	—	1	—	19
	春季:3次			夏季:11次			秋季:4次			冬季:1次			
占明朝对蒙古战争总数的比例	15.8%			57.9%			21.1%			5.2%			

洪武时期,明朝对北元蒙古作战的空间分布特征是:

由于洪武朝明蒙间战事极为频繁,战争涉及的地域非常广阔,而且随着阶段性战略目标的不同,形成了一些战争频发区。笔者据《明实录》《明史》《明史纪事本末》等文献资料考证,洪武初期的明蒙战争主要分布在陕西、甘肃、河南、山东、河套、京师等地区,即长城以南地区,但后来向北推进,形成了长城以北塞外战争密集分布区。

第一战争密集区:长城以南地区。明立国之初,为完成北伐后占领山西、河南、陕甘等地的重任,明军与北元军先后在京蓟、山西、河南、甘肃等地展开激烈较量,这些地区就成了明蒙战争的主战场。如洪武元年,明与北元在塔儿湾(今河南洛阳东郊)、通州、太原等地展开争战;洪武二年,明与北元在陕甘之地展开争战;洪武六年,明与北元在大同激战。从《明实录》和《明史纪事本末》等明史文献资料记载看,明朝北部边境永州、潼关、德州、通州、大都、大同、奉元、临洮、巩昌、西安、平凉、延安、庆阳、兰州等地都是交战密集区。

① 台湾三军大学编著:《中国历代战争史》第十四册,军事译文出版社 1983 年版。

第二战争密集区：长城以北地区。为了消灭北元蒙古残余力量，明太祖多次派兵远征长城边外的塞北地区，今内蒙古和蒙古国的许多地区便成为明蒙战争的主战场。从洪武三年明太祖第一次北征蒙古起，一直到洪武二十三年明朝征讨乃儿不花，明朝和北元军队在长城以北的蒙古沙漠地区激烈角逐。

明与北元在蒙古沙漠之地的战争主要发生于和林、应昌、土剌河、岭北、阿鲁浑河、阿兰溪口、亦集乃路、永平、金山、捕鱼儿海等地，几乎遍及漠北、漠南地区大部。其中，位于今蒙古国境内的战争有：(1)明元岭北之战（洪武五年），此次战役，明军被元库库特穆尔击败，战死数万人。(2)明元阿鲁浑河之战（洪武五年），此战明军为元太师曼济击败。(3)明元和林之战（洪武十三年）。此战明军由沐英统率，从灵州（今宁夏灵武）渡黄河，历贺兰山，涉流沙，七月至和林境，兵分四路袭元兵，俘元国公脱火赤、知院按珠等归。(4)明元捕鱼儿海之战（洪武二十一年）。此战明军与北元军在捕鱼儿海（今蒙古东方省哈拉哈郭勒西贝尔湖）激战，北元军大败，明军俘获元主脱古思帖木儿次子地保奴、故太子必里秃妃并公主、吴王朵儿只、代王达里麻、平章八兰等二千九百九十四人，军士男女七万七千三十七口，宝玺、图书、金银印章、马驼牛羊车辆无数。

位于今内蒙古境内的战争有：(1)明元应昌之战（洪武三年）。此战明军克应昌城。(2)明元大宁（今内蒙古宁城西）、丰州（今内蒙古翁牛特旗）之战（洪武七年）。是年，明与北元先后在大宁、丰州和高州（今内蒙古赤峰东北）等地展开交战，明将李文忠于大宁斩元宗王朵朵失里，擒承旨百家奴，于丰州败鲁王斩之，获其(鲁王)妃蒙哥及其印，并斩其司徒答俊海、平章把都、知院忽都等。① (3)明元全宁（今内蒙古翁牛特旗）之战（洪武十四年）。此战明将沐英配合徐达出击，出古北口（今北京密云东北）进攻高州、全宁，俘其四部。(4)明元亦集乃路（今内蒙古额济纳旗东南）之战（洪武十七年）。此战明军俘也先贴木儿及吴把都剌赤等 18000 余人。

---

① （清）谷应泰：《明史纪事本末》卷一〇《故元遗兵》，第 129 页。

把以上战事汇总起来,我们可以得到这样的结论:洪武时期,明朝与北元之间的战争主要在两大区域进行:一是长城以南的明朝统治辖区内,战争多发生在蓟州镇、山西镇、延绥镇和甘肃镇等北方边镇;二是长城以北的是北元控制区内,今多为内蒙古(如额济纳旗、什克腾旗、翁牛特旗和赤峰等地)和蒙古国地区。另外,明朝与北元残余势力还在辽东、云南、哈密等地也展开了激烈争战。

分析明蒙战争的这种地理分布特征,有利于深入认识明蒙之间战争与地域环境等方面的各种必然联系。众所周知,明朝建立后,蒙古贵族并不承认明朝的统治地位,继续与明对抗。为了实现真正的大统一,明朝多次派兵北征,并在战略方针、作战时间、作战目标的选择上都进行了精心布置。对蒙古作战的时间一般选择在有利于明军的季节即春季准备、夏季出战,冬季之前立即撤回(避免在冬季作战),这是其一。

其二,对蒙作战的空间分布与地域选择,主要根据明廷进攻的目标而变化。按照与明中原区距离之远近,大致按内线和外线分为二大区域:第一区域是以京师、陕西、山西、河套周边地区为主的长城以南战区,第二区域是以蒙古地区为主的长城以北塞外战区。

明朝对蒙古作战的时空差异,反映出冷兵器时代战争环境的严酷,也体现出朱元璋对蒙古的军事策略以及明代大将徐达、李文忠等人在对北元及其残余势力的战争中的筹谋之道,这些问题对于更好地认识由明蒙战争及其带来的明蒙关系变化具有重要意义。

（二）永乐帝的五次北征

明成祖朱棣即位之初,鞑靼蒙古鬼力赤汗亦即蒙古汗位,控制着漠北广大地区,对明构成不小威胁。为了整顿内政、巩固帝位,消弭统治阶级内部的矛盾,明成祖无力顾及北面的蒙古势力,实施了羁縻蒙古的政策。明成祖说:"汉武帝穷兵黩武,以事夷狄,汉家全盛之力,遂至凋耗,朕今休息天下,惟望时和岁丰,百姓安宁,至于外夷,但思有以备之,必不肯自我扰之,以疲敝生民。"①随着皇权的巩固，国内统治局面的稳定，朱棣对蒙古的政策逐渐强硬起来，继续采取洪武朝征讨蒙古的方针政策。从永乐八年至永乐二十二年（1410—1424），明成祖先后五次北征蒙古，如永乐八年，明成祖出塞讨本雅失里及其臣阿鲁台；永乐十二年，瓦剌叛，侵边，明成祖北征瓦剌。②

明成祖的五次御驾亲征，重点打击的是元朝"正统"残余势力，"大驾频征沙漠，搜剿遗孽，屡抵巢穴而归"③，因此，五次亲征中有四次打击鞑靼，只有一次打击瓦剌，显然是贯彻了打击鞑靼、扶持瓦剌的基本方针。具体情况如下。

（一）明成祖第一次北征。永乐三年（1405），鞑靼阿鲁台杀死鬼力赤，另立元裔本雅失里为可汗。永乐六年（1408），明成祖劝说本雅失里归顺明朝，但本雅失里拒绝归附。永乐七年（1409），本雅失里杀死明使臣郭骥，明成祖大怒，命征虏大将军淇国公福讨之。④ 但邱福率军 10 万贸然深入沙漠，结果"败绩于胪朐河，（邱）福及副将军王聪、霍亲，左右参将王忠、李远皆死之，全军皆败没。"⑤此战之败，使明朝遭受重大打击，而且蒙古鞑靼部乘机进攻明北方之辽东、山西和大同等边镇要地，甚至威胁明京都安全。

永乐八年（1410）五月，明成祖朱棣决定率 50 万大军亲征蒙古，以报邱福征北惨败之仇。明成祖认为，"本雅失里不顺天道，杀戮使臣，侵扰边疆。今朕亲将兵征剿之"⑥，可永久消除蒙古对明朝北部边境之威胁。五十万大军从北京浩浩荡荡出发，出居庸关，经兴和、鸣銮戎、哈剌莽到达克鲁伦河附近后，得知本雅失里和阿鲁台已率兵逃奔。五月，明军探得本雅失里去向，即刻渡饮马河追击，追至斡难河（今蒙古鄂嫩河），本雅失里拒绝出战。明军奋勇出击，大败本雅失里，本雅失里弃辎重孳畜，仅带七名骑兵仓皇逃走，⑦关于此役之

① （明）余继登：《典故纪闻》卷六，第 105106 页。
② （明）郑晓：《今言》卷二，第 59 页。
③ （明）王锜：《寓圃杂记》卷一，中华书局 1984 年版。
④ （明）黄瑜：《双槐岁钞》卷五，中华书局 1999 年版，第 85 页。
⑤ （清）夏燮撰，沈仲九标点：《明通鉴》卷一五《纪十五》，成祖永乐七年八月甲寅，第 620 页。
⑥ （明）王世贞撰，魏连科点校：《弇山堂别集》卷八八《诏令杂考四》，第 1684 页。
⑦ （清）谷应泰：《明史纪事本末》卷二一《亲征漠北》，第 333 页。

战情,在《明史纪事本末·亲征漠北》中有如下之叙述:

> 五月,明军入胪朐河,哨马略黄峡,遇寇骑,得箭一矢、马四匹而还。己卯,追至斡难河,本雅失里率众拒战,上麾前锋迎击,一鼓败之。①

明军俘获百余人,然后回军驻扎于克鲁伦河(今蒙古克鲁伦河)。到了六月,明军班师至飞云壑后阿鲁台复来战,"上率精骑冲阵,大呼奋击,阿鲁台堕马复上,我师乘之,追奔百余里,斩其名王以下百数十人,阿鲁台携家属远遁……"②此战争中明军伏兵河曲,佯以数人载辎重诱敌兵而大败之,"遂无敢窥我后"。③

永乐九年(1411),本雅失里汗被瓦剌马哈木等弑杀。鞑靼阿鲁台上书明朝,表示愿意诚心归附明朝,请求明朝允许他替原来的君主报仇。永乐帝看到蒙古瓦剌部此时已屯兵和林、克鲁伦河一线,势力日渐强大,对明朝已构成威胁。所以,转而支持阿鲁台,以抑制瓦剌马哈木。

(二)明成祖第二次北征。永乐十年(1412),"瓦剌马哈木灭本雅失里,而立答里巴为主",④阿鲁台请求明成祖讨伐马哈木,为主复仇。马哈木则奏请明朝赏其杀漠北本雅失里之功,并请求明朝给予军器,早诛阿鲁台。但明成祖却封阿鲁台王位,马哈木更为不满,拘留明朝来使。明成祖以为瓦剌骄纵,遣宦官海童前往切责。马哈木扬言出兵攻阿鲁台,实际上欲侵犯边境,明成祖大怒,下诏征讨瓦剌马哈木,明朝与瓦剌战争爆发。这次明成祖亲征,明军与瓦剌军先后在三峡口、忽兰忽失温、康哈里孩(均为今蒙古乌兰巴托东)等地展开激战,双方死伤甚多,交战经过是:

---

① (清)谷应泰:《明史纪事本末》卷二一《亲征漠北》,第333页。
② (清)谷应泰:《明史纪事本末》卷二一《亲征漠北》,第334页。
③ (清)谷应泰:《明史纪事本末》卷二一《亲征漠北》,第334页。
④ (明)黄瑜:《双槐岁钞》卷五,中华书局1999年版,第85页。

永乐十二年(1414)三月,明成祖亲率六师,以柳升、郑亨、陈懋等为将,刘江、朱荣为前锋,"往征瓦剌胡寇答里巴、马哈木、太平、把秃孛罗等,马步官军凡五十余万。"①明军浩浩荡荡出居庸关,过野狐岭北进。四月,孛罗不花等投降。六月初,明军挺进忽兰忽失温,答里巴同马哈木、太平、把秃索罗来战,"去营十里许,寇四集,列于高山上,可三万余人,每人带从马三、四匹。"②明派兵向马哈木挑战,马哈木派蒙古骑兵冲下山坡迎战,明军火铳(神机炮)四发,只得复于山顶。此后明军的东西两翼部队挺进,双方互有死伤。傍晚,明成祖指挥数百精骑为前锋,火铳随后齐发,骑兵乘势力战,瓦剌部大败,"人马死伤者无算"③,王子等10余人阵亡,答里巴、马哈木、太平和巴秃索罗脱身逃走,明军追至土剌河,"生擒数十人,马哈木特乘夜北遁。"④

此战瓦剌遭重创,不久,马哈木死,明军班师。永乐十九年(1421),鞑靼阿鲁台出兵大败瓦剌,阿鲁台派使者献贡物,到边关时要抢劫行人,明成祖告诫来使应该戒绝收敛这种行为。因这个原因,阿鲁台不再顺从明朝,也不再朝贡,明朝与鞑靼阿鲁台再次失和。事实上,阿鲁台之所以归附明朝,是因为他被瓦剌部落所困扰,走投无路才南投,同时他想借明朝势力在塞外休养生息。如其所愿,经过几年的人口繁殖和物力聚积,鞑靼部之畜牧业一天比一天繁盛,于是就怠慢明朝使者,把使者拘留起来。而且,鞑靼派来朝贡的使者返回时多沿途抢劫掠夺,并时常到明朝边界窥探明朝军情。看到这种情形,明成祖再次玩起"制衡"策略,转而支持瓦剌,封马哈木之子脱欢继承瓦剌王位。

(三) 明成祖第三、四、五次北征。永乐二十年(1422)春,阿鲁台背叛明蒙和平约定,大举入侵兴和,明成祖下诏亲自征讨。阿鲁台得知消息,率众逃

---

① (明)金幼孜:《后北征录》,摘自薄音湖、王雄编辑点校《明代蒙古汉籍史料汇编》(第1辑),第49页。

② (明)金幼孜:《后北征录》,摘自薄音湖、王雄编辑点校《明代蒙古汉籍史料汇编》(第1辑),第53页。

③ (明)金幼孜:《后北征录》,摘自薄音湖、王雄编辑点校《明代蒙古汉籍史料汇编》(第1辑),第53页。

④ (清)谷应泰:《明史纪事本末》卷二一《亲征漠北》,第336页。

跑。此年七月,明军顺道在屈裂儿河畔袭击了阿鲁台的盟友兀良哈部,这就是著名的"明击兀良哈屈裂儿河之战"。《明史纪事本末》中记载了明朝大军与兀良哈部遭遇时的作战细节:

> 七月己未,询降骑言屈裂儿河东北深谷,有贼千余人,令宁阳侯懋以骑兵五千追之。懋率精骑伏隘中,以羸兵辎重诱之。方接战,发伏,大溃走,斩获过半。①

这时,蒙古瓦剌部脱欢乘明军之势进攻阿鲁台,阿鲁台大败。于是,明朝联盟瓦剌部,以彻底剿灭鞑靼阿鲁台部。八月,明军与鞑靼军在祥云屯和威远川展开阵地战。关于明蒙祥云屯和威远川之战,《明太宗实录》中均有描述:车驾次祥云屯,"宁阳侯陈懋追及残虏于山泽中,分兵二道夹击,寇遂战,遂败之。"②车驾次威远川,"敕宁阳侯陈懋,今以精骑千人益尔,可与武安侯郑亨约。令武安侯收辎重先行,尔以兵伏险要处。寇若追袭武安侯,尔从后夹击,机不可失。懋受命设伏于险。武安侯等先行,果袭其后,方接战,伏兵跃出,前后夹击之,寇狼狈大溃,死者过半,余寇远遁。"③

至此,明成祖的第三次远征蒙古之战,以诸路将士全线告捷而终。九月,明军班师,明成祖诏告天下,历数阿鲁台罪状,大颂明军"仁义之师"的威武和功德。其诏曰:"朕恭膺天命,主帝华夷,夙夜勤劳,勉图治理,无非欲天下生灵咸得其所而已。往者,丑虏阿鲁台穷居漠北,鼠穴偷生,屡为瓦剌所困,妻子不保,遂率部落来归。朕念其遑遑无依,特加优恤,授以封爵,令仍居本土安生乐业,岂意此虏心怀谲诈,僭妄骄矜,违天负德,辜恩逆命,杀戮信使,侵犯边境。朕为保安生民之故,躬率六师往讨之,以七月四日师抵阔栾海之北,丑虏阿鲁台闻风震慑,弃其辎重牛羊马驼,逃命远遁,遂移兵剿捕其党兀良哈之寇,

---

① (清)谷应泰:《明史纪事本末》卷二一《亲征漠北》,第339页。
② 《明太宗实录》卷二五〇,永乐二十年八月己丑,第2338页。
③ 《明太宗实录》卷二五〇,永乐二十年八月壬辰,第2338—2339页。

东行至屈裂儿河,遇寇迎敌,亲率前锋摧败之,抵其巢穴,杀首贼数十人,斩馘其余党无算,获其部落人口,焚其辎重,尽收其孳畜,绥抚降附。"①

永乐二十一七月,明成祖再次出兵亲征阿鲁台,明军以安远侯柳升、武安侯郑亨、阳武侯薛禄等为将,宁阳侯陈懋为前锋从北京出发。九月,明军获知阿鲁台已被瓦剌打败,部落溃散,于是驻师不进。十月,迤北王子也先土干率师投降,明成祖封其为忠勇王,赐姓名金忠。十月下旬,明成祖的第四次远征蒙古无果而返。

永乐二十二年(1424)正月,阿鲁台侵犯大同、开平,明成祖即诏公、侯、大臣商讨征鞑靼之事。"上谕曰:阿鲁台始以穷蹙来归,朕抚甚厚,违天负恩不一,朕再出师捣其穴。命如丝发,若从将士计,岂能复生,驱而逐之,冀能改也。豺狼兽心,终焉不变。朕非黩武,必拯边民。"②并告谕诸将:"逆贼阿鲁台始为穷蹙来归,抚之甚厚。豺狼野心,不知感德,积久生慢,反恩为仇,今朕必往伐之。"③是年四月,明成祖朱棣任命柳升、陈英、张辅、朱勇、王通、徐亨等为将,陈懋、金忠为前锋,从北京出发亲征。鞑靼阿鲁台闻明廷出兵,趋荒漠而逃。六月,明军前锋到达答兰纳木儿河(今蒙古境内哈尔哈河下游),"荒尘野草,虏只影不见。"④明成祖的第五次北征,同样因蒙古的避敌战术无果而返。

笔者据《中国历代战争年表》(明代部分)统计,明永乐时期发生的各类军事战争总计46次(平均每年约1.8次),而明朝北征蒙古诸部的规模较大的战争共有5次,占永乐时期各类战争总数的10.9%。这个数字表明,相对洪武时期而言(洪武朝25.3%),永乐时期明蒙战争在该时期战争总数的比例下降了许多。这是因为,永乐年间,明朝除了明蒙战争之外,还发生了很多次其他战争,如明朝与倭寇之战,安南、交趾反明之战,甘肃西番、广西平乐、浔州蛮起事

---

① 《明太宗实录》卷二五〇,永乐二十年八月辛丑,第2343—2344页。

② (明)谈迁著,张宗祥校点:《国榷》卷一七,成祖永乐二十二年三月戊寅,第1209页。

③ (明)杨荣:《北征记》,摘自薄音湖、王雄编辑点校《明代蒙古汉籍史料汇编》(第1辑),第59页。

④ (明)杨荣:《北征记》,摘自薄音湖、王雄编辑点校《明代蒙古汉籍史料汇编》(第1辑),第63页。

等,这是其一。

其二,与洪武明朝对蒙古作战的特点不同,永乐年间明朝对蒙战争的整体走向,呈现跳跃性特征,有三个集中阶段,分别是:永乐八年(1410)、永乐十二年(1414)、永乐二十年(1422),即明成祖的前三次北征。而明蒙战争的季节性特征仍然与洪武朝相同:大多数战事发生在气候比较温暖、行军和后勤保障对明军有利的夏季,在五次对蒙古作战中,发生在夏季四、六月的就有3次,另两次在七月。

其三,自永乐八年至永乐二十二年,明朝对蒙古鞑靼部、瓦剌部及兀良哈部发动了大规模的军事进攻,所用兵力动辄达到50万,深入沙漠之地几千里。黄仁宇说:明成祖亲率大军讨蒙古五次,"两次渡过克鲁伦河(今在蒙古共和国境)。在此之前,中国的君主未曾亲率大军如此劳师远征。"[①]

声势浩大的远征,其成效何如,目前学界有两种声音:一种持肯定的观点。代表性的观点是:"朱棣的五次出征,沉重地打击了蒙古贵族的割据势力,在朱元璋经营的基础上,进一步加强了对蒙古地区的管理,使这些蒙古贵族的地方政权服从明朝中央政府的管辖。"[②]另一种持否定的观点。认为永乐帝的五次北征,表面上看明朝取得了胜利,但真正成效甚微。五次远征中,前三次明军取得了胜利,但在第四次和第五次北征时,蒙古军摸索出了一套对付明军的办法,采取游击战术,明军一来,即遁入沙漠,明军撤退,即骚扰如故,使明军无功而返。正如《蒙古族通史》中所说:"明成祖后三次北征,阿鲁台均避开重兵,打不赢就走,有效地保存了实力,拖垮了明朝的远征部队。"[③]事实上,这就是北方游牧民族在与中原农耕民族的军事对抗中显示的灵活机动性优势。对此,法国人雷纳·格鲁塞有过颇为生动形象的表述:"游牧生活实际上使突厥——蒙古人,对定居人民处于显然优势。游牧人——一般的说是骑马射箭者——具有流动性,几乎有到处皆是的神秘性。他们的失败不发生什么后果,

---

① [美]黄仁宇:《中国大历史》第14章,中华书局2007年版,第206页。
② 南炳文、汤纲:(清)张廷玉等撰:《明史》(上),上海人民出版社2014年版,第171页。
③ 《蒙古族通史》编写组:《蒙古族通史》,民族出版社1991年版,第449页。

因为他们可以立即逃走。"①

　　除此之外，明朝远征军深入塞外作战，环境不熟，补给不继，步兵优势不能有效发挥，且孤军深入犯了兵家大忌。因此，尽管明朝每次投入几十万的兵力，终了还是未能彻底打败蒙古军队。相反，劳民伤财倒是不假。加之明军远离故土赴塞外作战，实际遇到的困难远比他们想象的更为复杂和艰难。明人余继登的《典故纪闻》记载了一件很有趣的小事，但却从另一个侧面反映出了明军北征之难：

　　　　成祖滹沱之战，自以数百骑突入阵，大呼奋击，矢集其旗者如猬毛。翌日遣人送旗回北平，谕世子谨藏之，以示后世子孙，使知今御祸之难。②

　　难怪明成祖朱棣在最后一次亲征蒙古的过程中，非常感慨地对英国公张辅等人说道："昨日之言，朕思之，不可易也。古王者制夷狄之患，驱之而已，不穷追也。且今孽虏所在无几，茫茫广漠之地，譬如求一粟于沧海，可必得耶？吾宁失有罪，诚不欲重劳将士。朕志定矣，其旋师。"③朱棣本人也于这次远征南返途中，病死于榆木川（今内蒙古多伦西北），抱憾离世。

　　永乐皇帝死后，明仁宗朱高炽继位不到一年就辞世。其间，在洪熙元年（1425）二月发生了明军攻鞑靼赤城之战，但这次战争的规模不大，据明阳武侯薛禄给仁宗皇帝的上疏，即可清楚知晓之："军至赤城等处追赶鞑贼，杀死百余人，生擒千余人，余贼奔溃……"④仁宗之后，明宣宗朱瞻基继位。宣宗即位不久，蒙古分裂为东西两支，忙于内讧而无暇问鼎中原，加之明宣宗主静不

　　① ［法］雷纳·格鲁塞著，龚钺译，翁独健校：《蒙古帝国史》，商务印书馆1996年版，第272页。
　　② （明）余继登：《典故纪闻》，第101页。
　　③ （明）杨荣：《北征记》，摘自薄音湖、王雄编辑点校《明代蒙古汉籍史料汇编》（第1辑），第63页。
　　④ 《明仁宗实录》卷七，洪熙元年二月癸亥，第240页。

主动,故明朝北方边境的形势变得较为和缓。此后明朝历史已进入宣德、正统时期,明朝对蒙古的主动性战争已很少。

笔者据《中国历代战争年表》统计,宣德时期,明朝各类战争总数是 20 次,平均每年两次。其中,明朝对蒙古的战争只有两次,即宣德二年(1427)七月的明击鞑靼开平之战,宣德三年(1428)九月的明击兀良哈喜峰口之战。在明朝与兀良哈的喜峰口之战中,由于明宣宗亲自指挥,明军两翼突进,大败了兀良哈,其众尽为明军活捉,明朝取得较大胜利。喜峰口之战是明宣宗时期对蒙古的规模较大的一次战争,也是洪武、永乐之后明朝主动进击蒙古最大的一次战争。此后,明朝对蒙古的主动性进击已很少,代之而来的是蒙古各部对明边的无休止骚扰。

明蒙之间的战争越来越少,这意味着此期明蒙间的关系基本是平和的,至少大规模的军事冲突已少,明蒙边界地带相对较为安静。明宣宗去逝后,朱祁镇即皇帝位,是为明英宗,年号正统。据《中国历代战争年表》统计,正统年间明朝各类战争总共发生了 26 次,平均每年约 1.9 次。其中,明朝对蒙古的战争也仅有两次,即发生于正统三年(1438)四月的"明军攻鞑靼阿台等刁力沟之战"和发生于正统九年(1444)正月的"明军分道出击兀良哈之战"。

总之,宣德、正统时期,明蒙之间较大规模的战争相对较少,明朝对蒙古主动性的攻击已基本结束。这是其一;其二,尽管正统朝对蒙古的战争并不多,但明蒙之间的冲突却有增无减,特别是正统十四年(1449),明朝与瓦剌冲突,发生了著名的"土木堡之变",这说明"北虏"问题一直困绕着明朝统治。

三、"庚戌之变"后的"北虏"问题

正统十四年(1449),瓦剌也先大举攻明引发"土木之变",明朝与蒙古朝贡贸易在一段短暂的活跃期之后再次出现了停摆,充分说明政治问题制约下经济交流的脆弱性。土木之役中,长城沿线各翼明军的不堪一击。此役后,蒙古骑兵不断扰明,蒙古人侵扰明朝的活动变得更为频繁、大胆和直接,蒙古人的骑兵动辄进入明内地劫掠,造成明中后期明蒙关系一度极为紧张。成化元年(1465),鞑靼蒙古部孛来与小王子、毛里孩等先后进入河套地区,蒙古军事力量从此占领河套地区,并以此为基地不断侵扰明边,"套寇"成为明代中期朝廷的主要边患。明孝武弘治时,蒙古小王子崛起并统一了蒙古各部,在明孝宗、武宗和世宗前期不断大肆侵入内地。至嘉靖二十四年(1545)以前时,明朝用于北边防御的军费达到六百万两,国家财政陷入全面危机。庞大的军队和巨大的边军粮饷供应及运输带来的经济压力不亚于边疆骚乱本身的侵害。此外,自正统之后,明朝与蒙古的通贡贸易总体上呈时断时续之状况。《明史》载,景泰二年,"也先数贡马"①。有时甚至蒙古部贡马多达4万匹,"参赞军务罗通上奏言:'(瓦剌)贡使携马四万余匹,宜量增价酬之。价增则后来益众,此亦强中国弱外裔之一策。'帝以所贡马率不堪用,若增价正坠贼计,寝通奏。"②当然,这属于较少见的情况。

嘉靖二十九年(1550),蒙古"求贡"被明"拒贡",导致了鞑靼土默特部领袖俺答率军犯大同的"庚戌之变"。"庚戌之变"中,俺答于八月入古北口(位于今北京市密云区古北口镇东南),攻掠怀柔、顺义,长驱入内地,后兵围大同、通州等地,纵兵焚掠,并向明朝提出了通贡互市的要求。直至嘉靖三十年三月,俺答汗第二次提出通贡互市的要求,明蒙双方才最终达成了开马市协议。明朝相继于大同、宣府、延宁开设马市,明蒙双方在边境地带实现了经济交流交往。

"庚戌之变"是蒙古对明朝发动的大规模战争,这场战争的起因、过程和结果都与明蒙双方在恢复和发展贸易关系问题中的观念、政策和立场密切相关。因此,双方的经贸往来作为维系和保持明蒙和平交往的纽带是不能被切断的,这就是"庚戌之变"的本质。同时,"庚戌之变"完全暴露了明朝腐败无能,但同时也反映了北方游牧民族与中原农业民族间必然存在着一种不可或缺的经济联系,明朝上层统治阶级如果忽视了这种经济联系的客观存在,必然

---

① (清)张廷玉等撰:《明史》卷一七六《李贤传》,第4674页。
② (清)张廷玉等撰:《明史》卷一六〇《罗通传》,第4364页。

在制定和实施边疆政策中犯严重的错误。另外,明朝统治上层的政治腐败及其政策失误也是动因之一。

"庚戌之变"二十年后,即隆庆四年(1570),发生了明蒙关系史上的转折事件——"俺答封贡"。在内阁大臣高拱、张居正、宣大总督王崇古、大同巡抚方逢时的操作下,成功把握把汉那吉与其祖父、鞑靼首领俺答因家事争执而降明的机会,达成了封贡及互市的最终和议——"隆庆和议"。《明史》载:"俺答孙把汉那吉来降,于是封贡互市之议起。而宣、大互市复开,边境稍静。然抚赏甚厚,朝廷为省客兵饷、减哨银以充之。频年加赏,而要求滋甚,司事者复从中干没,边费反过当矣。"①明廷还封俺答汗为顺义王,俺答汗表示服属中央政府,结束了近二百年明朝与蒙古的敌对状态,长城一带才开始得到安宁。

总之,"庚戌之变"使得明廷同意"通贡互市",此后明蒙双边贸易在丰州市被毁后又开始了一个繁荣期,而且更为深远和持久的走西口人口大迁徙拉开了序幕。而"俺答封贡"和"隆庆和议"的实现,则标志着明蒙贸易实现了正常化。学者研究认为,"直至隆庆五年,明朝对蒙古的政策出现了转折",在王崇古、张居正等人的努力下,"最终说服明廷改变了其对蒙古土默特、鄂尔多斯部的政策"②,于是,从隆庆五年开始(1571),明朝与蒙古实现了贸易正常化。

从"土木之变"到"俺答封贡",再到"隆庆和议",历史事实证明,治理边疆是明王朝面临的一个重大历史课题,明朝统治阶级必须根据具体的客观形势和客观需要,从实际出发,及时调整治边之策,采取合理管理措施而不能一味偏颇,否则无法最终实现边疆安宁、经济发展和社会稳定。

综上所述,所谓"北虏"问题,或者说蒙古对明朝的"威胁",其实与明代边疆治理中的政治、经济、自然、文化诸因素密切相关。明蒙冲突除了政治因素外,由经济类型和结构差别引起的经济原因也是其根源。历史以来,长城是游

---

① (清)张廷玉等撰:《明史》卷八一《食货志五》,第1983页。
② [美]亨利赛瑞斯著、王苗苗译:《明蒙关系Ⅲ——贸易关系:马市》,第142页。

牧文化与农耕文化的分界线。此线以北是传统的游牧草原民族,他们"逐水草而徙","居无定所",此线以南是传统的农耕经济区。明朝建国后,迫压蒙古人不断北撤,结果使蒙古人重新回到原来的游牧生活方式,这种生活方式的倒退是蒙古人南侵的根本原因。

除了政治因素、经济原因之外,气候也是一个不可忽略的因素,明代蒙古草原地区的自然灾害是明蒙关系紧张的另一原因。据历史地理学家和历史气象学家的研究,明清时期,从 15 世纪到 20 世纪长达 5 个世纪的时间里,我国气候进入了低温多灾的时期,称为明清小冰期。明代北方气候的寒冷,给以游牧为主的蒙古民族的生活带来巨大挑战。不仅造成成千上万牲畜草料供给的困难,而且基本的农产品供应更是雪上加霜。由此,蒙古各部的侵扰日益增多,特别是在正统之后。

显然,对于以上种种边疆地区复杂的民情、政情、军情等客观实际,明朝统治者并未做出完全正确判断、重视和应对。一方面,明朝通过对边疆少数民族的封爵赏赐,允其与中原通贡互市,昭示朝廷的仁恩;另一方面却一味地坚持运用各种手段制约蒙古诸部,动辄关闭进贡互市渠道以惩罚"不友好"的边疆势力,这种治边方针政策具有许多弱点,值得反思。

第二节 "南倭"问题

一、"南倭"问题的形成

倭寇,最早由一些失意的日本土豪、浪人和亡命之徒等组成,其入侵明代中国沿海甚早。除了日本浪人、无业流氓、失意诸侯外,还有部分为逃避徭役赋税或辍学而逃到日本的中国沿海平民,如福清榕潭人周崔芝,"少年读书不成为盗于海。"[1]这些人熟悉海滨地理民情,往往在倭寇入侵时或充作向导,或

---

① (清)邵廷寀等撰:《东南纪事》(外十二种)卷一〇,北京古籍出版社 2002 年版,第296 页。

为侦伺提供信息和侵掠之便利,为害更甚。如洪熙年间,有个黄岩人周来保和龙岩人钟普福逃到日本做了海盗,这两人"倭每来寇,为之乡导。"①正统八年(1443)五月倭寇侵海宁时,他们又引导倭寇"犯乐清,先登岸侦伺",②后来被明军抓获,处以死刑。

明代初期,日本国内豪强亡命之徒纠集岛人和这些逃民不断出没海岛中,入寇滨海州县。《殊域周咨录》卷二:倭寇"数侵苏州、崇明,杀伤居民,劫夺货财,沿海皆受其患。"③《明史记事本末》卷五五:海盗侵劫苏州、崇明,"杀略居民,劫夺货财,沿海之地皆患之。"④为此,明太祖朱元璋于洪武二年(1369)三月遣行人杨载责问日本国王海盗侵劫中国沿海之故,并警告日本国王:"倘必为寇盗,即命将徂征耳。"⑤然而,"日本王良怀不奉命,自是遂为边患"⑥,这些海寇"复寇山东,转掠温、台、明州旁海民,遂寇福建沿海郡"⑦,中国山东沿海和东南沿海地区均遭受其侵掠。

为了防止倭寇冒充日本使节和商人,明政府颁发贸易凭证——"勘合"给日本使商,只有持明廷颁发的勘合者,才具有在明朝合法朝贡和贸易的资格,这就是勘合贸易制。在勘合贸易制度下,日本使节、商人进入明朝海关港口,必须查验勘合,包括勘合的真伪、时效等,"镇守宁波浙江都指挥金事程鹏奏,宁波边海日本诸国番船进贡,往来不绝,而各卫提备之舟率不相属,卒有警急,辄用飞报。然与符验,难以给驿,命兵部以符验给之。"⑧

另外,日本使团来明朝出使、经商的时间、地点、规模等,明朝都制定了相关限制性规定。建文帝时期的规定是:"诏定为贡期,约十年一贡。"⑨永乐初,

---

① (清)张廷玉等撰:《明史》卷三二二《日本传》,第8346页。
② (清)张廷玉等撰:《明史》卷三二二《日本传》,第8346页。
③ (明)严从简,余思黎点校:《殊域周咨录》卷二《东夷·日本国》,第50页。
④ (清)谷应泰:《明史记事本末》卷五五《沿海倭乱》,第839页。
⑤ (清)张廷玉等撰:《明史》卷三二二《日本传》,第8342页。
⑥ (清)夏燮撰,沈仲九标点:《明通鉴》卷二《纪二》,太祖洪武二年正月癸亥,第198页。
⑦ (清)张廷玉等撰:《明史》卷三二二《日本传》,第8342页。
⑧ 《明太宗实录》卷二五,永乐元年闰十一月丁未,第4614页。
⑨ (明)薛俊:《日本国考略·朝贡略》,齐鲁书社1997年版,第37页。

"太宗嗣登大宝,国王嗣立,皆受册封,自是或二三年,或至六年,贡无定期,皆诏至于京师。燕赏优渥,稛载而归。是以其贡而来也,于道而京,于义往往各道争先,受遣之为幸",①后规定每隔 10 年贸易一次,"人止二百,船止二艘。"②宣德初期的规定稍有放宽:"人毋过三百,舟毋过三艘。"③当然,中日实际贸易中的人数和船舶远大于这个规定数,并且十年贸易一次的限制也根本满足不了日本的贸易要求,特别是贪利商人,"贡物外所携私物增十倍"。④ 因此,实际情况是,日本使商对明朝朝贡的限制悉未遵约,"倭初奉约束,既则贡不如期,辄满载方物戎器,出没海滨,得间侵掠。"⑤

明初勘合贸易制度使日本使节、商人等到明朝经商贸易受到了极大的限制。一方面,不论是边疆各民族政权,还是海外诸国之商贸使团入明朝贡,都必须遵照"非勘毋辄入"⑥的原则,这使他们的朝贡贸易受到了极大的制约;另一方面,明政府颁发的勘合一般按照一朝一颁之原则,"正统元年(1436)四月……工部言,宣德间日本诸国皆给信符勘合,今改元伊始,例当更给,从之。"⑦即新君嗣位后,前朝颁发的勘合需要重新审核换发,否则勘合无效。

明廷还规定,海外各国进贡的物品均按市场价格折付,折付物为布帛、采茶或银两,所谓"例当给直"⑧。然而,为经济利益驱动,日本方面不断扩大进贡规模,加之贡物之外携带大量私物,故明朝应付于朝贡物的银钱数大增。鉴于此,朝廷中一些官员建议减价支付贡物,"礼官言宣德间所贡硫黄、苏木、刀扇、漆器之属,估时直给钱钞,或折支布帛,为数无多,然已大获利。今若仍旧制,当给钱二十一万七千,银价如之。宜大减其直,给银三万四千七百有奇。

① (明)薛俊:《日本国考略·朝贡略》,第 37—38 页。
② (清)张廷玉等撰:《明史》卷三二二《日本传》,第 8347 页,中华书局 1974 年版。
③ (清)张廷玉等撰:《明史》卷三二二《日本传》,第 8347 页。
④ (清)张廷玉等撰:《明史》卷三二二《日本传》,第 8347 页。
⑤ (清)夏燮撰,沈仲九标点:《明通鉴》卷二二《纪二十二》,英宗正统四年四月,第 830 页。
⑥ (明)谈迁著,张宗祥校点:《国榷》卷二三,英宗正统二年十月癸未,第 1554 页。
⑦ (清)张廷玉等撰:《明史》卷三二二《日本传》,第 8347 页。
⑧ (清)张廷玉等撰:《明史》卷三二二《日本传》,第 8347 页。

从之。"①减值支付贡物政策使入明朝贡的日本使臣大为不悦,愤愤回国者甚多。

明代中期,中日朝贡、贸易仍依明初勘合贸易旧制进行。景泰四年十月,"日本国王遣使臣允澎及都总通事赵文端等来朝贡马及方物,赐宴并彩币、表里等物有差。"②成化四年五月,"日本国遣使臣居座寿敬等来朝贡马谢恩,赐宴并袈裟彩等物,其存留在船通事从人,各赏有差。"③同年十一月,"日本国王源义政遣使臣清启等奉表来朝贡马,及聚扇盔甲刀剑等物。"④成化十三年九月,"日本国遣正副使妙茂等来朝贡马及方物,赐宴并金栏袈裟彩等物,仍令赍敕及白金锦回赐其国王及妃妙茂,又以国王意求佛祖统纪等书命以法苑珠林与之。"⑤成化二十年(1484)十一月,"日本国王源义政遣使臣周玮等奉表贡马及方物来朝谢恩,赐宴并金兰袈裟、金织衣彩霞等物有差,仍命赍敕并白金文绮等物归赐其国王及妃。"⑥弘治九年(1496)三月,"日本国王源义高遣正副使寿蓂等来贡,回赐王及王妃锦霞白金等物,赐寿蓂等晏并彩霞等物如例。"⑦

然而,双方之间矛盾、摩擦状况不断。景泰四年(1453),日本使臣来明朝贡时,在临清掠夺当地居民货物,殴打当地官员,几乎致死。⑧ 对于日本使节的不法行为,日本国王源义政在天顺初转请朝鲜国王代为表达对于明朝歉意,明英宗责令日本方面,今后"择老成识大体者充使,不得仍前肆扰"⑨,并未深究,仍然贯彻优待远夷的基本政策。不过,此后一段时间,日本贡使未再至明

---

① (清)张廷玉等撰:《明史》卷三二二《日本传》,第8347页。
② 《明英宗实录》卷二三五,景泰四年十一月甲寅,第5121页。
③ 《明宪宗实录》卷五四,成化四年五月己巳,第1098页。
④ 《明宪宗实录》卷六〇,成化四年十一月甲戌,第1228页。
⑤ 《明宪宗实录》卷一七〇,成化十三年九月辛卯,第3090页。
⑥ 《明宪宗实录》卷二五八,成化二十年十一月乙未,第4359页。
⑦ 《明孝宗实录》卷一一一,弘治九年三月丁巳,第2022页。
⑧ (清)张廷玉等撰:《明史》卷三二二《日本传》,第8347页。
⑨ (清)张廷玉等撰:《明史》卷三二二《日本传》,第8347页。

朝。成化四年(1468)夏,日本"遣使贡马谢恩"①,明宪宗依然以礼相待。可是,当年十一月日本使者清启入贡,又肆意妄为,"伤人于市"②,明宪宗再次抱着"息事宁人"的宽容态度,赦免其罪,以致日本使节在中国境内更加肆无忌惮了。此后,来京之日本使节,或请求朝廷增加赏赐,或在贡途中杀人伤人,无所顾虑。如成化十三年(1477)九月,日本遣使来贡,"求《佛祖统纪》诸书,诏以《法苑珠林》赐之。使者述其王意,请于常例外增赐,命赐钱五万贯。"③十一月,锦衣卫奏:"朵颜等卫并日本国差来使臣于会同馆争夺柴薪,日本从人殴伤朵颜夷人",事闻,上命礼部"晓谕各夷,宜遵守礼法,毋相争竞"④。

明孝宗继位后,弘治九年(1496)三月,日本使臣在济宁"持刀杀人"⑤,明孝宗下诏:"自今止许五十人入都,余留舟次",⑥对其严加防禁。明武宗正德初,来明朝入贡的日本使者有所增加。史载:

正德四年(1509),日本使臣入贡;⑦

正德五年(1510)二月,"日本国王源义澄遣使臣宋素卿来贡,赐晏给赏有差,素卿私馈瑾黄金千两得赐飞鱼服陪臣赐飞鱼,前所未有也。"⑧同年四月,日本国使臣宋素卿充正使又来贡;

正德七年(1512),日本国王源义澄遣使贡马匹盔铠大刀诸方物。⑨

鉴于日本朝贡使臣源源不断来京师,而境内浙江、山东等地盗贼充斥,为了确保贡物安全,浙江守臣建议:请以贡物贮浙江官库,收其表文送京师。⑩即海外使臣献贡之物资采取就近处置的办法,只把表文送往京师,这样一来,

① (清)张廷玉等撰:《明史》卷三二二《日本传》,第 8347 页。
② (清)张廷玉等撰:《明史》卷三二二《日本传》,第 8347 页。
③ (清)张廷玉等撰:《明史》卷三二二《日本传》,第 8348 页。
④ 《明宪宗实录》卷一七二,成化十三年十一月庚辰,第　　页。
⑤ (清)张廷玉等撰:《明史》卷三二二《日本传》,第 8348 页。
⑥ (清)张廷玉等撰:《明史》卷三二二《日本传》,第 8348 页。
⑦ (清)张廷玉等撰:《明史》卷三二二《日本传》,第 8348 页。
⑧ 《明武宗实录》卷六〇,正德五年二月己丑,第 1321 页。
⑨ 《明武宗实录》卷八四,正德七年二月癸卯,第 1817 页。
⑩ 《明武宗实录》卷八四,正德七年二月癸卯,第 1817 页。

就避免了贡物在中途被盗贼抢劫、折损的危险,此建议被明武宗朱厚照批准后实施。

明孝宗和明武宗时期(1488—1521),明朝给日本颁发的勘合金牌大约200道。明廷要求,颁发新勘合时需将旧勘合悉数上缴,否则不予颁发:

> 日本故有孝、武两朝勘合几二百道,使臣前此入贡请易新者,而令缴其旧。至是良持弘治勘合十五道,言其余为素卿子所窃,捕之不获。正德勘合留十五道为信,而以四十道来还。部议令异时悉缴旧,乃许易新,亦报可。①

明世宗时期(1522—1566),礼部会兵刑二部都察院佥议:"夷情谲诈,难信勘合。令将旧给缴完,始易以新。素卿等罪恶深重货物已经入官俱不宜许。以后贡期定以十年,夷使不过百名,贡船不过三只,违者阻回,督遣使者归国,仍饬沿海备倭衙门严为之备,诏从之。"②可见,此时明政府对日本朝贡贸易的限制更多。

限制愈多,走私利益愈多。于是,在巨额利益的驱动下,倭寇对中国沿海各地进行大规模的骚扰、侵掠,不断入侵中国浙江、山东及福建各郡,如洪武二十二年(1389)冬十二月,倭寇宁海;洪武三十一年(1398)二月,倭寇山东、浙东。③ 永乐十五年(1417)正月,倭寇浙江松门、金乡、平阳。④ 正统四年五月,倭寇在台州各地大肆杀掠。⑤ 东南边疆各地深受其害,逐渐形成困扰有明一代统治的另一重大问题:南倭问题。

---

① (清)张廷玉等撰:《明史》卷三二二《日本传》,第8351页。
② 《明世宗实录》卷二三四,嘉靖十九年二月丙戌,第4796页。
③ (清)谷应泰:《明史记事本末》卷五五《沿海倭乱》,第841页。
④ (清)谷应泰:《明史记事本末》卷五五《沿海倭乱》,第842页。
⑤ (清)夏燮撰,沈仲九标点:《明通鉴》卷二二《纪二十二》,英宗正统四年四月,第830页。

二、嘉靖争贡事件

嘉靖二年(1523),日本大名细川氏和大内氏势力各派遣对明朝贸易使团来华贸易,两团在抵达浙江宁波后因争先来后到,互责真伪,发生争执。大内氏代表宗设谦道杀大名细川氏代表瑞佐,并乘机沿路烧杀抢掠,执指挥袁进,杀备倭都指挥刘锦,史称"嘉靖争贡事件",事件的原委及过程是:

宋素卿,原名朱编,浙江鄞县人,弘治年间逃往日本,得到日本国王的宠爱,纳为婿,官至纲司。正德五年(1510)六月,宋素卿回国,正德六年(1511)时与日本人源永寿来明朝朝贡,"群臣争贡,各强给符验。左京兆大夫内艺兴遣僧宗设,右京兆大夫高贡遣僧瑞佐及宋素卿先后至宁波,争长不相下。"①嘉靖二年(1523)五月,日本使臣宗设等入贡,到达宁波。接着,又一拨朝贡使宋素卿和瑞佐也来到明朝。明朝规定:

番货至,市舶司阅货及宴坐,并以先后为序。②

为了争得勘验的优先权,双方互诬对方是伪使臣。宋素卿本来后到,但通过行贿市舶司的太监赖恩,取得了先行勘合验发贡物的权利,宗设为此极为愤怒,杀死瑞佐,焚毁瑞佐朝贡之船,追杀宋素卿至绍兴城下,"时瑞佐后,而素卿狡,贿市舶太监。先阅佐货,宴又坐设上。宗设不平,遂与佐相仇杀。"③此次争贡,还祸及当地百姓。宗设一伙,所过之处,烧杀抢掠,无恶不作,最后绑架了明指挥袁王进夺船出海,备倭都指挥刘锦、千户张镗等明朝官兵追击战死,"都指挥刘锦追至海上,战没。"④

嘉靖争贡事件之后,明廷废除宁波、泉州市舶司,仅留广东市舶司一处,历

---

① (清)谷应泰:《明史记事本末》卷五五《沿海倭乱》,第844页。
② (清)谷应泰:《明史记事本末》卷五五《沿海倭乱》,第844页。
③ (清)谷应泰:《明史记事本末》卷五五《沿海倭乱》,第844页。
④ (清)张廷玉等撰:《明史》卷三二二《日本传》,第8349页。

行海禁政策。此后"不通贡者十有七年"①,中日通贡往来基本中断,至此,近百年的中日朝贡贸易结束了。直到嘉靖十八年(1539)七月,"日本国王源义晴复遣使来贡"②,中日之间又有了朝贡往来。日本虽入贡,但各岛诸倭"岁常侵掠,滨海奸民又往往勾之",③于是,明世宗下诏"严禁所在居民无私与交通。"④

与此同时,明朝加强了对新旧勘合的查验,并重申旧制,重新规定了朝贡规模:"贡期限十年,人不过百,舟不过三,余不可许",⑤即由明初的永乐朝的200人、宣德朝的300人变为100人,并严格要求日本来船和朝贡使团必须按规定执行,"且严居民交通之禁"⑥,严禁当地居民与日使团相贸易。然而,由于沿海商人奸徒百姓与日本贡使相互交易贡物,获利甚厚。因此,每当朝廷遣官辑拿不法使节时,他们便包庇隐藏,终不能治,"内地诸奸利其交易,多为之囊橐,终不能尽绝。"⑦

综观嘉靖倭患,之所以如此无所忌弹,日益严重,其因有三:

第一,15世纪后期,日本足利氏幕府政权势衰,名存实亡,国内各地封建诸侯纷纷割据称雄,日本进入历史上的"战国时代"。"战国时代"的日本各藩邦,竞相与中国明朝通商。然而,明朝对朝贡贸易的种种限制根本无法满足他们的贸易之需,于是他们一方面与明朝进行官方的朝贡贸易,另一方面武装抢夺沿海各地,因此,倭患更加严重,尤其是明世宗嘉靖时期。

本来明朝在浙江设市舶提举司,主掌海外入贡物资的贮运、评估、折付等朝贡贸易之事务。市舶司驻宁波,由朝廷任命中官负责。但到明世宗时,"尽

---

① 《明世宗实录》卷二二七,嘉靖十八年闰七月甲辰,第4708页。
② 《明世宗实录》卷二二七,嘉靖十八年七月甲辰。
③ (清)张廷玉等撰:《明史》卷三二二《日本传》,第8351页。
④ 《明世宗实录》卷二二七,嘉靖十八年闰七月甲辰,第4708页。
⑤ (清)张廷玉等撰:《明史》卷三二二《日本传》,第8350页。
⑥ (清)张廷玉等撰:《明史》卷三二二《日本传》,第8350页。
⑦ (清)张廷玉等撰:《明史》卷三二二《日本传》,第8350页。

撤天下镇守中官,并撤市舶"①,如此一来,中外海上贸易的利益,尽为滨海奸人所操纵,及政府"严通番之禁"②,海上贸易又为贵官之家所操纵,这些官商奸民是倭寇的重要组成部分,"大抵真倭十之三,从倭者十之七",③应该是当时倭寇的真实写照。而且,这些人还在与日本使团贸易时,经常欠负贡物之费,"索之急,则以危言吓之"④,倭人丧其资不得返回,非常愤恨。"自罢市舶后,凡番货至,辄主商家。商率为奸利,负其责,多者万金,少不下数千,索急,则避去。已而主贵官家,而贵官家之负甚于商。番人近岛坐索其负,久之不得,乏食,乃出没海上为盗。"⑤加之"内地不得逞"的沿海商人逃往日本海岛,如汪直、徐海、陈东、麻叶等人,他们便诱倭人入寇,"分艘掠内地,无不大利,故倭患日剧。"⑥《明史记事本末》卷五五如是云：

> 并海民生计困迫者纠引之,失职衣冠士及不得志生儒亦皆与通,为之乡导,时时寇沿海诸郡县。如汪五峰、徐碧溪、毛海峰之徒,皆华人,僭称王号。而其宗族妻子田庐,皆在籍无恙,莫敢谁何。⑦ 给事中夏言也指出,"市舶罢而权力在下,奸豪外交内讧,海上无宁日矣。"⑧

第二,嘉靖以来,中国东南沿海地区工商业发达,沿海商品经济有了长足发展。福建地区"凡福州之绸丝,漳(州)之纱绢,泉(州)之盐,福(州)延(平)之铁,福漳之桔,福(州)兴(化)之荔枝、泉漳之糖,顺昌之纸,无日不走分水岭

---

① (清)张廷玉等撰：《明史》卷三二二《日本传》,第 8351 页。
② (清)张廷玉等撰：《明史》卷三二二《日本传》,第 8351 页。
③ (清)张廷玉等撰：《明史》卷三二二《日本传》,第 8353 页。
④ (清)张廷玉等撰：《明史》卷三二二《日本传》,第 8351 页。
⑤ (清)谷应泰：《明史记事本末》卷五五《沿海倭乱》,第 845—846 页。
⑥ (清)张廷玉等撰：《明史》卷三二二《日本传》,第 8352 页。
⑦ (清)谷应泰：《明史记事本末》卷五五《沿海倭乱》,第 847 页。
⑧ (清)谷应泰：《明史记事本末》卷五五《沿海倭乱》,第 847 页。

及蒲城小关,下吴越如流水,其航大海而去者,尤不可计。"①一些沿海商人私造双桅大船,驱使贫民充当水手,"输中华之产,驰异域之邦,易方物,利可十倍。"②漳闽富豪巨贾私自出海贸易者甚多,他们拥有雄厚的资本和必要的海船、水手,经常与番舶夷商贸贩方物,经营出口丝绢、瓷器、铁器,进口香料、珠宝和东西洋特产,"往来络绎于海上",③谋求数十倍甚至上百倍的利润。

然而,根据明代法律,私自下海通番者处以充军或死罪。于是,沿海商民"结党成风,造船出海,私相贸易,恬无畏忌",④特别是如汪直、徐海、陈东、麻叶等"内地不得逞"的沿海商人逃往日本海岛,他们与倭寇相勾结,诱倭人入寇,"分艘掠内地,无不大利,故倭患日剧。"⑤徽州人汪直,"以事亡命走海上,为舶主渠魁,倭人爱服之,大群数千人,小群数百人",又有徐海、毛海峰、彭老生等,他们不仅从事武装走私,而且勾引倭寇劫掠,"登岸犯台州,破黄岩、四散、象山、定海诸处,猖獗日甚。"⑥并海民生计困迫者纠引之,失职衣冠士及不得志生儒亦皆与通,"为之乡导,时时寇沿海诸郡县,如汪五峰、徐碧溪、毛海峰之徒,皆华人,僭称王号。而其宗族妻子田庐,皆在籍无恙,莫敢谁何。"⑦

第三,明世宗嘉靖时期(1522—1566),奸臣严嵩当权,政治极其腐败,明朝海防日渐废坏。明人卜大同的《备倭记》称,明初沿海防倭各军卫,每卫配备船50艘、军士约5000余人,昼夜巡防,用制倭寇:

倭寇频年为患,海道熟知,四时皆至,乘风流突,千里瞬息。闽海三十余里,皆当设险预防,兵船无时敢撤,则钱粮支费自大,查得《大

① (明)王世懋:《闽部疏》,续修四库全书《史部·地理类》,上海古籍出版社1996年版。
② (清)陈锳等修,邓来祚等纂:《海澄县志》卷一五,成文出版社1967年版。
③ (明)陈子龙辑:《明经世文编》卷二四三,"张时彻《招宝山重建宁波府知府凤峰沈公祠碑》",第2542页。
④ (明)陈子龙:《明经世文编》卷二八〇,"冯璋《通番舶议》",第2967页。
⑤ (清)张廷玉等撰:《明史》卷三二二《日本传》,第8352页。
⑥ (清)谷应泰:《明史记事本末》卷五五《沿海倭乱》,第847页。
⑦ (清)谷应泰:《明史记事本末》卷五五《沿海倭乱》,第847页。

明会典》，内开沿海地方，每一卫五所，共船五十只，每船旗军一百名，春夏出哨，秋冬回守。计福建沿海十一卫，有船五百余只，用旗军五万余人，以此制倭，何忧不克。①

可见，明初沿海各地置卫防倭，措施还是比较全面，特别是在福建、山东、浙江等地，"窃见祖宗于山东、淮、浙、闽、广沿海，设立卫、所、镇、戍连络，每年风候调发舟师出海。后又设都指挥一员，统领诸卫，专以备倭为名。"②可是，到了明中叶时，沿海各军卫军兵无一足额，甚至仅余其半，且均为老弱病残，"今额船朽烂已尽，额军逃亡。"加之沿海防倭战船多年失修，存者仅十之一二，"祖宗旧制，略不修复，仅扣老弱之银，支持海上之费，容养奸贼，以至于今……"③由此之状，倭寇所至，如何能抵御，"今倭贼冯陵所在，莫之谁何？"④于是，各地官府纷纷抽点壮丁，快速扩充兵源。然而，所征新壮，皆为未曾教练之普通百姓，"驱之杀贼，以致一人见杀，千人自溃，徒长贼气。"⑤

总之，尽管明初于沿海各地设卫建船，任命都司、巡视等严密巡防海务，但是，由于明世宗时，国势衰弱，皇帝昏庸，驻防官军久不训练，用于海上防御倭寇的船舰年久失修，"船弊伍虚"。⑥ 因此，"及遇警，乃募渔船以资哨守。兵非素练，船非专业，见寇舶至，辄望风逃匿，而上又无统率御之。以故贼帆所指，无不残破。"⑦

三、倭患肃清与"南倭"问题终结

洪武四年(1371)，中日双方已建立了通使往来的友好关系。明太祖朱元

① (明)卜大同辑：《备倭记》卷下《奏牍》，中华书局1991年版，第37页。
② (明)卜大同辑：《备倭记》卷下《策议》，第50页。
③ (明)卜大同辑：《备倭记》卷下《奏牍》，第38页。
④ (明)卜大同辑：《备倭记》卷下《策议》，第50页。
⑤ (明)卜大同辑：《备倭记》卷下《策议》第51页。
⑥ (清)张廷玉等撰：《明史》卷三二二《日本传》，第8352页。
⑦ (清)张廷玉等撰：《明史》卷三二二《日本传》，第8352页。

璋本来想通过与日本建立外交关系而借助日本官方力量剿捕海寇,消除倭乱。然而,倭寇之掠在此后的几年内并没有因此而消弥,反而变本加厉,就在明日关系建立之后的三四年中,倭寇连续入侵了中国浙江温州、海盐郡、澉浦郡,山东莱州、登州及福建海上各郡。从洪武至正统时期(1368—1449)的明前期各朝,倭寇对中国沿海各地的骚扰侵掠从未停止过。史载:

洪武十七年(1384)正月,倭寇浙东;

洪武二十二年(1389)冬十二月,倭寇宁海;

洪武二十七年(1394)二月,倭寇浙东;冬十月,倭寇金州。

洪武三十一年(1398)二月,倭寇山东、浙东。①

永乐九年(1411)五月,倭寇浙东;

永乐十五年(1417)正月,倭寇浙江松门、金乡、平阳。②

正统时期(1436—1449),倭寇经常出没于沿海地区。英宗正统四年(1439)四月,倭寇浙东;同年五月,倭寇乘40艘船连续攻陷台州的桃渚千户所、宁波的大嵩千户所和昌国卫,大肆杀掠。③

正统八年(1443)五月,倭寇侵掠海宁、乐清等地,东南海滨深受其害。

关于从洪武初至正统八年间(1372—1443)倭寇频入寇掠东南沿海地区之情形,明人薛俊的《日本国考略·寇边略》中有极为详尽的记载,兹辑录如下补证之:

国朝洪武五年五月五日,船二百只寇温州府永嘉、乐清等县。十六年六月二十八日,船一十八只寇金乡卫,官军二十二人被杀。二十七年二月六日,船九只寇小尖亭、金乡卫,官军敌退,获人船一。三十四年九月二十四日,船六只寇蒲岐所。永乐二年四月十八日,船一十八只寇定海卫穿山所,百户马飞兴被杀。十年正月初一日,船一十一

① (清)谷应泰:《明史记事本末》卷五五《沿海倭乱》,第841页。
② (清)谷应泰:《明史记事本末》卷五五《沿海倭乱》,第842页。
③ (清)夏燮撰,沈仲九标点:《明通鉴》卷二二《纪二十二》,英宗正统四年四月,第830页。

只寇楚门,盘石卫出海官军获船一,并首级解官。十五年正月十一日,船二只寇沙图所,温州守备千户沈钟被杀。正月十五日,船八十四只寇海门卫,又寇金乡卫壮士所及平阳、岐山地方。正统四年五月初八日,寇定海卫大嵩所,杀死官军。五月二十日,寇爵溪所,敌退。八年六月初四日夜,迷失二倭,使显普福在乐清沙嵩藤岭获解。①

从这段资料史可以看出,从洪武五年到正统八年间,倭寇分别于洪武五年、十六年、二十七年、三十四年,永乐二年、十年、十五年,正统四年、八年共计九年次前后侵掠明东南沿海各地,寇边船只多达350只,杀死卫所军官几十名。

到了明代中期,倭寇猖獗日甚,尤其是明世宗嘉靖年间(1522—1566),倭寇大肆侵犯东南海疆,百姓被杀死者几千人,流离迁徙,所在村落为之一空,其势益横,其状骇人听闻,其情不胜枚举:

嘉靖二十五年(1546),倭寇宁、台;

嘉靖二十六年(1547)十二月,倭寇入侵宁波、台州两郡,大肆杀掠;

嘉靖三十一年(1552)四月,倭寇犯台州,破黄岩,大掠象山、定海诸邑,猖獗日甚,"知事武伟败死,浙东骚动。"②

嘉靖三十二年(1553)——嘉靖三十四年(1555),汪直勾结倭寇率战舰百艘大举入侵。明浙东、浙西、长江南北,沿海数千里地方,同时告急。③ 这伙倭寇于嘉靖三十二年四月犯太仓,破上海县,掠江阴,攻乍浦。八月劫金山卫,犯崇明及常熟、嘉定;于嘉靖三十三年正月掠苏州,攻松江,四月陷嘉善,破崇明,入崇德县。六月由吴江掠嘉兴,屯柘林;于嘉靖三十四年正月,"倭自柘林夺舟犯乍浦、海宁,攻崇德县,陷之,又转掠塘楼、横塘等处,"杭城数十里流血成

① (明)薛俊:《日本国考略·寇边略》,齐鲁书社1997年版,第42—43页。
② (清)谷应泰:《明史记事本末》卷五五《沿海倭乱》,第847页。
③ (清)张廷玉等撰:《明史》卷三二二《日本传》,第8352页。

川。"①四月,倭犯江北淮、扬诸处,前后由通州之余东场、海门之东夹港登岸,流劫狼山、利河诸镇,吕四、余西诸场。② 六月,倭寇苏、常诸县,复寇苏州;③八月,倭贼百余自上虞爵溪所登岸,从南京出秣陵,流劫溧水、溧阳,趋宜兴、无锡,一昼夜奔 180 里至浒墅关,杀伤四五千人,历八十余日始灭。④

嘉靖三十七年(1558)正月至四月,倭犯潮州,浙江台、温等府,福建之福州、兴化、泉州,"皆登岸焚掠而去"。⑤

嘉靖三十八年(1559),福建新倭攻福宁、连江、罗源,流劫各乡。⑥

嘉靖三十九年(1560)二月,倭寇 6000 余人流劫潮州等处。⑦

嘉靖四十二年(1563)十月,倭犯福建,分兵二路:一路自浙江温州会合福建连江贼登岸,攻陷寿宁、政和、宁德等县,一路自广东南岙会合福清、长乐贼攻陷玄锺所,侵掠龙岩、松溪、大田、古田等地。⑧

仅嘉靖二十五年至嘉靖四十二年的 17 年中,倭寇之侵掠就造成了 10 多万人或死于非命或成为俘虏,以致"血流成河",这也绝不是夸张之说。如嘉靖四十二年,福建一带倭寇破城十余,掠子女财物数百万,官军吏民战及俘死者不下十余万。由是观之,倭寇"纵横来往,若入无人之境"⑨,猖狂至极。

倭寇之掠"祸延三省",⑩而鉴于中外勾结,制御海盗之困难,嘉靖二十六年(1547)六月,巡按御史杨九泽建议,由朝廷派遣巡视大臣统一指挥浙江、福建等沿海各郡,全权处理海防事务,其奏曰:"浙江宁、绍、台、温皆滨海,界连

---

① (清)夏燮撰,沈仲九标点:《明通鉴》卷六一《纪六十一》,嘉靖三十四年正月丁酉,第2123 页。

② (清)谷应泰:《明史记事本末》卷五五《沿海倭乱》,第 853 页。

③ (清)谷应泰:《明史记事本末》卷五五《沿海倭乱》,第 855 页。

④ (清)谷应泰:《明史记事本末》卷五五《沿海倭乱》,第 855、856 页。

⑤ (清)夏燮撰,沈仲九标点:《明通鉴》卷六一《纪六十一》,世宗嘉靖三十七年四月辛巳,第 2164 页。

⑥ (清)谷应泰:《明史记事本末》卷五五《沿海倭乱》,第 865 页。

⑦ (明)谈迁著,张宗祥校点:《国榷》卷六三,世宗嘉靖三十九年二月己未,第 3935 页。

⑧ (清)谷应泰:《明史记事本末》卷五五《沿海倭乱》,第 867 页。

⑨ (清)张廷玉等撰:《明史》卷三二二《日本传》,第 8353 页。

⑩ (清)谷应泰:《明史记事本末》卷五五《沿海倭乱》,第 870 页。

福建福、兴、漳、泉诸郡,有倭患,虽设卫所城池及巡海副使、备倭都指挥,但海寇出没无常,两地官弁不能通摄,制御为难。请如往例,特遣巡视重臣,尽统海滨诸郡,庶事权归一,威令易行。"①明廷廷议认为此法甚善,于是,明世宗任命副都御史朱纨巡抚浙江兼制福、兴、漳、泉、建宁五府军事,"纨乃下令禁海,凡双橹艅艎,一切毁之,违者斩。乃日夜练兵甲,严纠察,数寻舶盗渊薮,破诛之。"②

然而,朱纨治海因损害了浙江、福建两省长期与倭寇勾结而谋取暴利者的利益,引起了这些人的强烈不满和反对。《明史》称:

> 纨乃严为申禁,获交通者,不俟命辄以便宜斩之。由是,浙、闽大姓素为倭内主者,失利而怨。纨又数腾疏于朝,显言大姓通倭状,以故闽、浙人皆恶之,而闽尤甚。③

他们便联合朝内闽籍人士诋毁朱纨,明廷就罢免了朱纨,朱纨愤而自杀,治海以失败告终。朱纨治海失败之后,"浙江巡按御史董威、宿应参前后请宽海禁,下兵部尚书赵锦复议,从之。自是舶主土豪益自喜,为奸日甚,官司莫敢禁。"④海禁复弛,加之此后明迁不再设巡抚海疆之职长达四年之久,"乱益滋甚"⑤,海盗更为严重了。

明代中期,正当明朝官吏和官军腐败无能,无法抵御海上倭寇的横行之时,明军中出现了两位抗倭名将戚继光和俞大猷,他们招募训练新军,依靠人民的支持,终于讨平了倭寇。嘉靖三十四年六月,倭寇大肆掠侵江浙一带,时任总兵官的俞大猷在三丈浦击斩倭首"百三十余级,沉七艘"贼船,倭逃往三

---

① (清)张廷玉等撰:《明史》卷三二二《日本传》,第8350页。
② (清)谷应泰:《明史记事本末》卷五五《沿海倭乱》,第846页。
③ (清)张廷玉等撰:《明史》卷三二二《日本传》,第8351页。
④ (清)谷应泰:《明史记事本末》卷五五《沿海倭乱》,第847页。
⑤ (清)张廷玉等撰:《明史》卷三二二《日本传》,第8351页。

板沙。① 嘉靖三十五年(1556)十二月,胡宗宪命总兵俞大猷率领调集的川、贵兵六千人驻舟山。俞大猷督兵四千人出击海上倭寇,斩首一百四十余级,获得重大胜利。浙海渐平。嘉靖三十六年(1557)冬,胡宗宪计诱海盗汪直来降,将他斩首,上疏报功。汪直余党遂据浙江岑港自守,并勾结倭寇扰掠。胡宗宪命总兵俞大猷、参将戚继光领兵进剿,久不能下。嘉靖三十七年年,俞大猷被逮入狱,锦衣卫左都督陆炳厚赂严嵩之子严世蕃,得以营救出狱,发大同立功。② 此后因对蒙古作战有功,调任镇筸参将。嘉靖四十年(1561),俞大猷奉诏移兵赣南参与镇压广东张琏起义,进为副总兵。

俞大猷被逮时,戚继光也被劾按问。戚继光,山东蓬莱人,原在山东防倭。嘉靖三十四年奉调到浙江,镇守台州(今浙江临海)等地,不久升为参将。戚继光见卫所兵不习战,乃招募农民和矿夫3000人,组成一支新军,亲自练成精兵,人称为"戚家军"。他又针对江南的地形及倭寇活动的特点,创造了一种鸳鸯阵法,将兵士12人分为一队,用长短兵器相配合,以便于短兵相接,有效地杀伤倭寇。嘉靖四十年,倭寇大举侵袭台州,焚掠海边的桃渚、圻头。戚继光率军与战,连战皆捷,全部歼灭倭寇。浙东的倭寇之患被扫除。随后,福建方面的倭寇又猖獗起来,戚继光又奉命入闽剿寇。时福建倭寇结大营于宁德的横屿、福清的牛田、兴化(今莆田)的林墩,互为声援。戚继光首先破横屿,又乘胜破牛田,然后袭破林墩,痛歼倭寇。倭寇三大巢穴全部荡平,戚继光班师回浙。不久,新倭又大量来到福建,攻陷兴化城,占据平海卫(在兴化城东南临海处)作为巢穴。明廷鉴于情势严重,升副总兵俞大猷为总兵,升参将戚继光为副总兵,驰赴福建救援。在此之前,广东总兵刘显也已奉命入闽。

嘉靖四十二年(1563)十月,倭犯福建。十二月,副总兵戚继光督浙兵至福建,与俞大猷、刘显合力进攻平海卫,"大破歼之,斩首二千二百级,堕海溺水死者无算,福州以南诸寇悉平",③攻克平海卫,接着收复兴化城。事后,戚

---

① (明)谈迁著,张宗祥校点:《国榷》卷六一,世宗嘉靖三十四年六月甲戌,第3853页。
② (清)谷应泰:《明史记事本末》卷五五《沿海倭乱》,第864页。
③ (清)谷应泰:《明史记事本末》卷五五《沿海倭乱》,第868页。

继光升为总兵,俞大猷调入广东。嘉靖四十三年(1564),广东倭患转烈,有倭寇二万余人侵扰潮州、惠州一带,明廷任命吴桂芳提督两广兼理巡抚,又命俞大猷为广东总兵,负责剿倭。三月,戚继光引兵驰赴之,大战城下,贼败趋同安,"继光麾兵追至王仓坪,斩首数百,余众奔漳浦。继光督各哨兵入贼巢,擒斩略尽,闽寇悉平。其得出者逸出境,至广东潮州,俞大猷又截杀之,几无遗类。"①在吴桂芳的支持下,俞大猷招收山区农民及矿夫组成新军,又调集许多官兵,先后大战于海丰等地,将倭寇擒斩殆尽。于是广东的倭寇也被肃清了。至此,"倭患始息"②,东南沿海的倭患完全解除,抗倭斗争取得了最后胜利。

倭患不仅使中日之间的册封和日本的朝贡使团活动无法正常开展,中国巨商和海盗与倭寇相勾结,沿海各地的"海商大贾""浙闽大姓",为了谋取厚利,大规模地进行走私贸易,成群分党,分泊各港,明朝政府不能禁止。后来竟成为亦商亦盗,兼行劫掠。正德七年二月,"日本国王源义澄遣使贡马匹盔铠大刀诸方物,浙江守臣奏:今山东直隶盗贼充斥,恐夷使遇之为所得,请以所贡暂贮布政司库,收其表文。"③礼、兵二部会议请敕南京守备官:"即所在如例宴赏,遣回。"④明武宗诏令即所议实施,并令对日本贡使附带其他物品均以全价赏赐,以激励远人"效顺之意"。

---

① (清)谷应泰:《明史记事本末》卷五五《沿海倭乱》,第 868 页。
② (清)谷应泰:《明史记事本末》卷五五《沿海倭乱》,第 868 页。
③ 《明武宗实录》卷八四,正德七年二月癸卯,第 1817 页。
④ 《明武宗实录》卷八四,正德七年二月癸卯,第 1817 页。

第七章　得失兼具:明代边疆治理的
特点和经验启示

历史经验告诉我们,处理和解决好民族关系问题事关社会安定。中国历史上的历代王朝,凡是民族关系问题处理得当的,则社会稳定,经济发展;反之,则社会动荡,百姓流离失所,经济不前。明王朝在处理和解决与边疆地区各族关系问题上有得有失,带给我们诸多值得深思的问题和吸取的经验教训。

第一节　"恩威并施"是边疆治理的基本原则
——从"达军""达官"的分析

"恩威并施"是中国古代封建统治者从维护封建统治阶级的根本利益出发,对边疆地区实行恩威并施、剿抚并用的统治方针,历代沿袭,遂成治边之要。明太祖朱元璋说:要成就帝王之业,治理天下,必须"广示恩信",虽素相仇敌者"亦皆收而并用之"[1]。在这种思想指导下,明朝立国后,朱元璋对北元蒙古和其他少数民族将臣一般都先派使臣谕之以理,劝降招抚,争取实现和平统一。而对于留在明辖区内的蒙古遗民和已归顺明朝的蒙古人,明王朝则"以德治之",给予恩惠、怀柔、安置,使这些归附人服从明朝的管辖和统治,安心从事生产生活。

---

[1] 《明太祖实录》卷四四,洪武二年八月庚寅,第874页。

据文献记载,明初蒙古族、女真族等北方少数民族或是迫于明军压力,或是迫于生计,或崇拜汉民族的先进文化大批进入中原,接受明朝统治,其人数或有百万之众。值得称赞的是,蒙古人归附明朝后,不论是普通民众还是故元贵族均会被政府予以安置。一般情况下,普通民众被安排在全国各地军事卫所进行生产或屯守,原故元贵族、宗室均予授职,使其任职于明朝中央或地方各行政或军事部门。"蒙古贵族、官员及其家属送至京师南京,给予优厚的生活待遇。其余蒙古军民安置在卫所屯种或牧养,与汉军杂处。愿居内地者,分别安置在北平(今北京)、北京(今河南开封)和内地各省,给予庐舍、土地、牲畜和用具等,令其耕种自食"①。凡归附蒙古人"皆令入居内地,仍隶各卫所编伍,每丁男月给米一石"②,"以少壮者隶各卫为军,俾之屯守"③。如此一来,就形成明辖内一大批的"达官""达军"特殊人群。这些卫所达军官兵的职责或是戍守,或征调出征,自成一军,"故元旧官阿速哈剌儿、伯颜忽里二人,令受指挥之职,令其管达达军士"④,他们为明代民族融合、社会稳定和经济发展起到了积极作用。

一、"达官""达军"的归附和安置

明太祖说:"蛮夷之人,若抚之以安静,待之以诚意,谕之以道理,彼岂有不从化者哉? 此所谓以不治治之,何事于兵也!"⑤因此,只要蒙古人"能审识天命,衔璧来降""作宾吾家",明廷均"待以殊礼"、给予优待,"故官及军民人等近因大军克取之际,仓皇失措,生离父母妻子,逃遁他所,果能自拨来归,并无罪责,仍令完聚"⑥,并承诺"宗室来降者皆授以官"⑦。为了招抚北元蒙古军民

---

① 《蒙古族简史》编写组、修订本编写组:《蒙古族简史》,民族出版社 2009 年版,第 101 页。

② 《明太祖实录》卷一八八,洪武二十一年二月丁卯,第 2827 页。

③ 《明太祖实录》卷八〇,洪武六年三月丁巳,第 1454 页。

④ 《明太祖实录》卷一八一,洪武二十年四月癸未,第 2734 页。

⑤ (明)朱元璋:《明太祖宝训》卷六《怀远人》,台湾中央研究院历史语言研究所校勘影印本 1962 年版,第 28 页。

⑥ 《明太祖实录》卷三五,洪武元年十月戊寅,第 633 页。

⑦ (明)顾应祥撰,四库全书存目丛书编纂委员会编:《人代纪要》卷三〇之八,齐鲁书社 1996 年版,史部第 7 册第 249 页。

归附明朝,明太祖朱元璋多次派遣使臣前往漠北,甚至曾多次派遣已降明的蒙古将领,如江文清、杨恩祖、亦纳失里喜山等人回蒙古本部招附蒙古将士和部众。

根据史料记载,明政府招抚的主要对象有二:一是退出中原的蒙古官民,二是原居沙漠地区的蒙古宗室和部民。洪武二年四月,朱元璋派遣使臣劝说元顺帝归附明朝,希望他放弃敌对,放弃权力,审时度势,向明朝臣服,则荣华富贵仍可享之不尽。① 同年八月,明太祖遣使诏谕故元名将扩廓帖木儿(俗名王保保)知时达变,从顺降明②。洪武三年五月,朱元璋遣使诏谕纳哈出,书曰:"今天下已定,南极朱崖,北际燕云,一时豪杰,顺天爱民,悉来归我……朕闻尔总其众,不忍重扰,特命使者告以朕意。"③为了拉拢故元将臣归附明朝,朱元璋还主动令宗室子弟与其联姻。洪武四年九月,明太祖册故元太傅中书右丞相、河南王王保保女弟为秦王妃。册曰:"朕君天下,封诸子为王,必选名家贤女为之妃。今朕第二子秦王樉年已长成,选尔王氏,昔元太傅、中书右丞相、河南王之妹,授以金册,为王之妃。尔其谨遵妇道,以助我邦家。"④

对于归附的蒙古贵族,朱元璋主张诚心相待、恩抚有加。卜纳剌是蒙古部元世祖第七子、西平王奥鲁赤五世孙,朱元璋以其为元裔,"甚恩遇之",于洪武五年授为怀远将军、武靖卫指挥同知,子孙世袭。⑤ 高昌岐王,前元亲族,"授以显职,仍令带刀侍卫,一无所疑。"⑥朱元璋强调,当今天下一家,用人之道应"至公无私"⑦,而不能像元朝那样"不明先王之道,所在官司辄以蒙古色

---

① (清)钱谦益撰,张德信、韩志远点校:《国初群雄事略》卷一一,第261页。
② (清)钱谦益撰,张德信、韩志远点校:《国初群雄事略》卷一二,第268、269页。
③ (清)钱谦益撰,张德信、韩志远点校:《国初群雄事略》卷一二,第269页。
④ 《明太祖实录》卷六八,洪武四年九月丙辰,第1272页。
⑤ 《明太祖实录》卷八三,洪武六年七月戊辰,第1491页。
⑥ (明)朱元璋:《明太祖宝训》卷五《礼前代》,"台湾史语所"校勘影印本1962年版,第29页。
⑦ 《明太祖实录》卷三一,洪武元年三月甲戌,第537页。

目人为之长"①，"贵本族轻中国之士"②"私其族类"③，必须革除元朝选官制度中民族歧视之弊，即选官不分民族，唯才是用④。

洪武元年(1368)八月，朱元璋诏令："蒙古、色目人既居我土，即吾赤子，有才能者一体擢用。"⑤十月，明军攻克元都，朱元璋下诏：残元兵将，"有能率众来归，一体量才擢用。"⑥洪武三年(1370)四月和六月，朱元璋再度重申明朝"量才擢用"的任官原则。⑦因此，众多蒙古归附者(主要蒙古贵族、官员)不但在经济上享受到了较为优厚的物质利益，也在政治上得到了一定的政治地位，频频地被明朝任职厚赏。这样的例子还有很多：

洪武三年七月，故元参政脱火赤等自忙忽滩来归，诏授脱火赤为副千户；⑧同年九月，故元降将江文清、杨思祖等至京，明廷招以文清为千户，思祖为卫镇抚，赐赉甚厚；洪武四年正月，故元枢密都连帖木儿等自东胜州来降，诏以都连帖木儿、刘朵儿只、丑的为千户。洪武九年十月，"元枢密知院阔阔帖木儿等一十三人来降，诏俱授蒙古卫所百户镇抚。"⑨洪武二十一年八月，"命故海西侯纳哈出子察罕袭爵，改封沈阳侯。"⑩

在明朝绥怀招抚政策的号召和影响下，大批蒙古族官兵及其他少数民族首领和他们的家人纷纷内附明朝，接受其统治，"自应昌之役后，形势对北元

---

① (明)朱元璋：《明太祖宝训》卷六《谕群臣》，第8页。
② (明)朱元璋：《明太祖宝训》卷三《任官》，第5—6页。
③ (明)朱元璋：《明太祖宝训》卷六《谕群臣》，第8页。
④ 田澍、陈武强：《朱元璋的蒙古观探析》，《青海民族研究》2012年4期。
⑤ 《明太祖实录》卷三四，洪武元年八月己卯，第616页。
⑥ 《明太祖实录》卷三五，洪武元年十月戊寅，第633页。
⑦ 洪武三年四月，朱元璋诏曰："朕起布衣，定群雄为天下主，已尝诏告天下，蒙古、诸色人等皆吾赤子，果有材能一体擢用"，参见《明太祖实录》卷五一，洪武三年四月甲子条；洪武三年六月，朱元璋诏谕故元宗室部民曰："前元宗室、部民，能识天命归顺明者，均将以才委任"，参见《明太祖实录》卷五三，洪武三年六月丁丑条；田澍、陈武强：《朱元璋的蒙古观探析》，《青海民族研究》2012年4期。
⑧ 《明太祖实录》卷五四，洪武三年七月丙申，第1061页。
⑨ 《明太祖实录》卷一一〇，洪武九年十月戊寅，第1823页。
⑩ 《明太祖实录》卷一九三，洪武二十一年八月癸丑，第2841页。

极为不利,在明朝强大的军事压力和招抚下,元朝诸王、军民纷纷遣使降明。"①曹永年也指出,"明前期,由于北元蒙古与明朝的对立,蒙古地区与中原地区的经济联系被切断,广大牧民无法承受自然灾害,逃亡中原的情况很普遍。另外,蒙古政治上的动乱也驱使牧民逃降明朝。"②

笔者根据张鸿翔先生《明代各民族人士入仕中原考》和中国第一历史档案馆、辽宁省档案馆编《中国明代档案总汇·武职选簿》③,并结合《明史》《明实录》等文献资料,就洪武朝对蒙古部归附人(以蒙古贵族、官员为中心)的情况进行统计、考证、分析后得知,洪武年间明廷任用归附蒙古贵族官员的基本脉络是:

第一,洪武年间塞外蒙古人归附明朝,始于洪武元年(1368),终洪武一朝未曾间断。从时间看,归附最为集中的是洪武后期的洪武二十年、二十一年这个时段,这两年内,几乎每月都发生着蒙古族贵族官员或携家带口或率部投奔明朝的事件,当然还有大量蒙古部民自愿"归义",大有势不可当之态。

第二,从归附人归附前的身份地位看,被安置在各地卫所任职的主要是蒙古贵族和故元官员。他们归附明朝后,其身份地位发生了很大变化。在归附人的授职中,以授任金吾右卫指挥同知、千户及带俸者为最多。除此之外,在北边防御重镇的东胜、永平、大宁、山西、大同、凉州、甘州等地及其南方的云南、浙江等地被授予各级实官或带俸虚官者亦有不少。奇文瑛指出,"洪武归附人充实卫所编入军籍",④为军籍武官,"军籍武官是朝廷命官,虽说祖宗有令番将不得掌兵权,但也不乏有权者。"⑤

① 达力扎布:《北元初期史实略述》,《明清蒙古史论稿》,民族出版社2003年版,第1页。
② 曹永年:《明代前期蒙古地区牧民逃亡与起义问题丛考》,《明代蒙古史丛考》,上海古籍出版社2012年版,第183页。
③ 张鸿翔:《明代各民族人士入仕中原考》,中央民族大学出版社1999年版;中国第一历史档案馆、辽宁省档案馆编《中国明代档案总汇》第49—74册《武职选簿》,广西师范大学出版社2001年版。
④ 奇文瑛:《论明初卫所制度下归附人的安置与任用》,《民族研究》2012年6期。
⑤ 奇文瑛:《论明初卫所制度下归附人的安置与任用》,《民族研究》2012年6期。

　　第三,凡是被授职的蒙古贵族和官员及其子孙后裔,均享受和汉族官兵同样的因功升迁的平等权利。

　　永乐年间(1403—1424),在明成祖"降者抚之,顺者怀之"的招附政策影响下,许多蒙古诸部众愿意归附明朝。对知顺天命,输诚来朝的归附者,明廷全部按照"待以至诚,优与恩赏,仍授官职,听择善地,安生乐业"①的原则,给予封赏。故许多蒙古贵族、官员降明后成为各地卫所"达官",如永乐三年,明成祖赐鞑靼人伦都儿灰姓名柴秉诚,授右军都督佥事就很具代表性。

　　为了更好地稳定和利用蒙古降人为明朝服务,永乐五年(1407)五月,明朝还特别制定了《归附人任职制度》:

　　　　闻来归鞑靼赤纳,本是沙州卫指挥使买住所部,今赤纳为都指挥佥事,官居买住之上,亦是边帅不审实以闻之过。夫高下失伦,人不得其分,则心不平。今已升买住为都指挥同知,赐诰命冠带。自今凡来归者应授官职,宜审定高下等第以闻,或失其当,咎有所归。②

　　该归附人任职条例,以"审定高下等第"为原则,即按照降人原来的职位高低标准分别予以爵封,它规范了对归附明朝的故元贵戚官员授职的基本制度,避免了在重新任用故元官员过程中可能造成的"高下失伦""其心不平"之现象,减少了一些不必要的矛盾和纠纷。这表明,永乐初期,明朝对归附人的任职细则已渐趋完善。此后,明廷对归附人的任用、赐予等均依《例》实施,任用降臣的工作进行得还算蛮有起色。

　　永乐五年八月,"鞑靼塔安不花等来,以塔安不花为宁夏卫指挥佥事,余授千户镇抚,赐银钞文绮绢有差。"③九月,"鞑靼卜颜秃及苦木来归,赐金彩

---

① (明)杨荣:《北征记》,见明代蒙古汉籍史料汇编第1辑,第61页。
② 《明太宗实录》卷六七,永乐五年五月壬申,第939—940页。
③ 《明太宗实录》卷七〇,永乐五年八月辛卯,第981页。

币,命为凉州卫百户镇抚。"①永乐七年(1409)五月,封瓦剌马哈木为顺宁王,太平为贤义王,把秃孛罗为安乐王;十月,"鞑靼头目失保赤等十四人来归,命失保赤为都督佥事,余为指挥千百户,赐衣服冠带银币有差。"②是月,"甘肃总兵何福送降胡把秃等27人至京,授把秃北京留守行后军都督佥事,伯克贴木儿哈剌你敦皆右军都督佥事,余指挥千百户有差。"③(把秃赐姓名赵忠美,皆赐姓名)。永乐九年九月,"鞑靼脱孙率其家属来归,奏愿居京师,命脱孙为百户赐予如例。"④永乐十四年四月,"鞑靼阿剌哈儿等九人各率家属来归,命阿剌儿为都指挥佥事,余授指挥千百户,俱赐冠带文绮袭衣。"⑤永乐二十一年十二月,"鞑靼完者阿力迭力迷失等来归,俱命为千户,赐冠带文绮袭衣。"⑥永乐二十二年正月,"鞑靼把脱木儿等七十八人来归,命隶锦衣卫各赐钞百锭、绵布十匹、米五石、柴五百斤、牛五头、羊十羊空、月赡米二石,其从人及家属减半赐之"⑦,等等。

综观永乐朝蒙古等部归附人,数量亦颇为庞大。笔者根据张鸿翔先生《明代各民族人士入仕中原考》和中国第一历史档案馆、辽宁省档案馆编《中国明代档案总汇·武职选簿》,⑧并依前文考述方法,对明永乐朝蒙古贵族官员授职、任职及升迁等情况统计、考证、分析后认为:

第一,从永乐元年(1403)到永乐二十二年(1424),每年都有降明的蒙古诸部贵族官员人等。与洪武朝曾在一个时段出现了归附人剧增的特点有点相似,永乐朝蒙古人的归明也在永乐末出现了一个"小高潮"。

---

① 《明太宗实录》卷七一,永乐五年九月丁丑,第998页。
② 《明太宗实录》卷九七,永乐七年十月庚子,第1280页。
③ (明)谈迁著,张宗祥校点:《国榷》卷一四,成祖永乐七年十月乙丑,第1031页。
④ 《明太宗实录》卷一一九,永乐九年九月己巳,第1506页。
⑤ 《明太宗实录》卷一七五,永乐十四年四月甲戌,第1920页。
⑥ 《明太宗实录》卷二六六,永乐二十一年十二月壬申,第2419页。
⑦ 《明太宗实录》卷二六七,永乐二十二年正月癸卯,第2427页。
⑧ 张鸿翔:《明代各民族人士入仕中原考》,中央民族大学出版社1999年版;中国第一历史档案馆、辽宁省档案馆编:《中国明代档案总汇》第49—74册《武职选簿》,广西师范大学出版社2001年版。

第二，从朝廷对归附人的任用看，永乐、洪武两朝完全一致，即明朝安置任用在各地卫所的"达官"仍然以原蒙古贵族和故元官员为主。其职位中，以授金吾卫、燕山卫、永平卫、大宁卫等卫所"带俸"最众，这是永乐朝与洪武朝任用降臣的最大区别，当然还有授予各地卫所千户、百户等职者。学者研究指出："永乐以降的内迁人因优养带俸卫所，文献谓之寄籍（寄住、住坐）达官。寄籍达官与军籍归附人不同，因不属卫所军户，故也无军权而言。但中期之后，明军南征北战频频，加之战争形势紧迫，达官率部亦屡被征调，甚而'久劳于外'。明中期以后，随着卫所军的衰弱，善战的达官也渐涉兵权。"①寄住达官优养各地卫所，是明财政一笔较大的支出项目，如永乐十五年十月，辽东总兵官都督刘江奏："每年安乐、自在二州（辽东）寄住鞑官俸粮岁用浩大。"②难怪正统时期有明官员多次上疏朝廷改革其制，分散京师"达官"到南方等地，减其费用、弱其力量。

从洪熙元年（1425）至宣德十年（1435），洪、宣两朝蒙古人归附明朝未有间断。所有归附明朝的蒙古人，明廷都给予政治和经济上的优厚待遇。宣德二年二月，迤北鞑靼纳木罕忽剌赤归附，"命为副千户等官，赐冠带金织袭衣彩币银钞绢布鞍马有差。"③十二月，福余卫鞑靼速升哈来归，"命为所镇抚，赐金织袭衣彩币银钞绵布鞍马。"④宣德三年四月，迤北鞑靼脱火脱来归，"命为副千户，赐冠带金织袭衣彩币银钞绵布鞍马，仍命有司给房屋器皿等物如例。"⑤宣德四年二月，迤北鞑靼捏克来等3人来归，"命为所镇抚，赐官带金织袭衣彩币银钞鞍马，仍命有司给房屋器皿等物如例。"⑥九月，迤北鞑靼沼秃孛完八歹等来归，"命沼秃孛完为百户，八歹为所镇抚，赐冠带、金织、袭衣、彩

① 奇文瑛：《论明初卫所制度下归附人的安置与任用》，《民族研究》2012年6期。
② 《明太宗实录》卷一九三，永乐十五年十月丁未，第2037页。
③ 《明宣宗实录》卷二五，宣德二年二月乙酉，第667页。
④ 《明宣宗实录》卷三四，宣德二年十二月甲戌，第868页。
⑤ 《明宣宗实录》卷四一，宣德三年四月乙亥，第1016页。
⑥ 《明宣宗实录》卷五一，宣德四年二月丙申，第1226页。

币、银钞、鞍马。"①宣德五年十二月,迤北鞑靼完者不花答孩帖木儿等五人来归,"命为百户等官,赐冠带、金织、袭衣、彩币、银钞、鞍马,仍命有司给房屋、器皿等物如例。"②

笔者仍依前文考述资料和方法③,对洪熙、宣德年间蒙古贵族官员归附明朝及升迁情况进行统计、考证、分析后得知:

宣德六年(1431)——宣德八年(1433)是洪、宣年间蒙古人归附明朝最为频繁的时期。笔者统计,这三年之内,大约有一百多名蒙古首领率部属和家属等人归附明朝,粗略估计,总人数至少在千人以上,他们被明廷安置于京师、甘州等地。这是其一。其二,洪、宣时期,大量的蒙古归附人后裔承袭了祖父、父亲或舅叔之职,授职与袭职并举是仁宣年间与洪武、永乐两朝对归附人任用政策的最大不同之处。袭职者全国各地都有,授职以授百户、镇抚为主,安置地以北京等地为主。

正统年间(1436—1449),明朝秉承洪武、永乐、洪熙、宣德朝之制,对归附的蒙古贵族官员仍然封以官爵,赐以厚赏。如正统元年正月,迤北鞑靼完者帖木儿来归,"命为试所镇抚,仍给冠带赏赐。"④正统十年十月,"瓦剌也先部下鞑靼把秃忽歹等五人来归,进马,命为所镇抚,赐织金袭衣彩币牛羊米钞等物,给房屋居住。"⑤诸归附人在明朝廷被安置任用的情况,明显具有以下三个特点:

一是从时间看,正统年间蒙古人归附明朝,比较集中的时段出现在正统初期,这与洪武、永乐两朝情况有所不同。从授职级别看,明朝对归附人授以高爵者较多,在明廷先后对蒙古及其朝鲜、安南、西番各族首领封王中,蒙古族就达四人。"北虏封王者四人:鞑靼阿鲁台和宁王,瓦剌马哈木顺宁王,太平贤

①　《明宣宗实录》卷五八,宣德四年九月戊辰,第1391页。
②　《明宣宗实录》卷七三,宣德五年十二月丙戌,第1707页。
③　张鸿翔:《明代各民族人士入仕中原考》,中央民族大学出版社1999年版;中国第一历史档案馆、辽宁省档案馆编:《中国明代档案总汇》第49—74册《武职选簿》,广西师范大学出版社2001年版。
④　《明英宗实录》卷一三,正统元年正月甲申,第2253页。
⑤　《明英宗实录》卷一三四,正统十年十月辛丑,第2659页。

义王,把秃孛罗安乐王。西域二人:哈密忠顺王;阿端安定王。"①

二是正统明朝对归附"达官"给予了较高的待遇。吏部主事李贤曾奏:"以米俸言之,在京指挥使正三品该俸三十五石,实支一石,而达官则实支十七石五斗,是赡京官十七员半矣。"②表明达官俸粮足以赡其所需,加之正统元年九月,明廷在一些地区实行免"土达税粮"政策,③因此,达官生活水平高于汉官。

三是明朝对归附蒙古人所授各级官职,一般情况下他们的子孙均可承袭。正统二年十一月,"命故可木卫指挥佥事范察子锁罗干兀者右卫指挥佥事,广古子阿剌孙阿者迷河卫指挥佥事,咬哈子必思哈撒力卫指挥佥事,桑果奴子阿束弗提卫指挥佥事蒙古答子短夫古俱袭职。"④正统四年闰二月,"升赤斤蒙古卫指挥同知可儿即为指挥使,所镇抚阿儿结、桑儿加、肖宗塔儿、赛因帖木儿及头目切领为副千户,副使塔儿奔、舍人阿者都俱为所镇抚,故百户卜剌卜荅儿子搠俄加等六人俱袭职。"⑤明朝这样做的目的只有一个,那就是世代统驭归顺蒙古族部。

综上所述,明前期对归附明朝的蒙古官兵,首先按照他们原来的职位高低和生活习惯予以安置,其安置地散布全国各地,主要有京师、辽东、陕西、云南、四川、两广、湖广、浙江和福建等地,其职级主要有指挥使、千户、百户、镇抚等大小不等之爵位。各时期及总数见下表:

表 11 明前期对归附蒙古人的安置任用表

任职名	任职人数				合计
	洪武朝	永乐朝	仁宣朝	正统朝	
王	—	1			1
侯	1	—	—	1	2

① (明)郑晓:《今言》卷一,第 31 页。
② (明)余继登:《典故纪闻》卷一一,第 189 页。
③ (明)谈迁著,张宗祥校点:《国榷》卷二三,英宗正统元年九月丁未,第 1525 页。
④ 《明英宗实录》卷三六,正统二年十一月甲午,第 700 页。
⑤ 《明英宗实录》卷五二,正统四年闰二月辛巳,第 991 页。

任职名	任职人数				合计
	洪武朝	永乐朝	仁宣朝	正统朝	
伯	—	3	2	—	5
尚书	1	—	—	—	1
左右都督	—	—	1	—	1
都督同知	—	—	—	—	—
都督佥事	—	9	—	—	9
都指挥使	1	2	3	1	7
都指挥同知	—	—	1	1	2
都指挥佥事	—	3	8	3	14
正留守	—	—	—	—	—
副留守	—	—	—	—	—
指挥使	11	25	8	14	58
指挥同知	9	24	8	19	60
指挥佥事	13	39	31	50	133
卫镇抚	9	10	9	18	46
正千户	18	49	21	16	104
副千户	12	32	15	11	70
百户	9	32	22	21	84
试百户	1	1	1	—	3
所镇抚	—	—	—	—	—
带俸	12	17	2	5	36
小旗	7	3			10
总旗	4	—	1	1	6
充军校	5	2	1		8
副都御史	1	—	—	—	1

续表

任职名	任职人数				合计
	洪武朝	永乐朝	仁宣朝	正统朝	
府同知	1	—	—	—	1
勇士	2	—	—	2	4
坐住	1	2	—	—	3
翰林院编修	1	—	—	—	1
侍仪通事舍人	1	—	—	—	1
燕府纪善	1	—	—	—	1
头目	1	—	—	6	7
未知	7	6	4	9	26
合计	129	250	138	178	695

说明：①此表统计族别，只以史料中所见之胡人、鞑靼人、瓦剌人、兀良哈人、迤北人等蒙古诸族为主，不包括"山后人"蒙古部落；②此表统计人数仅指洪武至正统年间×××蒙古人（主要以蒙古贵族官员、各部酋首为主）归附明朝后被任职情况，不包括他们携带家属及部下被授予官职者。

　　除了以上鞑靼人、金山鞑靼人、瓦剌人等蒙古诸部族在归附明朝后被授以各种官职外，还有许多"山后人"归附明朝，之后被明朝任用。张鸿翔《明代各民族人士入仕中原考》中谓："余意'胡'、'山后'、和'迤北'都指鞑靼言，即阴山山脉以北之蒙古人。《罪惟录》徐达传言'达镇北平，以便宜徙山后三万五千户'，昔曾阅河北友人家谱，始祖蒙古名，谓明初移自山后，足供旁证。"①王雄先生也研究证明，"山后人"是指蒙古人。② 载于明代诸卫选簿及有关袭职档案中的"山后人"归附明朝后被任用的情况也很多，如：佟玉，本名另另，山后人，洪武三年来归。白沟河功升小旗。洪武三十四年，赐姓名佟玉，西水寨功升总旗。洪武三十五年，除东胜左卫百户。永乐二年，钦与世袭。③ 五十

①　张鸿翔：《明代各民族人士入仕中原考》，中央民族大学出版社 1999 年版，第 1 页。

②　王雄：《明洪武时对蒙古人众的招抚和安置》，《内蒙古大学学报》1987 年第 4 期。

③　张鸿翔：《明代各民族人士入仕中原考》，第 107 页。

二,山后人,洪武四年内附,命于金吾右卫带俸。故后子罗文袭指挥同知。①

　　笔者根据中国第一历史档案馆、辽宁省档案馆编《中国明代档案总汇·武职选簿》和张鸿翔《明代各民族人士入仕中原考》《明实录》进行统计得知,明洪武——正统年间,先后有 348 位"山后人"归附明朝,其后被任以小旗、总旗、百户、副千户、正千户到指挥佥事、指挥同知、指挥使等大小不等官职。②关于归附人数,目前学界对明前期归附人之数、归附原因及过程诸问题的看法并不统一。王雄认为,从洪武元年至洪武二十三年,"先后有不下于七八十万的蒙古人"。③ 在战争中被俘而降或自动率众归附;刘冠森认为,明初"降明的人数有 130 多万"④,其中除部分是汉人、色目人外,蒙古人也相当多。

　　关于归附或蒙古遗民留居中原的原因,杨绍猷指出:"1368 年,元室北徒后,有许多蒙古贵族和兵民或被明朝以高官厚禄招附,或因生活所迫,大批投入内地。"⑤奇文瑛认为,"故元官兵南下降明的原因有四:一是明蒙政治形势的变化,二是明朝的招抚政策的感化,三是明朝军事压力,四是民族习性,即汉族人本来就是中原人,不适应草原生活,蒙古人多数已长期生活在中原。"⑥刘冠森认为"元、明之际,社会的动荡和变革,使部分蒙古人滞留中原;有些居住在明朝北部沿边的蒙古人被迫移往内地;有些蒙古人战败投降被俘或从漠北自愿归附明朝。"⑦蔡家艺认为,"在明朝辖境内有众多的蒙古人居住,其中一部分是自元以来世居于内地者,一部分来自元末明初的战俘,一部分为入明后

　　① 张鸿翔:《明代各民族人士入仕中原考》,第 63 页。
　　② 张鸿翔先生《明代各民族人士入仕中原考》,中央民族大学出版社 1999 年版。
　　③ 王雄:《明洪武时对蒙古人众的招抚和安置》,《内蒙古大学学报》19787 年第 4 期。据该文研究,"从洪武元年到洪武二十三年,在历次战争中被俘而降和自动率众归附的蒙古人众不下七八十万。这众多的蒙古人有的是元室后裔,有的是贵族官吏,有的是中下级蒙古军官,更多的则是普通的蒙古族军士",第 78 页。
　　④ 刘冠森:《明朝初期中国内地蒙古人的住地和姓名》,《辽宁师范大学学报》1998 年第 1 期。
　　⑤ 杨绍猷:《明代蒙古经济述略》,《民族研究》1985 年第 5 期。
　　⑥ 奇文瑛:《明洪武时期内迁蒙古人辨析》,中国边疆史地研究 2004 年第 2 期,第 63 页。
　　⑦ 刘冠森:《明朝初期中国内地蒙古人的住地和姓名》,《辽宁师范大学学报》1998 年第 1 期。

相继自漠西和漠北自愿投附者。"①促成蒙古人归附明朝的原因应该有许多主客观因素,相关研究已有许多,②笔者不再赘述。相关问题有待作进一步的探讨才能达成共识。不过,有一点是清楚的:明代初期先后有大批蒙古人归附了明朝,并受到安置任用,之后散居或效力于明朝境内今北京、南京、天津、河北、江苏、安徽、江西、湖北、湖南、云南等地,这是明朝贯彻"恩威并施"治边方针的具体体现。

其二,由于明朝的招抚政策,许多元室后裔、贵族、官吏、军士等降明,许多蒙古人通过科举、军功、归附等各种渠道进入了明朝官僚系统,其中尤以通过内附而进入军旅者为多,被授予指挥使、千户、百户、镇抚一级的数最多。从出身和"达官"职级看,各朝归附明朝的故元官兵,既有故元皇室后裔、贵族勋戚,也有中下级官兵。这些归明达人,被明朝授以上自二品尚书、下至九品军校等大小不同官职,有的甚至官至五军都督,还有很多人都封了侯、伯,吴允诚、孙瑾、薛斌、蒋信、李英等就是其中的代表。

其三,正统朝之后蒙古归附已很少,"从洪武到天顺年间,由于改朝换代和招徕政策的影响,故元官兵和北方各族人口归附南迁,持续了几乎一个世纪后始现低潮。"③不过,从景泰到嘉靖朝东北女真部落归附明朝者却较多,远远超过了蒙古部众。据不完全统计,从景泰元年(1450)到嘉靖三十五年(1556)的 107 年中,蒙古官民归附明朝者不到百人,平均每年不到 1 人。如景泰元年九月,福余卫台出偕妻来归。景泰三年(1452)四月,瓦剌头目把秃台等 3 人引女直被掳人海里来归。景泰三年(1452)八月,鞑子、女直所镇抚头目马黑木等八人来归,还有迤北鞑子马黑麻哈只等、海西女直扎同加等 13 人来归。

---

① 蔡家艺:《关于明朝辖境内的蒙古人》,《蒙古史研究》第 4 辑,内蒙古大学出版社 1993 年版,第 89 页。

② 如邸富生:《试论明朝初期居住在内地的蒙古人》,《民族研究》1996 年第 3 期;王雄:《明洪武时期对蒙古人众的招抚和安置》,《内蒙古大学学报》1987 年第 4 期;蔡家艺:《关于明朝境内的蒙古人》,中国蒙古史学会编:《蒙古研究》第 4 辑,内蒙古人民出版社 1993 年版;等等。

③ 奇文瑛:《明代卫所归附人研究——以辽东和京畿地区卫所达官为中心》,中央民族大学出版社 2011 年版,第 189 页。

景泰六年(1455)十一月,朵颜卫达子哈剌出来归。嘉靖三十五年九月,朵颜三卫脱脱等六十五人来降。说明到了明嘉靖朝时,蒙古归附明朝已基本停止。

二、"达军""达官"对管理边疆的作用和影响

明王朝招附政策及其对归附人安置任用的主观目的是为了巩固封建统治,"国朝取天下于胡元,顺帝遁去,而名号尚存。不得已,常遣使欲与通和。顺帝崩,其子爱猷识理达剌称帝塞外。洪武五年,上书谕元幼主,欲其通好,遣使取其子买的里八剌北归。"①但蒙古人归附明朝,在客观上对明蒙关系产生了直接或潜在的影响,有利于缓和本来紧张的蒙汉民族关系。

首先,蒙古人归顺明朝,一方面使蒙古力量受到一定程度的分化瓦解,如洪武二十年,北元蒙古军事支柱之一的纳哈出降明,"使北元蒙古失去了与明对抗的南边军事屏障,次年,明军北上直捣元廷。明蒙对抗的格局一去不复返了。"②另一方面,许多元室后裔、贵族、官吏、军士降明后进入了明朝官僚系统,其中尤以通过内附而进入军旅的指挥使、千户、百户、镇抚为最多。而且,他们还通过军功、科举等各种渠道得到提升,有的甚至官至都御史、尚书,如元平章安童归明后官至刑部尚书,故元丞相咬住官至右副都御史,忽哥赤官至工部尚书,琐纳儿加官至明治书侍御史,还有很多人位极王公,功勋地位同与在朝文武百官。《万历野获编补遗》卷四称:

> 夷酋得王号者,如瓦剌之顺宁王马哈木,贤义王太平,安乐王秃孛罗,至近日北虏顺义王俺答之属,皆以穹秩羁縻之耳。若忠勇王金忠,直以胡人仕于朝,得授王爵,最为异典。然自永乐至洪熙始拜太子太保,盖官秩不轻畀如此,惟永乐十一年封鞑靼夷酋阿鲁台为特进

---

① (明)郑晓:《今言》卷二,第58页。
② 奇文瑛:《明洪武时期内迁蒙古人辨析》,《中国边疆史地研究》2004年第2期,第63页。

光禄大夫、太师和宁王,则直拜三公,且勋阶与在朝文武同号,最为殊宠。①

　　在众多归附人中,吴允诚、孙瑾、薛斌、蒋信、李英等就是其中杰出的代表,他们为明朝南征北讨,尽自己所能建功立业,服务于明朝,为明朝的发展作出了不小贡献,得到了明廷的升赏,被封为王、侯、伯之称号。吴允成,本名把都贴木儿,蒙古人,亦名巴图特穆尔,初居甘肃塞外塔滩之地。"永乐三年七月,率所部归附,赐姓吴允诚,授右军都督金事,命居凉州。六年二月,领军从征卜哈思之地,以捕虏功升右都督。九年四月升左都督,与中官王安追叛虏大脱赤至把刀河,获虏人口、马驼、牛羊而归。十年正月封恭顺伯。十二年从征沙漠,仍居凉州。"②这段资料清楚地说明,把都贴木儿降明后忠诚不渝,一生效忠明王朝,跟随永乐帝北征蒙古,获得赫赫战功,得到永乐皇帝的充分肯定,特封为恭顺伯,岁禄1200石。这样的例子还有很多,如元平章安童归明后官至刑部尚书。正统元年九月,"升赤斥蒙古卫都指挥同知且旺失加为都指挥使,都指挥金事若出、帖木儿为都指挥同知、指挥等官,可儿即等五十一人升官有差。时,且旺失加遣使来言,与鞑靼脱欢帖木儿、猛哥卜花战胜有功,故有是命。"③可见,许多蒙古人归附明朝后在明朝任职、作战,为明朝作出了重要贡献。
　　其次,明朝对已归顺的蒙古贵族、官兵、部民,给予一定的信任和重用,待之以礼,妥善安置,使其安心生产生活,这些措施改善了蒙古族与汉族之间的敌对仇视和矛盾,客观上缓和了明代蒙汉民族之间关系的紧张状况。据史料记载,明朝任用降附的蒙古官兵组建蒙古卫亲军指挥使司作为禁军,且明朝禁军中蒙古军官和军士的数量是较多的。明初,只有五军营,即中军、左右掖及左右哨。"永乐初,因龙旗下三千胡骑立三千营。"④可见,永乐期,始以归附达

---

①　(明)沈德符:《万历野获编补遗》卷四《土司·夷酋三公》,第933页。
②　《明太宗实录》卷一八七,永乐十五年四月己卯,第2000页。
③　《明英宗实录》卷二二,正统元年九月壬戌,第450—451页。
④　(明)黄瑜:《双槐岁钞》卷五,中华书局1999年版,第92页。

人建立三千营。三千营设"坐营、管操、上直、披明甲等官,又有随侍营,则三千营之支分也,亦有坐营官以统之。"①三千营的职责是负责京都安全,"当获得了来自边界外的三千被俘者时,就建立起了一个营地,分成五部,护卫着皇帝和太子的寝宫。"②众所周知,禁军是明朝军队的精锐,主要担任京师守卫的重任,其地位相当重要,而在朱元璋和燕王朱棣所部中就有许多蒙古军,蒙古军士能在这样一支非同寻常的明朝军队中占有一定的数量,充分说明明朝对其信任的程度。王雄先生谈道:"在北元势力仍盘踞塞外,时时南下欲图恢复和洪武初期,朱元璋就建设起这样一支以蒙古军士为主体的亲军队伍,反映出当时绝大部分蒙古中下层官兵人等是愿意为明朝效力的。如果没有这一点为基础,不管出于何种策略、权术,朱元璋不会把定时炸弹放在自己的肘腋之下。"③

洪武、永乐之际,燕王朱棣每次巡边或出征,以蒙古军士为向导、先锋,取其谙熟地理之优,勇敢善战之长,委以重任。都督吴成等所领随驾三千马队官军内多选旧鞑靼人隶其麾下,这足以说明明成祖对他的信任。同样的信任还体现在以下事件中:永乐十一年十一月,"开平备御成安侯郭亮等驰奏:获瓦剌谍者言哈马哈木等兵至饮马河,声言袭阿鲁台,实欲寇边,于是上决意伐之。敕边将谨守备,命五军士各励兵士。召恭顺伯吴允诚、都指挥脱欢台等选所部精锐赴京,命浙江都司选临山、定海等五卫鞑军之壮勇者从征。"④

与此同时,明朝对已归顺的蒙古官民,待之以礼,妥善安置。在安置过程中,多按照他们的生活习惯尽可能就地安置,其安置地散布全国各地,主要有京师、辽东、陕西、云南、四川、两广、湖广、浙江和福建等地。从出身看,这些投附明朝的蒙古人,既有故元皇室后裔、贵族勋戚,也有中下级官兵和民众。不

---

① (明)陆容:《菽园杂记》卷五,中华书局1985年版,第56页。
② 陈文石:《明代卫所的军》,"中央研究院"《历史语言研究所集刊》1977年第48期。
③ 王雄:《明洪武时对蒙古人众的招抚和安置》,《内蒙古大学学报》1987年第4期,第88页。
④ 《明太宗实录》卷一四五,永乐十一年十一月壬午,第1714页。

管是蒙古贵族，还是普通蒙古民众，明政府均予以妥善安置或任用，并给予丰厚赏赐或优待。洪武二十三年，明廷取消了蒙古军士阵亡或逃亡后政府强行补丁的"勾军"规定①，"归附鞑靼及边民为军，无男丁者除其役"，使其能安于生产，居有所处、衣食有着。明廷还给投明的蒙古人分给田土，令于明蒙边境择宜居之地耕种放牧，日给口粮。正统元年十月，"行在兵部尚书王骥言：北虏阿鲁台为瓦剌所破，其部落溃散，外惧瓦剌，内畏官军，不得已内附。皇上弃其旧过，大霈仁恩，赐以官爵，给之土田及屋宇、器用、鞍马、牛羊等物，虽三代圣王绥柔远夷之道，何以加此。"②正统四年三月，"赐来降鞑靼把秃帖木儿衣服、靴帽、彩段、布钞，仍命于南京居住，隶锦衣卫，日给口粮赡之。"③正统十年三月，"迤北鞑靼哈撒并脱脱、迷失、同妻忽秃鲁、哈密鞑靼速答、克伯帖木儿等来归，贡马，上命迷失、克伯帖木儿为头目，哈撒、速答为所镇抚，俱于南京锦衣卫安插，月支食米二石，仍赐彩币、表里、纻丝、袭衣、纱布、房屋、床榻、器皿等物。"④正统十二年十月，"鞑靼者哈来归，上命居之南京，隶锦衣卫，月支米一石，赐钞布、纻丝、袭衣、房屋、床榻、器皿等物。"⑤正统十三年六月，"命给归顺达子苫术帖木儿山东东昌府空闲地八十亩，仍月支米二石以优养之，从都指挥佥事曹广奏请也。"⑥

除了妥善安置，政府还允许蒙汉通婚，如洪武六年闰十一月颁布《大明律》，其《户律·婚姻》就规定："凡蒙古、色目人，听与中国人为婚姻，务要两相情愿，不许本类自相嫁娶。违者，杖八十，男女入官为奴。其中国人不愿与回回、钦察为婚姻者，听从本类自相嫁娶，不在禁限。"⑦这条禁令也见于《明会

---

① 王雄：《明洪武时对蒙古人众的招抚和安置》，《内蒙古大学学报》1987年第4期，第88页。

② 《明英宗实录》卷二三，正统元年十月辛未，第459—460页。

③ 《明英宗实录》卷五三，正统四年三月丙寅，第1024页。

④ 《明英宗实录》卷一二七，正统十年三月丁酉，第2543页。

⑤ 《明英宗实录》卷一五九，正统十二年十月己巳，第3096页。

⑥ 《明英宗实录》卷一六七，正统十三年六月戊寅，第3236页。

⑦ 刘俊文，点校：《大明律》卷六《户律·婚姻》："蒙古色目人婚姻"，法律出版社1999年版，第69页。

典》卷一四一刑部一六《律令·婚姻》,①即如果蒙汉两厢情愿,可通婚。洪武四年九月,秦王朱樉娶故元太傅中书右丞相河南王扩廓帖木儿妹妹为妃。当然,明律明确规定:禁止蒙古、色目人在本民族内部自相嫁娶,这又反映了明统治者对蒙古、色目人的人口繁滋的限制,严令之下,蒙古、色目只能与汉人通婚,这就大大加快了同化速度。律文也体现了对蒙古人、色目人的猜忌和防范,这是明朝采取的强迫同化政策,以维护明王朝的政治安全。

由于得到明朝各方面的关注和重视,归附人在内地汉区的待遇比较高。《典故纪闻》中的一段史料充分证明了这点。正统初,吏部主事李贤奏:"窃见京师达人不下万余,较之饥民,三分之一,其月支俸米,较之在朝官员,亦三分之一,而实支之数,或全或半,又倍蓰矣。且以米俸言之,在京指挥使正三品该俸三十五石,实支一石,而达官则实支十七石五斗,是赡京官十七员半矣。"②优厚的待遇,加之在明内地多年的生产生活,归附蒙古人与当地汉族有了更多的交流交往,逐渐融入当地社会,他们的思想观念必然有了新的变化,这对于增强归附蒙古人对明朝的认可、认同产生了一定的积极作用。正统元年九月,"瓦剌顺宁王脱欢所遣使臣阿都赤、皮儿马黑麻等奏:愿受朝廷官职。上命阿都赤为都指挥佥事、皮儿马黑麻为指挥佥事,余授官有差,俱赐冠带"③,反映出蒙古官兵愿意接受明廷封授的官职,表明他们对明朝或许已有了某种意义上的认可或认同,这是明代蒙古族与汉族关系逐渐改善的重要信号。宝日吉根指出:"有元一代,居住在内地的蒙古贵族及其后裔,已适应了当地的生产、生活方式,不愿离开经济繁荣的中原内地,接受了明朝政府的这些政策。到了永乐年间,自北南来的降明之贵族逐渐增多,增加了民族之间的联系和交往,

---

① (明)李东阳等撰,申时行等重修:《大明会典》卷一四一《律令·婚姻》:"蒙古色目人婚姻:凡蒙古色目人,听与中国人为婚姻,务要两相情愿,不许本类自相嫁娶,违者杖八十,男女入官为奴。其中国人不愿与回回钦察为婚姻者,听从本类自相嫁娶,不在禁限",广陵书社2007年版。

② (明)余继登《典故纪闻》卷一一,第189页。

③ 《明英宗实录》卷二二,正统元年九月乙巳,第436页。

在我国民族关系史上起了一定的积极作用。"①王雄先生也说："在有明统治的二百多年中，大多数蒙古降人过着安定的生活，促进了生产的发展，与汉人的杂居相处，进行生产生活，确保了社会安定。"②由此可见，明朝任用蒙古等部归附人的政策，"一定程度上增加了蒙古贵族、将士和部众对明朝的信任，必然使处于动荡不定、失意彷徨的蒙古遗民逐渐重新审视明人'夺家'的民族仇恨，开始有了认同新朝廷，自愿服务于新朝廷的态度和观念变化。"③对于明初敢于选任蒙古、女真等部归附降人的政策，时人也给予了肯定和赞扬。郑晓评论道："先朝用人，惟贤惟材"④，明人严从简认为：我祖开基，"延揽英雄，不问其类"⑤，乃为万世之楷模。

然而，明王朝对蒙古归附人也存在怀疑、防范态度。明朝统治阶级强调，对蒙政策关乎朝廷安危，需处置得当。因此，为了便于控制蒙古人，明朝把归附的蒙古人安排在两京（北京、南京）及其附近府县和一些水陆交通干线一带，这样一来，归附后的这些蒙古人就既便于控制，又便于调动使用。在招纳过程中，防范、怀疑和不信任的态度到处可以显见，对于诚心归附的蒙古人，政府却屡屡要求"察其诚伪，未可轻信"，反映了统治者的阶级本质和民族偏见。

总而言之，明前期蒙古各部官民归附明朝，在客观上起到了瓦解与明为敌的蒙古阵营的作用。达力扎布认为：洪武初，在明朝的军事压力和招抚政策之下，居于元陕西行省、甘肃行省南部、腹里所属上都路、兴和路、应昌路、大同路及辽阳行省大宁路、辽东半岛等地的诸王、军民大部分降明。⑥ 洪武之后，永乐、仁宣、正统时期的明中央政府仍然不遗余力，想方设法招诱蒙古、女真等少

---

① 宝日吉根：《试论明朝对所辖境内蒙古人的政策》，《内蒙古社会科学》1984年第6期，第69页。

② 王雄：《明洪武时对蒙古人众的招抚和安置》，《内蒙古大学学报》19787年第4期，第88页。

③ 田澍、陈武强：《朱元璋的蒙古观探析》，《青海民族研究》2012年4期。

④ （明）郑晓：《今言》卷四，第170页。

⑤ （明）严从简：《殊域周咨录》卷一六，第518页。

⑥ 达力扎布：《北元初期的疆域和汗斡耳朵地望》，《明清蒙古史论稿》，民族出版社2003年版，第20页。

数民族官民投诚明朝。与两宋时期招诱契丹人、党项人、吐蕃人归宋相比,明朝对北面蒙古人的政治招附,其招诱力度更大、数量更众,实为史所罕有。宋明时期的这种招附政策,其实质如出一辙,它反映了当时西北各股政治势力为了分化、瓦解敌方阵营而展开的在军事战场之外的激烈博弈,根本目的是吸纳更多反对派内部力量倒向自己,以便在政治纷争、军事对抗中扩大阵营、掌握主动、克敌制胜。

第二节　军事治理保障了边疆社会稳定

明代各朝时期,视边疆治理为政治要务。对西南、西北和东北边疆,首先强调采取羁縻怀柔、互市开发等政策,争取边疆地区稳定和社会经济发展。但对于发生于西北、西南边疆地区的滋事破坏、蓄意叛乱,东南边疆的倭寇侵犯等威胁国家安定的行为,明廷毫不手软,采用军事手段坚决予以打击和镇压,有效地保障了边疆社会安定。

一、平定青海蒙古之乱和宁夏之乱

有明一代,边境地区多次发生动乱叛乱事件。这些边境之乱在明前期发生的不多,在明中后期最多。达延汗死后,鞑靼蒙古各部由其后裔统治,划地放牧。俺答汗侵占河套和土默特,最为强大。俺答汗与明朝实现封贡,边境大体安定。1581 年,俺答汗病死,其子辛爱黄台吉继位。1583 年,明廷敕允准袭职封顺义王。然而,辛爱黄台吉仅两年后病死,其子扯力克继汗位,明廷仍封为顺义王。

俺答汗死后,西海蒙古发生了动乱,蒙古各部又陷入分裂。后来的蒙古可汗扯力克无法有效约束各部,而西海地区也经历了更加混乱的局面:"两河东西无处无虏,无地无市,要挟不遂,无日无抢。"①万历以后,明廷基本沿袭嘉隆

---

① 《明神宗实录》卷二九四,万历二十四年二月癸丑,第 5465 页。

万以来的政策，保持了西北少数民族的相对稳定。但在甘肃、青海，仍然受到来自于松山、青海等蒙古各部的威胁，"为患陕西者，有三大寇：一河套，一松山，一青海"①，尤其神宗怠政以来，青海、宁夏和四川播州等边疆地区接踵发生了反明兵燹。

　　俺答汗到了晚年，军政大事都是由阿尔秃斯的次妻三娘子参与处理的。辛爱与扯力克先后收继三娘子为哈敦（王妃），佐理国政、与明朝修好。明廷敕封为忠顺夫人。《明史·鞑靼传》说她主兵柄，部众畏服，"自宣大至甘肃不用兵者二十年"。② 俺答汗占有西海后，由其子丙兔驻牧，守护仰华寺。万历十六年（1588），丙兔的儿子真相，进据青海莽剌川。达延汗第四子巴尔苏博罗特的后裔火落赤驻青海捏工川，联络巴尔苏的另一支后裔、驻牧阿尔秃斯的卜失兔起兵反明。万历十八年（1590）六月，真相、火落赤等率四千骑攻入明境，围攻旧洮州古尔占堡。明兵来战，蒙军四散。明岷洮副总兵李联芳分兵追逐，陷伏身亡。把总、千总以下多人战死。火落赤得势，又邀约顺义王扯力克率三千骑渡河，至临洮以张声势。声言向明境进攻。七月，火落赤攻掠河州，明临洮总兵刘承嗣抗御失败，伤亡甚众。蒙军攻掠 20 余日，西陲震动。神宗不得不叫来内阁大臣听计策，内阁诸臣对边事不太了解。首辅申时行请推一大臣经略。神宗命兵部会商推举，命担任宣大山西总督的兵部尚书郑洛为右都御史经略陕西四镇和宣大山西军务。八月，敕谕暂停顺义王扯力克的市赏二十万两。郑洛奉命西行，十月又奉敕兼任陕西总督。十一月，郑洛至兰州，奏报说：火落赤等的相犯，是以莽剌和捏工川为据点，河套声援是由甘肃入青海。因晓谕不准径行塞内，否则督兵堵截。③ 次年正月，郑洛督军在甘肃水泉营边墙，截击卜失兔部，斩首 88 级，获得全胜。蒙兵 5700 百余帐，被逐出塞外。二月，郑洛遣总兵尤继先率兵至莽剌川，大败火落赤部，斩首五百余级。火落赤、真相北逃。郑洛招谕顺义王扯力克北归。三月，扯力克离西海北归，

---

① （清）张廷玉等撰：《明史》卷三三〇《西域传二》，第 8549 页。

② （清）张廷玉等撰：《明史》卷三二七《外国传八》，第 8489 页。

③ （清）张廷玉等撰：《明史》卷三二七《外国传八》，第 8489 页。

向明朝赔罪,请求复开贡市。①

就这样,郑洛进入青海讨伐残余势力,召回 8 万多名当地藏人和其他居民,并在西宁部署防御后取得胜利回朝。遗憾的是,朝廷的官员们再次攻击郑洛,指责他放归顺义王是没有"雪耻",欺罔误国,郑洛被迫称病辞官。

青海战乱之后,宁夏副总兵哱拜父子的叛乱爆发了。宁夏是明边境地区的九大军事重镇之一,主要防御蒙古族。叛乱的哱拜原为蒙古族人(谈迁《国榷》称哱拜为"黄毛虏",当是黄头回鹘,即今裕固族人)嘉靖中降明,积功被提拔为都指挥。万历初为游击将军,统标兵家丁千余,专制宁夏。万历十七年(1589),以副总兵致仕,其子哱承恩袭职,为宁夏卫指挥。万历十九年(1591),火落赤等部犯洮河告急,郑洛调集宁夏卫驻戍部队赴甘肃平乱。

宁夏巡抚党馨命指挥土文秀率千人前去援助。哱拜自请率子承恩从征,平乱后,党馨不为哱拜叙功,而核查他冒粮之罪。土文秀及哱拜义子哱云等也因未得升赏,心怀不平。承恩因强娶民女而受到党馨杖责,更加愤慨了。万历十九年(1592)二月,党馨与督储道兵备副使石继芳克扣应发兵士三年的冬衣布花银,只给一年。党馨曾被张居正指为"刻而且暴",诸军久怀怨恨。哱拜遂唆使军锋刘东旸、许朝等起事,杀党馨及石继芳。总兵官张惟忠自杀。刘东旸自称总兵,承恩、许朝为副总兵,哱云、土文秀为左右参将,共奉哱拜为主。总督尚书魏学曾遣使招附,刘东旸等要求世守宁夏。哱拜部下连续攻掠中卫、广武,明守臣或降或走,河西四十七堡相继陷落。叛军渡河,指向灵州。同年三月,总督魏学曾命副总兵李昫代摄总兵官进军平乱,收复河西诸堡。② 哱拜父子向河套地区的鞑靼卜失兔部求援。卜失兔率三千骑来宁夏,与哱拜合兵。哱云引卜失兔攻平虏堡。明伏兵射死哱云,卜失兔败逃出塞。明援军到来,兵分六路,包围宁夏镇城。叛军坚守,不能下。③ 同年四月,明廷自宣大调任李成梁之子李如松为提督陕西军务总兵官,浙江道御史梅国桢监军,领兵来援。

---

① 范文澜:《中国通史》(8),人民出版社 1978 年版。
② 王东:《中国社会发展史》(十九),学苑音像出版社 2004 年版。
③ (清)张廷玉等撰:《明史》卷三二七《外国传八》,第 8489 页。

又任朱正色巡抚宁夏，甘肃都御史叶梦熊协力平乱。五月，明廷特赐总督魏学曾尚方宝剑，违令者立斩。[1] 六月，叶梦熊自甘州携带神炮火器四百车至灵州。浙江巡抚常居敬募兵千人，自办军粮，来援宁夏。梅国桢、李如松统领辽东、宣大山西兵来聚集。明朝军队声势浩大。然而，明朝军队进攻宁夏城一个多月仍然没有攻下。七月，魏学曾被解职，叶梦熊代替总督，仍持剑督军。叶梦熊决定用黄河水淹宁夏城，并派遣人进行离间。九月，刘东旸、许朝诱杀土文秀，哱承恩又诱杀刘、许，斩首悬挂城上，开城投降。哱拜自缢而死。叶梦熊、朱正色、梅国桢等人带兵进城，尽杀哱拜部下降兵 2000 人，押送哱承恩至京城执行死刑。[2]

明朝在这次平乱中动员了南北军事力量，花了半年的时间付出了沉重的代价。宁夏城被包围，城内食物不足，死亡人数众多。叶梦熊决河灌城，城外水深八九尺，居民也是付出了巨大的牺牲。[3] 由此可见，灵活处理民族关系非常重要，政策的确立保证了明初西北边疆的相对稳定。然而，在保守思想的束缚下，西北边疆地区在明朝的民族政策中失去了动力，僵化机械地解决现实的新问题，进一步加深了危机。

二、平定西南土司之乱

元末明初，在元代云南行省的范围内麓川的势力范围在怒江以两至伊洛瓦底江上游，元宗室梁王所控制滇中、滇东，大理段氏盘踞滇西，为云南三大割据势力。洪武十八年明朝发动了"景东之役"，击退内侵的麓川军队。为防范麓川，明连续三年增兵云南，合计达 17 万人，通过重兵集结、屯种听征、坚壁固垒、设驿置堡等措施，将麓川的势力压在其旧巢的麓川、平缅甸一带（今云南陇川、瑞丽），暂时缓和了边疆的危险机。

三次用兵麓川的统兵将领是兵部尚书王骥。王骥（1378—1460），保定府

① 王东：《中国社会发展史》（十九），学苑音像出版社 2004 年版。
② 范文澜：《中国通史》第 8 卷，人民出版社 1978 年版。
③ 董原：《清朝的商品经济发展与衰落》，学苑音像出版社 2004 年版。

束鹿(今河北辛集)人,明代名将。永乐四年(1406)登进士第,授兵科给事中,明宣宗时累迁至兵部尚书。正统六年(1441)至正统十三年(1448)间,总督军务,三次征讨麓川,因功封靖远伯,与威宁伯王越、新建伯王守仁成为明代因功封爵的三位文官。

兵征麓川是明轻北重南政策的体现。关于这个政策,行在翰林院侍讲刘球上奏:"北虏犹古严狁,世为边患,今虽少抑,然部曲尚强,戎马尚众,今欲称甘肃守将以事南征,恐边人以北虏为不足,虑遂弛其防。卒然有警,或致失措,臣谓宜防其患。"①因此,应加强防守,修城堡,选良将,勤练习,丰饷备械。则边防无患。而对于云南,只要明朝分屯要害之地,且耕且练,乘机攻取即可。对此,明英宗无视重北轻南的提案,招致了正统前期国防政策的失误。政策失误加上正统朝军力不佳、军队战斗力低下、边军严重不足,造成了不可挽回的被动局面。正统九年五月,"大同总兵官武进伯朱冕等言:镇卒止二万四千六百余人,除诸处守备,恐策应不给,马队尤少,请步卒二千四百人屯田山西行都司者仍遣回,半充马队,更选河南山西千五百人充马队,从之。"②正统十四年(1449),明英宗低估蒙古实力,亲率50万大军征蒙古,导致明正统年间的"土木之役"。张碧波、庄鸿雁指出:"土木之变是华夷力量消长变化的必然结果"。③ 土木之役中,由于明朝政治腐败,战略失误,军事指挥无方,明军毫无战斗力,几乎全军覆没,英宗自己也被俘虏,这样的结局显然与正统的边防政策失误有着密切的关系。

明朝征伐麓川,发动了大量人力和物力,战争造成重大伤亡,连年征战,未能彻底平息叛乱,最终以盟约的形式结束。其间连续发动数十万人的进攻,致使大军疲乏,国库空空如也,对北面蒙古瓦剌的防御空虚。麓川之役也导致了明朝西南地区统治的衰退。朝中大臣上书中曾说:"麓川连年用兵,死者十七

---

① (明)谈迁著,张宗祥校点:《国榷》卷二五,英宗正统六年正月戊午,第1064页。

② (明)谈迁著,张宗祥校点:《国榷》卷二六,英宗正统九年五月庚申,第1666页。

③ 张碧波、庄鸿雁:《华夷变奏——关于中华多元一体运动规律的探索》,黑龙江人民出版社2009年版,第259页。

八。"在"江南水旱相仍,军民俱困""瓦剌边患"的严峻形势下,王振等仍然要调动江南和四川各地的大量兵力,"转饷半天下"发动了持续九年的大规模战争,从而引发国内农民起义,政局动荡。

嘉靖年间,缅甸与孟养、木邦、孟密争斗,宣慰莽纪岁被杀,其子莽瑞体逃奔洞吾母家,遂据有其地,在葡萄牙殖民主义者的支持下,建立起东吁(洞吾)王朝,逐步吞并附近各地。在莽瑞体、莽应龙、莽应里为王期间统一了缅甸中南部地区后挥师北上,于云南西部频繁挑起战争。明王朝漠视其扩张野心,姑息退让,防备松弛,对坚持抗敌的土司未能给予有效支持和保护,导致不少傣族土司或附缅、或内奔,不长时间,缅军即先后攻降木邦、蛮莫、孟养、孟密、陇川、干崖、南甸、湾甸(今昌宁县南)、耿马及滇西南的车里、孟艮(今缅甸景栋一带)、八百(今泰国北部清迈一带)等地,并将战火烧到了滇西靠内的施甸、顺宁(今凤庆县),目标直指腾越、永昌、大理、景东、蒙化(今巍山县)。万历十一年(1583),明廷以南京坐营中军刘为腾越游击、武靖参将邓子龙为永昌参将,在当地土司军队的配合下,大破缅军于姚关攀枝花地(今施甸县南),并乘胜进攻直下缅甸阿瓦城(今缅甸曼德勒附近),收复了被缅军占领的土地。但是,此时明朝的统治陷入危机,相关政治、军事、民族政策措施不当,整体力量衰退。

明军反击取胜退回后,东吁王朝仍时常内侵。万历二十二年(1594),云南巡抚陈用宾在腾越州西北至西南一线构筑神护、万仞、巨石、铜壁、铁壁、虎踞、汉龙、天马八关,被迫对缅军采取全面守势。万历三十四年(1606)以后,双方的战争几乎停止,但八关以外木邦、孟养、蛮莫、孟密等地已入缅境。后又经清代缅甸雍籍牙王朝及英属缅甸时期的北向侵夺,云南傣族土司的领地落入缅甸的统治之下。①

此外,明属四川的播州(今贵州遵义),位于四川省、贵州省和湖北省交界

---

① 古永继:《明代滇西地区内地移民对中缅关系的影响》,《中国边疆史地研究》2008 年第3 期。

处。山川险要,广阔千里。唐代被南诏国彝族占领,太原人杨端夺取了这块土地,几代人占领,到明朝初期已经传袭二十一世。明太祖灭夏国,杨氏降明。明朝就在当地建立了播州城,实行土司制度,设宣慰司,任命杨铿为播州宣慰司使。杨氏世袭宣慰使,统辖草塘、黄平西安抚司,真州、播州、余庆、白泥、容山、重安六长官司。除杨姓外,还有七大姓都与杨氏联姻,世袭各级土官。

隆庆五年(1571),杨应龙任播州宣慰使,成为杨氏第二十九世土司。明廷加授他都指挥使衔。杨应龙骄横跋扈,作恶多端,并于神宗二十五年(1597)秋七月公开作乱。[①] 明廷对杨应龙之乱举棋不定,未采取有力对策。因此应龙本人一面向明朝佯称出人出钱以抵罪赎罪,一面又引苗兵攻入四川、贵州、湖广的数十个屯堡与城镇,搜戮居民,奸淫掳掠。从万历十九年(1590)到万历二十一年(1593),明朝在平定播州杨土司的叛乱中摇摆不定,杨应龙经过多年的准备,于1598年11月攻夺了贵州洪头、高坪、新村诸屯。同时占领了湖广四十八屯,堵阻了驿站。明神宗大惊,罢免了作战不力的原四川、贵州巡抚谭希思和江东之,任命总督李化龙征讨。

万历二十八年(1600)春,明朝军队先后到达四川和贵州两省。李化龙兵分八路、每路将兵3万直击出叛军。其中,四路从四川进击,分别由总兵官刘綎、马孔英、吴广、曹希彬率领。三路从贵州进击,分别由总兵官童元镇、参将朱鹤岑、总兵官李应祥率领,一路从湖进击,由总兵官陈璘、副总兵陈良玭率领。各路明军奋勇战斗,至6月5日占领叛军老巢,杨应龙自缢而死。从出师到平定叛乱,前后历时近3个月。

明朝的横征暴敛、土司的残酷统治、仇杀和叛乱,给明代边疆各族人民带来了巨大灾难,严重破坏了社会生产。叛乱平定后,明朝在播州实施"改土归流",废除土司世袭制,改由"流官"统治。改土归流后,遵义、平越二府加强了与与周边地区的联系,促进了各民族间的经济文化交流。

不言而喻,为了确保边境地区的安全,明政府向边疆地区派遣重兵,不断

---

① (清)张廷玉等撰:《明史》卷二一《神宗本纪二》,第279页。

打击威胁边境安全的各种势力，同对边疆地带各种悖逆封建统治的敌对行为进行武力剿除，这些边疆管理策略对边疆社会的安定和国家安全起到了积极作用。

终明之世，边境地区虽然问题很多，但总体来说边境是安全的。明朝的灭亡并不是边境问题造成的，北方的瓦剌、南方的倭寇也只是嚣张一时，明朝的致命问题还是出在自己机体内部。明代中期以来，阉党横行，内阁倾轧，统治腐败至极。明代后期，战事频繁，财政拮据，内忧外患，统治日益腐败的明朝便在农民起义的浪潮声中灭亡了。

第三节　边疆治理不能因循守旧，需与时俱进

明朝时期，作为盛世王朝，统治阶级非常重视对边疆的治理，并取得了一定的成效，尤其是在羁縻政策、卫所制度、茶马互市等策略的运用堪称边疆治理的成果典范，但由于时代及统治阶级本身的局限性，明王朝在治理边疆中存在诸多问题，为后世提供了一定的借鉴。

一、哈密之失：唯祖宗之制是尊

哈密，乃新疆通往内地之门户，"与瓦剌相界，其西接火州等城"①，丝绸之路上西北各族往来要喉。元亡前夕，察合台汗国也分崩离析，暂守哈密的威武王兀纳失里亦自立为哈密国王。洪武二十三年（1390），兀纳失里将邻近部落兼并，并阻遏西域朝贡者，"有从他道来者，又遣人邀杀之，夺其贡物。"②洪武二十四年（1391）八月，太祖命左军都督佥事刘真、宋晟帅兵征讨哈密，乘夜攻破哈密城，"自是番戎慑服，兵威及于西域"③，明朝控制了哈密地区。兀纳失里病逝后，其弟安克帖木儿继位。永乐元年（1403），安克帖木儿遣使贡马，明

———

① 《明太宗实录》卷一六九，永乐十三年十月癸巳，第1892页。
② 《明太祖实录》卷二一〇，洪武二十四年八月乙亥，第3138页。
③ （清）张廷玉等撰：《明史》卷一五五《宋晟传》，第4246页。

成祖当即敕令甘肃总兵官左都督宋晟善加款待,对贡品计值给赏,永乐二年(1404),明成祖封安克帖木儿为"忠顺王"。永乐四年,明朝正式设立哈密卫,下设指挥、千户、百户等官,以畏兀儿马哈麻火者任卫指挥,又派汉族人周安为忠顺王长史、刘行善为纪善,共同辅政。《皇明九边考》载:

> 哈密即唐伊州,元封族子忽纳失里为威武王。卒,其弟安克帖木儿立。永乐四年遣使朝贡,改封忠顺王,赐金印。西有哈烈,北有赤刀把刀畏吾儿罕,东北有赤斥蒙古,南有阿端罕东。先,于阗等番俱授官赐印,为哈密应援。哈密能立则迤西藩屏固矣。①

最终实现了把哈密经营成"西域之喉襟,以通诸番之消息。凡有人入贡夷使方物,悉令至彼译表以上"②战略目的。永乐八年(1410),安顺王脱脱死,封其弟兔力帖木儿为忠义王。宣德三年(1428),忠义王脱欢帖木儿与忠顺王卜答失里同理政事,并向明朝入贡,年贡三四次。正统二年(1437),明朝规定每年一贡。此后哈密受瓦剌侵扰,势力日弱。天顺四年(1460),忠顺王卜列革死后无子,王母弩温答失里主国事,部众益离散。后为加思兰攻占,王母率其亲属逃至苦峪(今甘肃安西东南),成化二年(1466)始还故土。

明朝初期,政府非常重视西域少数民族地区与中央的关系,故派李贵等大臣前往西域各国,向各族实施饥荒救济,争取抚谕笼络,加强与西域地区的联系。在西域各国中,哈密的地位特殊,它是西域各国的朝贡领袖。因此,明政府高度重视与哈密的联系:一方面是明朝通过高贵血统的哈密幽王家族统领其他和其他已附蒙古部落,另一方面通过哈密的交通地位控制西域诸国,维护正常的朝贡关系。因此,哈密享有许多特殊的权力。但是哈密王室的衰微,使其无法继续发挥其应有的作用,瓦剌、土鲁番等部入侵哈密,不断冲击其朝贡

---

① (明)魏焕、郑晓:《皇明九边考、皇明四夷考合订本》卷九《甘肃镇·边夷考》,台湾华文书局1968年版,第378页。
② (明)严从简:《殊域咨周录》卷一二《哈密》,第412—413页。

领袖地位,导致在西北边疆地区的严重危机。

早在景泰年间,土鲁番即对哈密进行侵袭。① 明成化以后,哈密先后"三立三绝",这是明朝西北边疆地区民族政策僵化的集中体现。明成化三年(1467),由于哈密忠顺王王位久虚,各族头目再次极力推荐,明廷方才提升把塔木儿(畏兀儿人)为右都督,代行国王事,五年后,把塔木儿卒,其子罕慎请嗣父职,朝议只准嗣都督位,但不准主国事。哈密仍无王统摄,政令无所出。成化四年(1468),明以脱欢帖木儿外孙把塔木儿为右都督,"摄行国事"。成化八年(1472),把塔木儿卒,子罕慎嗣职,但明宪宗不令其主政事,"国中政令无所出"。土鲁番乘机攻占哈密,王母被掳,罕慎率部分哈密人逃至苦峪,筑城,哈密卫移置于此。"速擅阿力累引兵劫掠哈密诸部,地已略尽。正月围其城,破之,执其王母,夺朝廷所降金印,遂留居之。"②哈密被土鲁番第一次攻占。

明政府对该事件的回应有三:一是派人前往土鲁番赏谕速檀阿力,令其悔过自新,"退还哈密境土",以期重建哈密卫;二是使关西诸卫以武力对抗土鲁番的入侵;三是加强甘肃戒备,准备进攻鲁番土。此后,三项工作都不见效,政府不得不重铸哈密卫印,复设哈密卫于苦峪。直到成化十八年(1482),罕慎会合罕东、赤斤两卫,恢复哈密,罕慎进为左都督,明朝收复哈密。

弘治元年(1488),明朝封罕慎为忠顺王。同年,土鲁番阿黑麻以联姻为诱饵杀罕慎,二占哈密。明廷仍无所作为,只用薄赏贡使,拘留使臣的方式对土鲁番施加压力,责令其悔罪,退还所侵之地。弘治四年(1491),土鲁番才主动献还哈密城、印,哈密得以再次兴复。翌年,明朝立陕巴为忠顺王。弘治六年(1493),土鲁番主阿黑麻又出兵攻占哈密,执陕巴,第三次占据哈密。明朝兵部尚书马文升等人锐意兴复哈密,明朝采取了闭关绝贡和军事进攻相结合

---

① 施新荣:《明成化弘治年间土鲁番侵夺哈密与明朝对策》,参见《西域文史》(第1辑),科学出版社2006年版。

② 《明宪宗实录》卷一一五,成化九年四月丙寅,第2224页。

的计划,经过六年时间恢复了哈密。弘治八年(1495),明朝以许进为甘肃巡抚,出兵收复哈密,当时吐鲁番头目阿黑麻已退,留其头目牙兰据守哈密。明军在十一月攻哈密,破之,斩首六十级,牙兰逃走。明军收复哈密后,任命陕巴为忠顺王治理哈密,然而,其地总是受到土鲁番的侵扰,难以安宁。弘治九年,"阿黑麻复袭哈密,破之,留其头目撒他儿并哈密头目奄克孛剌等住守剌木城。"①直至弘治十一年(1498),明朝任命王越总制三边军务兼经理哈密后,情况才有所好转,哈密之地也得一时安宁。此后,忠顺王陕巴亡故,其子拜牙嗣立,并于正德八年(1513)叛入土鲁番,哈密由此"不可复得,而患且中于甘肃"②,哈密复为土鲁番占有。正德十年(1515),都御使彭泽派遣马骥为使往哈密,向满速儿索要拜牙即王印,但拜牙即却匿居阿克苏,拒不返回。正德十一年(1516)和正德十六年(1521)土鲁番不断侵扰肃州、甘州,明西北边疆安全受到了极大的挑战,"自是哈密卫都督乩吉孛剌部夷在肃州东关,赤斥蒙古卫都督锁南东在肃山、北山、金塔寺、罕东左卫,都督只克在肃州南黄坝山、罕东卫,都指挥板丹在甘州南山。皆避吐鲁番,各失其故土,哈密遂不复立矣。"③吐鲁番屡侵河西一带,给当地人民带来了深重灾难。

面对哈密动荡不已的复杂情况,正德朝先后遣员派兵兴复哈密,但都未能成功。到嘉靖初年,土鲁番仍然多次攻掠甘州、肃州等地。然此时的明朝,"大礼议"之争涉及朝廷内外的政治斗争,连收复哈密问题也兴起了"封疆"之狱,甘肃巡抚陈九畴等40多人被处置。最终明朝无暇哈密之事,哈密臣属土鲁番,明朝失去了对哈密的直接控制。

对哈密之失的反思。土鲁番日益增强的实力,使其强烈要求改变其在朝贡体系中的地位,并希望朝廷能够认识到既定的现实,并提供一个更好的政策。然而,面对西部地区形势的变化,明廷并没有认识到哈密自身的问题,也

---

① (明)魏焕、郑晓:《皇明九边考·皇明四夷考合订本》卷九《甘肃镇·边夷考》,第380页。

② (清)张廷玉等撰:《明史》卷三二九《西域传一》,第8533页。

③ (明)魏焕、郑晓:《皇明九边考·皇明四夷考合订本》卷九《甘肃镇·边夷考》,第383页。

没有正视到哈密衰落的事实,简单地恢复洪武和朱棣时期的哈密政策。哈密之失,使明代迤西藩屏已失。"西番由哈密入贡者其国不一,惟吐鲁番强梗弗顺。自袭取哈密之后,一时瓜沙、赤斤、苦峪等番卫,或为彼附,或徙居甘肃,而迤西藩屏已失。况今自肃州之西,越四川,直抵云南丽江皆西番。而防守之计不可一日不讲也。况今北虏瓦剌住牧甘肃北山外,亦不剌徙居西海,蚕食诸番,渐有并吞之势。识者恐其勾连深入如前代吐谷浑之事,诚可虑也。"①然而,哈密可弃乎? 自从哈密在成化以来陷于吐鲁番,"恢复之议至勤累朝。"②果如王琼等人认为哈密没有兴复的必要,"忠顺王之绍封,势宜加慎;土鲁番之求贡,理可俯容"③,则吐鲁番之衅何自而起邪? 且吐番之志益骄肆。明人魏焕谓:"昔日抚夷易,今日抚夷难者,昔安分而今肆志也。自非开诚必明大义,宣布朝廷之恩威,岂能使彼信服若昔日哉? 或曰,然则哈密可弃乎?可守乎? 曰:汉武帝、唐太宗尝守之矣,不可为法也。今吐鲁番之强,驱掠诸番,尽失其故土。独哈密回回存者,以与吐鲁番同类故也。我岂能弃之? 所弃而不能立者忠顺王一人耳!"④此乃明人对时下西北边疆危机的深刻反思。

总之,哈密复兴是明代中后期西北边疆经略的中心内容。为了达到这个目的,明朝政府先是照常接待土鲁番贡使,并给予回赐,希望迎合其的经济利益满意度,达到"俯顺夷情"之目的,保持西部的稳定。后则采取对土鲁番进贡贸易的限制策略,用经济手段促进哈密的复兴;到哈密第三次陷亡时,明廷迫使土鲁番返归哈密,采取绝贡孤立主义的方式。

事实上,不断入侵哈密的土鲁番,是要取代哈密在朝贡体系中的领导地位,建立一个由土鲁番主导的新西域政治结构。但明政府对此认识不足,宁愿

---

① (明)魏焕、郑晓:《皇明九边考·皇明四夷考合订本》卷一《番夷总考》,第101页。
② (明)魏焕、郑晓:《皇明九边考·皇明四夷考合订本》卷九《甘肃镇·经略考》,第387页。
③ 《明世宗实录》卷一○○,嘉靖八年四月戊子,第2381页。
④ (明)魏焕、郑晓:《皇明九边考·皇明四夷考合订本》卷九《甘肃镇·经略考》,第387页。

花费大量的人力、物力、财力去寻求哈密的复兴,也不愿承认土鲁番的现实和既得利益。这是坚持洪武、永乐时期"二祖之制"不会改变的结果,也是这一时期西北边疆危机的重要原因。换句话说,明朝政府在哈密问题中的应对策略,遗憾地坚持了洪永时期的祖制不改变,导致西北边疆治理出现了问题,值得深思。

二、河套之失:治理理念摇摆不定

自洪武五年明军讨伐北元蒙古失败后,无论是远遁沙漠的蒙古势力,或者是残存于明朝边境的蒙古小股势力,都开始活跃于明朝边境内外"骚扰"。景泰、天顺年间,蒙古族大举进入河套。成化年间,蒙古部落开始在河套地区繁衍生息,成为他们的固定居所;正德年间,蒙古人已然将河套地区当作永久的根据地。

明朝中后期,蒙古诸部无法从正常的朝贡体制中获得生活必需品,也就无法从正常的贸易关系中获得经济利益。所以,弘治之后蒙古各部加紧侵扰明朝北部边疆地带,南下侵扰更加频繁,如从嘉靖三十年至四十年的十年间,蒙古俺答汗几乎每年都率部侵扰明北部边境地区:嘉靖三十年、三十一年、三十三年、三十六年,俺答犯大同;嘉靖三十二年、三十五年、三十八年、四十年,俺答犯宣府;嘉靖三十四年二月,俺答犯蓟镇。

现据《中国军事史》,结合《明实录》史料,对明代中后期蒙古诸部南下扰明的情况进行统计后得知:景泰至天顺年间(1450—1464),明朝北方边疆地区的战争冲突共计11次。战争的季节特点是,蒙古攻明的时间主要选择在春季的二三月,见下表:

表 12 景泰至天顺时期(1450—1464)北方蒙古诸势力进攻明边的次数统计表

(单位:次)

时间	正月	二月	三月	四月	五月	六月	七月	八月	九月	十月	十一月	十二月	合计
景泰元年	—	—	1	—	—	—	—	—	—	—	—	1	1

续表

时间	正月	二月	三月	四月	五月	六月	七月	八月	九月	十月	十一月	十二月	合计	
天顺元年	—	—	1	1	—	—	—	—	—	—	—	1	3	
天顺二年	—	1	—	—	—	—	—	—	—	—	1	—	2	
天顺三年	—	1	—	—	—	—	—	—	—	—	—	1	10
天顺五年	—	1	—	1	1	—	—	—	—	—	—	—	3	
天顺六年	—	—	—	—	—	—	—	—	—	—	1	—	1	
合计	—	3	2	2	1	—	—	—	—	—	2	1	11	
	春季:5次			夏季:3次			秋季:0次			冬季:3次			11	

　　景泰五年(1454),蒙古高原的政治形势发生了重要转变,孛来和毛里孩立年仅七岁的马可古儿吉思为可汗,称乌珂克图汗,明人因其年幼,称之为"小王子"。孛来和毛里孩均为太师,成为东蒙古的双雄,左右蒙古的政局。景泰六年(1455),毛里孩率部居于河套及以西地区,伺机向兀良哈三卫地区扩展。因此,蒙古扰明活动明显增加。

　　到了达延汗统治期间,明蒙关系仍然比较紧张,双方战争不断。《明实录》载:如弘治六年夏,达延汗入甘、凉、永昌、庄浪等处;弘治七年,达延汗又两次入境,"抢掠头畜约十万有余,人口不知其数"。明弘治十一年,达延汗借口明朝的"宴赏薄恶",终止了朝贡。弘治十二年(1499)以后,达延汗连年大规模进攻明朝边城,掠夺人口和财富无数。由于达延汗时期明蒙之间的紧张关系,明蒙之间的朝贡互市关系基本上中断。弘治十三年(1500),达延汗为征讨满都赉阿固勒呼移帐于鄂尔生畜千余。达延汗以10万骑反击固原、宁夏等处。达延汗统治期间明蒙战争共计36次,其频率与时间分布如下:

表 13　成化至弘治时期（1465—1487）蒙古诸部扰明次数统计表（单位：次）

时间	正月	二月	三月	四月	五月	六月	七月	八月	九月	十月	十一月	十二月	合计
成化元年	—	—	—	—	—	—	1	1	—	1	—	—	
成化二年	—	—	—	—	—	1	1	1	—	—	—	1	
成化四年	—	—	—	—	—	1	—	—	—	—	—	—	
成化五年	—	—	—	—	—	—	—	—	—	—	1	—	
成化六年	—	—	—	—	—	—	—	—	—	—	1	—	
成化七年	—	—	1	—	—	—	—	—	—	—	—	—	
成化八年	1	—	—	—	—	1	1	1	—	1	—	—	23
成化九年	—	—	—	—	—	—	—	—	1	—	—	—	
成化十六年	1	—	—	—	—	—	—	—	—	—	—	—	
成化十八年	—	—	—	—	—	1	—	—	—	—	—	—	
成化二十一年	—	—	—	—	—	—	—	—	—	—	1	—	
成化二十二年	1	—	—	—	—	—	1	—	—	—	—	—	
弘治元年	—	—	1	—	—	—	—	1	—	—	—	—	
弘治六年	—	—	—	—	1	—	—	—	—	—	—	—	
弘治八年	1	—	—	—	—	—	—	—	—	—	1	—	
弘治九年	1	—	—	—	—	—	—	—	—	—	—	—	
弘治十一年	—	—	—	—	1	—	—	—	—	—	—	—	13
弘治十三年	—	—	—	—	—	—	—	—	—	1	—	—	
弘治十四年	—	—	—	1	—	1	—	—	—	—	—	—	
弘治十八年	1	—	—	—	—	—	—	—	—	—	1	1	
合计	6	—	2	1	2	4	5	4	1	4	5	2	36
	春季：8			夏季：7			秋季：10			冬季：11			36

说明：此表根据《明实录》《中国军事史》和孙玲《明代前中期对蒙古政策研究》（西北师范大学 2019 年硕士学位论文）制作。

嘉靖时期，俺答汗提出扩大"以马易帛"的贸易范围，请允许缺乏马匹的贫苦牧民以牛羊易粟豆米麦等粮食。这一合理要求又违到明世宗和严诺等人的拒绝,下令关闭大同等马市,杀死俺答汗的使者,双方复起冲突,又开始了长达20余年的战争。明朝数十万边兵败多胜少,损失修重,仅边关大将总兵、副总兵就战死10余人,军士死伤无从计数。嘉靖四十一年(1562),奸臣严嵩被弹劾下台,嘉靖四十五年二月(1567年1月),明穆宗继位,开明派高拱、张居正先后入阁担任首辅,推行改革,并对对蒙政策作了反省,使明蒙关系有了转机。

明世宗的腐败昏愦,是导致嘉靖时期明蒙战争升级和关系紧张的根由所在。明朝罢停边境各市,加之长期战争带给蒙古诸部的损害极其严重,使蒙古牧民衣用匮乏,在连续不断的自然灾害的困扰下,俺答汗统治的蒙古内部矛盾激化。正德至嘉靖时期,明蒙战争不断。据《中国军事史》统计,该时期蒙古诸部对明朝的大规模进攻多达27次。以10年为一个周期,其增减情况如下:

表14　嘉靖年间(1522—1566)蒙古诸部扰明边次数统计表　(单位:次)

时间	战争次数	占洪武朝明朝对蒙战争总数的比例
嘉靖元年—嘉靖十年	6	22.2%
嘉靖十一年—嘉靖二十年	4	14.8%
嘉靖二十一年—嘉靖三十年	4	14.8%
嘉靖三十一年—嘉靖四十年	7	25.9%
嘉靖四十一年—嘉靖四十五年	6	22.2%
合计	27	

说明:此表根据《明实录》《中国军事史》和孙玲《明代前中期对蒙古政策研究》(西北师范大学2019年硕士学位论文)制作。

明代中期,除张居正通过"俺答封贡"成功地解决了蒙古问题之外,其"恩威兼施"政策的执行不像明前期那样有力,效果也未像明前期那样显著。其次,在具体执行中,单纯依赖军事征服,有时又一味强调政治恩抚,未能真正做到"恩威兼施"。嘉靖年间,俺答汗屡次要求通贡互市,并以威力相胁迫,明世宗既顽固拒绝俺答汗的要求,又不加强武备,进行抵抗,则是"恩威"俱无。明代后期,蒙古诸部的扰边活动有所减少。据明实录载:隆庆年间,隆庆元年九月乙卯,俺答寇大同……癸亥,俺答陷石州……隆庆二年十一月壬子,宣府总兵马芳袭俺答于长水海子……隆庆三年春正月壬子,大同总兵犯俺答于赐堡……九月丙子,俺答犯大同,掠山阴、怀仁、浑源……较大的侵扰战争不超过10次。

整个明代中后期,蒙古各部南下侵扰具有以下特点:首先,"秋高马肥"是蒙古部频率南下的季节。古代西北各游牧部落,往往趁秋高马肥时南侵。届时边军特加警卫,调兵防守,称为"防秋"。嘉靖朝兵部尚书翁万达说:"国家御房兵卫,四岜不彻,警备也。而防秋云者,以秋高马肥,水草有依,房可深入,故特加戒严耳……"由于蒙古骑兵行动的迅速,如果不能事先做好防守的准备,一旦任其进入明朝境内,就无法阻止其破坏的脚步。其次,嘉靖年间,蒙古对明边的侵扰又是一个高峰。刘景纯说,"嘉靖十五年(1536)以后的三十一年间是蒙古诸部侵扰的高峰时期",这种情况在中国古代史上是颇为罕见的。根据他的统计,"宣德至万历年间,万人以上规模的侵扰约有70余次,其中分布在嘉靖二十五至四十一年期间的就有近20次",这是基本符合事实的。正如王士琦所说"嘉靖则无岁不为战场",其描述虽有夸张,但也从一个侧面反映了这一时期的真实情况。这一时期也是明朝北部遭受侵扰规模最大、次数最多的时期。第三,侵扰活动由鞑靼部开台,自九边东西两端而起,整个时段结束时又出现东西两个地域侵犯的局面。侵扰的主要势力来自蒙古部的五大核心地域集团,分别是:东蒙古鞑靼阿鲁台集团,西蒙古瓦剌集团,贺兰河套鞑靼集团,宣大边外鞑靼俺答集团,宣大边外以东至大兴安岭南部的鞑靼和泰宁等三卫集团。到了明朝中后期,鞑靼部的俺答成为扰明的强大势力,其侵犯重点在宣府、大同地区,俺答时期,对宣府、大同二镇的威胁也是最为危机的时代。

蒙古部入驻河套及对九边的频繁侵扰,给明朝的西北边疆带来了极大的威胁,明朝政府为了固守西北边疆,多次用兵"复套""剿套""搜套"。

河套,指今内蒙古自治区和宁夏回族自治区境内贺兰山以东、狼山和大青山以南、黄河沿岸地区。因黄河经此,形成为一个大弯曲,所以称为"河套。河套地区战略位置突出,自古以来为兵家必争之地。河套周边地区以游牧民族为主体,其自然环境和地理条件亦十分优越,湟水流域、洮水流域、洛水流域、渭水流域、汾水流域、桑干河流域、漳水流域、滹沱河流域穿流其间,土壤丰沃,畜牧发达。《明史》载:"河套,古朔方郡,唐张仁愿筑三受降城处也。地在黄河南,自宁夏至偏头关,延衰二千里,饶水草,外为东胜卫。"①

明代初期,河套属于"九边"之一的榆林镇管辖。为了防御蒙古南下,明王朝在河套地带实行"阻河为守,延绥亦无事"②,"后以旷绝内徙"③的政策,加之明代初期的河套地区处于明蒙要冲,明蒙之间的战争在大同、宣府、辽东一带进行。故历经元末明初战争,蒙古诸部"遁河外,居漠北"④,河套地区人迹罕至、荒凉萧条。

永乐时期,大宁卫、开平卫和东胜卫等卫所内徙,"大同万全,皆据山阻塞,易为守御。惟陕西自撤东胜以来,河曲内地,弃为虏巢,深山大沙,险反在彼,或乘冻度河。或经岁不出。盖自孤山至花马池千五百余里,自花马池至高桥亦不减五百里,退无所据,进不可入。分兵而备,则无所不寡,载粮而运,则有所不给,遂使宁夏外险。反南备河以汉唐之全壤守宋朝之近地此自失其险故也,然虏始入寇。不过近边,比岁得我逋降,觇我无备,颇敢深入。"⑤也先死后,瓦剌部落分散,势力逐渐衰落,而鞑靼部从此强盛起来。明英宗天顺间,阿罗出率部潜入河套。此后,"孛来与小王子、毛里孩等先后继至,掳中国人为乡导,抄掠延绥无虚时,而边事以棘。"⑥蒙古各部进入河套地区,给明朝北部

---

①　(清)张廷玉等撰:《明史》卷三二七《鞑靼传》,第 8473 页。

②　(清)张廷玉等撰:《明史》卷一七一《杨善列传》,第 4571 页。

③　(清)张廷玉等撰:《明史》卷三二七《鞑靼传》,第 8473 页。

④　(清)谷应泰:《明史纪事本末》卷五八《议复河套》,第 887 页。

⑤　(明)陈子龙:《皇明经世文编》卷五四,"《李西涯文集·西北备边事宜状》",第 419 页。

⑥　(清)张廷玉等撰:《明史》卷三二七《鞑靼传》,第 8473 页。

边防带来有严重危机。《明史·鞑靼传》中对蒙古各部进入河套地区的活动有着这样的记载：

蒙古鞑靼诸部，最早时或在辽东、宣府、大同，或在宁夏、庄浪、甘肃，去来无常，为患不久。景泰初年，蒙古部开始犯延庆，但因部落少，故不敢深入。到了天顺年间，蒙古阿罗出率部属潜入河套居之，于是蒙古部逼近西边，后蒙古乜加思兰、孛罗忽也入据河套，"满都鲁入河套称可汗，乜加思兰为太师。九年秋，满都鲁等与孛罗忽并寇韦州，"①但明将王越侦知敌情，率军与许宁及游击周玉率轻骑昼夜行军至其老巢红盐池地，前后夹击，剿灭之，蒙古满都鲁等部败北，"自是，不复居河套，边患少弭。"②弘治元年夏，蒙古小王子奉书求贡，"自称大元大可汗，朝廷方务优容，许之。自是，与伯颜猛可王等屡入贡，渐往来套中，出没为寇。……（弘治）十三年冬，小王子复居河套。"③这就是说，从蒙古族进入河套的短暂停留，到景泰、天顺年间的大举进入，再到成化年间蒙古部落开始在河套地区繁衍生息，河套成为他们的固定居所。正德年间，蒙古人已然将河套地区当作永久的根据地。随着蒙古部的入驻河套，给明朝的西北边疆带来了极大的威胁，明朝政府为了固守西北边疆，多次用兵"复套""剿套""搜套"。

复套，就是收复河套。弘治年间，内阁首辅李东阳提出，如何消除蒙古部久居河套地区给明朝政府带来的危害，只有收复河套才能永绝其患。"盖千数百里而余，更数十年，虽在延绥，恐不易保，往时屡有建议。欲复守东胜，因河为固，东接大同，西接宁夏，以为声援者，事不果行，或以为虏众在内，未易深图。或以为中界沙地，馈运难继。或以为创立城堡，民力不堪，盖分地出镇，止限本区，边事之无远虑，其患亦在乎此受命出征，不踰年岁。谁肯任此事者。臣谨按张仁愿城受降，乘默啜之虚范仲淹，城大顺籍游兵之力，大顺固不必

---

① （清）张廷玉等撰：《明史》卷三二七《鞑靼传》，第 8474 页。
② （清）张廷玉等撰：《明史》卷三二七《鞑靼传》，第 8474 页。
③ （清）张廷玉等撰：《明史》卷三二七《鞑靼传》，第 8475 页。

论。"①显然,李东阳主张务要收复河套,边事才能无忧。他进一步指出:收复河套,"一劳永逸":

> 统领边事,训厉士卒,使贼势挫衄,乘间而入,何患无时。节财省用,假五年之积,何患无费,移近就远言之甚,易行之甚,难去内边之给,并力外供。俟成屯田,渐省其半,何患无食? 七年之病,三年之艾,苟为不畜,终身不得,一劳永逸,以为长久计,惟此为宜,若当今攻守之宜,则如别议。②

总制延绥、宁夏、甘肃三镇军务的右都御史杨一清也指出:收复河套,使河套沃壤为我耕牧之地,只有这样才能永解边患。"诚宜复守东胜,因河为固,东接大同,西属宁夏,使河套方千里之地,归我耕牧,屯田数百万亩,省内地转输,策之上也。"③否则,即使在北部边境一带增筑堡寨关隘防边,依然不能奏效。

遗憾的是,正德之后,明廷已视河套为久弃之地,很难收复。而达延汗及蒙古诸部却倚仗着河套地区的地利优势,不时地在宁夏、固原、延绥一带的进犯骚扰。鉴于蒙古久居河套对明朝带来的威胁,总督陕西三军边务的兵部侍郎曾铣于嘉靖二十五年(1546)夏上疏:"太祖高皇帝顺天应人,驱逐胡元远遁漠北。成祖文皇帝三犁房庭、余孽奔亡几千里、救不暇,而又敢望河套乎。后以东胜孤远撤之内守,复改榆林为镇城。方初徙时套内无房,土地沃膏,草木繁茂,禽兽生息。当事之臣,不以此时据河守,乃区区于榆林之筑,此时房势未大,犹有委也,失此不为。弘治八年,房编筏渡河,剽掠官军牧马,十二年拥众入寇,自后常牧套内,侵扰中原。"④河套问题再一次被提出,明廷深感忧虑。

---

① (明)陈子龙:《皇明经世文编》卷五四《西北备边事宜》,第419—420页。
② (明)陈子龙:《皇明经世文编》卷五四《西北备边事宜》,第420页。
③ (清)张廷玉等撰:《明史》卷一九八《杨一清传》,第5227页。
④ (明)陈子龙:《皇明经世文编》卷二三七《议收复河套疏》,第2476页。

如何收复河套？总督陕西三军边务的兵部侍郎曾铣提出与右都御史杨一清相同的建议，先收复东胜，继而收复河套，将河套变为明朝北部耕牧之地。他说，"杨一清请复守东胜：'因河为固，东接大同，西属宁夏，使河套千里沃壤，归我耕牧，则陕右犹可息肩。因上修筑定边营等六事'。"①"及今增筑防边，敌来有以待之，犹愈无策。"②这种"欲图复套必当先务于修边"的观点具有鲜明的合理性。曾铣又会同张兰上疏，提出收复河套，修筑边墙的主张："欲西自定边营，东至黄甫川一千五百里，筑边墙御寇，请帑金数十万，期三年毕功。"③

事实上，修边墙防御蒙古在明宪宗时期，陕西右布政使余子俊就已提出：河套各项投入十分巨大，"今征套士马屯延绥者八万，刍茭烦内地。若今冬寇不北去，又须备来年军资。姑以今年之数约之，米豆需银九十四万，草六十万。每人运米豆六斗、草四束，应用四百七万人，约费行资八百二十五万。公私烦扰至此，安得不变计。"④余子俊指出，修边墙是缓解河套危机的最有效的办法：上疏宪宗，"臣前请筑墙建堡，诏事宁举行。请于明年春夏寇马疲乏时，役陕西运粮民五万，给食兴工，期两月毕事。"⑤成化九年（1473）红盐池之战后，满都鲁等出套，明宪宗准奏：余子俊立即兴役修筑边墙，范围大概是："东起清水营，西抵花马池，延袤千七百七十里，凿崖筑墙，掘堑其下，连比不绝。每二三里置敌台崖寨备巡警。又于崖寨空处筑短墙，横一斜二如箕状，以瞭敌避射。凡筑城堡十一，边墩十五，小墩七十八，崖寨八百十九，役军四万人，不三月而成。墙内之地悉分屯垦，岁得粮六万石有奇。"⑥

弘治年间，杨一清也指出筑边墙防御蒙古之侵掠。"延绥安边营石涝池至横城三百里，宜设墩台九百座，暖谯九百间，守军四千五百人；石涝池至定边

---

① （清）张廷玉等撰：《明史》卷九一《兵三》，第2238页。
② （清）张廷玉等撰：《明史》卷一九八《杨一清传》，第5227页。
③ （清）张廷玉等撰：《明史》卷六七《曾铣传》，第5387页。
④ （清）张廷玉等撰：《明史》卷一七八《余子俊传》，第4736—4737页。
⑤ （清）张廷玉等撰：《明史》卷一七八《余子俊传》，第4737页。
⑥ （清）张廷玉等撰：《明史》卷一七八《余子俊传》，第4737页。

营百六十三里,平衍宜墙者百三十一里,险崖峻阜可铲削者三十二里,宜为墩台,连接宁夏东路;花马池无险,敌至仰客兵,宜置卫;兴武营守御所兵不足,宜召募;自环庆以西至宁州,宜增兵备一人;横城以北,黄河南岸有墩三十六,宜修复。帝可其议。大发帑金数十万,使一清筑墙。"①但当时明廷内部刘瑾专政,杨一清因得罪刘瑾而被革职,朝廷内也无人敢提及河套之事,明朝政府越加难以控制河套地区的局面了。正德之后,曾铣提出了修筑边墙的具体措施:"边墙岁久倾颓,不异平地,宜分地定工,次第修举。西自定边,东至龙川堡,计长四百四十余里,为西段;自龙川堡而东至双山堡,计长四百九十余里,为中段;自双山堡而东至黄甫川,计长五百九十余里,为东段。今镇分三道,以西段为靖边道,中段为榆林道,东段为神木道。岁修一段,期以三年竣事。又言:河套为我必守之地,自寇据套为穴,深山大川,势反在彼。彼得出没自由,东西侵掠。守御烦劳,三秦坐困,故套患不除,中国之祸未可量也。"②

关于修筑边墙成效有言,"子俊之筑边墙也,或疑沙土易倾,寇至未可恃。至十八年,寇入犯,许宁等逐之。寇扼于墙堑,散漫不得出,遂大衄,边人益思子俊功。"③

搜套,就是搜剿河套。成化八年(1472),王越上奏,提出"搜套"主张:"欲穷搜河套,非调精兵十五万不可。今馈饷烦劳,公私困竭,重加科敛,内衅可虞。宜姑事退守,散遣士马,量留精锐,就粮鄜、延,沿边军民悉令内徙。其寇所出没之所,多置烽燧,凿堑筑墙,以为保障。"④王越又奏:

　　寇知我军大集,移营近河,潜谋北渡,殆不战自屈。但山、陕荒旱,刍粮缺供,边地早寒,冻馁相继。以时度之,攻取实难,请从防守之策,臣等亦暂还朝。⑤

---

① (清)张廷玉等撰:《明史》卷一九八《杨一清传》,第 5227 页。
② (清)顾祖禹:《读史方舆纪要》卷六一《陕西十》,中华书局 2005 年版,第 2907 页。
③ (清)张廷玉等撰:《明史》卷一七八《余子俊传》,第 4738 页。
④ (清)张廷玉等撰:《明史》卷一七一《王越传》,第 4572 页。
⑤ (清)张廷玉等撰:《明史》卷一七一《王越传》,第 4572 页。

这是明朝在河套地区的战略政策上的第一个转折。成化九年时,河套的形势是:据于河套内的满都鲁及李罗忽、乩加思兰将妻子、老弱等留于红盐池(今伊金霍洛旗境内)后,率兵向西大举深入秦州、安定等地。王越决定利用这一时机进行偷袭,率延绥总兵官许宁、游击将军周玉各统五千骑兵为左右哨,前后伏击红盐池,"分兵千为十覆,而身率宁、玉张两翼,薄其营,大破之。擒斩三百五十,获驼马器械无算,焚其庐帐而还。及满都鲁等饱掠归,则妻子、畜产已荡尽,相顾痛哭。自是远徙北去,不敢复居河套,西陲息肩者数年。初,文臣视师者,率从大军后,出号令行赏罚而已。越始多选跳荡士为腹心将,亲与寇搏。又以间觇敌累重邀劫之,或剪其零骑,用是数有功。"①

剿套,就是剿灭河套"之敌"。曾铣建议,利用蒙古最弱的春夏之季直捣巢穴。"臣尝审度机宜,较量彼我,当秋高马肥,弓矢劲利,纠合丑类,长驱深入。彼聚而攻,我分而守,此彼利而我诎之时也。及冬深水枯,分帐散牧,马无宿藁,日渐羸瘠。比及春深,贼势益弱,我则淬励戈矛,多备火器,练兵秣马,乘便而出,此我利而彼诎之时也。"②可见,蒙古部南下具有季节性,因此如果能利用蒙古部实力最弱的春夏之季,"携五十日之饷,水陆并进,乘其无备,直捣巢穴,材官驺发,炮火雷激,则寇不能支矣。岁岁为之,每出益厉,寇势必折,将遁而出套恐后矣。俟其远去,然后因祖宗之故疆,并河为塞,修筑墩台,建置卫所,处分戍卒,讲求屯政,以省全陕之转输,壮中国之形势,此中兴大烈也。"③然而,当时朝中奸臣严嵩当政,与仇鸾串通,诬告曾铣贪污军饷。嘉靖皇帝生性多疑,曾铣被屈斩。曾铣死后,朝中无人敢再言复套,河套一事又被搁置。

三、厉行海禁:不能"因时而易"发展

明代前中期为了加强海防,防止倭寇侵扰,切断国内叛乱者与海盗的海上联系,明朝严禁私人下海贸易,这是受传统重农政策的理念和思维模式影响所

---

① (清)张廷玉等撰:《明史》卷一七一《王越传》,第4573页。
② (清)顾祖禹:《读史方舆纪要》卷六一《陕西十》,第2907页。
③ (清)顾祖禹:《读史方舆纪要》卷六一《陕西十》,第2907—2908页。

决定的。然而，尽管明朝高度垄断海外贸易，对私人下海贸易实行严格禁律，但由于海禁政策使东南亚日本、印度及南洋沿岸市场上中国的丝绸、磁器、甘草等货物锐减，价格大涨。因此，从事海外贸易商利巨大，在高额利润的诱惑和吸引下，一些商人甘愿铤而走险，从中谋取暴利，"容至巨万"。① 如洪武二十七年（1394）正月，"缘海之人往往私下诸番，贸易香货，用诱蛮夷为盗……"②弘治六年（1493）三月，两广总督都御史阁硅奏："广东沿海地方多私通番舶，络绎不绝。"③同年十一月，南京锦衣卫指挥使王锐言："近年以来…又有贪利之徒，治巨舰，出海与夷人交易，以私货为官物，沿途影射。"④鉴于此，明朝规定：沿海边民及官兵，敢有私出入海贸易或交通外夷谋利者，皆重治以法。洪武四年（1371）十二月，明太祖朱元璋在对大都督府臣的敕谕中说："朕以海道可通外邦，故尝禁其往来。近闻福建兴化卫指挥李兴、李春私遣人出海行贾，则滨海军卫岂无如彼所为者乎？苟不禁戒，则人皆惑利而陷于刑宪矣。尔其遣人谕之，有犯者论如律。"⑤

在朱元璋的亲自过问下，官民出海之禁开始愈加严厉。到了洪武二十三年（1390）和洪武二十七年（1394），明太祖两次下诏：一次是洪武二十三年十月，诏户部："沿海军民官司纵令相交易者，悉治以罪。"⑥另一次是洪武二十七年正月，诏礼部：严行禁绝私通外国，"敢有私下诸番互市者，必置之重法。凡番香、番货皆不许贩，其见有者，限以三月销尽。民间祷祀止用松柏枫桃诸香，违者罪之。其两广所产香木听土人自用，亦不许越岭货卖。"⑦两次诏书内容基本相同，一个最大的特点是两次诏书中将出海通番定为"重法"，违者以重律论罪。

① （清）陈锳等修，邓来祚等纂：《海澄县志》卷一五《风土志》，成文出版社 1967 年版，第141 页。
② 《明太祖实录》卷二三一，洪武二十七年正月甲寅，第 3374 页。
③ 《明孝宗实录》卷七三，弘治六年三月丁丑，第 1367 页。
④ 《明孝宗实录》卷八二，弘治六年十一月乙卯，第 1553 页。
⑤ 《明太祖实录》卷七，洪武四年十二月乙未，第 1307 页。
⑥ 《明太祖实录》卷二〇五，洪武二十三年十月乙酉，第 3067 页。
⑦ 《明太祖实录》卷二三一，洪武二十七年正月甲寅，第 3374 页。

此后,明宣德六年(1431)四月,"上闻并海居民有私下番贸易及出境与夷人交通者,命行在都察院揭榜禁戢。"①宣德八年(1433)七月,"上谕右都御史顾佐等曰:'私通外夷,已有禁例。近岁官员军民不知遵守,往往私造海舟,假朝廷干办为名,植自下番,扰害外夷。或引诱为寇。比者已有摘获,各置重罪。尔宜申明前禁榜谕缘海军民,有犯者许诸人首告,得实者给犯人家资之半。知而不靠及军卫有司之弗禁者,一体治罪'。"②弘治六年(1493)十一月,南京锦衣卫指挥使王锐上奏:"今后商货下海者,请即以私通外国之罪罪之。都察院覆奏,从之。"③万历四十年(1612)十二月,兵部题:"贩海之禁,屡经申伤,不意犹如李文美等公行无忌,迹其盘验,虽非通倭之货,但脱逃可疑,应行原籍衙门拘审。仍通行所属沿海军卫有司,禁戢军民不许私出大洋兴贩通倭,致启衅端。"④从之。由此可见,严禁出海乃明代各朝基本国策。

然而,明代禁海政策带来了不少社会问题。明朝厉行海禁,朝贡贸易又根本无法满足海外国贸易的需求。于是,东南沿海私人武装走私,"直隶闽浙并海诸郡奸民往往冒禁入海,越境回见以规利"⑤,海盗骤起。

基于过去海禁政策的经验教训,到明代后期,朝臣中有一部分开明之士主张"因时而易"开放海禁,允许沿海居民出海经商贸易。然而,以明朝最高统治者——皇帝为代表的一部分封建统治上层,"唯祖宗之法是遵",依旧制继续实行海禁政策不变。是继续海禁,还是开禁通商,明廷内部逐渐形成禁海与开海派,双方争论一度甚为激烈。

万历四十一年(1613)十月,浙江嘉兴县民陈仰川、杭州萧府杨志学等百余人潜通日本贸易财利,为刘总练杨国江所获。巡按直隶御史薛贞核状以闻,因请申饬越贩之禁:"今直隶浙江势豪之家私造双桅沙船,伺风越贩,宜尽数查出,不许违禁出海,则通倭无具,私贩者无所施其计矣。江南与浙之定海、楚

① 《明宣宗实录》卷七八,宣德六年四月丙辰,第1813页。
② 《明宣宗实录》卷一〇三,宣德八年七月己未,第2308页。
③ 《明孝宗实录》卷八二,弘治六年十一月乙卯,第1553页。
④ 《明神宗实录》卷五〇三,万历四十年十二月庚寅,第9537页。
⑤ 《明世宗实录》卷一六六,嘉靖十三年八月癸丑,第3653页。

门、石塘、石浦、马墓等处，江北之通州、如皋、泰州、海门等处互相往来，是在一体禁戢，使浙江之船不得越定海后抵直隶，江北之船不得越江北而走浙江，则通倭无路而邻国不至为壑矣。下部议可。"①从之。显然，明臣薛贞仍然主张海禁。

与海禁派的观点不同，弛禁派的观点是：如果禁绝海外贸易，断绝中外往来，一使国家税收无收，二则沿海居民必然因生活计，勾结外人入寇，三则使国家对国外情况无从知晓，不利于海上防御。嘉靖三十五年十二月，尚书赵文华条陈防海事宜六事，其中之一就是"弛海禁"："滨海细民，本借采捕为生，后缘海禁过严，以致资生无策，相偏从盗。宜令督抚等官止禁通番大船，其余各听海道官编成排甲，稽察出入，照旧采捕……"②

隆庆元年（1567），福建巡抚涂泽民上疏奏请："请开市舶，易私贩而为公贩。"③福建巡抚许孚远据海澄县番商李福等联名呈请，草拟《疏通海禁疏》：

　　……近因倭寇朝鲜，庙堂防闲奸人接济硝黄，通行各省禁绝商贩、贻祸澄商，引船百余只，货物亿万计，生路阻塞。商者倾家荡产，佣者束手断飧，阖地呻嗟，坐以待毙…往者商舶之开，正以安反侧杜乱萌也。乃今一禁，彼强悍之徒，俯仰无赖，势必私通，继以追捕，急则聚党逋海，据险流突…市通则寇转而为商，市禁则商转而为寇……④

此疏中许孚远提出，开放海禁不但于国有利，而且也是加强海防的最好办法。明穆宗听其建议，诏令解除海禁，准许民间商人远贩东西二洋，史称"隆庆开关"。这就意味着，民间私人的海外贸易获得了合法的地位。

①　《明神宗实录》卷五一三，万历四十一年十月乙酉，第9689—9690页。
②　《明世宗实录》卷四四二，嘉靖三十五年十二月癸卯，第7563页。
③　（明）陈子龙：《明经世文编》卷四〇〇，"许孚远《疏通海禁疏》"，第4333页。
④　（明）陈子龙：《明经世文编》卷四〇〇，"许孚远《疏通海禁疏》"，第4332—4334页。

不久,明朝便开放福建漳州府月港(今福建海澄),并设立督饷馆,派官负责海外贸易之管理和征税事宜。督饷馆对私人海外贸易管理的内容主要有:出海贸易的船只不得携带违禁物品;船主要向督饷馆领取船引并缴纳引税。但同时规定,对日本的贸易仍在禁止之内,禁止商船前往日本,福建漳、泉滨海人藉贩洋为生,前任巡抚徐泽民议开番船,"许其告给文引,于东西诸番贸易,惟日本不许私赴,其商贩规则勘报"①,"不得往日本倭国。"②如果擅与日本贸易者,均以"通倭"罪论处。

隆庆开关促进了明代对外贸易的很大发展,是明朝对外贸易政策的一个转折点。尽管隆庆年间对海外贸易政策的调整也只是一个有限调整,因为贸易方面仍然有许多管限规定,如商人下海贸易仍然要申领引票,船只数目和贸易地点等也有限定,开放的月港也只是一处小港口,但民间私人海外贸易至此毕竟得到了朝廷的认可,只要遵守官府的管理限制,民间私人海外贸易就被视为合法经营,"朝廷在隆庆元年(1567)部分解除海禁,一直被视为走私的私人海外贸易取得了合法地位,进入了一个新的发展时期。"③明人周起元评论道:"我穆庙(穆宗)时除贩夷之律,于是五方之贾,熙熙水国,刳舻艎,分市东西路(东西洋),其捆载珍奇,故异物不足述,而所贸金钱,岁无虑数十万,公私并赖。"④这就说明,隆庆开关的商贸成效还是十分明显的,从此,"东南沿海地区和运河沿岸地区尤为商贾聚集之处。……海外贸易的发展,也在明代进入了一个新阶段。"⑤

由此可见,要确保边疆社会发展和稳定,决不能固守成规,必须锐意进取,与时俱进,提高综合实力和治理能力,最终实现明朝国家治理边疆的理想目标。

---

① 《明神宗实录》卷三一六,万历二十五年十一月庚戌,第5899页。
② (明)陈子龙:《明经世文编》卷四〇〇,"许孚远《疏通海禁疏》",第4333页。
③ 王毓铨主编:《中国通史·明史》,人民出版社1994出版,第345页。
④ (明)张燮:《东西洋考·周起元序》,第17页。
⑤ 王毓铨主编:《中国通史·明史》,第344页。

总　　结

　　明代边疆治理是有明一代朝廷治边观在国家治理中的具体反映,也是明朝特殊边疆情形和边疆经略指导方针的产物。在中国历代边疆治理中,明代边疆治理颇具特色,蕴含十分丰富的内容,其结果有利有弊、有得有失,带给我们诸多思考。

　　明朝建立后,在建国将近三百年的时间里,陆地边疆和沿海边疆都曾遭遇到了前所未有的冲击和压力。明朝统治阶级将解决所谓"北虏南倭"问题作为治理边疆的重中之重,竭尽各方力量、动用各种资源,展开强大的压迫势进攻。

　　而在北方,明政府自建立起就一直以重兵防御北部边境,前期以阻止蒙古贵族的骚扰,后期以防范满族贵族的进犯。明代初期,对北元蒙古大规模讨伐征剿,并采取怀柔政策,努力促成蒙古皇室、宗亲、部众的归附,接受明朝新政权的统治。但是,在讨伐手段不能彻底解决"北虏"问题时又积极防御,实施"固守""战守"的边备方略。至于"南倭"问题,明初加强海上布防,增置卫所,添造战船,各边将奋力捕剿,东南边疆倭寇没有酿成大患。明代中期,尽管倭寇猖獗至甚,东南海疆危机日深,但在戚继光和俞大猷的率领下,招募训练新军,依靠人民支持,最终讨平倭寇,使东南沿海的倭患完全解除,抗倭斗争取得了最后胜利。这是值得肯定的。

　　在东北边疆,明王朝不仅建立了众多羁縻卫所,敕封少数民族的首领为官,赐予封号令其治理本地或本部,把"以夷治夷"普遍运用到东北边疆各地,而且还利用某一民族的势力来钳制另一民族的势力。明代后期,满族日益强大,后来在后金军队的进攻下,明军接连失败,明朝的东北边防崩溃了。

在西北边疆,"隔绝羌胡",即隔断蒙藏联系是明朝西北边疆治理策略的核心,主要体现在两个方面:一是西域政策,二是西番政策。对于诸藏区,明朝实行了招附为主、军事打击为辅政策。明王朝还先后取消了元朝宣政院统管下的藏族地区三个宣慰使司都元帅府,推行军事卫所制度进行管理,并由中央控制。都司卫所军政管理政策,体现着西北边疆恩威并施、"因俗而治"的边疆治理方针。另外,明初建立了茶马互市体系,其建立、运营和管理均有相关的政策规定,为西北边疆社会稳定提供了必要的政治保障,也为确保甘青川藏茶马线的道路交通畅通起到了关键性作用。但明中期以后,随着统治的日益腐败,国家建立的西北茶马贸易体系也逐渐荒废,甚至出现局部地区"番房合一"的情况,明廷对此无从解决,被动应对,以致产生诸多不稳定问题,这种情况在蒙古人力量进入青海地区后愈加显著。

在西南边疆,由于明朝边疆治理事务的重点是在北方,所以明朝经营西南的总体战略是和平方式。明太祖和明成祖主张对四夷要"怀之以恩,待之以礼",反对穷兵黩武的做法。此后明朝诸帝,在处理西南边疆问题上基本继承了洪武、永乐时期的政策。然而,由于土司们拥有很大的权力和领地,他们或互相仇杀、互相兼并,或拥兵反明,或割据称雄,至明末时西南各地、各民族动乱的形势更加严重。需要说明的是,明代"重北轻南"的边疆治理方略在正统时期有了一定的变化,但并不影响明朝治理西南边疆的整体方向。正统六年,明英宗派兵征麓川,意味着明朝实施"轻北重南"政策。对于该政策,行在翰林院侍讲刘球上奏劝谏道:"北虏犹古严狁匈奴,世为边患,今虽少抑,然部曲尚强,戎马尚众,今欲移甘肃守将以事南征,恐边人以北虏为不足,虑遂弛其防。卒然有警,或致失措,臣谓宜防其患。"①就是说,明朝应该坚持"重北轻南"政策不动摇,重防守、修城堡、选良将、勤练习,则北部边防无患。而对于

———————
① (明)谈迁著,张宗祥校点:《国榷》卷二五,英宗正统六年正月戊午,第1604页。

云南,只要朝廷分屯要害之地,且耕且练,乘机攻取即可。对此建议,明英宗不予理睬,以致后来出现失误。

终明之世,边境问题虽然问题较多,但明朝的灭亡却并不是边疆问题带来的。北方瓦剌、南方倭寇也仅仅嚣张一时,明朝的致命性问题还是出在自己机体内部。明代中期,统治腐朽,土地兼并日益加剧,农民起义不断。明朝后期,战事频繁,内忧外患,财政拮据,加之对外政策之失误,日益腐败的大明王朝便在农民起义的浪潮声中灭亡了。

明代治理边疆的思想及实践在清朝也有所继承。清代前期,一系列巩固和发展我国统一多民族国家的边疆政策,便是在总结、吸取明朝治边经验教训的基础上推行的,诸政策进一步解决了明朝遗留的边疆问题而显得更加合理有效。

历史经验告诉我们,中国历史上历代王朝,凡是边疆问题处理得当的,则社会稳定,经济发展;反之,则社会动荡,百姓流离失所,经济不前。制止边乱、打击不法,确保边疆稳定安全,这是主权国家的基本职能,容不得任何人、任何别有用心势力挑衅。

参考文献

一、史料

（汉）班固:《汉书》,中华书局 1975 年版。

（明）卜大同辑:《备倭记》,中华书局 1991 年版。

（明）陈建著:《皇明通纪》,钱茂伟点校,中华书局 2008 年版。

（清）陈梦雷等:《古今图书集成》,中华书局 1934 年影印本。

（明）陈子龙辑:《明经世文编》,中华书局 1962 年影印本。

道润梯步译校:《蒙古源流》,内蒙古人民出版社 2006 年版。

（明）高岱:《鸿猷录》,上海古籍出版社 1992 年版。

（明）高拱:《伏戎纪事》,中华书局 1991 年版。

（清）谷应泰:《明史记事本末》,中华书局 1977 年版。

（明）顾应祥撰,四库全书存目丛书编纂委员会编《人代纪要》,明嘉靖三十七年黄
宸刻本,齐鲁书社 1996 年版。

（清）顾祖禹:《读史方舆纪要》,中华书局 1962 年版。

（明）胡汝砺:《嘉靖宁夏新志》,宁夏人民出版社 1982 年版。

（明）黄瑜:《双槐岁钞》,中华书局 1999 年版。

（明）黄训:《名臣经济录》,四库全书影印本。

怀效锋点校:《大明律》,法律出版社 1999 年版。

黄彰健校勘:《明实录》,"中研院"历史语言研究所校印,中华书局 2016 年版。

（明）李东阳等撰:《大明会典》,（明）申时行等重修,广陵书社 2007 年版。

（明）李东阳:《怀鹿堂集》,四库全书影印本。

（宋）李焘:《续资治通鉴长编》,中华书局 1979 年版。

（元）刘瑾:《诗传通释》,四库全书影印本。

(清)龙文彬:《明会要》,中华书局1956年版。

(明)陆楫编:《古今说海》,四库全书影印本。

(明)陆容:《菽园杂记》,中华书局1985年版。

(战国)孟轲撰:《孟子》,上海古籍出版社1987年版。

(宋)欧阳修、宋祁:《新唐书》,中华书局1975年版。

(清)钱谦益撰:《国初群雄事略》,张德信、韩志远点校,中华书局1982年版。

(明)瞿九思:《万历武功录》,台北广文书局1961年版。

(明)沈德符:《万历野获编补遗》,中华书局1959年版。

(汉)司马迁:《史记》,中华书局1972年版。

(明)宋濂:《元史》,中华书局1976年版。

(宋)苏洵:《嘉祐集》,四库全书影印本。

(清)孙承泽撰:《春明梦余录》,四库全书影印本。

(明)谈迁撰:《国榷》,张宗祥点校,中华书局1958年版。

(元)脱脱:《金史》,中华书局1975年版。

(元)脱脱等:《宋史》,中华书局1985年版。

(元)脱脱等撰:《辽史》,中华书局1974年版。

(宋)王溥撰:《唐会要》,中华书局1955年版。

(明)王琦:《寓圃杂记》,中华书局1984年版。

(明)王世贞撰:《弇山堂别集》(4册),魏连科点校,中华书局1985年版。

(明)魏焕:《皇明九边考》,明嘉靖刊本。

(宋)魏泰:《东轩笔录》,中华书局1983年版。

(清)夏燮撰:《明通鉴》,沈仲九标点,中华书局1959年版。

(明)萧大亨:《夷俗记》,北京书目文献出版社1997年版。

(明)徐学谟:《继世纪闻》,中华书局1985年版。

(宋)徐梦莘:《三朝北盟会编》,四库全书影印本。

(汉)荀悦撰:《前汉纪》,吉林出版集团2007年版。

(明)严从简:《殊域周咨录》,余思黎点校,中华书局1993年版。

(清)严可均辑:《全晋文》,何宛屏等审订,商务印书馆1999年版。

(明)杨荣:《北征记》,明嘉靖十二年刻本。

(明)杨时宁:《宣大山西三镇图说》,明万历三十一年(1603)刻本。

(明)杨一清:《杨一清集》,中华书局2001年版。

（明）叶向高：《四夷考》，中华书局 1991 年版。

（明）余继登：《典故纪闻》，中华书局 1981 年版。

张德信、毛佩琦主编：《洪武御制全书·御制文集》，黄山书社 1995 年版。

（明）张居正：《张太岳集》，上海古籍出版社 1984 年版。

（清）张廷玉：《明史》，中华书局 1974 年版。

（明）郑晓：《今言》，中华书局 1984 年版。

朱凤，贾敬颜译：《汉译蒙古黄金史纲》，内蒙古人民出版社 2007 年版。

（宋）赵汝愚：《宋名臣奏议》，四库全书影印本。

（明）朱元璋：《皇明祖训》，北京图书馆出版社 2002 年版。

（明）朱元璋：《明太祖宝训》，全国图书馆缩微中心 2010 年版。

（明）朱元璋撰：《明太祖集》，胡士萼点校，黄山书社 1991 年版。

（明）朱长祚撰：《玉镜新谭》，仇正伟点校，中华书局 1989 年版。

（春秋）左丘明著：《左传》，刘利等译注，中华书局 2007 年版。

（周）左丘明撰：《春秋左传注疏》，四库全书影印本。

二、研究专著

［美］阿瑟·沃尔德隆：《长城从历史到神话》，石云龙、金鑫荣译，江苏教育出版社 2008 年版。

［美］巴菲尔德：《危险的边疆——游牧帝国与中国》，袁剑译，江苏人民出版社 2011 年版。

白翠琴：《瓦剌史》，广西师范大学出版社 2006 年版。

曹永年：《蒙古民族通史》，内蒙古大学出版社 2002 年版。

陈霖：《中国边疆治理研究》，云南大学出版社 2011 年版。

陈悟桐：《朱元璋研究》，天津人民出版社 1993 年版。

崔明德：《中国古代和亲通史》，人民出版社 2007 年版。

达力扎布：《明代漠南蒙古历史的研究》，内蒙古文化出版社 1997 年版。

戴鸿义：《明代庚戌之变和隆庆和议》，中华书局 1982 年版。

［美］狄宇宙：《古代中国与其强邻——东亚历史上游牧力量的兴起》，贺严、高书文译，中国社会科学出版社 2010 年版。

龚荫：《中国民族政策史》，四川人民出版社 2006 年版。

顾颉刚、史念海：《中国疆域沿革史》，长沙商务出版社 1938 年版。

关文发、颜广文:《明代政治制度研究》,中国社会科学出版社 1996 年版。

郭红、靳润成:《中国行政区划通史·明代卷》,复旦大学出版社 2007 年版。

郭厚安:《明实录经济资料选编》,中国社会科学出版社 1989 年版。

[日]和田清著:《明代蒙古史论集》,潘世宪译,商务印书馆 1984 年版。

贺卫光:《中国古代游牧民族经济社会文化研究》,甘肃人民出版社 2001 年版。

[美]黄仁宇:《中国大历史》,中华书局 2007 年版。

军事科学院主编:《中国军事通史》第十五卷《明代军事史》(上),军事科学出版社 1998 年版。

[美]拉铁摩尔著:《中国的亚洲内陆边疆》,唐晓峰译,江苏人民出版社 2010 年版。

蒙古族简史编写组:《蒙古族简史》(修订本),民族出版社 2009 年版。

赖家度、李光璧:《明朝对瓦剌的战争》,华东人民出版社 1954 年版。

梁方仲:《明代粮长制度》,上海人民出版社 2001 年版。

林恩显:《中国边疆研究理论与方法》,渤海堂文化公司 1992 年版。

林耀华:《民族学通论》,中央民族大学出版社 1997 年版。

刘祥学:《明朝民族政策演变史》,民族出版社 2006 年版。

刘义棠:《中国边疆民族史》,台湾中华书局 1969 年版。

卢勋:《中华民族凝聚力的形成与发展》,民族出版社 2000 年版。

马大正主编:《中国边疆经略史》,中州古籍出版社 2000 年版。

马大正主编:《中国古代边疆政策研究》,中国社会科学出版社 1990 年版。

毛佩琦、李焯然:《明成祖史论》,文津出版社 1994 年版。

[美]牟复礼、[英]崔瑞德:《剑桥明代中国史》,中国社会科学出版社 1992 年版。

南炳文、汤纲:《明史》(上、下),上海人民出版社 2003 年版。

彭建英:《中国古代羁縻政策的演变》,中国社会科学出版社 2004 年版。

彭勇:《明代北边防御体制研究——以边操班军的演变为线索》,中央民族大学出版社 2009 年版。

奇文瑛:《明代卫所归附人研究——以辽东和京畿地区卫所达官为中心》,中央民族大学出版社 2011 年版。

田澍、何玉红:《西北边疆社会研究》,中国社会科学出版社 2009 年版。

王毓铨:《明代的军屯》,中华书局 1965 年版。

翁独健主编:《中国民族关系史纲要》(上、下),中国社会科学出版社 2000 年版。

[美]享利·赛瑞斯著:《明蒙关系Ⅲ——贸易关系马市(1400—1600)》,王苗苗

译,中央民族大学出版社 2011 年版。

肖立军:《明代中后期九边兵制研究》,吉林人民出版社 2001 年版。

杨建新:《中国西北少数民族史》,民族出版社 2003 年版。

杨绍猷、莫俊卿:《明代民族史》,四川民族出版社 1996 年版。

札奇斯钦:《北亚游牧民族与中原农业民族间的和平战争与贸易之关系》,台北国立政治大学出版委员会 1973 年版。

张碧波、庄鸿雁:《华夷变奏——关于中华多元一体运动规律的探索》,黑龙江人民出版社 2009 年版。

张鸿翔:《明代各民族人士入仕中原考》,中央民族大学出版社 1999 年版。

张金奎:《明代卫所军户研究》,线装书局 2007 年版。

张士尊:《明代辽东边疆研究》,吉林人民出版社 2002 年版。

赵现海:《明代九边长城军镇史》,社会科学文献出版社 2012 年版。

赵云田主编:《北疆通史》,中州古籍出版社 2003 年版。

中国军事史编写组:《中国历代战争年表》(上、下),解放军出版社 2003 年版。

周平:《中国边疆治理研究》,经济科学出版社 2011 年版。

周松:《明初河套周边边政研究》,甘肃人民出版社 2008 年版。

三、研究论文

艾冲:《余子俊督筑延绥边墙的几个问题》,《陕西师范大学学报》1986 年第 1 期。

白初一:《试论明朝初期明廷与北元和女真地区的政治关系》,《内蒙社会科学》2006 年第 4 期。

薄音湖:《从明东胜卫到蒙古妥妥城》,《民族研究》2009 年第 4 期。

宝日吉根:《试论明朝对所辖境内蒙古人的政策》,《内蒙古社会科学》1984 年第 6 期。

曹永年:《北巡私记所见北元政局》,《内蒙古大学学报》2001 年第 1 期。

岑仲勉:《明初曲先、阿端、安定、罕东四卫考》,《金陵学报》1936 年第 2 期。

曾现江:《明代中晚期东蒙古部落在康区的活动及其影响》,《西藏研究》2008 年第 2 期。

陈守实:《明初与蒙古关系》,《复旦学报》1980 年第 1 期。

陈学文:《明代的海禁与倭寇》,《中国社会经济史研究》1983 年第 1 期。

陈一石:《明代茶马互市政策研究》,《中国藏学》1988 年第 3 期。

陈育宁:《明代蒙古之入居河套》,《史学月刊》1984 年第 2 期。

程利英:《明代关西七卫探源》,《内蒙古社会科学》2006 年第 4 期。

达力扎布:《北元初期史实略述》,《内蒙古社会科学》1990 年第 5 期。

邓锐龄:《明初安定、阿端、曲先、罕东等卫杂考》,《历史地理》1982 年第 2 辑。吴均《安定、曲先、罕东、必里等卫地望及民族琐议》,《青海师范大学学报》1988 年第 3 期。

邸富生:《试论明朝初期居住在内地的蒙古人》,《民族研究》1996 年第 3 期。

杜常顺:《明清时期黄河上游地区的民族贸易市场》,《民族研究》1998 年第 3 期。

樊保良:《略述瓦剌与明朝在西北的关系》,《兰州大学学报》1999 年第 3 期。

范中义:《明代海防述略》,《历史研究》1990 年第 3 期。

方铁:《古代"守中治边"、"守在四夷"治边思想初探》,《中国边疆史地研究》2006 年第 4 期。

费克光、许敏译:《论嘉靖时期(1522—1567)的明蒙关系》,《世界民族》1990 年第 6 期(许敏译自美国《明史研究》1988 年春季期)。

高树林:《明朝隆庆年间与蒙古右翼的封贡互市》,《河北大学学报》1982 年第 1 期。

高自厚:《明代的关西七卫及其东迁》,《兰州大学学报》1986 年第 1 期。

顾诚:《明朝的疆土管理体制》,《历史研究》1989 年第 3 期。

郭红、于翠艳:《明代都司卫所制度与军管政区》,《军事历史研究》2004 年第 4 期。

郭红:《明代卫所移民与地域文化的变迁》,《中国历史地理论丛》2003 年第 2 期。

郭孟良:《论明代的"以茶治边"政策》,《洛阳工学院学报》2000 年第 12 期。

胡凡:《论明代九边延绥镇之形成》,《中国史研究》2008 年第 2 期。

胡凡:《论明世宗对蒙"绝贡"政策与嘉靖年间的农牧文化冲突》,《中国边疆史地研究》2005 年第 4 期。

胡小鹏:《察哈台系蒙古诸王集团与明初关西诸卫的成立》,《兰州大学学报》2005 年第 5 期。

胡长春:《嘉靖"议复河套"述略》,《江西社会科学》2002 年第 7 期。

胡钟达:《明与北元—蒙古关系之探讨》,《内蒙古社会科学》1984 年第 5 期。

金元山、戴鸿义:《明初朱元璋对北元的政策》,《吉林大学社会科学学报》1987 年第 6 期。

金元山、阎忠:《明成祖北征蒙古新论》,《沈阳师范学院学报》1989 年第 3 期。

李三谋:《明代辽东都司卫所的农经活动》,《中国边疆史地研究》1996 年第 1 期。

梁志胜:《明代卫所武官的借职制度》,《陕西师范大学学报》2002 年第 1 期。

林瑞荣:《明嘉靖时期的海禁与倭寇》,《历史档案》1997 年第 1 期。

林永匡:《明清时期的茶马贸易》,《青海社会科学》1983 年第 8 期。

刘冠森:《明朝初期中国内地蒙古人的住地和姓名》,《辽宁师范大学学报》1998 年第 1 期。

刘国防:《明朝初期对西域的管辖和往来关系》,《西域研究》1992 年第 1 期。

刘景纯:《宣德至万历年间蒙古诸部侵扰九边的时间分布和地域变迁》,《中国边疆史地研究》2009 年第 2 期。

刘珊珊、张玉坤:《明辽东镇长城军事防御体系与聚落分布》,《哈尔滨工业大学学报》2011 年第 1 期。

刘祥学:《自然灾害影响下的明蒙关系》,《晋阳学刊》2009 年第 1 期。

刘仲华:《明代嘉隆两朝九边消极的防守策略》,《青海民族学院学报》1999 年第 1 期。

柳素平:《明代"达人"对朝廷政治影响探析》,《贵州社会科学》2006 年第 1 期。

陆韧:《论明朝西南边疆的军管羁縻政区》,《中国边疆史地研究》2013 年第 1 期。

栾凡:《明朝治理边疆思想的时代特征》,《学习与探索》2006 第 3 期。

罗冬阳:《明代兵备初探》,《东北师大学报》1994 年第 1 期。

马顺平:《"界在羌番、回虏之间"——明代甘肃镇边墙修建考》,《社会科学辑刊》2011 年第 4 期。

毛雨辰:《明代西北边备得失述论》,《河西学院学报》2006 年第 4 期。

孟修:《明蒙朝贡体制与土木之变》,《大连大学学报》2010 年第 4 期。

孟修:《土木之变与庚戌之变比较研究——朝贡体制框架下的明蒙关系新探》,《中国长城博物馆》2011 年 2 期。

南炳文:《明初军制初探》,《南开史学》1983 年第 1 期。

彭清洲:《明成祖民族政策述论》,《中央民族学院学报》1990 年第 4 期。

彭勇:《论明代忠顺营官军的命运变迁》,《中州学刊》2009 年第 6 期。

蒲涛:《略论明代北方游牧民族对河套地区的争夺》,《宁夏社会科学》2003 年第 4 期。

奇文瑛:《论明初卫所制度下归附人的安置与任用》,《民族研究》2012 年 6 期。

奇文瑛:《明洪武时期内迁蒙古人辨析》,《中国边疆史地研究》2004 年第 2 期。

钱伯泉:《明朝撒里畏兀儿诸卫的设置及其迁徙》,《西域研究》2002 年第 1 期;

秦川:《试论明政府经营西域的失误》,《兰州学刊》1992 年第 5 期。

任冠文:《俺答、张居正与蒙汉关系》,《晋阳学刊》1993 年第 6 期。

任树民:《明代中期的青海海寇与吐蕃移民》,《青海师专学报》2001 年第 1 期。

[日]松元隆晴撰:《试论余子俊修筑万里长城》,南炳文译,《大同高等专科学校学报》1994 年第 1 期。

覃远东:《明代西南边疆军屯的作用和影响》,《中国边疆史地研究》1992 年第 1 期。

唐景绅:《明代关西七卫述论》,《中国历史研究》1983 年第 3 期。

唐玉萍:《俺答汗在明代蒙汉关系中的作用》,《社会科学辑刊》1996 年第 6 期。

[日]田村实造:《明代的北边防卫体制》京都大学文学部,1963 年。

田澍、陈武强:《朱元璋的蒙古观新探》,《青海民族研究》2012 年 4 期。

田澍:《明代哈密危机述论》,《中国边疆史地研究》2002 年第 4 期。

王冰:《明朝初期汉藏茶马互市的几个问题》,《西北史地》1998 年第 3 期。

王复兴:《论明成祖对蒙古的和平争取政策》,《齐鲁学刊》1985 年第 5 期。

王剑英:《明长城的起迄和长度》,《历史教学》1983 年第 3 期。

王莉:《明代营兵制初探》,《北京师范大学学报》1991 年第 2 期。

王日根:《明代东南海防中敌我为量对比的变化及影响》,《中国社会经济史》2003 年第 2 期。

王天强、侯虎虎:《明代延绥镇屯田研究》,《延安大学学报》2012 年第 3 期。

王万盈:《明代倭乱与倭寇恐慌探赜》,《社会科学战线》2016 年第 10 期。

王西昆:《论朱元璋的军事战略思想》,《郑州大学学报》1985 年 1 期。

王晓燕:《明代官营茶马贸易体制的衰落及原因》,《民族研究》2001 年第 5 期。

王雄:《明洪武时对蒙古人众的招抚和安置》,《内蒙古大学学报》1987 年第 4 期。

韦占彬:《明代蒙古诸部对归顺汉人的任用及其军事影响》,《曲靖师范学院学报》2008 年第 2 期。

魏梓秋:《论土达在明代西北边防中的双重角色》,《求索》2011 年第 1 期。

吴缉华:《论明代北方边防内移及影响》,香港《新亚学报》1980 年第 13 卷。

习书仁:《关于嘉靖朝"倭寇"的几个问题》,《史学集刊》1995 年第 3 期。

谢玉杰:《明王朝与西北诸番地区的茶马贸易》,《西北民族研究》1986 年第 1 期。

修晓波:《试析朱元璋与北元势力军事斗争的意义》,《历史教学》1989 年第 1 期。

徐晓庄：《试述朱元璋对西南民族地区的治理》，《河南大学学报》1997 年第 2 期。

许立坤：《明代移民政策及其对边疆民族地区的影响》，《广西民族学院学报》1998 年第 1 期。

薛国中：《论明王朝海禁之害》，《武汉大学学报》2005 年第 2 期。

薛景平：《辽宁境内明长城考察发掘的重大成果》，《辽宁大学学报》1995 年第 6 期。

杨绍猷：《明代蒙古经济述略》，《民族研究》1985 年第 5 期。

杨雪峰：《明律对蒙古色目人婚姻上的限制》，(台)《大陆杂志》1970 年(第 41 卷)第 3 期。

杨艳秋：《论明代洪熙宣德时期的蒙古政策》，《中州学刊》1997 年第 1 期。

[日]永井匠：《隆庆和议与右翼蒙古的汉人》，包国庆译，《蒙古学信息》2004 年第 2 期。

于默颖：《明代哈密蒙古的封贡问题》，《内蒙古大学学报》2000 年第 5 期。

余同元：《明代马市市场考》，《民族研究》1998 年第 1 期。

岳宗霞、高文涛：《明代的"搜套""剿套"活动》，《重庆科技学院学报》2011 第 17 期。

张立凡：《试论明初与北元之战》，《齐齐哈尔师范学院学报》1986 年第 2 期。

张萍：《明代陕北蒙汉边界区军事城镇的商业化》，《民族研究》2003 年第 6 期。

张文德：《试论明太祖时期对帖木儿王朝的外交政策》，《贵州师范大学学报》2002 年第 2 期。

张奕善：《明太祖的沙漠战争》，《台大历史学报》，1988 年第 14 期。

赵立人：《洪武时期北部边防政策的形成与演变》，《史学集刊》1994 年第 4 期。

赵现海：《明代九边军镇体制研究》，东北师范大学 2005 年博士学位论文。

赵毅、胡凡：《论明代洪武时期北部边防建设》，《东北师大学报》1998 年第 4 期。

郑梁生：《明朝海禁与日本的关系》，《汉学研究》1983 年第 1 期。

周松：《明洪武朝陕北边防及其特点》，《中国边疆史地研究》2005 年第 1 期。

附　表　明代边疆大事年表

明太祖洪武元年(1368 年)

正月,朱元璋在应天府称帝,国号明,年号洪武。

闰七月,明军克通州,元顺帝妥欢帖睦尔逃往上都。

八月,明军克大都,元亡。

洪武二年(1369 年)

二月,明太祖诏修《元史》。

四月,置临洮卫。

六月,明将常遇春克上都,元惠宗退居应昌。明建开平卫。

洪武三年(1370 年)

正月,明置巩昌、平凉二卫指挥使司。明太祖命徐达、李文忠等分道北征。

四月,徐达败元将扩廓帖木儿于沈儿峪,扩廓退入和林。元顺帝卒于应
昌,太子爱猷识理达腊昭宗继位,称必力克图汗,建年宣光。明设兰州卫。

五月,李文忠取应昌,俘买的里八剌等元宗室,爱猷识理达腊北走和林。

六月,明太祖谥妥欢帖睦尔为"顺帝",封买的里八剌为"崇礼侯"。

洪武四年(1371 年)

正月,明军攻明升、重庆、成都之战;明设河州卫、东胜卫及下属失宝赤等

五千户所。

二月,元辽阳行省平章刘益降明,明置辽东卫。

三月,明徙山后民一万七千户屯北平。

六月,明徙山后民三万五千户于内地,又徙沙漠遗民三万二千户屯田北平。

七月,明设定辽都卫。

洪武五年(1372 年)

正月,明太祖命徐达、李文忠、冯胜等分三路出击北元。

三月,明将蓝玉败扩廓帖木儿于土剌河。

五月,扩廓帖木儿及贺宗哲大败徐达。

六月,冯胜克甘肃,败元兵于瓜州、沙州。李文忠败元兵于阿鲁浑河。

十一月,明置甘肃、庄浪卫。

洪武六年(1373 年)

正月,明置西宁卫。

七月,北元攻武州、朔州、河州、雁门、抚宁、瑞州等地。

洪武七年(1374 年)

四月,明军在兴和、大宁等地败元军。元军袭辽阳,被击退。明置察罕脑儿卫。

九月,明太祖遣买的里八剌北归并致书爱猷识理达腊。

洪武八年(1375 年)

正月,冯胜兵入三不剌川。明置安定、阿端二卫,封卜烟帖木儿为安定王。升官山千户所为官山卫。

八月,扩廓帖木儿卒。

十二月,纳哈出数万人深入辽南,为明军所败。

洪武九年(**1376 年**)

七月,元将伯颜帖木儿攻延安,被明将傅友德收降。

十月,明置凉州卫。

洪武十一年(**1378 年**)

四月,北元昭宗爱猷识理达腊卒,子脱古思帖木儿益宗继位,称乌萨哈尔汗,建年天元。

六月,明太祖遣使祭爱猷识理达腊。

洪武十二年(**1379 年**)

十一月,明将马云平大宁。

洪武十三年(**1380 年**)

三月,明将冰英与北元战于亦集乃,俘元将脱火赤、爱足等。明置永昌卫。

五月,明都督濮英进兵赤斤站,俘元豳王亦怜真等。

十一月,北元平章完者不花、乃儿不花与明军战于永平,完者不花被俘。

洪武十四年(**1381 年**)

四月,徐达等至北黄河败元兵,获全宁四部。

十二月,明将傅友德等征云南,败元兵于白石江,元梁王把匝剌瓦尔密自杀。

洪武十五年(**1382 年**)

四月,明迁元梁王及威顺王家属于耽罗。

洪武十六年(1383 年)

三月,以沐英镇云南。

洪武十七年(1384 年)

五月,明将宋晟等率兵至亦集乃路,俘元千户也先帖木儿等一万八千余人。

洪武二十年(1387 年)

正月,明太祖命冯胜等率兵征纳哈出。

六月,纳哈出降明。

八月,明设大宁卫。

九月,明太祖封纳哈出为海西侯。设大宁都指挥使司。明太祖命蓝玉等北征沙漠。

十一月,北元丞相哈剌章、乃儿不花退入和林。

洪武二十一年(1388 年)

二月,故元四大王降明。

四月,蓝玉在捕鱼儿海袭破脱古思帖木儿、哈剌章大营,俘地保奴等七万余人。脱古思帖木儿率太子天保奴等脱走。

七月,地保奴、后妃、公主等北元贵族被送至明京,转置琉球。纳哈出卒于武昌。四至十月间,脱古思帖木儿和天保奴行至土剌河被也速迭儿袭杀,知院捏怯来、丞相失烈门等降明。

十一月,元辽王阿札失里、惠宁王塔宾帖木儿等归附明朝。

洪武二十二年(1389 年)

四月,明设全宁卫,以捏怯来为指挥使。明太祖诏故元诸王来降者居耽罗。

五月,置泰宁、朵颜、福余三卫于兀良哈地,以阿札失里、脱鲁忽察儿和海撒男答溪分领三卫。

七月,明设应昌卫,安置失烈门。

八月,失烈门等袭杀捏怯来,脱离明朝。

洪武二十三年(**1390 年**)

三月,北元咬住、乃儿不花、阿鲁帖木儿等降明。

九月,明设大宁等卫儒学,兼习蒙古语文。

十二月,明设甘州左卫。

洪武二十四年(**1391 年**)

八月,明将宋晟、刘真攻占哈密。

洪武二十五年(**1392 年**)

二月,令天下卫所军以十分之七屯田。

三月,明设甘州右、中二卫。

四月,蓝玉征罕东。建昌卫指挥月鲁帖木儿反明。夏,明将周兴在彻彻儿山大败也速迭儿部。

十月,蓝玉擒杀月鲁帖木儿。是年,恩克卓里克图汗卒。

洪武二十六年(**1393 年**)

二月,明在大同塞外设宣德卫、玉林卫、云川卫、镇虏卫等;在大宁卫东设营州诸卫。

七月,明设宁夏卫。

洪武二十七年（1394 年）

十一月，明置肃州卫。

洪武二十九年（1396 年）

三月，明燕王统兵北巡，败北元军于彻彻儿山。

八月，明设开平左、右、前、后四屯卫指挥使司。

洪武三十年（1397 年）

明置罕东卫，以锁南吉剌思为指挥佥事。

建文四年（1402 年）

十月，明成祖命兵部复设大宁、营州、兴州三卫。

是年，北元鬼力赤杀坤帖木儿，废除元国号，自是东部蒙古始称鞑靼。

明成祖永乐元年（1403 年）

二月，明成祖致书并赠礼品与鞑靼可汗鬼力赤及阿鲁台等，重申通使往来之意。

三月，明改北平行都司为大宁都司。

九月，遣中官出使爪哇等国。

是年，遣行人邢枢往谕奴儿干，招抚诸部。

永乐二年（1404 年）

二月，置奴儿干等卫。

六月，封哈密安克帖木儿为忠顺王。

九月，明设赤斤蒙古千户所，以塔力尼为千户。

永乐三年(1405 年)

二月,明以安克帖木儿兄子脱脱嗣哈密忠顺王。

四月,鬼力赤毒死哈密忠顺王安克帖木儿。

六月,郑和与王景弘等人苏州刘家港出发,开始第一次下西洋之远航。

十月,明设沙州卫,以归附头目困即来买住为指挥使。

永乐四年(1406 年)

二月,明置斡难河等卫。

三月,明设辽东开原、广宁马市。置哈密卫。

十二月,兀良哈等处告饥,愿以马易米。

永乐五年(1407 年)

三月,封乌思藏僧哈立麻为大宝法王。

六月,置交趾布政司。

永乐六年(1408 年)

九月,郑和第二次出使西洋。

永乐七年(1409 年)

四月,设奴儿干都司,统领兀良哈、女真诸卫。

五月,明成祖封瓦剌马哈木为顺宁王、太平为贤义王、把秃孛罗为安乐王。

七月,明成祖命丘福率十万骑征本雅失里。脱脱卜花王、把秃王等各率部归明。

八月,本雅失里等在胪朐复没丘福军。

永乐八年(**1410 年**)

二月,明成祖率五十万兵征阿鲁台、本雅失里。

五月,阿鲁台与本雅失里分裂。明军在斡难河大败本雅失里。本雅失里西奔瓦剌。

六月,明军败阿鲁台。

十二月,阿鲁台遣使至明贡马。

永乐九年(**1411 年**)

十月,哈密忠顺王脱脱卒,封哈密兔力帖木儿为忠义王。

永乐十年(**1412 年**)

四月,徙广宁卫铁山马市于团山。

五月,马哈木杀本雅失里。鞑靼、瓦剌分别与明朝通使。

十一月,郑和第三次出使西洋。

永乐十一年(**1413 年**)

二月,始设贵州布政司,改土归流。

七月,明成祖封鞑靼阿鲁台为和宁王。

十一月,瓦剌拘杀明使,渡饮马河至哈剌莽来,明边将及阿鲁台同时告警。宦官亦失哈第三次到奴儿干及库页岛巡视,于本年秋建永宁寺。

永乐十二年(**1414 年**)

三月,明成祖率兵出征瓦剌。

六月,答里巴、马哈木等率众与明军激战于忽兰忽失温,败北。明军进至上剌河后班师。

九月,明赠阿鲁台米三千石。

十二月,宗喀巴派弟子释迦也失进京朝见,宗喀巴被封为大慈法王。

永乐十三年(1415 年)

正月,马哈木等遣使至明京修好。

永乐十四年(1416 年)

三月,阿鲁台败瓦剌,遣使至明廷报捷献俘。

十二月,满剌加、古里等十九国遣使朝贡,辞还,命郑和等偕往,此系郑和第四次出使西洋。

永乐十六年(1418 年)

四月,明成祖命脱欢袭父爵顺宁王。

是年,别失八里王歪思西迁,更国号为亦力把里。

永乐十七年(1419 年)

六月,辽东总兵刘江歼倭寇于望海埚。

永乐十八年(1420 年)

十一月,明成祖迁都于北京。

永乐十九年(1421 年)

正月,郑和第五次出使西洋。

永乐二十年(1422 年)

三月,阿鲁台攻兴和。明成祖率师亲征鞑靼阿鲁台。

六月,阿鲁台弃马驼牛羊辎重于阔栾海北走。明成祖败兀良哈于屈裂儿河。

永乐二十一年（1423 年）

七月,明成祖复征阿鲁台。

九月,明成祖闻阿鲁台已为瓦剌脱欢等所败,遂驻师不进。

十月,鞑靼部也先土干率众投明成祖,封忠勇王,赐名金忠。

永乐二十二年（1424 年）

正月,郑和第六次出使西洋,同年还。

四月,明成祖再征阿鲁台,不见敌而还。

七月,明成祖回师途中病死于榆木川。

明仁宗洪熙元年（1425 年）

三月,将还都南京。

明宣宗宣德元年（1426 年）

正月,明宣宗命瓦剌太平子捏烈忽袭贤义王爵。

宣德三年（1428 年）

九月,明宣宗巡边,败兀良哈于宽河。

宣德五年（1430 年）

四月,瓦剌顺宁王脱欢遣使至明求弓刀等物,明廷悉与之。

宣德六年（1431 年）

正月,郑和第七次下西洋。

宣德七年（1432 年）

春,亦失哈第十次巡视奴儿干,第二年重修永宁寺。

宣德九年(**1434 年**)

二月,脱脱不花领兵入兀良哈地,大败阿鲁台。

八月,阿鲁台子阿卜只俺及其他部属纷纷投明。

宣德十年(**1435 年**)

十二月,明军连败阿岱、朵儿只伯于甘肃黑山。

明英宗正统元年(**1436 年**)

阿岱、朵儿只伯在甘肃、陕西屡与明军作战,又与瓦剌互相仇杀。

正统三年(**1438 年**)

四月,明设大同马市,禁售兵器铜铁。

正统六年(**1441 年**)

正月,兵部尚书王骥总督军务,宦官曹吉祥监军,发兵击麓川思任发。

正统七年(**1442 年**)

十月,瓦剌密令女真诸部,诱胁朝鲜背明,朝鲜白其事于明廷。

正统九年(**1444 年**)

正月,明将朱勇、徐亨等分道出击兀良哈。

四月,沙州、赤斤蒙古卫饥荒,明朝赈济之。

七月,也先授予沙州、罕东、赤斤蒙古三卫首领平章等官,设立甘肃行省。

正统十年(**1445 年**)

十二月,也先遣使臣桑加失里至明廷,求取人参木香诸药、阴阳占候算卜诸书,被拒。

正统十一年(1446 年)

正月,也先遣喇嘛禅全至明廷求取封号和诸法器,被拒。

十一月,也先攻掠兀良哈三卫,杀泰宁卫首领拙赤。

正统十二年(1447 年)

九月,也先迫朵颜、泰宁卫投降,福余卫人众逃入脑温江。也先欲迫脱脱不花共同南下攻明,脱脱不花止之,不听。

十一月,瓦剌使臣皮儿马黑麻等二千四百余人至明京,贡马四千余匹,兽皮一万二千余张。

正统十三年(1448 年)

十二月,瓦剌贡使三千人至明京,赏不如例,遂生怨望。

正统十四年(1449 年)

七月,瓦剌也先命诸部分道南下攻明,也先攻大同,脱脱不花攻辽东,阿剌知院攻宣府围赤城,又别遣人马攻甘州。明英宗仓促率数十万军出征。

八月,明英宗败于土木堡,全军覆没,英宗被俘,史称"土木之变"。

十月,于谦、石亨等率军击败瓦剌也先于北京城下。也先拥英宗出紫荆关退往瓦剌老营。

明景帝景泰元年(1450 年)

三月,瓦剌攻朔州、宁夏、庆阳等地。

五月,瓦剌攻河曲、代州、雁门等地。

景泰四年（**1453 年**）

十月,瓦剌也先攻辽东明军击却之。

明英宗天顺元年（**1457 年**）

四月,鞑靼进扰宁夏银川。

六月,明军击鞑靼磨儿山之战。

十一月,田州苗吕赵起事,称敌国大将军,率众攻南丹州,进占向武州,明以武进伯朱英令思恩府土官岑瑛讨之。

十二月,孛来又扰甘、凉等地,并以平羌将军卫颖镇守甘肃。

天顺二年（**1458 年**）

二月,鞑靼孛来攻凉州,明军败绩。

天顺三年（**1459 年**）

二月,鞑靼孛来屡扰宁夏、延绥等地,皆为明军击退。两广瑶起事,庆远同知叶祯俘其首领,瑶民愤而攻城,祯子公荣出战,败死。

四月,广东泷水瑶起事,破城杀官,明军大破之。

天顺四年（**1460 年**）

二月,广西壮族人民起事,攻破梧州。

九月,孛来复犯大同右卫。

天顺五年（**1461 年**）

二月,鞑靼孛来扰甘肃庄浪,八月,孛来扰西番,攻入凉州,退走议和。

天顺六年(**1462 年**)

二月,蒙古毛里孩等入据河套。

明宪宗成化元年(**1465 年**)

七月,鞑靼毛里孩侵固原。

八月,攻宁夏。

十二月,转攻延绥。

成化四年(**1468 年**)

十一月,鞑靼毛里孩攻辽东。

十二月,鞑靼攻延绥,击败之。

成化五年(**1469 年**)

十一月,毛里孩联合兀良哈三卫,进扰延绥,击败之。

成化七年(**1471 年**)

三月,鞑靼兵万余骑侵掠怀远等堡,明军击败之。

成化八年(**1472 年**)

正月,鞑靼毛里孩攻入安边营,明军战败。

六月,鞑靼攻入平凉、巩昌,临洮,杀掠众多。

成化九年(**1473 年**)

正月,明军击鞑靼红盐池,明大破之。

四月,兀良哈扰辽东,明击破之。

成化十五年(1479 年)

闰十月,辽东塞外各部反明,大肆杀掠而去。安南攻云南蒙自,明边兵力止之,安南兵始退去。

成化十六年(1480 年)

十二月,浔州等四府民起事,俘斩甚多。

成化十八年(1482 年)

六月,鞑靼攻延绥,明军击退之。

成化十九年(1483 年)

七月,鞑靼小王子攻大同、宣府,明击退之。

成化二十一年(1485 年)

冬,鞑靼小王子攻甘肃兰州、庄浪、凉州等地。

明孝宗弘治元年(1488 年)

三月,鞑靼小王子攻扰兰州,被击退。

弘治六年(1493 年)

五月,鞑靼扰宁夏,明指挥战死。

弘治八年(1495 年)

八月,鞑靼攻扰甘肃、宣府。

十一月,明奔袭土鲁番哈密,克之。

弘治十年(1497 年)

五月,鞑靼小王子攻潮河川,明军败。

弘治十一年(1498 年)

五月,鞑靼小王子攻肃州,明军败之于黑山。

七月,鞑靼入河套,明击败之于贺兰山。

弘治十三年(1500 年)

五月,鞑靼火筛(和硕)攻扰大同,明军不能抵。

十月,鞑靼小王子扰大同,入居河套,进扰延绥神木堡。

弘治十四年(1501 年)

四月,鞑靼小王子、火筛联合攻掠延绥、宁夏,明军不能御。

弘治十七年(1504 年)

六月,鞑靼火筛(和硕)攻扰大同,双方皆死伤惨重。

弘治十八年(1505 年)

正月,鞑靼小王子围灵州,攻韦州,明军击退之。

十月,小王子率军入镇夷所,明指挥战死。

明武宗正德四年(1509 年)

九月,鞑靼小王子扰延绥,围困明总兵官,援军增援,围解。

十一月,鞑靼扰花马池,明将战死。

正德六年(1511 年)

三月,鞑靼小王子攻扰边界诸堡,明军击退之。

十月,攻甘肃山丹,明军击败之,斩首百余级。

十二月,复扰宣府,明军将领战死。

正德九年(1514 年)

七月,鞑靼小王子侵大同、宁武、蔚州,明军不能敌。

正德十二年(1517)

正月,土鲁番攻肃州、瓜州,明军退之。

十月,武宗以巡边为名,出游至宣府、大同,督军击蒙古小王子。

正德十三年(1518)

正月,武宗复出游之宣府、大同、榆林、太原等地。

明世宗嘉靖二年(1523 年)

五月,鞑靼侵入沙河堡,明军击退之。侵密云,杀明军指挥。

六月,日本贡使焚掠宁波,明军指挥追击战死。

八月,鞑靼复侵丁宁堡,杀掠甚多,明军指挥战死。

嘉靖三年(1524 年)

七月,土鲁番攻肃州,明军击败之。

嘉靖六年(1527 年)

正月,田州土官岑猛数侵夺邻境,明军平田州。

二月,明与鞑靼宁夏寨之战,击败之。

嘉靖七年(1528 年)

三月,鞑靼攻扰明边,击却之。

十月,小王子入掠红城子。

十二月,寇山西,明军指挥战死。

嘉靖八年(**1529 年**)

八月,鞑靼攻宁夏、灵州,明军击退之。

嘉靖十二年(**1533 年**)

十月,大同兵变。

嘉靖十五年(**1536 年**)

四月,鞑靼济农攻明凉州、庄浪,击败之。

九月,鞑靼济农攻明延绥黑河墩,击退之。

嘉靖十六年(**1537 年**)

八月,鞑靼济农攻明宣府之战,明军败绩。

嘉靖十九年(**1540 年**)

正月,济农攻明大同。

七月犯万全、固原,击败之。

嘉靖二十年(**1541 年**)

八月,鞑靼侵明太原,明军不敌,饱掠而去。

嘉靖二十一年(**1542 年**)

六月,俺答进犯山西,明军不敌。

嘉靖二十二年(**1543 年**)

八月,明击鞑靼绥德之战,击败之。

十月,朵颜三卫进攻昌平,击退之。

嘉靖二十三年(1544年)

七月,俺答攻大同,击败之。

十月,鞑靼小王子等犯万全,明军不敌,月底退走。

嘉靖二十四年(1545年)

八月,建州女真犯辽东,守备战死。

九月,鞑靼犯大同中路,击退之。

嘉靖二十五年(1546年)

七月,俺答攻宣府、庆阳,击退之。

九月,鞑靼攻锦义,击退之。

嘉靖二十六年(1547年)

五月,明军袭击河套鞑靼,鞑靼远徙。

十二月,倭犯宁波、台州,明军不能御。

嘉靖二十七年(1548年)

八月,俺答攻明大同镇边城所,败之。

嘉靖二十八年(1549年)

二月,俺答入攻宣府滴水崖,东犯永宁关南大震,击退之。

八月,俺答犯大同,明军大败。

九月,朵颜三卫引导鞑靼进攻辽东,明守将战死。

嘉靖二十九年(1550 年)

六月,俺答围明京师之战,明军坚守不出,俺答大掠而去。

嘉靖三十一年(1552 年)

四月,明与鞑靼辽东之战,明军败绩。倭侵浙江,明军不敌,抢掠七日而去。

八月,俺答侵大同,明军战败。

十月,小王子犯辽东,明军不敌,被杀掠千余而去。

嘉靖三十二年(1553 年)

二月,鞑靼犯宣府。

三月,鞑靼犯延绥,明军不能敌。

闰三月,倭寇掠江浙沿海,卫所被攻破,抢掠者二十余所。

五月,俺答扰辽东,犯大同,明击俺答于三家村,大破之。

八月,复攻宣府,攻毁屯堡,焚掠四日,大掠而去。

九月,俺答侵山西、广武,明军不敌。

十月,明击倭南沙之战,击败之。

嘉靖三十三年(1554 年)

正月,倭寇攻掠苏、松等州县,明军不能御。

十月,鞑靼攻蓟镇,击退之。

嘉靖三十四年(1555 年)

五月,明破倭王江泾之战,击退之。明击倭陆泾坝之战,击败之。

七月,明军击倭浒墅关之战,击败之。

八月,明军击倭陶宅、周浦之战,击退之。

九月,明歼倭台州之战,三舟之倭全歼。

十月,明击倭会稽之战,歼之。

十一月,倭侵莆田、温州、舟山之战,明军不敌。

十二月,明抗倭新场之战,击败之。俺答进攻神木堡,明军不敌。

嘉靖三十五年(1556 年)

四月,倭攻慈溪、崇德之战,数次败倭。倭犯镇江、瓜州、无为州等地,明军先胜后败。

七月,明破倭乍浦之战,击败之。

九月,鞑靼犯辽东,明军不敌。

十月,鞑靼犯大同,明军败绩。

十一月,鞑靼犯辽东,明军先败,后击退之。

十二月,鞑靼犯陕西环、庆,明军击却之。

嘉靖三十六年(1557 年)

二月,鞑靼犯大同、永平等地,明军不敌。

四月,明击倭安东之战,击败之。

九月,鞑靼锡林阿围攻大同,明军不能御。

十一月,明击倭岑港之战,击退之。

嘉靖三十七年(1558 年)

三月,岑港倭犯浙江温、台等府,台州之太平县数次被围攻。

四月,倭寇侵入福建福州、兴化、泉州,焚掠而去。

五月,倭寇侵惠安,击却之,出海口,大败倭寇。

六月,倭寇分掠兴、漳、泉等府,攻陷福清、南安两县。

八月,鞑靼犯永昌界岭口,劫掠十四日而去。

十月,鞑靼土默特十万兵犯界岭口,明军击退之。

十二月,鞑靼大入辽东地方。

嘉靖三十八年(**1559 年**)

二月,锡林阿等入侵潘家口,掠遵化、迁安、蓟州、玉田,五日而去,京师大震。

三月,明破倭淮扬之战。

六月,鞑靼锡林阿犯大同、弘赐、镇川等堡,明军不能御。

八月,俺答犯土木十月,复犯宣府。

嘉靖三十九年(**1560 年**)

三月,明军突袭鞑靼灰河营垒,鞑靼北徙。

四月,鞑靼犯辽东、广宁,大掠而去。

七月,明军袭击鞑靼丰州,退回。

九月,俺答犯朔州,不克而退。

嘉靖四十年(**1561 年**)

正月,鞑靼攻扰明边。

四月,戚继光大破倭寇于台州。

嘉靖四十一年(**1562 年**)

四月,土默特犯辽东,明军先胜后败。

十一月,明军袭击鞑靼半坡山之战,斩首百余级。明军破倭寇横屿、牛田,斩首千余级。

嘉靖四十二年(**1563 年**)

正月,鞑靼俺答犯永宁、辽阳,明军击却之。

二月,明军破倭寇平海卫,歼敌二千余。

十月,鞑靼锡林阿侵蓟州,饱掠而去。

十二月,破倭寇仙游,福建倭寇平定。

嘉靖四十三年(**1564 年**)

正月,鞑靼攻扰辽东、陕西,大掠而去。

三月,明军破倭寇广东潮惠,擒斩千余人。

嘉靖四十四年(**1565 年**)

四月,鞑靼犯辽东、宣府、延绥,明军击退之。明军击破倭寇福宁、永宁,斩首三百余。

嘉靖四十五年(**1566 年**)

正月,福建、广东明军剿灭海盗吴平。

三月,俺答攻扰明边,明军大败。

明穆宗隆庆元年(**1567 年**)

夏,俺答先后犯大同、朔州,杀男女数万。

十月,明军突袭河套鞑靼部,败之。

隆庆二年(**1568 年**)

七月,明军讨吴平残部曾一本等,击破之。

十一月,明军出塞袭击俺答,得胜而还。

隆庆三年(**1569 年**)

四月,明军再袭河套,斩首百余。击鞑靼,斩百余。

隆庆四年(**1570 年**)

四月,俺答攻大同、锦州,明军败绩。

十月,俺答孙把汉那吉降明,封俺答为顺义王。

隆庆五年(**1571 年**)

三月,明封俺答汗为顺义王,开设贡市。

五月,鞑靼土默特攻辽东,明军击败之,斩首五百余。

隆庆六年(**1572 年**)

二月,倭犯广东,明军击退之。

三月,土默特犯辽东,明军击败之。

明神宗万历元年(**1573 年**)

春,朵颜部犯喜峰口,战败,向明军请降。

万历二年(**1574 年**)

十月,建州王杲进攻辽东,明军击败之。

万历三年(**1575 年**)

二月,明军大破倭于儒峒。

万历四年(**1576 年**)

三月,明军在大清堡破土默特。

万历六年(**1578 年**)

一月,明军在劈山营击破鞑靼。

万历七年(1579 年)

十月,明军在红土城堡击败土默特。

万历八年(1580 年)

三月,迤东土酋王兀堂犯辽东,明军大败之。

十月,东房十余万入犯锦义,不克退去。

万历九年(1581 年)

正月,鞑靼土默特诸部兵犯锦义,明军击败之。

四月,鞑靼犯辽阳,明军败绩,鞑靼大掠人畜而去。

万历十年(1582 年)

三月,明军在镇夷堡败鞑靼。

十一月,建州阿台抢掠孤山,明军击败之。

万历十一年(1583 年)

五月,努尔哈赤起兵攻尼堪外兰,战胜之。

十一月,明军反击缅甸莽应里犯云南,战胜。

万历十三年(1585 年)

三月,明军反击鞑靼犯沈阳,击退之。

万历十四年(1586 年)

四月,明将李成梁袭土默特可母林,大破之。努尔哈赤击灭尼堪外兰,与明朝通贡受封。

万历十六年（**1588 年**）

青海俺答部寇西宁,明军败绩。

万历十七年（**1589 年**）

三月,土默特入侵辽沈,大掠而去。

万历十八年（**1590 年**）

六月,鞑靼各部攻扰甘肃,明军先败后胜。

万历二十年（**1592 年**）

二月,叛将哱拜起事宁夏,与鞑靼联合,明军平定之。

三月,倭寇侵朝鲜,明朝派兵援朝。

万历二十二年（**1594 年**）

七月,明军在固原击败鞑靼。

十月,辽东明军土系鞑靼,大破之。

万历二十三年（**1595 年**）

九月,鞑靼永什卜部犯西宁,明军击退之。

万历二十四年（**1596 年**）

二月,鞑靼河套部扰边,明军击败之。

十一月,鞑靼犯辽东,杀掠而去。

万历二十六年（**1598 年**）

四月,土默特犯辽东,明军大败。

冬,明军击败河套鞑靼部,擒斩数万。

万历三十年(**1602 年**)

明军登陆台湾,击退倭寇。

万历三十二年(**1604 年**)

八月,明军收复澎湖,荷兰侵略者驱逐出境。

万历三十五年(**1607 年**)

四月,鞑靼犯凉州,明军大破之。

万历三十七年(**1609 年**)

三月,鞑靼进攻明大胜堡,明军多败。

万历四十年(**1612 年**)

五月,河套鞑靼犯保宁,明军击败之。

万历四十一年(**1613 年**)

四月,鞑靼攻辽东,明军败绩。

万历四十三年(**1615 年**)

九月,鞑靼济农犯延绥大柏油,明军先败,后胜。

万历四十四年(**1616 年**)

正月,建州女真努尔哈赤进行兼并战争,称帝,国号金(后金),改元天命。

五月,台湾及福建军民抗击倭寇,明军大败日军水师,倭寇败退。

六月,鞑靼犯延绥,明军击败之,鞑靼求和。

万历四十六年、后金太祖天命三年（1618 年）

四月,后金起兵攻明抚顺,明军大败。

万历四十七年、后金天命四年（1619 年）

三月,后金与明萨尔浒之战,明军大败。

七月,后金攻铁岭,明军大败。后金并灭叶赫部。

明熹宗天启元年、后金天命六年（1621 年）

三月,后金进攻沈阳、辽阳,明军大败。辽东河西五十寨及河东大小七十余城皆降。后金乃迁都辽阳。

天启二年（1622 年）

正月,金攻明西平堡、广宁,明军大败,后金得四十余城而还。

六月,明军在澎湖抗击荷兰舰队。

天启三年（1623 年）

七月,安南犯广西,明军击却之。

八月,明军击败荷兰军,收复澎湖。

天启五年（1625 年）

正月,后金攻旅顺,明军战败。

九月,明军袭取耀州,战败。

天启六年（1626 年）

正月,后金进攻宁远,努尔哈赤被击伤,退走。

四月,海寇勾结红毛番(荷兰)作乱,明军讨平之。

天启七年、后金太宗皇太极天聪元年（1627 年）

五月，金帝率兵二万攻宁远，围锦州。不克乃还。

明思宗（庄烈帝）崇祯元年（1628 年）

二月，金攻察哈尔，大败之。

崇祯二年、后金天聪三年（1629 年）

十月，金军三路入长城攻明，明军不能敌。

崇祯三年（1630 年）

正月，金兵由通州东进，明军不能敌。

五月，金因山海关防守严密，退走。

崇祯四年（1631 年）

八月，金军进攻大凌城，明军大败，大凌城被毁。

崇祯五年（1632 年）

九月，海盗刘香攻扰福建、广东、浙江沿海，明军大破之，海盗尽平。

崇祯六年（1633 年）

五月，鞑靼河套部攻宁夏，明军大败，察罕闻后金兵将至，乃解围率众渡河远遁。

七月，荷兰侵台长官普特曼斯，率荷兰舰队偷袭厦门，明军大败荷兰。

崇祯七年、后金天聪八年（1634 年）

七月，金军进攻明宣府、大同，明军不能御，后金军班师出塞。

崇祯九年(1636 年)

皇太极称帝,改国号大清,改元崇德,清兵入塞,连下近畿州县。

崇祯十年(1637 年)

二月,清军侵朝鲜,朝鲜不能敌,投降,沦为属国。四月,清军进攻铁山皮岛,明军大败,被杀四五万人。

九月,清军三路攻明,明军不能敌,清军大掠畿辅,山东。

崇祯十二年(1639 年)

二月,明军调援军,抵御清军,清皇太极为牵制明军,进攻锦州、松山,不可退走,最后关内清军掠大量财物,出青山口退走。

十月,清军进攻宁远、松山,明军大败。

崇祯十三年(1640 年)

秋,清兵围锦州,明军不能救。

崇祯十四年、清太宗崇德六年(1641 年)

四月,清军进攻锦州,明军不能敌。

崇祯十五年(1642 年)

二月,清军攻陷松山。三月,锦州降清。四月,清军破塔山、杏山,镇外四城皆被清军占领。

十一月,清军入掠,直隶、山东,明军不能敌,清军掠大量人口、财物而去。

崇祯十七年、清世祖顺治元年、大顺李自成永昌元年（1644 年）

三月,李自成进攻北京,明亡。

四月,清军进军山海关,吴三桂降清,与之联合打败李自成。

后　记

　　边疆史研究，我和它已结下不解之缘。那是2004年9月，我抛家舍业考入西北师范大学读中国古代史专业的硕士研究生，从此逐渐走上科研之路。在读硕士期间，我感兴趣于边疆史课题的探索，毕业后撰写了许多关于边疆法律与民族治理方面的论文，并于2013年出版了《边疆的法律——北宋治理民族地区的理论与实践》（甘肃人民出版社），希冀对宋代边疆与民族治理制度做一个全面回顾和归纳。2011年，我有幸成为著名明史专家田澍教授的弟子，攻读中国西部边疆史方向的博士学位，这是我边疆史学术研究的一个重大机遇。博士在读期间，我一直致力于探讨明代边疆史方面的课题，博士毕业论文也是对明代边疆课题的一个讨论，这对我此后的边疆史研究奠定了坚实的基础、明确的方向和目标。

　　2014年7月，博士毕业后我来到西藏民族大学（当时还叫西藏民族学院）民族研究院工作。西藏民族大学，很多人并不知道为何校，只是一看校名，就会自然认定它是坐落于西藏某地的一所大学。其实不然，西藏民族大学并不在西藏，它位于中国第一帝都——陕西咸阳，是新中国在内地为西藏创办的第一所高等学校。其历史深远，它的前身是1957年中央指示创办的"西藏公学"（1958年9月开学），1965年4月，经国务院批准更名为"西藏民族学院"。2015年4月，经教育部批准更名为"西藏民族大学"。学校诞生于特殊历史时期，为西藏自治区及全国各地培养了一批又一批大学生和各类专门人才，有着"西藏干部摇篮"的美誉。西藏民族大学目前有新、老两大校区，老校区位于陕西省咸阳市,新校区位于西安市西咸新区,校园环境美丽大气。

西藏民族大学有着丰富的图书资源,厚重的科研氛围,我在西藏民族大学除了给本科生、研究生授课及指导论文等工作之外,主要从事边疆史课题的研究。2013 年至 2017 年间申请获批的教育部和国家社科基金资助项目都与边疆研究有关,项目的成功申批也是对自己多年来关注和思考边疆问题的一种肯定和鼓励。经过多年探索,自我认识能力及学术研究水平都有了较大提高,也取得了一些科研成果,此拙作《明代边疆治理研究》就是对多年来研究成果的一个总结。

必须清醒的是,边疆问题是中国历朝历代政府必须要面对和解决的一个重大政治问题。这个问题解决的好坏程度,直接关乎社会稳定、经济发展和国家长治久安。当前,我国已实现了从站起来到富起来、强起来的三步走的历史飞跃,各项事业正处于前所未有的发展时期。一方面,国家对边疆问题特别重视,我国海军强军化的战略步子走得很坚实,振奋人心;另一方面,边疆问题仍然极为复杂和敏感。总结经验,知史为鉴,当是史学工作者应尽之职责。

作为一个科研工作者,应该笃定为国贡献绵薄之力的想法,把自己学到的知识运用于实际。那么,明朝建国后,不论是陆地边疆还是沿海边疆都曾遭遇了不小的冲击与挑战。明政府是怎样应对和解决这些边疆危机的,有没有值得借鉴的经验呢?如果有,把这些经验或教训奉告于读者或决策部门,或许历史就成了非常有用的东西,而不只是一些密密麻麻的让许多人都看不懂的史料了,这就是我写本书的基本愿望。它的付梓,凝聚了自己十余年来之心血。教学之余,查阅资料,整理提纲,伏案笔辍,几易其稿,吾深知科研之不易,感触良多。

然明代边疆史之研究,其内容十分宏大。本书只是自己对明代边疆问题的一些粗浅探讨和认识,希望它能起到抛砖引玉的作用,诸多相关问题需要更多专家学者关注和研究,以推动明代边疆史科研的进一步发展。另外,本人学识有限,文中难免有许多疏漏和不当,希冀专家斧正。

一路走来,有过搞科研的甜蜜与酸涩,亦有过思考问题时的激昂与消沉,但恰是这份科研"情结",让它更难忘。感谢恩师田澍教授,是他渊博的学识和敏锐的学术理念深深影响了我,启发了我。感谢刘建丽教授,是她不嫌弃我而接纳我成为她的学生,才有了今天的成果。感谢妻子和家人对我的倾力支持,是她们让我有足够的信心、时间和精力专心从事于写作。

最后感谢西藏民族大学,感谢同门师妹李冰、孙玲的学术帮助,感谢研究生李诗睿、尹舒逸、管满菊、王金鹏、翟雨萱、王梓慧、李莹莹对书稿的校正。特别感谢人民出版社的赵圣涛编辑,此稿能得以出版,是他全力争取、辛勤劳动和付出的结果,衷心地感谢他和人民出版社的各位编辑!

精神是一束亮光

是激发我前行的力量!

陈武强

2021 年 12 月

于民族研究院教授工作室

责任编辑：赵圣涛

封面设计：胡欣欣

图书在版编目（CIP）数据

明代边疆治理研究 ／ 陈武强著. -- 北京 ：人民出
版社，2025. 6. -- ISBN 978－7－01－027201－6

Ⅰ. D691

中国国家版本馆 CIP 数据核字第 2025XR6173 号

明代边疆治理研究

MINGDAI BIANJIANG ZHILI YANJIU

陈武强　著

人民出版社 出版发行

（100706　北京市东城区隆福寺街 99 号）

中煤（北京）印务有限公司印刷　新华书店经销

2025 年 6 月第 1 版　2025 年 6 月北京第 1 次印刷

开本：710 毫米×1000 毫米 1/16　印张：22.75

字数：320 千字

ISBN 978－7－01－027201－6　定价：109. 00 元

邮购地址 100706　北京市东城区隆福寺街 99 号

人民东方图书销售中心　电话（010）65250042　65289539